U0720243

中國史學基本典籍叢刊

大金弔伐録校補

〔金〕佚名 編
金少英 校補
李慶善 整理

中華書局

圖書在版編目(CIP)數據

大金弔伐録校補/(金)佚名編;金少英校補;李慶善整理.—北京:中華書局,2017.6(2019.7重印)
(中國史學基本典籍叢刊)
ISBN 978-7-101-12546-7

Ⅰ.大… Ⅱ.①佚…②金…③李… Ⅲ.國書-匯編-中國-遼宋金元時代 Ⅳ.K244.06

中國版本圖書館CIP數據核字(2017)第095636號

責任編輯:崔文印 楊禕

中國史學基本典籍叢刊
大金弔伐録校補
〔金〕佚 名 編
金少英 校補
李慶善 整理
*
中華書局出版發行
(北京市豐臺區太平橋西里38號 100073)
http://www.zhbc.com.cn
E-mail:zhbc@zhbc.com.cn
北京瑞古冠中印刷廠印刷
*
850×1168毫米 1/32・19¼印張・2插頁・334千字
2017年6月北京第1版 2019年7月北京第2次印刷
印數:2001-3500冊 定價:76.00元

ISBN 978-7-101-12546-7

整理説明

吾師少英先生，生前爲西北師範大學歷史系教授，一九七九年元月因病逝世，終年八十一歲。先生一生于教學之餘，從事歷史文獻整理與研究。身後有遺稿漢書食貨志集釋，已由中華書局出版；尚有大金弔伐録校補，現經整理，仍由中華書局出版。

大金弔伐録一書，集録北宋末年宋金往來國書與金滅遼、破宋，建立楚齊傀儡政權文件。全書一百六十三篇，三分之二以上不見于他書記載，史料價值極高。但此書所集，仍欠完備。不僅天輔七年正月以前者散失（見本書第一篇與宋主書題注），即天輔七年正月以後，亦多有脱漏，甚至有問答不能相應者。篇次亦多錯亂，文字訛奪尤甚。先生花費多年心力，對該書進行全面董理，成此大金弔伐録校補一書。此書據三朝北盟會編等書輯補正文數十篇，使首尾完備；篇次則依時間順序改定，使次比井然。其校勘文字，以多種不同版本對校，遠勝守山閣本錢熙祚氏之唯據超然堂吴氏一本者；復以他書參校，或以本書各篇互校，更見精細。其考釋部分，或考證發文月日，或補充有關史實，或考辨記載失誤，或辨别内容真僞，援據精切，論證詳盡。此固先生傾注多年心血之力作也。

例的工作。此外，在大金弔伐録版本與三朝北盟會編版本中，各增加四庫全書文淵閣本一種，此爲先生生前未及見者，因而校文有關部分亦作了相應的變動。考釋部分，根據「一條一事」原則，材料力求集中，凡與考釋之事關係較遠的材料，則加以删削或壓縮；間亦略有補充。限于才力，整理難免有不當之處，此則當由我負責，與先生無涉矣。

近年來我頗爲哮喘病所苦，常恐此生其事不就，有負先生，將遺憾無窮；故自一九八九年二月起，摒除雜務，全力以赴，歷時年餘，幸于近日完成。脱稿之日，如釋重負，庶幾可以塞責于吾師矣！

在整理書稿過程中，承中華書局編輯部提出具體整理意見，西北師範大學歷史系領導大力支持，王鍔同志幫助我找書、查書、核對資料，做了不少工作，謹此一併致謝！

李慶善　一九九〇年六月二十日于蘭州

序言

大金弔伐録一書，不著撰者姓名，蓋爲金朝人所輯。其書記載北宋末葉金人破宋、滅遼以及建立楚、齊傀儡政權的經過。

金朝是我國東北地區少數民族女真族建立的政權。女真建金以前，經常受到遼朝統治者的侵擾和掠奪。阿骨打繼位爲女真部落聯盟盟長以後，舉起了反遼鬬争的旗幟。在攻遼的勝利進軍中，阿骨打于公元一一一五年正月稱帝，建立金國，都上京，稱會寧府，遺址在今黑龍江阿城縣南白城。一一二五年，終于滅掉遼朝。阿骨打領導的反遼戰争，具有民族解放的性質。但是，反遼戰争的勝利，滋長了女真統治階級的貪婪本性。爲了向中原掠奪土地和財物，出兵攻打宋朝，從而在中原地區爆發了宋金之間的戰争。由于金朝統治者的軍事騷擾和横徵暴歛，中原廣大人民深受苦難，掀起了以人民群衆爲主體的轟轟烈烈的抗金鬬争。金朝無法統治其所佔領的中原地區，于是先後立張邦昌和劉豫爲楚、齊傀儡皇帝，企圖藉以達到「以漢治漢」的目的。

大金弔伐録輯録當時的外交文件和有關資料，不加説明，純粹是一部檔案彙編。因爲只是羅列文件，和一般史書憑作者主觀意圖來寫的不同，所以對於研究這一時期的宋金歷史極有參考價值。但是，正由于輯録的都是官方文件，亦很容易掩蓋歷史真象。且書名「弔伐」，意謂用兵之旨在於「弔民伐罪」，這顯然是編者站在金朝統治者的立場，有意抹煞出兵宋朝的掠奪性質。因此，在使用這些材料時，還需要參看其它史書。我在此書「考釋」部分輯録一些有關資料，加以考證，就是爲了彌補這方面的缺點。

大金弔伐録原書，各個版本篇目互有短缺，現以守山閣叢書本爲主，據他本加以補充，共得一百六十三篇。但從各篇内容看，文件並不完備。甚至有答非所問者。現據他書補入四十五篇，合共二百零八篇，基本上已做到有問有答，首尾完整。

此書各本，在輾轉傳抄過程中，文字訛奪嚴重。有的脱訛動至數十百字；有的甚至任意删改原文，如「玄鑑」改爲「聖鑑」，一似金人已預爲幾百年後的清朝皇帝避諱。我校此書，除以大金弔伐録五種不同版本對校外，又參證其它有關史書，或本書有關各篇，力求詳備，以便讀者參考。

我校補此書，始于一九四一年。其後道途流離，事遂中輟。一九五八年在甘肅師範大學任教時，課餘加以整理，寫成初稿。此後屢經修訂，作輟靡恒。一九七一年老病纏綿，想到魯迅先生晚年「要趕快做的想頭」，深有同感。乃自一九七二年四月開始，力疾從事，重爲增訂，到今年十月方才完成。在撰寫此書過程中，先後對全書校過十幾遍，篇次編排和史事考釋，亦幾經改易，然而錯誤仍恐難免。老朽昏庸，力不從心，只能如此而已。深望讀者糾謬補闕，使我不致以此誤人，那就萬分之幸了。

金少英

一九七三年十月十二日病中

凡例

一、本書校勘，以守山閣叢書本（簡稱守山閣本）爲底本，校以穴硯齋鈔本（簡稱硯本）、涵芬樓影印錢遵王鈔本（簡稱錢本）、墨海金壺本（簡稱吴本）、四庫全書文淵閣本（簡稱文淵閣本）。據三朝北盟會編補入各篇，以袁祖安排印本（簡稱袁本）爲底本，校以許涵度刻本（簡稱許本）、四庫全書文淵閣本（簡稱文淵閣本）。

二、本書爲了對各個版本都進行一次全面校勘，故不僅校底本是非正誤，亦校他本是非正誤；凡有異文，則均出校。校勘方法則不主一本，擇善而從。

三、凡大金弔伐録原有各篇亦見于三朝北盟會編者，則以會編作爲他校資料。凡校文中稱會編者，包括袁本會編、許本會編、文淵閣本會編；單稱某本會編者，自不包括他本。他校資料，除據以校正底本是非正誤外，其異文則有參考價值者出校，一般不出校。

四、本書對守山閣本中錢熙祚氏的校記原則上均予保留。爲求體例一致，校文略作變更。如本書第二十七篇與南宋書草中「違約推延便望休止」句，錢校云：「原本『違』作『爲』，『止』作『正』，並依吴本改。」今改作：「文瀾閣本『違』作『爲』，『止』作『正』，守山閣本依吴本改。」其誤校之處則予以更正。如本書第一〇三篇宋主回書中「先知太原府」句，守山閣本作「先知太平府」，錢校云：「原本作『太原府』，今依吴本。」現改作：「『太原府』，守山閣本依吴本改作『太平府』。案：張孝純於太原陷時被金所執，則作『太原府』爲是。會編作『見知太原』。守山閣本誤改，兹據文淵閣本改正。」亦有少數錢氏校異文之條目，爲行文方便，直接吸收到現校中，不再標出。如第一篇與宋主書中「六年夏四月壬辰」句下錢校云：「吴本作壬寅。」現校作「壬辰，硯、錢、吴三本均作壬寅」。

五、守山閣本所據文瀾閣本中的題注，一律用方括號加以保留。其文中原注，有必要保留者，亦用同樣方式保留。如第一篇與宋主書末尾原注便是。亦有無關緊要者，則加以刪削，以盡量保持原文形式上的通暢。

六、守山閣本篇次多有錯亂，現根據「按事類比，依時爲次」原則加以釐正。凡文中有月日，或月日可考者，自以先後爲序；無月日而事理明白可考，涉及他篇者，則使相銜接；亦有文中所涉較爲廣泛，可前可後者，則斟酌情勢，與以位置。增補各篇，亦均照此處理。凡此皆在考釋中加以説明。

七、爲節省文字，凡稱引之書，在每篇中初見時標明卷數，同篇再見則不標。年號准此，在每篇中初見時注明公元，同篇再見則不注。

八、守山閣本原分四卷，本書以數字標明篇次，不再分卷。

目錄

附録

大金弔伐錄校補

(一)與宋主書

〔天輔七年正月己卯。其已前者軍上不留。〕

天輔元年十二月，宋主遣登州防禦使馬政來，曰：「日出之分，實生聖人。竊聞征遼，屢敗勍敵；若尅遼之後，五代時所取燕雲兩京地土，願畀下邑。」二年正月乙巳，宋使馬政回。遣索多報聘，與宋約：「夾攻燕、西二京，隨得者取其地。若出國所取，即不在分割。」三年夏四月丙子朔，使南宋索多回，同宋使趙良嗣及其子宏來。索多見受宋國團練使官，上命杖而削之。南使回，遣貝勒錫林、赫嚕等同往。四年二月己亥，使南宋錫林、赫嚕等回，同宋使趙良嗣、王暉，復以祈請燕、西二京地界書來。六月庚午朔，遣宋使趙良嗣等回，以所獲上京同知蘇壽吉與宋，且約夾攻，取燕、西二京地，如約議。十二月丁卯朔，宋使馬政復來請燕地，命如前約。六年夏四月壬辰，遣圖克坦烏濟、高信格使於宋。七年正月己卯，與宋書，略曰：「往歲越海計議，興兵夾攻，每有克獲，所得者取。後違此約，獨乘遼勢已衰，始行侵討，而乃反被追襲；聞軍帥劉延慶等已坐責罰。又燕京僭號普賢女上表，再三乞請，稱『有南兵入城，力戰破之，殺戮殆盡；歸命上國，願爲附庸』。猶存大信，以先許宋人之請。若彼能如元約夾攻克捷，則事在不言；既此間得而分付，理應有報。是以宣諭趙良嗣等，合取時貢銀絹共准一百萬貫。良嗣等言：『奉旨并請西京路地界，若不從所請，止得燕京，即納二十萬匹兩；設猶未允，更加綾二萬疋，外不敢擅加。』今相度燕京諸州土廣人衆，今取與未決，豈可輕易便行分付？請抽退臨邊士卒。」〔按以上俱係原起事由，即所載正月己卯一書，亦僅存其略。自二月癸卯以後，均就原書年月排次，始見詳備。〕

〔校文〕

屢敗勍敵　「敗」，文淵閣四庫全書本（以下簡稱文淵閣本）作「破」。

尅遼之後　「尅」，穴硯齋鈔本（以下簡稱硯本）、墨海金壺本（張氏據超然堂吴氏本刊，以下簡稱吴本）、涵芬樓影印錢遵王鈔本（以下簡稱錢本）、文淵閣本均作「克」。

所取燕雲兩京地土　「地土」，文瀾閣四庫全書本（以下簡稱文瀾閣本）作「土地」，守山閣叢書本（以下簡稱守山閣本）據吴本乙轉。錢本、文淵閣本亦均作「地土」。

索多　硯本、吴本作「撒都」，錢本作「撒覩」，三朝北盟會編（以下簡稱會編）卷二作「小散多」，金史卷二太祖紀作「散覩」，畢沅續資治通鑑（以下簡稱畢鑑）卷九十三宋紀作「索多」，注云：「舊作撒覩，今改」。

四月丙子朔　錢本闕「丙」字，硯本亦奪。

使南宋索多回　「索多」，硯本作「散都」，吴本作「撒都」，錢本作「撒覩」。

同宋使　文瀾閣本奪「同」字，守山閣本依吴本補。錢本、硯本、文淵閣本均有「同」字。

索多見受宋國團練使官　硯、錢、吴三本及文淵閣本無「見」字。

遣貝勒錫林赫嚕等同往　「貝勒錫林赫嚕」，硯、錢、吴三本均作「孛堇厮勒曷魯」。案：「孛堇」或作「勃堇」、「孛極列」、「勃極列」、「勃極烈」，清乾隆朝改譯「貝勒」。而殿本金史卷二太祖紀仍作「孛堇辭列曷魯」，則當時尚未徧改也。文瀾閣本遵功令改爲「貝勒」，永樂大典原文當爲「孛堇」。會編卷四載宣和二年（一一二〇）七月十八日金國書作「孛堇斯剌習魯」。畢鑑卷九十三宋紀作「薩喇哈嚕」，注云舊作「錫剌曷魯」。則「錫林赫嚕」、「厮勒曷魯」、「辭列曷魯」、「斯剌習魯」、「薩喇哈嚕」、「錫剌曷魯」，皆音譯異文也。

使南宋錫林赫嚕等回　硯、錢、吴三本作「使南宋厮勒等回」。

宋使趙良嗣王暉　「王暉」，會編卷四作「王瓌」。

蘇壽吉　守山閣本作「蘇守告」，吴本作「蘇守古」，硯本、錢本、文淵閣本作「蘇守吉」。案：會編卷四載天輔四年（一一二〇）七月金國書，卷七載天輔六年（一一二二）五月金國書，均作「蘇壽吉」。

各本以音近、形似致誤，兹據會編所載金國書改。

如約議　「議」，硯、錢、吴三本訛爲「義」。

六年夏四月壬辰　「壬辰」，硯、錢、吴三本均作「壬寅」。　案：本書下有回南宋國書，其題注即作「夏四月壬辰」，「壬辰」不誤。

圖克坦烏濟高信格　硯、錢、吴三本均作「徒單烏賈高信哥」。會編卷七作「徒姑旦烏歇高慶裔」。金史卷二太祖紀作「徒單烏甲高慶裔」。宋史卷二十二徽宗紀作「徒孤旦烏歇」。皆對音異文。

獨乘遼勢已衰始行侵討　硯、錢、吴三本「已衰」誤作「上褱」，「始」誤作「以」。　案：會編卷十三載天輔七年(一一二三)正月金國書責宋云，「直候契丹勢傾力敗，方自涿、易起兵」。

而乃反被追襲　硯本「反」誤作「及」。

南兵入城　吴本「入」字下有「諸」字，硯本「諸」字誤爲「請」。

宋人之請　硯、錢、吴三本「人」訛爲「命」。

則事在不言　硯、錢、吴三本「在不」兩字互倒。

此間　硯、錢、吴三本「此」訛爲「出」。

并請　吴本「并」作「並」。

即納二十萬匹兩　硯、錢、吴三本脱「即納」二字。

〔考釋〕

（一）「天輔元年十二月，宋主遣登州防禦使馬政來」；「二年正月乙巳，宋使馬政回，遣索多報聘」。案：會編卷一，「政和八年（一一一八）四月二十七日，遣武議大夫馬政等過海至女真軍前議事」。同書卷二，「政和八年閏九月二十七日馬政等至女真所居阿芝川淶流河。重和元年（案：政和八年十一月改元重和）十二月二日己卯，女真發李善慶、小散多（案：即索多）、渤達共三人，齎國書同馬政來朝還禮，至登州，遣詣京師」。畢鑑卷九十三宋紀及宋史卷二十一、二十二徽宗紀與會編所記略同。是馬政之使金，當繫天輔二年（一一一八）閏九月；「宋使馬政回，遣索多報聘」，當在天輔二年十一月間，不在正月。金史卷二太祖紀、卷六十交聘表所記與本篇相同，蓋沿本篇之誤。本篇所記遣使年月多有舛誤，甚至先後失序，金史紀表亦多沿誤。蓋宋庭文獻具在，而金則天輔七年正月己卯以前「軍上不留」也。

（二）「三年夏四月丙子朔，使南宋索多回，同宋使趙良嗣及其子宏來」。案：本篇此條記載與史實不符。會編卷二，「重和元年（一一一八）十二月二日己卯，女真發李善慶、小散多、渤達共三人，齎國書同馬政來朝還禮，至登州，遣詣京師」。同書卷四，「宣和元年（一一一九）三月十八日，差趙有開、王瓌充使，與李善慶等渡海聘之。未行，有開死。會得諜者言，女真嘗祈契丹修好，于是罷使人之行，止差呼延慶等用登州牒遣李善慶等歸。六月三日戊寅，呼延慶至女真軍前，爲女真所留。十二月二十五日丁酉，女真遣呼延慶回」。畢鑑卷九十三，「宣和元年六月戊寅，呼延慶等至金主軍前，金主拘留慶等。又以索多受宋團練使，杖而奪之」。宋史卷二十二徽宗紀所記與會編、畢鑑相合。是天輔三年（一一一九）索多返金，宋未嘗遣使，止差呼延慶等用登州牒遣之也。又案：會編卷四，「宣和二年三月六日，詔趙良嗣由登州往使，王瓌副之，議夾攻契丹，求燕地。不賫書，唯付以御筆。七月十八日，金人遣斯剌、習魯充回使，持其國書，來許燕地」。同卷載七月十八日金國書云，「趙良嗣、王瓌等奏言」云云，「雖無國書，諒不妄言」。是趙良嗣之使金，在天輔四年，不在三年。趙良嗣燕雲奉使録、宋史卷二十二徽宗紀、畢鑑卷九十三宋紀亦均繫宣和二年，即天輔四年。又案：金史卷二太祖紀云，「天輔三年六月，宋使馬政及其子宏來聘」，亦誤。會編卷四，「宣和二年九月二十日戊午差馬政持國書及事目隨習魯等前去報聘，約期夾攻，求山後地，許歲幣等事。馬擴隨父行。十一月二十九日，馬政至女真，以國書授之，及出事目示之」。金史卷二太祖紀「天輔四年十二月，宋復使馬政來請西京之地」，本篇下同，即指此事。宏即擴，聲之訛也。宋史卷二十二徽宗紀、畢鑑卷九十三宋紀記馬政使金年月，均與會編相合。是馬政父子之使金，亦在天輔四年，不在三年。

（三）「南使回，遣貝勒錫林、赫嚕等同往」。　案：此「南使回」指趙良嗣、王瓌使金，于天輔四年七月十八日受遣返宋。會編卷四，「宣和二年三月六日，詔趙良嗣由登州往使，王瓌副之，議夾攻契丹，求燕地。七月十八日，金人差斯剌、習魯充回使，持其國書，來許燕地」。同卷載天輔四年七月十八日金國書，「今差孛堇斯剌、習魯充使同回」。斯剌、習魯即錫林、赫嚕，此事當繫天輔四年七月。

（四）「四年二月己亥，使南宋錫林、赫嚕等回，同宋使趙良嗣、王暉」。案：此指天輔四年十一月二十九日錫林、赫嚕返金，宋遣馬政父子隨行報聘，非同趙良嗣、王暉。趙良嗣、王暉使金在前，錫林、赫嚕係隨趙良嗣、王暉使宋。此事當繫天輔四年十一月，非二月。參考本篇考釋二又案及考釋三。

（五）「六月庚午朔，遣宋使趙良嗣等回，以所獲上京同知蘇壽吉與宋」。案：據會編卷四，金遣趙良嗣等返宋，并遣錫林、赫嚕充回使同行，以所獲上京官員蘇壽吉與宋，事在天輔四年七月十八日，七月十八日金國書可證。金國書云：「捉到上京鹽鐵使蘇壽吉、留守同知王民儌、推官趙拱等，俱貫燕城。內摘蘇壽吉先行付去」。本篇以蘇壽吉爲「同知」，蓋誤。此條當與上文「南使回，遣貝勒錫林、赫嚕等同往」合併。參考本篇考釋三。

（六）「六年夏四月壬辰，遣圖克坦烏濟、高信格使於宋」。案：金史卷二太祖紀與本篇記載同，惟使人姓名作「徒丹吴甲、高慶裔」。會編卷七，「宣和四年五月十八日乙亥，金遣徒姑旦烏歇、高慶裔充通問使，持書來議軍事」。後附天輔六年五月金國書。同書卷九，「宣和四年九月三日己未，烏歇等至國門。十一日丁卯，引烏歇、高慶裔見於崇政殿」。宋史卷二十二徽宗紀同。據此，金之遣使在天輔六年五月，金國書明標五月可證；抵宋則在九月。本篇遣使提早一月，金史又沿其誤。

又案：會編卷四，「宣和三年（一一二一）正月，金人差曷魯、大迪烏充使副持書來議夾攻」。後附天輔五年正月金國書。同書同卷，「宣和三年五月十三日丙午，曷魯至京師」。同書卷五，「宣和三年八月二十日壬子發曷魯、大迪烏賫書歸本國」。後附宣和三年八月宋國書。宋史卷二十二徽宗紀，「宣和三年五月丙午，金人再遣曷魯等來」。與會編所記曷魯等至京師日期相同。畢鑑卷九十四宋紀與會編所記曷魯等至京師、離京師日期亦均相同。本篇自天輔四年十二月「馬政復來請燕地」後，即直記「六年夏四月壬辰，遣圖克坦烏濟、高信格使於宋」，其間天輔五年曷魯之遣失載，金史紀表亦漏載。

（七）「七年正月己卯，與宋書」。案：金史卷六十交聘表，「天輔七年正月己卯，宋復遣趙良嗣來議燕京、西京地。答書如初約，合攻隨得者有之，今自我得，理應有報。趙良嗣言，奉命若得燕京，即納銀絹二十萬匹、綾二萬匹，以代燕地之租税」。此「答書」，即本篇「七年正月己卯，與宋書」也。會編卷十三，「宣和五年（一一二三）正月二十五日己卯，趙良嗣至金人軍前議銀絹代税定數。金人除歲幣外，要增添一百萬貫，以貨物充折，令回宣撫司申聞候報。二十七日辛亥（案：當作辛巳），趙良嗣回至雄州，即以所得回書附遞奏聞」。後附金國書全文，即本篇所載「七年正月己卯，與宋書」也。

又案：會編卷九，「宣和四年（一一二二）九月十八日甲戌，烏歇等入辭於崇政殿，差趙良嗣充國信使兼送伴，馬政充同送伴，馬擴充國信副使」，與烏歇等同去。國書、事目并係徽宗親筆。同書卷十一，「宣和四年十一月一日丙辰朔，阿骨打見趙良嗣，許燕京、薊、景、檀、順、涿、易六州二十四縣，每歲要依契丹銀絹。遣李靖持書來」。同書卷十二，「宣和四年十二月二日丁亥，李靖等入辭於崇政殿。三日戊子，差趙良嗣、周武仲使于金國，許依契丹舊例銀絹，再求營、平、灤三州并西京。十五日庚子，趙良嗣、周武仲至大金軍前。金人不許營、平、灤三州，并要燕地税賦，復遣李靖持書來」。本篇自天輔六年四月遣烏濟後，即直記「七年正月己卯，與宋書」，其間兩國信使、國書往返均失載，金史亦多奪漏。

（二）金人國書

〔據徐夢莘三朝北盟會編袁祖安排印本卷四宣和二年七月十八日補。〕

七月十八日，大金皇帝謹致書于大宋皇帝闕下：隔于素昧，未相致于禮容；酌以權宜，在交馳于使傳：共計成于大事，盍備露于信華。

昨因契丹皇帝重遭敗衂，竟見奔逃，京邑立收，人民坐獲，告和備禮，册上爲兄。理有未敦，斥令更飾，不自惟度，尚有誇淹；致親領甲兵，恭行討伐。

途次有差到朝奉大夫趙良嗣、忠訓郎王瓌等奏言：「奉御筆：據燕京并所管州城元是漢地，若許復舊，將自來與契丹銀絹轉交，可往計議。」雖無國信，諒不妄言。已許上件所謀燕地并所管漢民。外據諸邑及當朝舉兵之後潰散到彼處餘人户，不在許數。至如契丹虔誠請和，聽命無違，必不允應。若是將來舉軍，貴朝不爲夾攻，不能依得已許爲定。從于上京，已曾遣回，轉赴燕路。復爲敵人遠背，孳畜多疲，已還士馬。再命使人，用報前由。即日據捉到上京鹽鐵使蘇壽吉、留守同知王民儆、推官趙拱等俱貫燕城，内摘蘇壽吉先行付去。請發國書，備言銀絹依准與契丹數目歲交，仍置榷場，及取前人家屬并餘一員，即當依應。具形敝幅，冀亮遐悰。今屬秋初，善綏多福。有少禮物，具諸别録。今差孛堇斯剌、習魯充使，大迪烏高隨充副，同回前去。專奉書披陳，不宣。謹白。

〔校文〕

七月十八日　會編許涵度本（以下簡稱許本）、會編文淵閣四庫全書本（以下簡稱文淵閣本）無「十八」二字。

在交馳于使傳　「傳」，許本作「副」。

共計成于大事　「共」，文淵閣本、許本作「期」。

信華　「華」，許本作「章」。

竟見奔逃　「見」，文淵閣本、許本作「是」。「逃」，原作「飛」，許本注云，「改作逃」，今從改。

告和備禮　「和」，原作「知」，據文淵閣本、許本改。

理有未敦　「敦」，文淵閣本作「宜」，許本作「慎」。

恭行討伐　「討」，原作「順」，據許本改。

潰散到彼處餘人户　「潰」，原作「皆」，文淵閣本作「背」，據下篇九月宋國書引來文許本作「潰」改。

契丹虔誠請和　「虔誠」二字原脱，據文淵閣本、許本補。

必不允應　「允應」，原作「應允」，據文淵閣本、許本乙轉。

具形敝幅　「敝」，文淵閣本、許本作「别」。

〔考釋〕

（一）「朝奉大夫趙良嗣」　案：宋史卷四百七十二趙良嗣傳：「趙良嗣，本燕人馬植，世爲遼國大族。政和初，童貫出使，道盧溝。植夜見其侍史，自言有滅燕之策。童貫與語，大奇之，載與歸，易姓名曰李良嗣，薦諸朝。即獻策曰：『女真恨遼人切骨，而天祚荒淫失道。本朝若遣使自登、萊涉海，結好女真，與之相約攻遼，其國可圖也。』徽宗召見，問所來之因，對曰：『遼國必亡。陛下念舊民遭塗炭之苦，復中國往昔之疆，王師一出，必壺漿來迎。萬一女真得志，先發制人，後發制於人，事不侔矣。』帝嘉納之，賜姓趙氏。圖燕之議自此始。宣和二年（一一二〇）二月，使於金國，見其主阿骨打，議取燕雲。使還，進徽猷閣待制。自是將命至六七，頗能綏頰盡心，與金爭議，進龍圖閣直學士。既而朝廷納張覺，良嗣爭之云：『國家新與金國盟，如此必失其歡，後不可悔！』不聽，坐奪職，削五階。靖康元年（一一二六）四月，御史胡舜陟論其結成邊患，使金寇侵陵，乞戮之於市。時已竄郴州，詔廣西轉運副使李昇之即所至梟其首。」

（二）「告和備禮，册上爲兄。理有未敦，斥令更飾，不自惟度，尚有誇淹，致親領甲兵，恭行討伐」。

案：遼史卷二十八天祚紀，「天慶八年（一一一八）正月，遣耶律奴哥使金議和。二月，金主復書曰：『能以兄事朕，歲貢方物，歸我上、中京、興中府三路州縣，以親王、公主、駙馬、大臣子孫爲質，還我行人及元給信符，并宋、夏、高麗往復書詔、表牒，則可以如約。』五月，復遣奴哥使金，要以酌中之議。金主遣胡突衮與奴哥持書報，如前約。六月，遣奴哥等賫宋、夏、高麗書詔、表牒至金。七月，金復遣胡突衮來，免取質子及上京、興中府所屬州郡，裁減歲幣之數。『如能以兄事朕，册用漢儀，可以如約』。八月，遣奴哥、突迭使金，議册禮。九月，突迭見留，遣奴哥還，謂之曰：『言如不從，勿復遣使。』十二月，議定册禮。九年（一一一九）正月，金遣烏林答贊謨持書來迎册。三月，遣知右夷離畢事蕭習泥烈等，册金主爲東懷國皇帝。七月，金復遣烏林答贊謨來，責册文無『兄事』之語，不言『大金』而云『東懷』，乃小邦懷其德之義；及册文有『渠材』二字，語涉輕侮，殊乖體式。如依前書所定，然後可從。九月，復遣習泥烈先持册稿使金。十年（一一二〇）二月，金復遣烏林答贊謨持書及册文副本以來，仍責乞兵于高麗。三月，以金人所定「大聖」二字與先世稱號同，復遣習泥烈往議。金主怒，遂絶之。五月，金主親攻上京」。

（三）宋國書

〔據徐夢莘三朝北盟會編袁祖安排印本卷四宣和二年九月二十日戊午補。〕

九月日，大宋皇帝謹致書于大金皇帝闕下：遠承信介，特示函書，具聆啓處之詳，殊副瞻懷之素。

契丹逆天賊義，干紀亂常，肆害忠良，恣爲暴虐。知夙嚴于軍旅，用綏集于人民，致罰有辭，逖聞爲慰。今者確示同心之好，共圖問罪之師，念彼群黎，舊爲赤子，既久淪于塗炭，思永靖于方陲。誠意不渝，義當如約。已差太傅、知樞密院事童貫領兵相應。使回，請示舉軍的日，以憑進兵夾攻。

所有五代以後所陷幽、薊等州舊漢地及漢民，并居庸、古北、松亭、榆關，已議收復。所有兵馬，彼此不得侵越過關。外據諸邑及貴朝舉兵之後潰散到彼處餘人户，不在收復之數。

銀絹依與契丹數目歲交，仍置榷場。計議之後，契丹請和聽命，各無允從。蘇壽吉家屬并餘二員，請依應津遣。

候當秋杪，益介熙純。今差武顯大夫文州團練使馬政，同差來使副還朝，外有少禮物，具諸别幅。專奉書陳謝，不宣。謹白。

〔校文〕

特示函書　「特」，畢鑑卷九十三宋紀九月引作「持」。

確示同心之好　「示」，原作「是」，據文淵閣本、許本改。

思永靖于方陲　「靖」，文淵閣本、許本作「静」。

領兵相應　「領」，畢鑑引作「勒」。

進兵夾攻　畢鑑引無「進兵」二字。

五代以後所陷幽薊等州舊漢地　「所陷」，畢鑑引作「陷没」。案下篇事目叙來文亦作「所陷」，與袁本同。

不得侵越過關　畢鑑引作「不得過關」，無「侵越」二字。

外據諸邑　「諸邑」，文淵閣本作「諸色」，畢鑑引作「諸色人」。

及貴朝舉兵之後潰散到彼處餘人户　「潰散」，原作「皆散」，文淵閣本作「背散」，此據許本改。「處餘」，原作「餘處」，據上第二篇金人國書乙轉。

不在收復之數「復」，畢鑑引作「留」。

請依應津遣「應」，許本作「舊」。

〔考釋〕

(一)「宋國書」案：畢鑑卷九十三宋紀，「宣和二年(一一二〇)九月丙辰，詔登州鈐轄馬政，借武顯大夫，使聘于金。政持國書及事目隨哈嚕等行。政子擴同行」。政所持國書，即此「宋國書」，「事目」見下篇。會編繫宣和二年九月二十日戊午，乃政等啓行之日，畢鑑繫丙辰(十八日)，是哈嚕等入辭之日。

(二)「知樞密院事童貫」案：據宋史，童貫于宣和元年(一一一九)七月爲太傅，其「一生未嘗知樞密院事。政和七年(一一一七)三月爲權領樞密院，十二月爲領樞密院，宣和六年(一一二四)八月復領樞密院。此云「知院」，蓋一時權宜借銜。

(四)事目

〔據徐夢莘三朝北盟會編袁祖安排印本卷四宣和二年九月二十日戊午補。〕

樞密院奉聖旨，已差馬政同來使齎書往大金國，所有到日合行理會議約事節，若不具録，慮彼别無據憑。今開列于後：

一、昨來趙良嗣等到上京計議燕京一帶以來州城，自是包括西京在内。面奉大金皇帝指揮言，「我本不要西京，只爲就彼挐阿适去。且留着，候將來挐了阿适，都與南朝」。趙良嗣等又言，欲先取蔚、應、朔三州，卻言，「候再來理會」。今來國書内所言「五代以後所陷幽、薊等州舊漢地及漢民」，即是薊、涿、易、檀、順、營、平，并山後雲、環、應、朔、蔚、嬀、儒、新、武，皆係舊漢地也。内雲州改爲西京，新州改爲奉聖，武州改爲歸化。除山前已定外，其西京、歸化、奉聖、嬀、儒等州，恐妨大金兵馬夾攻來路，當朝未去收復。其蔚、應、朔三州，正係兩朝出兵夾攻之處，今議先次收復。其西京、歸化、奉聖、嬀、儒等州，候將來大金國兵馬回歸之後，當朝收復。

一、今來國書内已盡許舊日所與契丹五十萬銀絹之數，本爲五代以後所陷幽、薊一帶舊漢地及漢民；所以言幽、薊一帶，便知西京在内，若不如此，則怎生肯與許多銀絹？

一、今來所約應期夾攻，最爲大事。須是大金兵馬到西京，大宋兵馬便自燕京并應、朔州入去也。如此，則方是夾攻及應得今來相約也。若將來大金兵馬不到西京，便是失約，即不能依得今來議定文字也。須是早到西京，以便應期夾攻。其馬政回，于國書内分明示及舉軍的確到西京月日，齎憑相應。

右劄付馬政。候到日，即據上件語言事節，一一開說。如未信憑，即出此聖旨文字，并逐節照會相約，不管漏落。仍取的確回書，庶早回歸。准此繳申，無致留滯者。

〔校文〕

合行理會議約事節　「理會」，原作「體會」，據文淵閣本、許本改。

今開列于後　「于」，文淵閣本、許本作「如」。

阿适　文淵閣本作「阿古」。案：阿适爲遼主天祚小名，遼史作「阿果」。

便知西京在内　原作「便知西京亦在内地」，文淵閣本、許本均作「便和西京在内」，今據删「亦」、「地」二字，「知」字仍依原本。

若不如此　原無「若」字，據文淵閣本、許本補。

及應得今來相約也　「及」，許本作「則」。

今來議定文字　「議」，原作「已」，據許本改。

須是早到西京　「須」，原作「且」，據許本改。

以便應期夾攻　「期」字據許本補。文淵閣本全句作「以應夾攻」。

齎憑相應 「齎」，文淵閣本、許本誤作「貴」。

即據上件語言事節 「即」，原作「執」，據文淵閣本、許本改。

〔考釋〕

「五代以後所陷幽、薊等州舊漢地」。 案：燕雲之地陷于契丹者，雖云十六州，而時有先後，情勢亦異。契丹天贊二年(九二三)攻占營、平，其後于平州境分置灤州，則三州皆契丹所自取。遼志以灤爲石晉割地，殊誤。晉所賂者爲幽、薊、瀛、莫、涿、檀、順、新、嬀、儒、武、雲、應、環、朔、蔚十六州，時在晉天福年間。若并營、平、灤計之，則所陷漢地爲十九州，不計灤州則爲十八州。周世宗于顯德間收復瀛、莫二州，不計灤州尚有十六州。宋太宗時失易州，則又爲十七州矣。

(五)金人國書

〔據徐夢莘三朝北盟會編袁祖安排印本卷四宣和三年正月補。〕

正月日，大金皇帝致書于大宋皇帝闕下：適紆使傳，遥示音華，載詳别屬之辭，備形書外之意。事須審而後度，禮當具以先聞。

昨者趙良嗣等回，許與燕京并所管州鎮。書載若不夾攻，難應已許。今若更要西京，只請就便計度收取，如難果意，冀爲報示。有此所由，未言舉動的期。所有關封，決當事後載知，亦當熟慮。

春令在始，善祝多祺。今差孛堇曷魯、大迪烏充國信使副。有少禮物，具諸別録。專奉書，不宣。謹白。

〔校文〕

遥示音華　「音」，原作「英」，據許本改。

今若更要西京　「更」，原作「便」，據文淵閣本、許本改。

決當事後載知亦當熟慮　次「當」字原作「曾」，許本校勘記作「當」，從改。文淵閣本脱「載知」六字。

今差孛堇曷魯　「孛堇曷魯」，文淵閣本作「貝勒赫魯」。

〔考釋〕

專奉書　「奉書」下疑脱「陳達」或「陳謝」字樣。

「今若更要西京，只請就便計度收取，如難果意，冀爲報示」。案：畢鑑卷九十三宋紀，「宣和二年（一一二〇）冬十月，馬政等達金拉林河（英案：會編繫宣和二年十一月二十九日），留帳前月餘，議論不決。金主初不認事目内已許西京之語，且言平、灤、營三州不係燕京所管。金主又與其群臣謀，謂：『北朝所以雄盛者，緣得燕地漢人。今一旦割還南朝，不惟國勢微削，兼退守五關之北，無以臨制南方，坐承其弊。若我將來滅契丹，盡有其地，與宋爲鄰，時或以兵壓境，更南展提封，有何不可！』群臣皆以爲然。金主遂將馬擴遠行射獵，久之乃還，令諸大臣具飲食，遞邀南使。十餘日，始草國書，遣哈嚕與政等來報。聘書中大略云：『前日趙良嗣等回，許燕京東路州鎮，已載國書，若不夾攻，應難如約。今若更欲西京，請便計度收取，若難果意，冀爲報示。』」

（六）宋國書

〔據徐夢莘三朝北盟會編袁祖安排印本卷五宣和三年八月二十日壬子補。〕

八月日，大宋皇帝致書于大金皇帝闕下：遠勤專使，薦示華緘。具承契好之修，深悉封疆之諭。惟夙惇于大信，已備載于前書。所有漢地等事，並如初議。俟聞舉兵到西京的期，以憑夾攻。

順履清秋，倍膺純福。今孛堇曷魯、大迪烏回，有少禮物，具諸別幅。專奉書陳謝，不宣。謹白。

〔校文〕

遠勤專使　「專」，文淵閣本作「尊」。

深悉封疆之諭　「諭」，原作「事」，據文淵閣本、許本改。

惟夙惇于大信　「惇」，文淵閣本作「要」。

俟聞舉兵到西京的期　「舉兵」，文淵閣本、許本作「舉軍」。

〔考釋〕

案：據會編卷四、卷五，宣和三年（一一二一）正月，金差曷魯等持國書（即上篇金人國書）使宋議夾攻，二月十七日至登州。宋留而不遣，直到五月十三日始由馬政引之詣京師。曷魯等淹留京師凡三月餘，遲至八月二十日，宋廷始復此國書。且用王黼議，國書但令來使携回，不復遣使。畢鑑卷九十四宣和三年八月引此國書下云，「時帝深悔前舉，意欲罷結約。黼及梁師成又與童貫更相矛盾，故帝心甚闌，而浮沈其辭如此」。案其後金人言「絶使軺，非是通好之意」，即指此也。

（七）金彰國軍牒

〔據徐夢莘三朝北盟會編袁祖安排印本卷五宣和四年三月十七日丙子補。〕

大金彰國軍牒：近白水泊擊散契丹放鵝行帳，天祚皇帝脱身北走。本國軍馬已到山後平定州縣占守訖。請代州戒守邊人員，不得輒引逃去人民，爲國生事，自取禍亡。

〔校文〕

大金彰國軍牒　「彰國軍」下原有小字注「應州」二字，已删。許本亦有小字注「應州也」三字。文淵閣本「應州」二字混入正文，作「彰國軍應州」。

請代州戒守邊人員　「請」，原作「詣」，許本亦校作「詣」，此據文淵閣本改。

自取禍亡　「禍亡」，文淵閣本、許本作「亡滅」。

〔考釋〕

案：會編卷五，「宣和四年三月十七日，代州奏：得金人邊牒」；下天輔六年五月金國書云，「曾牒代州」，即指此文。

（八）金國書

〔據徐夢莘三朝北盟會編袁祖安排印本卷七宣和四年五月十八日乙亥補。〕

五月日，大金皇帝致書于大宋皇帝闕下：因旋使傳，繼附音函。會當命伐之時，未報尅期之約。方將併取，爰審前由。

來書云，「漢地等事，並如初議。俟聞舉兵到西京的期，以憑夾攻」，不言西京「就便計度」。以此遣兵征討，及留送使船上，等候見勝捷，即令拘回次。得行營都統所狀，「初到中京，委諭款降，不爲依應，即日攻破。外興中府左右小可州城，亦相應效尤。以爲雖已示威，本奉弔伐，若便攻拔，慮益傷民，候收遼國，欲將何往。遂乃直抵山西，就擒昏主。無何潛覺，脱身逃遁，只獲行宫並女二名、文武臣僚。續往西京、應、朔、蔚及西南路招討司一帶諸州、縣、鎮、部族、軍戍，悉皆款附。後有西京、德州兩處，相次背叛。累行招誘，竟不自新。軍令既戒，無由可逭。又遇興中府左右合聚兵衆約餘五萬，縱徒逆戰，殺俘殆盡。後知契丹昏主竄于沙漠，分兵追捕次，其餘處所，並已歸降。夏臺亦遣人使，來議通好。韃靼願輸歲貢，繼久稱藩。燕京一處留守國王耶律湻，僭號稱尊，懇誠告和，未審便行攻伐，或别有朝旨。即日敵國新收，義當存撫，願爲親幸，以快輿情」。由是親臨安慰，懷睦鄰邦。前書「已差太傅童貫領兵相應」，雖未報期，緣兵馬已到代北邊陲，慮昏主逃入貴界，曾牒代州，幸無容納，諒已必知；而又不爲夾攻，及無照會，致使難見自來計議事理的實。今據前後往復因由，意或如何？冀示端的。

盛炎在候，順迓天休。今差孛堇烏歇、高慶裔等充通議使副，及管押蘇壽吉家屬前去。有少禮物，具諸别幅。專奉書陳達，不宣。謹白。

〔校文〕

不言西京就便計度　「西京」二字原作「期」，據文淵閣本、許本改。

得行營都統所狀　「所」，許本作「報」。

亦相應效尤　「應」，文淵閣本、許本作「因」；「效尤」二字，文淵閣本互倒。

軍令既戒　「戒」，文淵閣本、許本作「成」。

又遇興中府左右　「又」，許本作「右」。

及無照會　「照」，原作「本」，據許本改。

致使　原作「至始」，據許本改。然許本校勘記云，「至誤作致，始誤作使」，蓋誤校。

孛堇烏歇　文淵閣本作「貝勒烏舍」，許本注云，「改作貝勒烏頁」。

〔考釋〕

（一）「來書」云云。案：文中「來書」云云，指宣和三年（一一二一）八月曷魯携歸之復文，即本書第六篇宋國書。

（二）「行營都統所狀」。案：金史卷二太祖紀，「天輔六年（一一二二）正月乙亥取中京，三月，追遼主于鴛鴦濼，遼主奔西京。壬申，西京降。乙亥，西京復叛。是月，遼秦晉國王耶律捏里即位于燕。四月辛卯，復取西京。是時山西城邑諸部雖降，人心未固，遼主保陰山，耶律捏里在燕京，都統杲遣宗望入奏，請上臨軍」。案耶律捏里即文中所稱耶律湻。

（三）金國遣使之由。案：會編卷七：「宣和四年（一一二二）五月十八日乙亥，金人遣徒姑旦烏歇、高慶裔充通問使持書來議軍事。先是金人緣朝廷遣曷魯等歸，不遣使，疑吾有謀，故未嘗先報軍期。又聞童貫舉三路大軍屯邊，以不報軍期，其曲在彼，深恐朝廷徑取燕地，入界守關，不得歲幣，遂遣徒姑旦烏歇來。」

（九）宋國書

〔據徐夢莘三朝北盟會編袁祖安排印本卷九宣和四年九月十八日甲戌補。〕

使航洊至，聘禮增華。載惟修睦之勤，益稔締交之厚。且承親臨軍旅，遠撫封陲，用申弔伐之仁，以訖威懷之略。遡聞風義，深慰忱誠。

自審舉軍至西京，即遣童貫等領重兵相應。河北、河東兩路，屢敗契丹，俘馘甚衆，軍聲蚤震，諒已具知。所有漢地及夾攻等事，並如昔遣趙良嗣所議，與累次國書并馬政所賫事録。大信既定，義無更改。其餘俱如別録。大軍屯駐並邊已久，冀敦守信約，來應師期，共成取亂之圖，永洽善鄰之契。

候當秋凛，順保天和。今差大中大夫徽猷閣待制趙良嗣等充國信使副。有少禮物，具諸別幅。專奉書陳達，不宣。謹白。

〔校文〕

益稔締交之厚　「稔」，原作「誌」，據文淵閣本、許本改。

河北河東兩路「兩」，原作「西」，據文淵閣本、許本改。

並如昔遣趙良嗣所議「並」，許本作「并」。

其餘俱如別録「俱」，文淵閣本、許本作「具」。

〔考釋〕

案：據會編卷九，「宣和四年（一一二二）九月十八日甲戌，烏歇等入辭于崇政殿，差趙良嗣充國信使兼送伴，馬政充同送伴，馬擴充國信副使」。所持本篇國書及下篇事目，並係徽宗親筆。金史紀表漏載此事。

（一〇）事目

〔據徐夢莘三朝北盟會編袁祖安排印本卷九宣和四年九月十八日甲戌補。〕

一、昨遣趙良嗣計議，及累次國書所載，並令馬政齎執事録，所議漢地等事，係五代唐以後所陷營、平、幽、涿、薊、檀、順、蔚、朔、應、雲、新、嬀、儒、武、寰等州舊漢地漢民。内幽州係今契丹所稱燕京，其餘州縣，有契丹廢併及改正名號去處。候收復訖，彼此畫定封疆。

一、自聞舉兵到西京，即遣太師童貫等領兵相應。大軍自去年四月以後，屯駐河北路極邊，累與接戰，大獲勝捷。依元約合夾攻，以未見金國進兵夾攻，未曾深入。緣契丹日近犯邊，若因追襲，乘勢盡收燕地，不須夾攻外，若未收復，即合依元約夾攻。所謂夾攻者，係本朝自涿、易等處進兵至燕京，金國自古北口等處進兵至燕京。西京管下漢地，候收復燕京畢日，彼此夾攻。其漢地外地土，合屬金國占據。

一、契丹舊主見在天德軍迤北夾山一帶藏泊，見帶領所借夏國兵馬及勾取朔州等處正軍、鄉軍、護衛，欲禦敵金國。燕京見般送銀絹赴舊主處，賞設夏國來人兵。其舊主若不剿除，於金國終爲後患。

一、夏國素務矯詐。昨聞嘗遣使金國賀功，其實力助契丹。至公行文字，詆毁金國甚切，及勾集衆兵借與契丹。聞累與金國接戰，已占據契丹金肅州、河清軍、天德軍、雲内州。若不討伐，常作隄防，必爲金國深患。其詆毁文字，可付與使人。

近據河東路繳到金國軍前都元帥府牒，内一節稱：「燕京路，候秋凉以兵收去。二國其間將欲如何？」又牒稱：「二國往來事，慮有下手先後。」據此，雖意是夾攻，緣文字語言未是。彼此合守夾攻元約施行。

〔校文〕

馬政齎執事録　「事」下原衍「昨」字，據文淵閣本、許本删。

所稱燕京　「所」，原作「新」，據文淵閣本、許本改。

天德軍迤北夾山一帶　「迤」字原脱，據許本補。文淵閣本「迤」誤作「地」。

賞設夏國來人兵　「賞」上原有「充」字，據文淵閣本、許本删。

嘗遣使金國賀功　文淵閣本、許本「使」下有「詣」字。

金肅州　原脱「州」字，據許本補。文淵閣本「肅」誤作「蕭」。

常作隄防　「防」，文淵閣本、許本皆作「虞」。

都元帥府牒　原脱「都」字，據文淵閣本、許本補。

二國其間將欲如何　「二」，文淵閣本、許本皆誤作「三」。

〔考釋〕

案：畢鑑卷九十四宋紀，「宣和四年（一一二二）九月甲戌，良嗣將行，以國書副本及事目示馬擴，擴大驚曰：金人方以不報師期，恐王師下燕，守關不得歲幣，所以遣使通議，一則欲嗣音繼好，二則視我國去就。猶未知楊可世、种師道白溝之衄，宣撫司氣沮而退也。在我固當守前約，且云：『緣貴朝不報師期，疑海道難測，所以不俟的音，即舉兵相應。今仍趣宣撫司進兵，克期下燕。』如此，則既於夾攻元約不爽，又絶日後輕侮之患。柰何自布露腹心，傾身倚之，大事去矣！良嗣愕然曰：宣撫司盡力不能取，若不以金幣藉女直取之，何以得燕？擴曰：既知力不能取，胡不明白盡與大金，退修邊備，保吾舊疆！安得貪目前小利，不虞後患，愛掌失指耶！良嗣曰：朝廷之意已定，不可易也。遂出國門」。

（一一）金國書

〔據徐夢莘三朝北盟會編袁祖安排印本卷十一宣和四年十一月一日丙辰補。〕

適憑使傳，特示音題，然已露于深悰，斯未洽於舊約。載惟大信，理有所陳，爰念前言，義當可許。

昨差趙良嗣計議燕京，依與契丹銀絹數目歲交；尋許燕京并所管州縣及所轄漢民，「如或不爲夾攻，不能依得已許」。後來馬政至，更議收復西京。回書：「只請就便計度，如難果意，冀爲報示。」又得書示：「候聞舉兵到西京的期，以憑夾攻。」不言「自行計度」，或「難果意」，只云「並如初議」，及絶使軺，以謂非是通好之意，遂止夾攻許與之辭。以故昨來遣兵，及平定契丹畢，未嘗報論夾攻。

自來燕京國王上表稱臣，永修貢進。薨逝後，屬以其妻國妃虔誠表請，縱不許爲藩輔，亦無他望。良嗣等始方來到。且馬政元竇事録：「所約應期夾攻，最爲大事。須是大金兵馬到西京，大宋兵馬便自燕京并應、朔等州入去也。如此，則方是夾攻。若將來不到西京，便是失約也。」貴朝若依前書，實欲夾攻圖謀，須理會當期本朝兵馬到西京已來，合依所約道路進兵相應，若謂不知，又云燕南已屯重兵。兼貴朝士馬發於代州，比本朝遠至西京，地里勞逸，灼然可知。直至克定，未曾依應。

今承芳翰，再締新懽，極邊屯相應之軍，立議復幽雲之地，皆非元約者也，其於信義，未合許焉。蓋念前書「至如契丹將來虔誠請和，聽命無違，必不允應」，方是大信，故許燕京并六州屬縣及所管漢兒外，其餘應關係官錢穀金帛諸物之類，并女真、渤海、契丹、奚，及別處移散到彼漢民雜色人户，兼并平、灤、營等州縣，縱貴朝克復，亦不在許與之限，當須本朝占據。如或廣務於侵求，諸處難終於信義。所有信誓分立界至，并舊來輸納契丹歲幣數目多少交割等事，候到燕京續議畫定。

式當嚴律，善保殊休。今差孛堇撒盧母、李靖，孛堇王度剌，充國信使副。有少禮物，具諸別幅。專奉書陳達，不宣。謹白。

〔校文〕

昨差趙良嗣計議燕京　文淵閣本「差」作「遣」；許本奪「議」字。

更議收復西京　原奪「復」字，據文淵閣本、許本補。

只請就便計度　「度」，文淵閣本、許本均訛爲「處」。

如難果意　許本「難果」二字互倒。案：宣和三年（一一二一）正月金國書（本書第五篇）作「如難果意」，此處係引彼書文字，作「果意」是也。

屬以其妻國妃虔誠表請　「以」字疑衍。

大宋兵馬便自燕京并應朔等州入去也　「自」下原有「來」字。案：宣和二年（一一二〇）九月馬政所賫事目（本書第四篇）及天輔七年（一一二三）正月金國書（本書第十五篇）引宋來文，均無「來」字，茲據删。

須理會當期本朝兵馬到西京已來　文淵閣本「須理」作「理須」，無「會」字。

合依所約道路進兵相應　「依」，原作「於」，據許本改。

比本朝遠至西京　「比本朝遠」四字原作「北並兩途」，據文淵閣本、許本改。

蓋念前書　「蓋」，原作「盍」，據文淵閣本、許本改。

至如契丹將來虔誠請和　「將」，原作「前」，據文淵閣本、許本改。

其餘應關係官錢穀　「關」，原訛爲「許」。文淵閣本、許本均作「關」，下篇宋國書亦作「關」，今據改。

又，文淵閣本脱「其」字。

兼并平灤營等州縣　文淵閣本、許本無「等」字。

縱貴朝克復　「復」，原作「服」，據文淵閣本、許本改。

諸慮難終於信義　「諸」，文淵閣本、許本作「請」，畢鑑卷九十四宋紀宣和四年（一一二二）十一月引作「必」。

孛堇撒盧母　文淵閣本作「貝勒察勒瑪」，許本作「孛堇撒胡紹」，案：繫年要録作「撒拇」，畢鑑卷九十四宋紀宣和四年十一月引作「薩魯謨」，孫覿實録作「烏凌葛思謀」，本書第二十九篇與宋閹人河北河東陝西等處宣撫使廣陽郡王童貫書作「色呼美」。參看本書第十七篇天輔七年二月十九日答宋主書考釋四。

孛堇王度剌　文淵閣本作「貝勒王都哷」。案：會編卷十一引茅齋自叙此次金之副使爲王永昌。

專奉書陳達　「奉」字原脱，據文淵閣本、許本補。

〔考釋〕

（一）案：畢鑑卷九十四宋紀，「宣和四年冬十月，是月，趙良嗣等至奉聖州，金主令宗望及富吉等責良嗣以出兵失期，且云：『今更不論夾攻元約，特與燕京六州二十四縣漢地漢民。』六州，謂薊、景、檀、順、涿、易也。又言：『南朝即自得平、灤，本朝兵馬亦借路平、灤以歸。』良嗣言：『元約山前、山後十七州，今乃如此，信義安在？』又言：『本朝得燕，必分兵屯守，大國人馬經過，豈敢專聽！』富吉曰：『汝但知阻我借路過關，不道汝國人馬又敗。』蓋聞劉延慶又敗於新城也。遂以國書示良嗣等，遣李靖、王度喇充國信使副，薩嚕謨充議計使。良嗣云：『所説燕京，如大金得之，亦與南朝，國書中不甚明白。』富吉乃曰：『一言足矣，喋喋何爲！若必欲取信，待到燕京，使人面約。』遂留馬擴，獨遣良嗣與使者偕行。」

（二）案：書中謂「如或不爲夾攻，不能依得已許」，及「契丹將來虔誠請和，聽命無違，必不允應」，見天輔四年（一一二〇）七月十八日金國書（本書第二篇）。「更議收復西京」，「只請就便計度」，見天輔五年（一一二一）正月金人國書（本書第五篇）。「候聞舉兵到西京的期，以憑夾攻」，見同年八月二十日宋國書（本書第六篇），此次宋未遣使，國書由金使帶回，故有「絶使軺」之語。「馬政元齎事録」，指宣和二年九月宋國書所附事目（本書第四篇）。

（一二）宋國書

〔據徐夢莘三朝北盟會編袁祖安排印本卷十二宣和四年十二月三日戊子補。〕

夙勤原使，嗣覿緘書，共聞綏撫之詳，備諗敷陳之悉。方遠敦於契好，宜曲盡于忱誠。本朝與鄰國通好，自來係計使人往來之數以爲禮節。昨曷魯等來，係報馬政之聘，以故更不遣使。然國書内具述：「夙敦大信，備載前書。所有漢地等事，並如初議，候聞舉兵到西京的期，以憑夾攻。」議約事理分明，别無斷絶。今歲自聞舉軍到西京，即遣童貫等領兵自燕路相應。四月以後，累伐契丹，事可詢訪，亦累遣人移文貴朝軍前報應，計議夾攻之舉，即無失約。昨燕京國妃蕭氏，遣蕭容等進表納款，仍乞援助，止退大金兵馬，及營、平、薊、景等舉地來歸。繼亦常遣偏裨入燕城，殺戮不順。契丹請和聽命，各無允從，并未見貴朝進兵夾攻，即却其使并表，未嘗聽許，及未曾分遣大兵據守。元議自燕并應、朔等州進兵，後來以西京之議未明，故止應、朔之師。雖奉聖、應、朔、蔚、武等州遣人請降，亦以此未曾撫定。敦守信義，以務交歡，本末可見。

趙良嗣回，知欲入關至燕。本朝議云：與貴朝講好修睦，若本朝先自平燕，亦當迎待如禮。良嗣固執，妄有所陳。所有應關係官錢穀金帛諸物之類，今書欲行拘收，實非元約，然貴朝兵馬既欲入關，犒師之用，義合相從；其别處移散到漢民雜色人户，如欲收管，亦非元約所載，今並如來諭，以示誠意。

兩朝守國，所恃大信。自初遣良嗣以至于今所議，正爲五代以後所陷漢地。内燕京六州及屬縣已載來書。並承諭：如本朝已取了燕京，自依今來已許；如未取了，貴國取得，亦與本朝，更不與夾攻。外所有營、平、灤并西京管下州縣，并係五代所陷地土，合依元約本朝收復。爰念自貴朝未取上京之時，越大海以通交好，使聘往來，累年于此，所當曲務允應，以善初終。除營、平、灤三州本朝收復外，其西京地土，候收復燕京，别行計議。契勘馬政所賫事目，已曾具言：緣收復燕京一帶并西京地土，所以盡許契丹歲交銀絹，今若西京别作一段計議，理合減定。深念久已相許，義不可渝，將歲交銀絹數目多少交割等，並依契丹舊例施行。信誓、分立界至等事，續議畫定，庶應來悰，用臻歡約。

屬當歲凛，益保天祺。今差龍圖閣直學士大中大夫趙良嗣、朝散郎充顯謨閣待制周武仲，充國信使副。有少禮物，具諸别幅。專奉書陳達，不宣。謹白。

〔校文〕

備諗敷陳之悉　「諗」，文淵閣本作「紉」，許本誤作「仞」。

國書内具述　「具」，原作「且」，據文淵閣本、許本改。

夙敦大信　「敦」，文淵閣本作「約」。

候聞舉兵到西京的期　「兵」，文淵閣本、許本作「軍」。

議約事理分明　「約」，文淵閣本誤作「納」；「理」，許本作「宜」。

繼亦常遣偏裨入燕城　「常」，文淵閣本、許本作「嘗」。

後來以西京之議未明　「西」，文淵閣本誤作「兩」。

知欲入關至燕　「知欲」，原作「款知」，據許本改。文淵閣本「知」下無「欲」字。

今書欲行拘收　「書」，原作「盡」，據文淵閣本、許本改。「拘」，文淵閣本作「據」。

其別處移散到漢民　「到」，文淵閣本、許本作「致」。

爰念自貴朝未取上京之時　文淵閣本奪「京」字。

越大海以通交好　「以」，原作「一」，據文淵閣本改。許本無「以」字。

其西京地土候收復燕京别行計議契勘馬政所賫事目已曾具言緣收復燕京一帶并西京地土　次

「土」字原奪，據文淵閣本、許本補。文淵閣本前「收復」二字互倒，「候收復燕京」下奪「别行計議」以下二十一字。

所以盡許契丹歲交銀絹　文淵閣本、許本「盡」下均奪「許」字。

屬當歲凛　「當歲」二字原互倒，據文淵閣本、許本乙正。

〔考釋〕

(一)案：畢鑑卷九十四宋紀，「宣和四年(一一二二)十二月戊子，金使李靖等辭。詔趙良嗣爲國信使兼送伴，周武仲副之。又領國書。又御筆付良嗣等云：『平、灤頗出桑麻，金所欲得，可與契丹歲幣數目外，特加絹五萬匹，銀五萬兩。所有營、平、灤及西京地土，本朝盡行收復。』」

(二)案：畢鑑卷九十四宋紀，「宣和四年六月，金主自將伐遼，發自上京。遼耶律淳死，蕭妃稱制，改元德興。處温父子南通童貫，欲挾蕭妃納土；北通於金，謀爲内應。事覺，處温賜死，臠其子奭。九月，遼將郭藥師以涿州來降。藥師本常勝軍帥，爲涿州留守。十月，蕭妃聞常勝軍降，懼甚，遣蕭容、韓昉奉表稱臣，乞念前好。昉等見童貫、蔡攸於軍中，貫、攸叱出之。」

（一三）金國書

〔據徐夢莘三朝北盟會編袁祖安排印本卷十二宣和四年十二月十五日庚子補。〕

十二月日，大金皇帝致書于大宋皇帝闕下：肅馳使驛，繼附音徽。然承鄰睦之修，未盡理端之素，故形緻幅，開導深悰。

昨於天輔四年，趙良嗣計議燕京，若是允肯，自來所與契丹銀絹，依數歲交及夾攻。回書已許燕京地分并所管户民，「若不夾攻，不能依得已許爲定」。平、營、灤等州未曾允應。今承來書：「其別處移散到漢民雜色人户，如欲收復，亦非元約。」據上項人户，前次往復，未曾遺漏，辭意詳明。昨來斯剌等去時，已曾具言。

兼契勘馬政來賫到事目：「所約應期夾攻，最爲大事。須是大金兵馬到西京，大宋兵馬自應，朔州入去，不如此，則便爲失約也。」且當朝兵馬攻下西京以至武、朔，曾牒代州，亦未相應夾攻。又良嗣賫到書：「所謂夾攻者，宋朝自涿、易等處進兵至燕京，金國自古北口等處進兵至燕京。」至日臨期，當朝兵馬攻下居庸，直抵燕城，即日款降外，貴朝兵馬，從無一人一騎、一鼓一旗、一甲一矢，竟不能入燕，已被戰退。以故李靖等去時，具言已許燕京所管州縣地方元管户民，「如或廣務於侵求，諸慮難終於信義」。今書又齎辭索平、營、灤等三州，已係廣務於侵求。酌此事件，爲約分明，義當不許；爰念大信不可輕失，且圖交好，特許燕京六州隨縣。

所有銀絹及雜色諸項等樣，一一須依契丹從來獻納舊例交取。兼燕京自以本朝兵力收下，所據見與州縣合納隨色税賦，每年並是當朝收納。如可依隨，請差人使，不過向前正旦受禮賀功，及齎送今歲合交銀絹。外據平、營、灤三州，亦不在許與之限。所有次年已後銀絹，及諸項土産物件交割處所，立界至，及其餘事等，姑俟大事議妥，告成獻廟，奏凱惠勞，叙録優䘏部落外，再遣人員，續議畫定。如難依隨，請於已後無復計議燕京。

今屬祁寒，冀膺多福。今差孛堇李靖、王度剌等充國信使副。有少禮物，具諸別幅。專奉書陳謝，不宣。謹白。天輔六年十二月日。

〔校文〕

故形敝幅　「敝」，文淵閣本、許本均誤作「别」。

回書已許燕京地分　「分」，文淵閣本、許本均作「方」。

如欲收復亦非元約　案：此引上篇宣和四年（一一二二）十二月三日宋國書。原書「收復」作「收管」。

未曾遺漏　「遺」，文淵閣本、許本均作「透」。

昨來斯剌等去時已曾具言　「斯剌」，原作「度剌」，許本作「斯剌」，文淵閣本作「錫喇」。案：此指斯剌（亦即錫喇）于天輔四年（一一二〇）以正使使宋，其所持國書（本書第二篇）中所載「外據諸邑及當朝舉兵之後潰散到彼處餘人户，不在許數」之語。若「度剌」，則奉使在後，且非正使。兹從許本。

所約應期夾攻最爲大事須是大金兵馬到西京大宋兵馬自應朔州入去　文淵閣本「所約」下脱「應期夾攻」至「兵馬自」二十二字。

宋朝自涿易等處進兵至燕京　「宋」，原作「貴」，據許本改。許本「涿易」下有「二州」二字，「等」下有「衝要」二字。案：原事目（本書第十篇）無「二州」、「衝要」四字。

金國自古北口等處進兵至燕京　許本「古北口」下有「烏鴉巖衝要」五字。案：原事目（本書第十篇）無此五字。

至日臨期　袁本無此四字，據許本補。

當朝兵馬攻下居庸　文淵閣本「當」上有「且」字。

貴朝兵馬從無一人一騎一鼓一旗一甲一矢竟不能入燕　「兵馬」下原無「從無」至「竟」十五字，據許本補。

燕京所管州縣地方　「方」，文淵閣本、許本均作「分」。

諸慮難終於信義　「諸」，許本作「請」。

今書又賫辭索平營灤等三州　「賫辭索」，文淵閣本、許本均作「責許外」。

特許燕京六州隨縣　許本「六州」下有「二十四縣等所」六字，「隨」下有「屬」字。

所有銀絹及雜色諸項等樣一一須依契丹從來獻納舊例交取　袁本「銀絹」下無「及雜色諸項等樣一一」八字，「依」上無「須」字，「契丹」下無「從來獻納」四字，均據許本補。

不過向前正旦受禮賀功　「向前」二字原倒，據許本乙轉。

外據平營灤三州　許本「外據」下有「連次所云」四字。

所有次年已後銀絹及諸項土産物件交割處所　前「所」字文淵閣本、許本均作「外」。「銀絹」下原脱「及諸項土産物件」七字，據許本補。

再遣人員　許本「遣」下有「差」字。

請於已後無復計議燕京　許本無「於」字。

孛堇李靖王度剌　文淵閣本「孛堇」作「貝勒」，「王度剌」作「王都呼」。案：會編卷十一引茅齋自叙天輔六年（一一二二）十一月金之副使「王度剌」作「王永昌」，卷十三引茅齋自叙此次金之副使「王度剌」又作「王永福」，必有一誤。

〔考釋〕

（一）案：本書記發文時日爲天輔六年十二月。宋史卷二十二徽宗紀，「宣和五年（一一二三）正月戊午（初四），金人遣李靖來，議所許六州代租錢」。案宣和四年十二月三日趙良嗣使金，十五日至金軍前，金人乃遣李靖報聘。復書記十二月，當在是月中旬啓行。以行程半月計之，到汴當在宣和五年正月上旬。徽宗紀在正月戊午，會編則繫「正月一日乙卯」，時日大致不誤。

（二）案：書中謂馬政所賫事目，指宣和二年（一一二〇）九月二十日宋國書所附事目（本書第四篇）；「曾牒代州」，指天輔六年三月十七日金彰國軍牒（本書第七篇）；「良嗣賫到書」，指宣和四年九月十八日宋國書所附事目（本書第十篇）。

（三）案：畢鑑卷九十四宋紀，「宣和四年十二月甲辰，金復遣李靖、王度喇與趙良嗣等同來。良嗣至金主軍前，金主謂曰：『數年相約夾攻，而汝國不出師，復不遣報，今將若何？』良嗣對曰：『夾攻雖是元約，據昨奉聖州軍前別議，特許燕京，不論夾攻與否。』金主曰：『夾攻且勿言，其平、灤等州未嘗議及，如何欲取？若必欲取平、灤，并燕京亦不與矣。』居四日，詔趣令南使辭歸。以國書副本示良嗣。良嗣曰：『自古及今，税租隨地，豈有與其地而不與其税租者！』宗翰曰：『燕自我得之，税賦當歸我。若不見與，請速退涿州之師，無留吾疆。』於是復以國書遣良嗣及靖等。」

（一四）宋國書

〔據徐夢莘三朝北盟會編袁祖安排印本卷十三宣和五年正月初五日己未補。〕

正月日，大宋皇帝致書於大金皇帝闕下：比聞親提師卒，遠涉關封，靡煩振旅之勤，共底夾攻之績。夙惟信義，方劇忻愉，亟承使節之還，舊沐書辭之悉，念欲諧於歡好，當曲示於忱誠。

本朝與貴朝數年計議漢地漢民及夾攻等事，具載累書，兹不贅詞。昨趙良嗣等還自代北，知欲入關討伐，即自涿、易等處分遣軍馬夾攻，三面掩殺契丹數陣，大獲勝捷，追逐遠過燕京東北，實與貴朝攻取居庸之兵相應，靡有差失。暨國妃與四軍以下奔竄，城中無不順之人。似聞貴朝兵馬相近，于義不當争入燕城，即令遠駐兵馬，本堅守信約之應夾攻者，事皆有迹可考，不待理辯。

今承來書：燕地州縣税賦，欲行拘收，不特事非元約，又非近所計議。自古及今，税賦隨地；況遠隔關塞，民户如何搬運？于理本難允應。重念萬里交歡，踰海遣使，積年于此，信聘往還，情意已篤，義當勉從所諭，以成交好。今特許每歲别交銀絹，以代燕地税賦，令良嗣等前去定議。并契丹舊交銀絹，並合自今來計議畢日爲始。所有彼此遣使持禮賀正旦等事，候計議畢，議定發遣月日，受理去處。其銀絹交割處所，分立界至等事，續議畫定。候屬春和，茂膺天福。今差龍圖閣直學士、大中大夫趙良嗣，朝散郎、充顯謨閣待制周武仲，充國信使副，及差馬擴充計議使。有少禮物，具諸别幅。專奉書陳賀兼謝，不宣。

〔校文〕

當曲示於忱誠　「曲」，原誤作「取」，據文淵閣本、許本改。

本朝與貴朝數年計議漢地漢民　「與」，原誤作「于」；「貴朝」原作「貴國」，均據文淵閣本、許本改。

兹不贅詞　「贅」，文淵閣本、許本均作「費」。許本校勘記云：「贅誤作費」。

實與貴朝攻取居庸之兵相應　「攻」，原誤作「次」，據文淵閣本、許本改。

本堅守信約之應夾攻者　許本脱「之」字。

又非近所計議　「又」，原作「及」，據許本改。

義當勉從所諭　「義」，文淵閣本作「意」。「諭」，原作「欲」，據文淵閣本、許本改。

以成交好　「以」，文淵閣本誤作「已」。

所有彼此遣使持禮賀正旦等事　「持禮賀」，文淵閣本、許本均誤作「特賀禮」。

朝散郎充顯謨閣待制周武仲　「武仲」，許本校勘記云：「應作仲武」。案：袁本、文淵閣本均作「武仲」。本書第十二篇宋國書亦作「武仲」。畢鑑卷九十四宋紀記宣和四年（一一二二）十二月戊子、五年（一一二三）正月戊午兩次差使，亦均作「武仲」。「武仲」不誤。

〔考釋〕

案：畢鑑卷九十四宋紀，「宣和五年正月戊午，金使李靖等入對，退，見王黼。黼曰，『租税，非約也。上意以交往之深，特相遷就，然飛輓殊遠，欲以銀絹充之』。請問其數，黼曰，『已遣趙龍圖面約多寡矣』。靖復請去年歲幣，帝亦許之。明日，詔趙良嗣、周武仲、馬擴奉國書與靖等偕往」。

（一五）金國書

〔據徐夢莘三朝北盟會編袁祖安排印本卷十三宣和五年正月二十七日辛亥補。〕

正月日，大金皇帝致書于大宋皇帝闕下：遠辱華函，繼形温問，因遽成於小補，感特貺於慶儀。載循計議之辭，未悉聽從之諭，致煩馳報，冀示誠音。自來越海計議，收復燕京并所管州縣元是漢地漢民，已曾允應：「若是夾攻則與。」又承回示：「若大金兵馬到西京，本朝便自燕京并應、朔等州進兵。」洎至遣兵攻下西京，牒報代州，不經依應，直候契丹勢傾力敗，方自涿、易起兵，與元約不同。昨於奉聖州良嗣等來時，國妃狀奏稱：貴朝兵馬竊入燕京，雖已殺盡，幸願欵附金國。尚不欲違約，已報許與。後國妃又申：「瀘溝河南大破南軍，雖追捉數萬，願爲金國臣子。」重念如不自取，慮失元許，遂遣重兵攻破居庸，燕京并所管州縣並已欵降。尋遣親見副使馬擴，專報委細。及差人就撿陣地，僵屍甚衆，俱是南人；更有人諳知貴朝統制劉延慶已坐失律。兼僞命林牙統軍查剌等以下亦稱：國妃知當朝兵馬過關，勾退鎮南軍馬，待圖逆戰，蓋因自來已破大軍，別無警急；及至相近，不敢對敵，因而遁去。別不敗於南軍，南軍亦不曾到燕京左右。若是城中之人實有相順，無因盡殺入城軍士。依此事跡，足認貴朝兵馬不克夾攻，特因自力，所以拘收税賦。

今承來書：「事非元約。税賦隨地，民户如何搬運？於理本難允應。今特許每歲别交銀絹，令良嗣等前去定議。」向來燕城儻賴貴朝攻下，無由更收税色，實以自力收獲故也。既以相許，即委所司勘會。據燕京管内每年收納隨色賦税，共送五六百萬貫。乃命宣諭國信使副：於内只收合直一百萬貫物貨回奏。良嗣等稱：「奉御筆：只許銀五萬兩，絹五萬疋；如不允應，便添十萬，仍議西京在内；更或不許，西京别作一段；猶不允從，添綾二萬，入二十萬數；更或不允，綾在二十萬數外。以上别不奉到宣旨，不敢自專，願遣使人齎書計議。」

據年前合交銀絹數内，先已將到二十萬疋兩。尋委舊曾交割官員檢辦收領，緣稱「絹貨下弱，不並前來」。今請依與契丹一般者交送。

據平、灤等州不在許與之限，已曾書報「儻廣務侵求，難終信義」，無煩理會。況平州已爲邊鎮，所有脅虜投過民户，别諭良嗣等省會去訖。

所據今歲代税合要物帛絲綿諸番色數，並依中等價值，别有劄目。如可依從，即請一就起般年前并今歲合交銀絹，依契丹數目送至燕京，用賞軍人。外據代税絲綿諸物，定於今歲十月交割，内絲綿並須燕京土産。外自今歲以後常年合交代税絲綿等物，依見去劄數，并前來歲交割銀絹，一一依准舊例，分破五番，般送平州路界首交付。

及示盟誓，凡百事節，不拘大小緩急，上下公私，皆恪遵此信約，長世不違，貴憑同盟。所有封疆，可自燕京所管州縣地分，與平州界至，其間畫立一界石，以爲世守之界，永無違盟紊亂。其賀正旦信使，彼此各請預先一日到闕，生辰人使以十月三日受禮，依上到來。外賀貴朝生辰，並依舊來契丹發行月日到闕。仍於穩便處所，起置榷場。所有燕京并隨州縣民户不少，若許計議，不見定一，自難安撫。被害流民極破散無依者，苟失今年播殖，將來住係何處，卒難拯濟。如或難以准隨，請自今各只依向來契丹所行過體例一般施行，仍速勾退過界兵馬。

候當春始，善祝多祺。有少禮物，具諸别幅。令龍圖閣直學士大中大夫趙良嗣回。專奉書陳達兼謝，不宣。謹白。

〔校文〕

自來越海計議　「自來」，本書第一篇末段摘録此文作「往歲」。

本朝便自燕京并應朔等州進兵　「進兵」，文淵閣本二字誤倒。

洎至遣兵攻下西京　「洎」，文淵閣本誤作「泊」。

貴朝兵馬竊入燕京　「燕京」，文淵閣本、許本作「本京」。

雖已殺盡　「已」，文淵閣本誤作「以」。

已報許與　「與」，文淵閣本誤作「於」。

瀘溝河南大破南軍　「瀘」，原作「盧」；「軍」，原作「兵」，均據文淵閣本、許本改。

及差人就撿陣地　「撿」，文淵閣本、許本作「檢」。

更有人諳知貴朝統制劉延慶已坐失律　「諳」，文淵閣本、許本均誤作「暗」。

兼僞命林牙統軍查剌等以下亦稱　「查剌」，許本注云：「改作扎拉。」文淵閣本作「扎拉」。

蓋因自來已破大軍　「大」，疑當作「南」。

南軍亦不曾到燕京左右　文淵閣本脱「南軍」二字。

若是城中之人實有相順　「有」，文淵閣本作「是」。

民户如何搬運　「民户」，原作「户民」。上篇宋國書作「民户」，本篇亦有「民户不少」之語，兹據乙轉。

令良嗣等前去定議　「前」字原脱，據文淵閣本、許本補。

據燕京管内每年收納隨色賦税　「每年」二字原脱，「賦税」二字互倒，據文淵閣本、許本補正。

絹五萬疋　「疋」，許本作「匹」。

據年前合交銀絹數内　「年前」二字原倒，據文淵閣本、許本乙轉。

先已將到二十萬疋兩　「疋兩」，文淵閣本作「兩疋」，許本作「兩匹」。

尋委舊曾交割官員檢辦收領　「曾」，文淵閣本誤作「存」。

所有脅虜投過民户　「脅」，文淵閣本、許本誤作「協」。

如可依從　「可」，文淵閣本誤作「何」。

并前來歲交割銀絹　「歲」字原脱，據文淵閣本、許本補。

一一依准舊例　「一一」二字原脱，據許本補。

凡百事節不拘大小緩急上下公私皆恪遵此信約　「事節」下原無「不拘大小」以下十字，「皆」下無「恪」字，「此」下無「信」字，均據許本補。

所有封疆　「封疆」二字文淵閣本互倒。

其間畫立一界石以爲世守之界永無違盟紊亂　「其間畫立」下原無「一界石」以下十五字，據許本補。又，許本「之」下有「一」字，校勘記云：「一字衍」，據删。

其賀正旦信使　「正」下文淵閣本無「旦」字。

彼此各請預先一日到闕「闕」，原誤作「關」，據文淵閣本、許本改。

並依舊來契丹發行月日到闕「闕」，原誤作「關」，據文淵閣本、許本改。

被害流民極破散無依者苟失今年播殖「被害」以下十字原無，據許本補。

卒難拯濟「卒」，原作「率」，據文淵閣本、許本改。

請自今各只依向來契丹所行過體例一般施行「自今」、「向來」、「所行過」、「一般」九字原無，據許本補。

大中大夫趙良嗣回文淵閣本脱「回」字。

〔考釋〕

（一）案：本篇金國書，會編袁祖安本及文淵閣本均繫宣和五年（一一二三）正月二十七日辛亥。案當年正月乙卯朔，二十七日當爲辛巳，「亥」字顯係「巳」之誤，許涵度本正作「辛巳」，當據許本改正。

（二）案：會編卷十三、金史卷二太祖紀均謂趙良嗣等使金，許以銀絹代燕地賦税，于宣和五年，即天輔七年，正月二十五日己卯至金人軍前，時日并無不合。然本篇金國書即本書第一篇與宋主書末段「天輔七年正月己卯與宋書」全文（參看本書第一篇考釋七），使人抵達之日即作覆書，似不致匆促若是。疑良嗣等至金人軍前或在二十五日己卯以前，己卯蓋爲定議之時，否則金國書當遲于己卯。

（三）案：畢鑑卷九十四宋紀，「宣和五年二月丙戌，趙良嗣等自燕山還，至雄州，以金國書遞奏。初，良嗣以前月抵燕，見金主曰：『本朝徇大國多矣，豈平、灤一事不能相從邪？』金主曰：『平、灤欲作邊鎮，不可得也。』遂議租賦。金主曰：『燕租六百萬，今止取一百萬，亦不爲多。不然，還我涿、易舊疆及常勝軍，吾且提兵按邊。』良嗣曰：『本朝自以兵下涿、易，今乃云爾，豈無曲直邪？』且言御筆許十萬至二十萬，不敢擅增。乃令良嗣以國書歸報。金主問來期何時，良嗣以半月對。金主曰：『我欲二月十日巡邊，無妨我。』良嗣曰：『此去朝廷數千里，今正月且盡，安能及期？莫若使人留雄州，以書驛聞爲便。』金主許之。時金人以爲南朝雅畏契丹，加以劉延慶之敗，益有輕我之心，欲背初約，要求不已。南使過盧溝，金人悉斷其北橋梁，焚次舍。」

（四）案：宋史卷三五七劉延慶傳，延慶從童貫北伐，「以宣撫都統制督兵十萬渡白溝。延慶行軍無紀律，郭藥師扣馬諫曰：『今大軍拔隊行而不設備，若敵人置伏邀擊，首尾不相應，則望塵決潰矣。』不聽。至良鄉，遼將蕭幹帥衆來，延慶與戰，敗績。遂閉壘不出。藥師曰：『幹兵不過萬人，今悉力拒我，燕山必虛，願得奇兵五千，倍道襲取，令公之子三將軍簡師爲後繼。』延慶許之。遣大將高世宣與藥師先行，即入燕城。幹舉精甲三千巷戰。光世渝約不至，藥師失援，敗走，世宣死之。延慶營於瀘溝南，幹分兵斷餉道，擒護糧將王淵。明旦，延慶見火起，以爲敵至，燒營而奔，相蹂踐死者百餘里。自熙豐以來所儲軍實殆盡。退保雄州，坐貶率府率。契丹知中國不能用兵，由是輕宋。」

（一六）宋國書

〔據徐夢莘三朝北盟會編袁祖安排印本卷十四宣和五年二月六日庚寅補。〕

二月日，大宋皇帝致書于大金皇帝闕下：專使云還，置郵遽逮，嗣沐華緘之悉，具知雅意之詳。惟交鄰國者當善初終，而守邦圖者務敦信義。既畜通于契好，宜曲狥於來悰。所言代税物貨，并事目所載色數價值，交割月日處所，與畫立界至，遣使賀正旦生辰及置榷場事，並如來書所諭。其年前依契丹舊交銀絹，已指揮宣撫司津送前去。今歲銀絹，已令自京起發，候到，依契丹舊交月日交割。誓書亦如來示，候交割燕地訖諮聞。本朝緣與貴朝通好，天下所知，前後計議，每務曲從貴朝所欲，以成交契。誠意之厚，諒能深察。所有西京管下郡縣，非務廣土，以近日邊報：契丹昏主數領兵馬出没，本朝當議就便計度，力圖備禦，爲彼此之利。

茂履春祺，順膺介福。今遣趙良嗣等自雄州復回遞申。專奉書陳達，不宣。謹白。

〔校文〕

所言代税物貨　「物貨」原作「貨物」，文淵閣本、許本均作「物貨」，下篇引文亦作「物貨」，兹據改。

以近日邊報　「近日」二字原倒，據文淵閣本乙轉。

復回遞申　「申」，文淵閣本、許本均誤作「中」。

〔考釋〕

案：會編卷十四，「宣和五年（一一二三）二月六日庚寅，御前金字牌遞到國書及御筆處分，許代税錢一百萬貫并銀絹等，令再往求西京」。即此書也。畢鑑卷九十四宋紀，「宣和五年二月庚寅，詔趙良嗣等自雄州再往，許契丹舊歲幣四十萬之外，每歲更加燕京代税一百萬緡。良嗣等至燕京，謂洛索曰：『貴朝所須歲幣不資，皇帝無少吝。今平州已不可得，唯西京早定奪，庶人情無虧。』洛索笑曰：『此無他，皇帝意南朝犒賞諸軍耳。』馬擴答以『貴朝既許西京，朝廷豈無酬酢之禮』！洛索曰：『此亦須再遣使去。』於是遣尼楚赫等三人與良嗣俱來」。尼楚赫等三人所持國書，即下篇答宋主書也。

（一七）答宋主書

〔天輔七年二月十九日。〕

二月癸卯，遣貝勒尼楚赫、道喇爲宋使副，以烏凌噶思謀爲議事，答宋主書曰：

使軺薦届，榮訊迭承，既增歲幣之儀，深悉善鄰之意。俟成誓約，永保惟和。

來書云：「所言代税物貨，并事目所載色數價值，交割月日處所，與畫定界至，遣使賀正旦生辰及置榷場事，並如來示所諭」，備悉美意。外今年合交銀絹，稱「候到，依契丹舊交月日交割」，特異元書，理合一就。重念春農搬運不易，曲從來意。其銀絹請似前來與契丹物色一般者交送。所有燕城，候各立盟誓，然後交割。今立誓草，付國信使副，到請依草著誓，至日當議復盟。

春律在中，冀膺多福。今差貝勒尼楚赫、道喇爲國信使副，及思謀充議事。有少禮物，具諸別幅。專奉書陳達，不宣。謹白。

〔校文〕

遣貝勒尼楚赫道喇爲宋使副　「貝勒尼楚赫道喇」，吴本作「孛堇銀木可鐸剌」。案吴本「剌」爲「刺」之誤，硯本、錢本「木」爲「朮」之誤。金史卷二太祖紀作「銀朮哥鐸剌」，卷六交聘表上「哥」作「可」。宋史卷二十二徽宗紀作「寧朮割」。會編卷十四引此書，袁本會編作「孛堇寧朮割松度剌」；許本會編無「松」字，「寧朮割」下注云，「改作貝勒尼楚赫」，「度剌」下注云，「改作都呼」；文淵閣本會編作「貝勒尼楚赫都呼」。會編卷十四又引馬擴茅齋自叙云，「大使銀朮孛堇，副使耶律松度剌」，「銀朮孛堇」下注云，「寧朮割」。案：「道喇」、「鐸剌」、「都呼」、「度剌」，皆音譯異文，即天輔六年（一一二二）十一月、十二月兩次使宋之王度剌（見本書第十一篇金國書及第十三篇金國書）。

以烏凌噶思謀爲議事　「烏凌噶思謀」，硯、吴、錢三本均作「烏林答贊謀」。袁本、許本會編作「撒盧母」，許本注云，「改作察勒瑪」；文淵閣本會編作「察勒瑪」。遼史卷二十八天祚紀作「烏林答贊謨」。畢鑑卷九十四宋紀作「薩嚕謨」，注云，「舊作撒盧母，今改」。本書第二十九篇與宋閹人河北河東陝西等處宣撫使廣陽郡王童貫書作「色呼美」。案：各書譯文不同，實即天輔六年十一月使宋之撒盧母（見本書第十一篇金國書）。

使軺薦屆榮訊迭承既增歲幣之儀深悉善鄰之意俟成誓約永保惟和　會編卷十四引此書全文，起首有此「使軺薦屆」以下二十八字，茲據許本會編補，袁本及文淵閣本會編「儀」作「優」。

交割月日處所　硯本、錢本脱「處」字。案上篇宋國書原文有「處」字。

及置榷場事　硯本脱「場」字。

備悉美意　「悉」，會編引作「詳」。

稱候到依契丹舊交月日交割　吴本「月日」兩字互倒。案上篇宋國書原文作「月日」。

搬運不易　「搬」，錢本作「般」，通。

請似前來與契丹物色一般者交送　「似」，原作「自」，他本皆作「似」，兹據改。袁本會編「似」作「以」。

候各立盟誓　「候」，硯本、錢本誤作「侯」。

今立誓草　硯、吴、錢三本無「誓」字。

貝勒尼楚赫道喇爲國信使副　「爲」，吴本作「充」，會編亦引作「充」，硯本、錢本誤「充」爲「克」。「使」，硯、吴、錢三本皆誤脱。

及思謀充議事　「思謀」，硯、吴、錢三本作「贊謀」。

專奉書陳達　許本會編引作「專奉書詞並誓稿陳達」。

〔考釋〕

（一）案：原書發文之日爲天輔七年（一一二三）二月癸卯，與金史卷二太祖紀、卷六十交聘表上合。宋史卷二十二徽宗紀云：「宣和五年（一一二三）三月乙卯（英案：初二日），金人再遣寧朮割等來。」會編卷十四繫宣和五年三月一日甲寅。以行程半月左右計之，二月十九日癸卯啓行，三月初一或初二抵汴，亦合。

（二）案：銀朮可，金之宗室。金史卷七十二銀朮可傳：「太祖嗣位，使蒲家奴如遼取阿踈，事久不決，乃使銀朮可繼往。當是時，遼主荒于政，上下解體。銀朮可還，具以遼政事人情告太祖，且言遼國可伐之狀。太祖決意伐遼，蓋自銀朮可發之。後從宗翰伐宋，攻汴城，克之。」

（三）案：道喇，遼之降人，全名稱耶律松度剌，去耶律氏則稱松度剌，亦作王度剌。其事跡分見金史卷二太祖紀、卷六十交聘表上、卷一百三十三耶律余睹傳。

（四）案：烏凌噶思謀，烏凌爲氏，亦作烏陵、烏林。金史卷八十四耨盌溫敦思忠傳作烏林答贊謀，亦作贊謨。遼史卷二十八天祚紀天慶九年正月有金烏林答贊謨，三月、七月同；十月及次年二月則作烏林答贊謀。張匯金虜節要作思謀。宋史卷三百七十鄭剛中傳作烏陵贊謨。大金國志云：「烏陵思謀本北遼合蘇館女真，世居遼地。女真姓烏陵最微賤。小名撒盧母。初起兵時，思謀方負柴，粘罕虜之，命爲都提點。都提點乃北人貴家奴僕之稱也。後以累充奉使有勞，權太原府尹。思謀奸狡多慮，善于周身，小術淺算，多有可取。」案會編卷二百零八載宋紹興十二年(一一四二)五月、八月宋金往來國書，並有行臺刑部尚書烏林答贊謨與鄭剛中分畫陝西地界云云；金史卷六十四世宗昭德皇后傳謂烏林答氏與宗室世爲婚姻，則金國志云云，殆不確也。(采近人陳述説)

(五)案：書中云，「所有燕城，候各立盟誓，然後交割」。案金史卷二太祖紀及卷六十交聘表上均謂「天輔七年二月戊申，詔平州官與宋使同分割所與燕京六州之地」。戊申爲二月二十四日，則此書發後不久即着手交割燕京六州矣。

(一八)白劄子

〔與書同封。〕

昨者趙良嗣到上京軍前，計議五代以後陷入契丹舊漢地州縣時，止許燕京。及再差馬政，更議西京，回書「只請就便計度收復」。尋爲不能收復，致本朝自行撫定。又差趙良嗣等來議，稱「燕西兩京已曾計議」。緣爲西京不在許限，只許燕京所轄六州，來書云，「其西京別作一段」；今來又令良嗣等計議西京，欲一就收復。雖貴朝不經夾攻，而念兩朝通和，實同一家，必務交歡，篤於往日，今特許與西京、武、應、朔、蔚、奉聖、歸化、儒、嬀等州，并地土民户。其已西並北一帶接連山後州縣地土人民，不在許與之限。據所許民户地土甚多，自來攻伐撫慰，將帥士卒艱苦不少，今來别無再索經略，請差人交割。其諸事理已宣諭趙良嗣去訖。來書稱「契丹出没」，今差人押領大軍往彼，幸踏地里。交割發行月日，已諭使人省會。所有盟誓，候交割了日議定。

〔校文〕

趙良嗣到上京軍前　硯、吴、錢三本「到」下有「於」字。

五代以後陷入契丹舊漢地州縣時　「代」，硯本誤作「伐」。會編卷十四引此白劄子「以」作「已」，無「時」字。

止許燕京　「止」，會編引作「特」。

及再差馬政　硯、吴、錢三本「再」上無「及」字。

只請就便計度收復　文瀾閣本「只」作「即」，無「就」字，守山閣本據吴本改；硯本脱「計」字，「度」誤作「庶」。案本書第五篇天輔五年（一一二一）正月金國書作「只請就便計度收取」，第十一篇天輔六年（一一二二）十一月金國書作「只請就便計度」。

尋爲不能收復　原作「尋爲彼不能取」，會編引作「尋爲不能收復」。案「彼」爲第三人稱，語氣不合，兹據會編改。

致本朝自行撫定　「撫」，硯、吴、錢三本誤作「復」。會編引此句作「致本朝收了」。

燕西兩京已曾計議　吴本「兩」誤作「西」。

緣爲西京不在許限　會編無「緣」字，「限」下有「不經許與」四字。

來書云　硯本脱「云」字。

今來又令良嗣等計議西京　「今」，硯本誤作「令」；「計」，硯本、錢本均誤作「許」。

欲一就收復　會編無「欲」字。

篤於往日　「往」，硯本誤作「兩」。

今特許與西京武應朔蔚奉聖歸化儒嬀等州　「蔚」，硯本、錢本誤作「尉」。會編無「今」字。

并地土民户　「地土」，硯、吴、錢三本均互倒。案宋金往來國書習用「地土」，不用「土地」。

其已西並北一帶接連山後州縣地土人民　「西並」二字，硯本誤脱。據本書第二十一篇宣和五年（一一二三）三月戊午宋白劄子，應有此二字。「後」，硯本誤作「及」。「山後」，吴本此下有「及」字，會編引同。「地土」，硯、吴、錢三本互倒。「人民」，會編無此二字。

所許民户地土甚多　「地土」，硯、錢、吴三本二字互倒。

自來攻伐撫慰　「慰」，硯本、錢本誤脱。

將帥士卒艱苦不少　「艱」，會編引作「難」。

今來别無再索經略　「别無」，會編二字互倒。

已宣諭趙良嗣去訖　「良嗣」，吴本此下有「等」字。

今差人押領大軍往彼幸踏地里　「往彼幸踏地里」，許本會編引作「往彼處踏地理」。案「幸」字疑爲「行」字之誤。本書第六十七篇宋主又書云「踏行之時」，「行踏」即「踏行」也。

候交割了日議定　「候」，硯本誤作「後」。「了」，會編無此字。

〔考釋〕

（一）案：會編卷十四云，「宣和五年二月九日癸巳，趙良嗣等至金人軍前。金人要取西京軍兵賞設，復遣寧朮割等持書來」。案寧朮割等所持書，即上篇答宋主書及本篇白劄子也。金之此次遣使，意在既許西京州縣，但要索取賞設耳。同書同卷引馬擴茅齋自叙云，「僕料虜人之意，西京已在其西南數千里，彼必不能守，將必歸我。辨論良久，兀室云，『民土盡割還貴朝，只卻要些答荷』。僕答，『若貴朝應付西京民土，朝廷豈無相謝禮數？』兀室曰，『此中亦遣使人，須當道破，只得一年之數，賞此軍人，便是禮數了也』。差大使銀朮孛堇，副使耶律松度剌等持誓草等，越兩日同發至闕。」

（二）案：文中云「其西京別作一段」，見本書第十五篇天輔七年（一一二三）正月二十五日金國書引趙良嗣所奉御筆。

（一九）誓草

〔據徐夢莘三朝北盟會編袁祖安排印本卷十四宣和五年二月九日癸巳補。〕

大金大聖皇帝創興，併有遼國，遣使計議五代已後陷入契丹燕地，幸感好意，特與燕京、涿、易、檀、順、景、薊并屬縣，及所管民户。緣爲遼國尚爲大金所有，以自來交與契丹銀二十萬兩、絹三十萬匹，並燕京每年所出税利——五六分中只算一分——計錢一百萬貫文合值物色，常年搬送南京（原注：平州改爲南京）界首交割，色數已載前後往復議定國書。兩界側近人户不得交侵，盗賊逃人彼此無令停止，亦不得密約間諜，誘擾邊人。若盗賊逃人并贓捉敗，各依本朝法令科罪訖，贓罰。賊雖不獲，踪跡到處，便勒留償。若有暴盗或因别故，合舉兵衆，須得關報沿邊官司。兩國疆界各令防守。兩朝界内地各如舊，不得遮堵道路。至如將來殊方異域使人往來，無得禁阻。所貴久通懽好，庶保萬世。苟違此約，天地鑒察，神明速殃，子孫不紹，社稷傾危。

〔校文〕

特與燕京涿易檀順景薊并屬縣　「并」，許本誤作「等」。

及所管民户　「民户」，原作「户民」。案兩朝誓書正本（本書第二十三篇南宋誓書及第二十五篇回賜誓書）均作「民户」，兹據改。

並燕京每年所出税利　「利」，原作「賦」，他本皆作「利」，兩朝誓書正本亦均作「利」。兹據改。

計錢一百萬貫文　「計錢」，原作「計算錢」，他本皆無「算」字，兩朝誓書正本亦均無「算」字，據删。「文」，原脱，他本皆有，兩朝誓書正本亦均有，據補。

常年搬送南京界首交割　「年」，文淵閣本誤作「平」。「搬」，許本作「般」，通。

若盜賊逃人并贓捉敗　「人」，他本此下有「被」字。「敗」，原作「獲」，據許本、文淵閣本改。案兩朝誓書正本亦均作「敗」，無「被」字。

若有暴盜　「盜」，他本作「賊」。

須得關報沿邊官司　「須」，許本誤作「雖」。

兩朝界内地各如舊不得遮堵道路　「道路」二字原脱，據兩朝誓書正本補。他本均脱「兩朝」以下十四字。

所貴久通懽好　「貴」，文淵閣本誤作「有」。

神明速殃　「速殃」，許本作「殛誅」。案兩朝誓書正本作「速殃」。

〔考釋〕

案：本書第十七篇答宋主書中云，「今立誓草，付國信使副，到請依草著誓」。本書不載誓草，而會編卷十四具載全文，兹據補入。

（二〇）南宋回書

三月戊午，命馬同權管勾燕京事，將以其地付宋故也。丙寅，宋使盧益、趙良嗣、馬擴以回書來。

三月日，大宋皇帝致書于大金大聖皇帝闕下：華緘薦至，契好增勤；爰馳預政之臣，共著約神之誓。惟兩朝弔民伐罪之舉，振古所無；而萬世講信修睦之誠，自今伊始。用堅盟載，永洽鄰歡。來書云：「燕城候各立盟誓，然後交割。今立誓草付國信使副，到請依草著誓，至日當議復盟。銀絹請似前來與契丹物色一般者交送。」並如來諭。順履融和，茂迎福祉。今差中大夫試工部尚書盧益、龍圖閣直學士、大中大夫趙良嗣，充國信使，閤門宣贊舍人馬擴充國信副使。有少禮物，具諸别幅。專奉書陳達，不宣。謹白。

〔校文〕

大金大聖皇帝闕下　「大聖」，會編卷十五宣和五年（一一二三）三月五日載此書全文，無此二字。案本書第二十二篇宋又白劄子云，「傳聞已上尊號，今議特稱尊號，以表交歡」。則當以有「大聖」二字爲是。

華緘薦至　「薦」，錢本及文淵閣本作「荐」。袁本會編引作「洊」，均通。

自今伊始　「伊」，錢本作「以」。

燕城候各立盟誓　硯、吴、錢三本「候」上有「等」字。案本書第十七篇天輔七年（一一二三）二月十九日答宋主書原文無「等」字。

到請依草著誓　「草」，硯本誤作「卓」，錢本誤作「車」。

銀絹請似前來與契丹物色一般者交送　「似」，原作「自」，他本皆作「似」。許本會編亦作「似」，兹據改。「一般」，硯本作「一黏」。

茂迎福祉　「福祉」，會編引二字互倒。

龍圖閣　「閣」，硯、錢二本誤脱。

專奉書陳達　會編「達」作「謝」。

謹白　吴本、錢本脱此二字。

〔考釋〕

案：畢鑑卷九十四宋紀，「宣和五年三月乙卯，詔吏部侍郎盧益、良嗣俱充國信使，馬擴副之，持國書及誓書往軍前，議交燕月日。盧益、趙良嗣、馬擴行至涿州，金洛索、高慶裔等先索誓書觀之，斥字畫不謹，令易之。益言：『主上親御翰墨，所以示尊崇於大國也。』金人不聽，兼求細故紛紛，至汴京更易者數四。金人又言：「近有燕京職官趙温訊等越境去，南朝須先以見還，方可議交燕月日。」良嗣卒與薩魯謨赴宣撫司，縛送温訊等於金。壬午，促令便辭，略不及交燕事。癸未，復遣良嗣往雄州取户口。途次，楊璞以國書、誓書二稿示良嗣，欲借糧十萬斛，轉至檀州、歸化州給大軍；且請良嗣入辭。良嗣問交燕之期，定以十七日。於是益、擴等賫國書與楊璞俱來。」

（二一）白劄子

〔同書封來。〕

所諭西京、武、應、朔、蔚、奉聖、歸化、儒、嬀等州并地土民户，本朝撫定，備荷美意。已令盧益等持銀絹往軍前賞設。

夏國素號狡獪，唯務詐誕，與昏主實甥舅唇齒之國。日近上表，乞本朝勾退北邊兵馬，文字内指言貴朝，仍自云與昏主「累世姻親，已詢訪得知處所」；及稱奉昏主之命，「軍州及土地人民，權令守護招集，無使叛賊一向擄掠」。故夏國起集援兵，屯於境上。并據邊臣累奏：「夏國見勾集重兵，廣備糧食，借助昏主，軍聲甚大，用意非淺。」除已指揮河東等路整備禦逐外，深恐貴朝欲知其詳，所有真本文字，今付去人。

西京管下州縣，前書已言，「非務廣土，實欲備禦昏主，爲彼此之利」。今若將已西并北一帶州縣土地付與夏國，則不特昏主見在天德、雲内地分出没，若使夏國據黄河以東州縣，必與昏主合力，爲害不細。夏國自去歲已輒占據金肅、河清兩軍，如欲與此兩處，請貴朝詳度外，其寧邊、天德、雲内已西并北一帶州縣土地，合以黄河及漢地爲界。漢地外以北土地，如欲付與他國，並從貴朝。

又持到誓書，其間事理，並依貴朝誓草。

〔校文〕

并地土民户　「地」，硯、錢、吴三本皆誤脱。

已詢訪得知處所　「已」，據硯本、錢本、文淵閣本補。

一向擄掠　「擄」，錢本作「虜」，通。

除已指揮河東等路整備禦逐外　「指」，硯本、錢本誤作「旨」。「整」，硯本、錢本作「隄」，吴本作「提」。

已輒占據金肅河清兩軍　「金肅」，原作「清肅」，他本皆作「金肅」，案：遼史卷四十一地理志五，「金肅州，重熙十二年（一〇四三）伐西夏置。」宋史卷四百八十六夏國傳下，「金滅遼，許割天德、雲內、金肅、河清四軍及武州等八館之地」。據此，作「金肅」是。又案：本書第十篇宣和四年（一一二二）九月十八日甲戌宋事目云，夏國「已占據契丹金肅州、河清軍」，亦其證。兹據改。

雲內已西并北一帶州縣土地 「北」，硯本誤作「地」。

漢地外以北土地 「北」，硯本誤作「此」。

並從貴朝 「並」，文瀾閣本作「并」，守山閣本依吴本改。案錢本、文淵閣本亦作「並」。

〔考釋〕

案：文内「前書已言」云云，指宣和五年（一一二三）二月六日庚寅御前金字牌遞到雄州之宋國書（本書第十六篇）。

（二二）又白劄子

兩朝交往禮儀，除合依見行禮儀外，傳聞已上尊號，今議特稱尊號，以表交歡。他日本朝如上尊號，貴朝亦合相稱。

近累據河北、河東帥司及沿邊州軍探報，契丹昏主見在天德、雲内地分出没，已逼近應、朔等州，繳到昏主招諭軍民、補授官職真本文字，已令宣撫司移文貴朝照會，及已指揮河東路遣發兵馬救助應州一帶極力備禦外，請貴朝早發大軍，往彼掩襲，因以照應。交割發行月日，從貴朝所便。

傳聞四軍蕭幹已即位，號神聖皇帝，改元天嗣。如所傳是實，所當置慮，早議招捉。使人尼楚赫等已待以厚禮，用示誠意。自此使聘往來禮數，彼此並依契丹舊例，亦如來諭。但契丹往還舊禮，有不繫事繁複者，合行裁定，庶彼此爲便。置榷場去處，從貴朝所便，交易並如契丹體例。

〔校文〕

今議特稱尊號　「今」，硯本誤作「令」。

及沿邊州軍　原作「沿邊之州軍」，吴本、錢本、文淵閣本「沿邊」上有「及」字，下無「之」字，硯本亦無「之」字，兹據補「及」字，删「之」字。

見在天德雲内地分　「天德」，硯、吴、錢三本皆誤脱。據上篇白劄子，當有「天德」二字。

遣發兵馬救助應州一帶　「救」，原誤作「頳」，據硯、吴、錢及文淵閣本改。

從貴朝所便　文瀾閣本「便」作「使」，無「從」字，守山閣本依吳本改正。錢本、文淵閣本與吳本同。

傳聞四軍蕭幹已即位　「蕭幹」，硯、吳、錢三本作「蕭亮」。

所當置慮　「置」原作「至」，他本皆作「置」，據改。

使人尼楚赫等已待以厚禮　「待」，硯本、錢本誤作「得」，吳本作「答」。「尼楚赫」，吳本作「銀朮可」，錢本作「銀木可」。

〔考釋〕

案：畢鑑卷九十五宋紀，「宣和五年（一一二三）八月乙未，郭藥師大敗蕭幹于峰山。燕京既陷，幹就奚王府自立爲神聖皇帝，國號大奚，改元天嗣。幹寇掠燕城，其鋒鋭甚，有涉河犯京師之意，人情洶洶，頗有謀棄燕者。已而藥師擊破其衆，乘勝窮追，殺傷大半。幹遁去，尋爲其部下所殺，傳首河間府，詹度上之。」

（一二三）南宋誓書

〔係依草再立。〕

維宣和五年歲次癸卯，三月甲寅朔，四日丁巳，大宋皇帝致誓書於大金大聖皇帝闕下：天之所助者順，人之所助者信；履信思乎順，則自天祐之，吉無不利。昨以大金大聖皇帝創興，并有遼國，遣使計議五代以後陷入契丹燕地，幸感好意，特與燕京、涿、易、檀、順、景、薊并屬縣，及所管民户。緣爲遼國尚爲大金所有，以自來交與契丹銀二十萬兩，絹三十萬疋，并燕京每年所出税利——五六分中只算一分——計錢一百萬貫文合值物色，常年搬送南京界首交割。色數已載前後往復議定國書。每年并交緑礬二千栲栳。兩界側近人户不得交侵，盜賊逃人彼此無令停止，亦不得密切間諜，誘擾邊人。若盜賊并贓捉敗，各依本朝法令科罪訖，贓罰。雖盜賊不獲，蹤跡到處，便勒留償。若有暴盜或因别故，合舉兵衆，須得關報沿邊官司。兩國疆界各令防守。兩朝界内地各如舊，不得遮堵道路。至如將來殊方異域使人往還，無得禁阻。所貴久通懽好，庶保萬世。苟違此約，天地鑒察，神明速殃，子孫不紹，社稷傾危。專具披述，不宣。謹白。

一、下項物計錢九十八萬七千二百四十貫文，内除綾羅錦圈線不見分兩外，計重二十五萬九千五百觔，准一萬七千三百秤。

〔校文〕

南宋誓書　「南宋」，硯、吴、錢三本作「宋主」。

致誓書於大金大聖皇帝　「致」，硯、吴、錢三本皆誤脱。案各本凡具載國書全文者，均有「致」字，爲當時公文程式，此不應無。

并有遼國　「并」，文瀾閣本作「並」，守山閣本依吴本改。錢本作「倂」。

涿易檀順　「涿」，錢本誤作「涿」。「檀」，硯本、錢本誤作「擅」。

緣爲遼國尚爲大金所有　「爲」，原脱，他本皆有，本書第十九篇誓草及第二十五篇回賜誓書亦皆有，茲據補。「國」，硯本脱。

以自來交與契丹銀二十萬兩　「交」，原脱。錢本及誓草、回賜誓書均有「交」字，茲據補。

并燕京每年所出税利　「京」，硯本脱。

一百萬貫文　「文」，硯、錢二本皆誤脱。案誓草及回賜誓書均有「文」字。

常年搬送南京界首交割　「搬」，錢本作「般」。

緑礬二千栲栳　「緑」，硯本、吴本作「碌」。

密切間諜　「密切」，誓草作「密約」。

若盗賊并臟捉敗　「并臟」，硯本、錢本皆誤脱。

臟罰雖盗賊不獲　文瀾閣本脱「罰雖盗」三字，守山閣本依吴本補。錢本無「盗賊」二字。誓草及回賜誓書「雖盗賊」作「賊雖」。

蹤跡到處　「跡」，硯本誤作「地」。

便勒留償　「留」，硯本誤作「佃」。

關報沿邊官司　「關」，原作「官」，據吴本、文淵閣本改。硯本、錢本誤作「開」。

兩國疆界　「疆」，硯本誤作「彊」，錢本誤作「强」。

使人往還　「使人」，硯本、錢本、吴本二字互倒。

無得禁阻　「得」，吴本、錢本作「致」。

謹白　「謹」，吴本誤作「禁」。

一下項物計錢九十八萬七千二百四十貫文内除綾羅錦圈線不見分兩外計重二十五萬九千五百觔准一萬七千三百秤　「線」，吴本作「綿」。案此段文字與誓約無關，疑爲錯簡。

〔考釋〕

案：書中記立誓之日爲三月四日，其實盧益等持此書至涿州，金人斥誓書字畫不謹，兼求細故紛紛，至汴京更易者數四，最後定稿，當在三月中下旬之間。參閲本書第二十篇南宋回書考釋。

（二四）回南宋國書

〔夏四月壬辰復宋書。癸巳，以宋所增銀絹令于燕地交付。壬辰係初九日。〕

累交聘禮，敦講世和。復紆使傳之華，克示載書之信；指以萬祀，昭然一言。兹見繼好息民之心，而得親仁善鄰之美。義欲存於堅久，事更宜於宣陳。據燕京疆界，只依兩朝差去人員同行檢視交割爲定。所云交付西京邊界并夾攻契丹皇帝事，已遣近上官員押領大軍，勒於今月十一日於彼應會，仍報宣撫司。凡關夾攻事件，須令與差去官員計議，從長施行；其邊界亦依割定領受。仍已諭使人，却合有回謝禮數并報復文字，送付差去軍下官員。

前次議取被掠并逃去人户，雖令宣撫司交付，却只推延，不肯早行發遣，至今一未結絶。必若邊吏徼功違約，展轉如上不切禀從，實關引惹紊亂，有失將來久結歡好。若是再取如此人口，亦仰所司疾速發遣。

又以契丹皇帝在陰山，和勒博在奚部山谷，以此兩處勾當軍事，今取嶺北鴛鴦濼坐夏相度，所謀雖同，如或不泯後患，地理咫尺，特關貴國。自餘分遣别路兵馬，須是當朝供給。只據收捕和勒博、契丹皇帝兩路兵馬糧食，合銷米一十萬石，宜早處分，取月日於檀州、歸化州兩處分路般送到。佇竢回報。

炎歊在候，保嗇是期。有少禮物，具諸别幅。專奉書陳達，不宣。謹白。

〔校文〕

累交聘禮 「聘禮」，硯、吴、錢三本互倒。會編卷十五宣和五年（一一二三）三月十一日甲午載此書全文，亦互倒。

復紓使傳之華 「紓」，原作「紓」，硯本闕，錢本作「紓」，會編引同，據改。「使傳」，硯本、吴本作「行使」。

指以萬祀　「祀」，會編引作「世」。

繼好息民之心　「繼」，文瀾閣本作「講」，守山閣本依吳本改。

義欲存於堅久　「於」，袁本會編引作「以」。

事更宜於宣陳　「宜」，硯、吳、錢三本作「具」，袁本會編引同。

據燕京疆界　會編引無「京」字，「界」下有「至」字。

并夾攻契丹皇帝事　吳本無「并」字，會編引同。許本會編引「皇帝」二字在「事」字下，屬下句。

押領大軍　「領」，原作「令」，據硯、吳、錢及文淵閣本改。

前次議取　「前」，硯本誤作「并」。

不肯早行發遣　硯本「早」字下衍「延」字。

至今一未結絶　「至今」，會編引作「致是」。「一」，許本會編引作「亦」。

邊吏徼功　「吏」，會編引作「官」。「徼」，袁本會編引作「邀」。

展轉如上　錢本「上」字下有「件」字。

實闕引惹紊亂　「闕」，硯本、吳本誤作「開」。「惹」，吳本誤作「慝」。袁本會編引無「實闕」二字。

亦仰所司疾速發遣　會編引「司」字下有「宜」字。

又以契丹皇帝在陰山　會編引「契丹」下有「國」字。

和勒博在奚部山谷　「和勒博」，硯、吴、錢三本作「回離保」。會編引作「夔離不」，許本會編注云，「改作古爾班」。案遼史卷三十天祚紀、卷百十四本傳及金史卷二太祖紀、卷六十七本傳均作「回離保」。

以此兩處勾當軍事　會編引此句作「已兩處勾當」。

今取嶺北　「今」，硯本、錢本誤作「令」。

不泯後患　「泯」，原作「泯」，據錢本改。會編引亦作「泯」。

特闕貴國　「特」，硯本、吴本誤作「待」。「闕」，硯本誤作「開」。「國」，會編引作「朝」。

只據收捕和勒博　硯、吴、錢三本「據」下有「分」字。硯、錢二本「捕」下有「奚」字。「和勒博」，硯、吴、錢三本作「回離保」。

兩路兵馬糧食　「馬」，硯本、錢本誤作「重」。

宜早處分取月日於檀州歸化州兩處　會編引「早」下無「處」字，「兩」下有「縣」字。

佇竢回報　「佇竢」，會編引作「即候」。

炎歊在候　「炎歊」，會編引二字互倒。

有少禮物具諸別幅專奉書陳達不宣謹白　此十七字原無，據會編補。

〔考釋〕

案：本篇題注「四月壬辰復宋書」，金史卷二太祖紀同。宋史卷二十二徽宗紀繫四月癸巳，遲後一日；會編卷十五繫四月七日庚寅，提前二日。會編、宋史徽宗紀均謂此書與下篇回賜誓書由金使楊璞同時齎送，而回賜誓書正文書「八日辛卯」，亦較提前一日。何者爲是，已難確定。又案：題注又云「癸巳，以宋所增銀絹令於燕地交付」，而文中未及此事，第二十六篇南宋國書亦不及此事，殆由楊璞口傳歟！

（二五）回賜誓書

維天輔七年，歲次癸卯，四月甲申朔，八日辛卯，大金皇帝致書於大宋皇帝闕下：惟信與義，取天下之大器也；以通神明之心，以除天地之害。

昨以契丹國主失道，民墜塗炭，肆用興師，事在誅弔。貴國遣使航海計議，若將來併有遼國，願還幽燕故地，當時曾有依允。迺者親領兵馬，已至全燕，一方城池，不攻自下。尚念始欲敦好，特以燕京、涿、易、檀、順、景、薊并屬縣，及所管民户，與之如約。

今承來書，「緣爲遼國尚爲大金所有，以自來交與契丹銀二十萬兩，絹三十萬疋，并燕京每年所出税利——五六分中只算一分——計錢一百萬貫文合值物色，常年搬送南京界首交割。色數已載前後往復議定國書。每年并交緑礬二千栲栳。兩界側近人户不得交侵，盗賊逃人彼此無令停止，亦不得密切間諜，誘擾邊人。若盗賊并贓捉敗，各依本朝法令科罪訖，贓罰。賊雖不獲，踪跡到處，便勒留償。若有暴盗或因别故，合舉兵衆，須得關報沿邊官司。兩國疆界各令防守。兩朝界内地各如舊，不得遮堵道路。至如將來殊方異域使人往來，無得禁阻。所貴久通懽好，庶保萬世。苟違此約，天地鑒察，神明速殃，子孫不紹，社稷傾危。

本朝志欲協和萬邦，大示誠信，故與燕地，兼同誓約。苟或違之，天地鑒察，神明速殃，子孫不紹，社稷傾危。如變渝在彼，一准誓約，不以所與爲定。專具披述，不宣。謹白。

〔校文〕

維天輔七年歲次癸卯四月甲申朔八日辛卯大金皇帝致書於大宋皇帝闕下　會編卷十五宣和五年（一一二三）四月十一日甲午載此誓書全文，起首有此「維天輔七年」以下三十一字。案：此爲當時公文程式，起首應有此類語句。兹據補。又案：「書」字上當有「誓」字，本書第二十三篇南宋誓書有「誓」字。

取天下之大器也　「大」，硯本、錢本誤脱。

民墜塗炭　硯本「民」上空一字。

事在誅弔　「誅」，錢本作「除」。

親領兵馬已至全燕　吴本無「親領」二字。會編引無「馬已」二字。

一方城池不攻自下　會編引無「城池」二字。

緣爲遼國　「爲」，硯本、錢本作「以」。

燕京每年所出税利　硯、吴、錢三本無「每年」二字。袁本會編引無「京每年」三字，「利」作「賦」。

案：本書第十九篇誓草、第二十三篇南宋誓書均有「每年」二字。

常年搬送南京界首交割　「搬」，錢本作「般」，通。「割」，硯本誤作「合」。

合值物色　「值」，錢本作「直」，通。

并交緑礬　「交」，吴本誤作「支」。「緑」，硯本、吴本作「碌」。

彼此無令停止　「彼此無令」，硯本、錢本誤作「無令彼此」。

密切間諜　「密切」，袁本會編引作「密約」，誓草亦作「密約」；南宋誓書與本篇同作「密切」。

若盜賊并贓捉敗　「捉敗」，袁本會編引作「捉獲」。

賊雖不獲　硯、錢二本無「賊」字。案：南宋誓書作「雖盜賊不獲」，誓草與本篇守山閣本、文淵閣本、吳本同作「賊雖不獲」。

蹤跡到處　「跡」，硯本誤作「地」。

便勒留償　「留」，硯本誤作「苗」。

關報沿邊官司　「關」，原作「官」，據吳本、文淵閣本改。硯、錢二本誤作「開」。案：會編引亦作「關」。

兩朝界内地各如舊　會編引「内地」二字互倒，無「各」字。

神明速殃　「殃」，袁本會編引作「應」。

本朝志欲協和萬邦大示誠信故與燕地兼同誓約苟或違之天地鑒察神明速殃子孫不紹社稷傾危　許本會編及文淵閣本會編引，均無此「本朝志欲協和萬邦」以下四十字。

變渝在彼　硯本脱「彼」字。

專具披述不宣謹白　原無此八字，據會編引補，以與南宋誓書相合。

〔考釋〕

案：誓書謂「特以燕京、涿、易、檀、順、景、薊并屬縣，及所管民户，與之如約」，實則據宋史卷二十二徽宗紀記載，早在「宣和四年（一一二二）九月己卯，遼將郭藥師等以涿、易二州來降」，涿、易固已歸宋所有，其仍夸言六州者，欲多得歲幣耳。又案：會編卷十六引北征紀實曰：「金人既得燕山子女，乃大毁諸州及燕山城壁，樓櫓要害皆平之。又盡括燕山金銀錢物，民庶寺院，一掃皆空。乃盡以空城付之我。時便有語，謂中國修理三二年，間卻取之」。畢鑑卷九十五：「宣和五年（一一二三）四月庚子，童貫、蔡攸入燕山府。燕之金帛、子女、職官、民户爲金人席卷而東，損歲幣數百萬，所得者空城而已」。據此，則所謂「及所管民户」，亦空言耳。

（二六）南宋國書

〔已上并在燕京往復。〕

四月日，大宋皇帝致書於大金大聖皇帝闕下：使車復至，聘問彌殷。式馳約載之嚴，共著齊盟之重；誠參天地，惠浹神人。取亂侮亡，遂底六師之績；敦信明義，共圖萬世之安。仍睠雲中，外虞昏主；併沐親仁之好，獲從恢復之心。遠稔忱恂，倍增感懌，用傳于後，永寘于懷。兩朝著誓之後，所務通權繼好，以保永世。末節細故，各不須較。邀功生事構造之人，彼此所宜深察。

所云糧食，燕雲兩處無可計辨。今特於内地掇那米五萬石：二萬石令河北路宣撫司於古北口外交割，三萬石令河東路宣撫司於歸化州或應州以北道路通快處交割。並于七月一日以前節次輦致前去，計會貴國軍下官員般取。餘事悉如來諭。順綏炎律，茂履純休。今貝勒楊璞等回，有少禮物，具諸别幅。專奉書陳謝，不宣。謹白。

〔校文〕

已上并在燕京往復　「京」，吴本、錢本誤作「國」。「復」，吴本誤作「夏」。

使車復至　「復」，硯、吴、錢三本誤作「係」。

聘問彌殷　「殷」，硯本、錢本闕。

共著齊盟之重　「齊」，吴本作「申」，錢本作「誓」，硯本闕。

遠稔忱恂　「稔」，硯本、吴本作「認」，錢本作「仞」。

生事構造　「構」，錢本、文淵閣本作「搆」。案説文有「構」字，無「搆」字。説文外編云：「搆是南宋人避諱字。」

令河東路　「令」，硯、錢二本誤作「今」。

道路通快處　「通」，硯、吴、錢三本均脱。

貝勒楊璞　「貝勒」，原誤作「具勒」，據文淵閣本改。他本作「孛堇」。

〔考釋〕

（一）案：據會編卷十五，「宣和五年（一一二三）四月十一日甲午，金國使人楊璞持誓書來。十四日丁酉，宣撫司差統制官姚平仲、康隨前去交割地界。十七日庚子，童貫、蔡攸入燕山府」。則此書當在十四日前後交楊璞齎去。會編不載此書。

（二）案：此書係復天輔七年（一一二三）四月壬辰回南宋國書（本書第二十四篇）。原書索糧十萬石，復書僅允半數五萬石。次年三月，金人復來匄糧，宋不與。事見宋史卷二十二徽宗紀。

（一七）與南宋書草

〔係天會二年正月二十七日，西南、西北兩路都統所草定，申乞具此理索。〕

西南、西北兩路都統并奚王府路都統達賚，南路都統多昂摩：節次由前後各管處所亡去張覺、李石、納蘇，并招過及自南京回去。又張覺等邀截下郎君錫庫，及援送燕京遣發統軍司所管以上逐起職官百姓工匠，及諸軍下亡去驅使人口、軍人妻室，并劫掠偷遞過孳畜財物。自來累具文字，移牒大宋河北河東路宣撫司、河東雲中府經略安撫使等司、燕山府代應朔武等州取索，皆推註不爲分白憑驗。伏乞朝廷詳酌。

勘會兩朝誓書：「盜賊逃亡，無令停止；亦不得密切間諜，誘擾邊人」。及約定所許州縣所管民户；其餘色人户，並不在許與之限。今據逐處奏前件因依緣由，稱見獲憑驗，由自推註，不爲分付，係違負自彼顯然。若只以違約推延，便望休止，亦不誤矣。所據隨處州縣因官寄客居契丹人户，并逃亡招過，及上件邀回劫掠偷遞職官百姓工匠，驅使婦女孳畜財物等，如敦守誓約，請依在邊帥臣所牒數目交付，仍指揮逐處禁止。乞回示。

〔校文〕

兩路都統所草定　「草」，硯、吴、錢三本誤作「單」。

中乞具此理索　「乞」，吴本作「令」，硯、錢二本誤作「今」。「具」，硯本誤作「其」。

奚王府路都統達賫　「達賫」，硯、吴、錢三本作「撻懶」。

南路都統多昂摩　「多昂摩」，硯、吴、錢三本作「闍母」，下有「等」字。

節次由前後各管處所亡去　「由」，他本皆作「申」。統觀全文，作「由」是。

納蘇　硯、吴、錢三本作「裊思」。

自南京回去　「自」，文瀾閣本在「南京」下，守山閣本據吴本改。硯、錢、文淵閣三本同吴本。

錫庫　硯、吴、錢三本作「習姑」。

燕京遣發統軍司　「遣」，硯、吴、錢三本誤作「趙」。

皆推註不爲分白憑驗　「皆」，硯、吴、錢三本誤作「度」。「註」，錢本、文淵閣本作「注」。

其餘色人户　「色」，原作「包」，他本皆作「色」，據改。

違約推延便望休止　文瀾閣本「違」作「爲」，「止」作「正」，守山閣本依吴本改。

隨處州縣　硯、吴、錢三本脱「處」字。

帥臣所牒數目交付 「牒」，原作「諜」，據硯本、錢本、文淵閣本改。「付」，吴本誤作「代」，硯本誤作「侍」。

〔考釋〕

（一）案：金史卷三太宗紀，「天會二年（一一二四）正月丙子，貽宋書，索俘虜叛亡」。丙子即正月二十七日，則金書實於是日發出。文題書草，蓋此爲金本國上行文書，非致宋文件也。

（二）案：西南、西北兩路都統指宗翰、宗望。金史卷三太宗紀，「天會二年正月甲戌，西南、西北兩路都統宗翰、宗望，請勿割山西郡縣與宋。上曰：『是違先帝之命也。其速與之。』是年閏三月丙午，既許割山西諸鎮與宋，以宗翰言罷之。」蓋伐宋之謀及止山西郡縣勿割，直至俘宋二帝，皆兩人主之也。索逃人國書爲兩路都統所草擬，故都統姓名略而不書。

（三）案：達賚，金史作「撻懶」。金史卷七十七本傳云，「昌，本名撻懶，穆宗子。奚路兵官渾黜不能安輯其衆，遂以撻懶爲奚六路軍帥鎮之」。案金史有七撻懶，此當指昌。昌一生仕歷，未嘗任西南、西北兩路都統，天輔七年（一一二三）五月爲奚路都統（見金史卷二太祖紀）。本篇「西南、西北兩路都統」不具名，直接「并奚王府路都統撻懶」，易誤認兩路都統與奚王府路都統爲撻懶一人所官，故特表而出之。

（四）案：多昂摩，金史作「闍母」。金史卷七十一本傳云，「闍母，世祖第十一子，太祖異母弟也。闍母爲南路都統，討回離保。張覺據平州叛，入于宋，闍母自錦州往討之。擊走張覺軍，逐北至榆關。九月，敗覺軍於樓峰口。復與覺戰於兔耳山，闍母大敗。太宗使宗望問闍母敗軍之狀，宗望遂以闍母軍討覺。及宗望破張覺，太宗乃赦闍母」。

（五）案：金史卷一三三叛臣傳，「張覺亦書作瑴。在遼第進士，仕至遼興軍節度副使。太祖定燕京，時立愛以平州降。以平州爲南京，覺爲留守。及以燕京與宋而遷其人，遷者道出平州，故覺因之以作亂。遂據南京叛入于宋，宋人納之。宋建平州爲泰寧軍，以覺爲節度使。宗望軍至南京城東，覺兵大敗，遂奔宋，入於燕京。宗望以納叛責宋安撫司，索張覺。安中不得已，遂殺覺，函其首以與金人。及金人伐宋，竟以納平州之叛爲執言云。」

（一八）報南宋獲契丹昏主書

〔係裏面抄白降到〕

六月日，大金皇帝致書于大宋皇帝闕下：大寶之尊，允歸公授；守不以道，怒集人神。故先皇帝舉問罪之師，迨眇躬盡繼述之略。尤賴仁鄰之睦，生獲昏主之身。人心既以懽和，天下得以治定。爰馳使介，庸示披陳。遡惟聞知，諒同慶慰。

今差復州管内達貝勒李用和，朝散大夫、守鴻臚寺卿、知太常禮院、騎都尉、太原縣開國伯、食邑七百户、賜紫金魚袋王永福，充告慶國信使副。有少禮物，具諸别幅。專奉書陳謝，不宣。謹白。

〔校文〕

怒集人神 「怒」，錢本誤作「恕」。

盡繼述之略 「述」，吴本作「恢」，硯本、錢本誤作「恷」。

生獲昏主 「主」，原作「王」，他本皆作「主」，據改。

人心既以懽和 「和」，吴本誤作「私」。

爰馳使介 「介」，硯、錢二本作「价」，通。

遜惟聞知 「知」，吴本作「之」。

達貝勒 硯、吴、錢三本作「都孛堇」。

守鴻臚寺卿 硯、吴、錢三本及文淵閣本均無「寺」字。

知太常禮院 「知」，硯本誤作「和」。

食邑七百户 「七」字原脱。硯、吴、錢及文淵閣四本均有「七」字。據金史卷五十五百官一，封開國伯者應食邑七百户。兹據補。

〔考釋〕

（一）案：遼史卷三十天祚紀，「保大五年（一一二五）正月戊子，趨天德。過沙漠，金兵忽至。上徒步出走，至天德。二月至應州新城東六十里，爲金人完顔婁室等所獲。八月癸卯至金。丙午降封海濱王」。金史卷三太宗紀，「天會三年（一一二五）二月壬戌，婁室獲遼主于余睹谷。八月癸卯，斡魯以遼主至京師。丙午降封海濱王」。

（二）案：告慶使姓名，金史卷三太宗紀作「李用和」，宋史卷二十二徽宗紀及會編卷二十二均作「李孝和」。會編卷二十四引許採陷燕録，「余去秋嘗被旨，差接伴金國告慶使李用和、王永福等」。則本篇作「李用和」是。

（一九）與宋閹人河北河東陝西等處宣撫使廣陽郡王童貫書

天會三年十一月三十日，大金固倫尼伊拉齊貝勒左副元帥致書于大宋宣撫郡王閣下：既憑來信，復沐使音，未孚結約之誠，難避重煩之議。領兵前去之由，已載别牒。且兩朝之事，若不互相容會，須至戰争。夫如是，則豈惟菑危轉甚，更恐生靈枉罹塗炭；是用遣人，以俟雅報。

蓋以宣撫郡王所爲結約和會，契義最舊。況承來文：「若謂更有可議，務在通融商量。」伏念宣撫郡王有輔立之功，位望所推，必謂議以讜言，扶斯將墜。與其交鋒争戰以傷生民，寧若酌中兩便爲計。果能如此，其於貴朝非止社稷久享安全，更獲兩下益固懽和。然後郡王忠孝克保終始，長守富貴，民賴其善，爲天下之幸甚，豈不美哉！

昔契丹請和之日，朝廷限以遼爲界，不見聽從，乃及今日。所望取爲前鑒，審觀時勢，與差去官員，評議定一。

律正嚴凝，佇膺多福。今差昭文館直學士王介儒、貝勒色呼美，專奉書披述，不宣。白。

〔校文〕

固倫尼伊拉齊貝勒　硯、錢二本作「骨盧你移賚勃極烈」，吴本同，惟「骨」作「國」，對音異譯。

左副元帥　「副」，原誤作「則」，他本皆作「副」，據改。

宣撫郡王閣下　「閣下」，硯、吴、錢三本皆誤作「闕下」。

既憑來信　文淵閣本作「既憑傳信」。吴本作「憑傳來信」。硯、錢二本作「憑傳□信」，「傳」下闕字。

未孚結約之誠　「約」，原作「納」，據吴本改。硯、錢二本誤作「絶」。

位望所推　「推」，吴本作「重」，硯、錢二本脱。

審觀時勢　「時」，原作「事」，據吴本改，硯、錢二本脱。

貝勒色呼美　硯、吴、錢三本均作「孛堇撒離母」。參看本書第十一篇金國書「孛堇撒盧母」校文及第十七篇答宋主書考釋四。

白　硯、吴、錢三本篇末無此字。

〔考釋〕

(一)案：固倫尼伊拉齊貝勒左副元帥指宗翰，即粘罕。

(二)案：本篇一則曰「既憑來信」，再則曰「況承來文」，則宋宣撫司必有牒文可知，弔伐録及會編皆不載。會編卷二十二，「宣和七年(一一二五)十一月十九日丙戌，宣撫司差馬擴、辛興宗充使副，持軍書移粘罕軍前，議交蔚、應二州及探索粘罕有無南侵意」。宣撫司牒文，蓋即此次馬擴等所持軍書也。

(三)案：會編卷二十一引朱勝非秀水閒居録曰，「宣和七年，金人既得虜主，即謀南侵。遣使人三輩：初日報謝通好也，次日告慶得天祚也，三日賀天寧節也。使傳繼來，河朔至京州縣，供億迎送，固已疲敝，且窺覘道路，及使我不疑。十一月，三使皆歸，即舉兵。有郎官陳桷爲送伴使，至境上，虜人已宣言大舉，公爲攘奪，無復常儀」。金史卷三太宗紀，「天會三年(一一二五)十月甲辰，詔諸將伐宋」。則遺書之前，金已部署軍事矣。甲辰爲初七日。

(三〇)牒南宋宣撫司問罪

〔係元帥府天會三年十一月三十日，所謂領兵前去之由，已載别牒。〕

大金元帥府牒大宋宣撫使司：近差寧昌軍節度使蕭慶、貝勒色呼美，專往理會所索户口事。所准回牒稱：「本朝幅員萬里，人居散漫，若再行根究，難指有無。」又據差馬擴、辛興宗所説，與上亦同。

往者，大宋與遼爲鄰也，因争疆埸，歲輸金帛，不獲厭足，遜辭添納。百餘年間，勤於朝聘，每事姑息，不可殫言，想其屈志，實不獲已。由此而言，其苦於屈辱，亦已深矣。幸遇我先皇帝天縱英謨，神資睿略，方經營天下之初，大宋遣使請雪前耻。由朝廷以恩化爲務，親幸幽薊，才下全燕，即時割賜。此朝廷所以大造于大宋，使大宋不勞而立其功，以伸祖宗之屈，自此始也。

大宋皇帝感斯大義，遂立嚴誓，卜於子孫，久敦信約。何期立渝盟誓，手書稱詔，搆我邊臣，使爲叛亂；賊殺宰輔，邀回户口。聖上以含容爲德，取索户口之外，一無理會。尚自不知悔過，反於沿邊多方作過，暫無自戢。爲此依准所降宣旨，移牒回取的實有無歸還；却稱「本朝幅員萬里，人居散漫」。豈期縱驕誇謾，棄德負義，如此之甚也。酌其所意：謂我土地之廣，但得户口，縱違誓約，畢竟何爲！有此横暴顯然，而覺其姦回，容俟至今，已爲枉矣。若依前索以道理，實慮空逗歲月。今聊整問罪之師，且報納土之由。仍依回誓，收復元賜京鎮州縣。今月二十九日起發前進，須議公文牒具如前。

今差昭文館直學士王介儒、貝勒色呼美等前去。事須牒大宋河北河東陝西等路宣撫使司，到請照驗。先行歸還朔、武等州，陳其罪戾，具一切聽命無違公文回示。仍請貴司自就相近，親見商議，容會結約。如或難以依應，即請尅期甚地，以決勝負。幸不疑惑住滯，以至別議施行。謹牒。

〔校文〕

所准回牒　「准」，硯、錢二本誤作「淮」。

與遼爲鄰也　錢本無「也」字。

因争疆埸　「埸」，他本皆誤作「場」。

亦已深矣　「已」，錢本、文淵閣本作「以」，通。

搆我邊臣　「臣」，原作「京」，據錢本改。案：據下句「使爲叛亂」，則應作「臣」。本書第二十三篇南宋誓書、第二十五篇回賜誓書皆謂「不得密切間諜，誘擾邊人」，下三十一篇元帥府左副元帥右監軍右都監下所部事迹檄書謂「結構罪人，使圖不軌，」亦其證也。

反於沿邊多方作過　「反」，原作「及」，據硯、錢二本及文淵閣本改。

移牒回取的實有無歸還　「的實」，原作「確實」，據吴本改。文淵閣本作「的確」。錢本「的」下闕一字。案本書第八十八篇王雲呈覆云，「不契勘的實」，作「的實」是。

縱驕誇謾　「誇謾」，硯、吴二本及文淵閣本此兩字互倒，錢本作「誇慢」。案本書第一七四篇行府告諭亡宋諸路立楚文字有「意涉誇謾」一語，諸本皆作「誇謾」。

今聊整問罪之師　硯、錢、吴三本「今」下有「議」字。

大宋河北河東陝西等路宣撫使司　「河北」，吴本、錢本脱此二字。案：會編卷二十二，「宣和七年（一一二五）六月六日丙午，太師豫國公童貫，依前太師，領樞密院事，河北河東陝西宣撫使，進封廣陽郡王」。上篇與宋閹人河北河東陝西等處宣撫使廣陽郡王童貫書署銜亦有「河北」字樣。

「路」，原作「處」，他本皆作「路」，兹據改。

具一切聽命無違公文回示　「具」，原作「其」，據硯本、錢本、文淵閣本改。錢熙祚于「其一切聽命無違」下出校云：「原本『其』作『具』，依吴本改。」案：除吴本外，他本皆作「具」。此謂回文中應有「一切聽命無違」字樣，「具一切聽命無違公文回示」作一句讀。錢氏改「具」爲「其」，分作兩句，誤矣。

親見商議　「商」，錢本誤作「啇」。

容會結約　「容」，文淵閣本作「融」。「約」，硯本、錢本、文淵閣本作「絶」。

尅期甚地　「甚地」，文瀾閣本「甚」作「勘」，無「地」字，守山閣本據吴本改作「甚地」。硯、吴、錢三本皆作「甚地」，文淵閣本作「勘地」。

〔考釋〕

（一）案：題注爲天會三年（一一二五）十一月三十日，即與前篇同日發。惟前篇爲左副元帥粘罕致童貫，此則由金元帥府牒宋宣撫使司。

（二）案：文中謂「差馬擴、辛興宗」及「差昭文館直學士王介儒、貝勒色呼美等前去」事，畢鑑卷九十五宋紀云，「宣和七年十一月乙亥，童貫至太原，馬擴、辛興宗復詣雲中，使宗翰軍，諭以得旨且交蔚、應、飛狐、靈丘，餘悉還金，仍覘其國有無南侵意。擴等至軍前，議山後事。宗翰笑曰：『汝尚欲此兩州兩縣邪？山前、山後皆我家地，復何論！汝家州縣消數城來，可贖罪也。汝輩可即辭，吾自遣人至宣撫司矣』。十二月己亥，馬擴等自雲中回，至太原，以宗翰所言告。擴曰：『北人深憾本朝結納張瑴，又爲契丹亡國之臣所激，必謀報復。今可速作隄防。』然貫先已陰懷遁歸意矣。十二月壬寅，金使王介儒、薩里穆爾（英案：即色呼美）至太原，出所齎書，説張瑴渝盟等事，其語倨甚。童貫厚禮之，曰：『如此大事，何不素告我？』薩里穆爾曰：『軍已興，何用告爲！國相軍自河東路入，太子軍自燕京路入，不戮一人，止傳檄而定耳。』馬擴曰：『兵，凶器，天道厭之。舉兵相向，豈不顧南朝積累之國，若稍飭邊備，安能遽敵邪！』薩里穆爾曰：『國家若以貴朝可憚，則不長驅矣。移牒且來，公必見之。莫若遣童大王速割河東、河北，以大河爲界，存宋朝宗社，乃至誠報國也。』貫聞之，遂逃歸京師。

（三）案：文中所云「搆我邊臣，使爲叛亂，賊殺宰輔，邀回户口」，主要指張覺（金史卷一百三十三本傳云，「張覺，亦書作瑴」）事。會編卷十八引北征紀實曰，「張覺者，燕地之豪傑也。素領營、平二州。方天祚竄陰、夾山，國亂無主，覺間遣人通中國。金人入燕山，覺不得已，亦遣人詣降，金人亦封爵之。其後金酋病，率軍而北，其輜重則盡由東北出松亭關，將歸國，其道由營、平。其金人所虜職官富户皆哀訴覺爲之主。覺因誘擒遼之大臣如左企弓輩（英案：左企弓原仕遼知樞密院事，降金後，太祖使復舊職，撫定燕京諸州縣，守太傅、中書令），數之以國亂不能輔佐，又不死守，反從仇，且劫徙燕人等罪，皆殺之。

曉示燕人一行，但留馬外，盡放令復業，各歸其所。至於儀物，盡毁去，玉帛皆有之。金人無一得脱者。覺既與金人結釁，乃謀復降中國。遣李石同其弟來。我乃以平州爲泰寧軍，封覺節度使，遣人以泰寧軍牌勅書及覺之誥命詔書與之。覺大喜，乃提親兵遠出拜迎。不虞金人皆諜知之，忽舉大兵徑以掩覺，覺不克入平州，因來奔燕山。而我之勅書誥命皆爲金人所得。始覺之母妻家屬皆寓營州，及金人破營州，得其母妻等。而覺之弟，初隨覺走燕山也，纔一夕，聞已得其母，遂亟奔金人，並懷中所携上御筆金花箋手詔賜覺者，用是又爲金人所得。故其後執以藉口者此爾。」

(三一)元帥府左副元帥右監軍右都監下所部事跡

檄書

往者遼國運衰，是生昏德；自爲戎首，先啓釁端。朝廷爰舉義師，奉天伐罪。繄爾宋人，浮海計議：「候併遼國，願割幽燕；歲納金縑，自依舊例。」先皇帝有容爲德，嘉其來意，置以不疑，即時允應。爾後全燕既下，割之如約。其爲恩信，不謂不多。於是約之以天地，質之以神明，乃立誓文：「盜賊逃人，無令停止；亦不得間牒，誘擾邊民；俾傳之子孫，守而勿失。」

洎宸輿北返，宰輔東行，不意宋人貪婪無厭，稔其姦惡，忽忘前施之義，潛包幸亂之謀，遽瀆誓約，結搆罪人，使圖不軌，據京爲叛；賊殺大臣，邀回户口，啖以官秩，反令納土；仍示手詔，竊行撫諭。遂使京畿之地，鞠爲寇場。纔天兵臨境，魁首奔亡；而又接引，輒相保蔽；更易姓名，授之官爵。及至追索，傳以僞首。既殺無辜，又貸有罪，不仁不耻，於此可知。朝廷方務含容，不彰其惡，但誡邊臣，户口之外，一無理辨。此所以必欲久通懽好之故也。彼尚飾以僞辭，終爲隱諱，仍招納逋逃，反擾居民，更使盜賊出没爲患。所有歲貢，又多愆期。背恩莫斯之甚。朝廷亦不咎之，依前催索，猶不聽從，牒稱：「本朝幅員萬里，人居散漫，若再行根究，難指有無。況事皆已往，請別計議。」據彼迷辭，意涉誇謾。至於本境行發文字，輒敢指斥朝廷，言多侮謗。雖累曾移文，俟其改過，終然不悟，罔有悛心。

矧又夏臺，實爲藩輔；忱誠既獻，土民是賜。而彼宋人，忽起無名之衆，輒行侵擾之事。因其告援，遂降朝旨，移牒解和，俾復疆土。仍以狂辭，不爲依應；反云夏人納款，曲有陳請。大金方務恩撫初附之國，且料不無曲意，姑行順從，既出一時私恩，畫與夏人，則大金順從夏人，已爲周至，自今不煩干預，自當以道理所在。且朝廷方隆恩造，下浹群邦；彼之兩國，各蒙其賜。所與之地，裁之在我，肯致私曲以爲周至。豈期詭詐昧於道理，不爲禀從，如是之甚者哉！斯則非止侵陵夏國，實關不懼朝廷，此朝廷所以罪也。

蓋聞古所重慎者，兵也。兵而無名，非三代仁義之謂也。其或仗順臨逆，以直加曲，斯用兵之王道焉。反是，則甚無謂也。今奉宣命，興師問罪。東自南京以來，西接夏軍一帶，諸路並進，固不獲已。況趙佶越自藩邸，包藏禍心，陰假黄門之力，賊其冢嗣，盜爲元首。因而熾其惡心，日甚一日。昏迷不恭，侮慢自賢，謂已有天命，作虐無傷。當其伐遼之日，官軍所至，有逆拒者，或至傷殘，皆非我所欲爲，是其自速禍敗也。或有舉城舉邑，以部以伍，效順歸款者，前官如舊，厚加恩撫，立其勞績，不次録用。居民則省徭役，輕刑罰，各安其業，諒已知悉。今亦如前，宜相爲鑒。

昔彼納平山，是圖我疆；今伐汴宋，是圖彼地。兹所謂出乎爾，反乎爾者也。若趙佶深悔前非，聽命不違，則雖云無外，且未深圖，止以黄河爲界，聊報納叛之由。是知自黄河以來，皆係我民。夫人已有之物，安肯自爲殘毁？再念其民居無道之國，煩徭重役，從來久矣。況遭閹豎要功喜事，近歲以來，苦於飛輓，流離道路，曾不聊生。今來若不預先曉告，竊慮其間别有牽迷，枉陷討伐，須議指揮。

右下宋國諸路官僚、僧道、耆老、軍人、百姓等。指揮到日，就便遞相曉諭，善爲去就。擇其曲直，審其强弱，度其逆順，各以所部京州縣鎮，村野邑社，部伍寺觀，蘭若山場，迎軍納款，必加恩賞。所有各手下軍人、百姓、僧尼、道士、女冠等類，一切如舊，更不遷徙，仍具頭領見帶名銜狀申，以憑依上施行。如或權不在手，惸獨鰥寡以身歸誠，厚爲存恤。所據隨處闗市之徵，山澤之禁，前來須爲急務。内有於民不便，無名之斂，仍仰所在官司開立狀申，當議從便削去。仍委本處就便開具文解，申報所在路分軍前照驗。據已上處分條件，出自至誠，必不昧其神理，亦仰子細省會。兼已指揮南京路都統所依上施行去訖。付逐處准此。

天會三年十一月日。

〔校文〕

所部事跡檄書　硯、吴、錢三本脱「部」字。

有容爲德　「容」，原作「客」，他本皆作「容」，兹據改。

不謂不多　「多」，硯、吴、錢三本誤作「少」。

稔其姦惡　「姦」，硯、錢二本作「奸」，通。

反令納土　「反」，吴本作「及」。

纔天兵臨境　「纔」，硯、錢二本作「才」，通；吴本作「方」。

於此可知　硯、吴、錢三本作「於禮何如」。案：本書第一七四篇行府告諭亡宋諸路立楚文字述及此事，與守山閣本相同，作「於此可知」。

此所以必欲久通懽好之故也　硯、吴、錢三本無「以必」二字。

反擾居民　「反擾」，守山閣本依吴本作「擾及」。案：除吴本外，他本皆作「反擾」，本書第一七四篇行府告諭亡宋諸路立楚文字亦作「反擾」，兹據改。

盜賊出没爲患　「患」，他本作「過」，守山閣本依吴本作「患」。

意涉誇謾　「誇謾」，硯、吴、錢三本作「誇慢」。

雖累曾移文　「曾」，文瀾閣本誤作「增」，守山閣本依吴本改作「曾」，他本亦皆作「曾」。

實爲藩輔　「爲」，原作「惟」，據錢本、文淵閣本改。

士民是賜　「士」，硯本、吴本誤作「士」。案：本書第一七四篇行府告諭亡宋諸路立楚文字亦作「士」。

忽起無名之衆　「衆」，硯本誤作「象」。

畫與夏人　「畫」，硯、吴、錢三本作「盡」。

不煩干預　「干」，硯本誤作「于」。

當以道理所在　「理」，原作「里」，據吴本、錢本、文淵閣本改。

肯致私曲以爲周至　「致」，硯、吴、錢三本作「以」。「至」，硯本誤作「室」。

如是之甚者哉　「是」，他本作「此」。

侵陵夏國　「陵」，他本作「淩」，通。

實闕不懼朝廷　「闕」，硯、吴、錢三本誤作「開」。

古所重慎者　「慎」，硯本誤作「懼」。

以直加曲　「加」，硯本誤作「如」。

斯用兵之王道焉　「用兵」，錢本作「萬世」，文淵閣本作「乃兵」，硯本誤作「萬兵」。

今奉宣命　「命」，硯、吴、錢三本作「諭」。

陰假黄門之力　「力」，硯本誤作「刁」。

賊其冢嗣　「冢」，硯本誤作「蒙」。

作虐無傷　「作」上原有「謂」字，據硯本、錢本删。「無」字上文淵閣本有「爲」字。

厚加恩撫　吴本此句作「厚恩撫綏」，硯本、錢本脱「加」字。

玆所謂出乎爾　「所」，硯本誤作「此」。

夫人已有之物　硯本、文淵閣本「已」上有「之」字。

再念其民居無道之國　硯本、吴本誤重「民」字。

要功喜事　「喜」，吴本、錢本作「生」，硯本闕。

近歲以來　「以來」，原作「而下」，據硯本、錢本改。

竊慮其間别有牽迷　「竊」，吴本、錢本作「切」。

枉陷討伐　「伐」，硯、吴、錢三本作「罰」。

須議指揮　「指」，硯本誤作「旨」。

官僚僧道耆老　錢本脱「老」字。

遞相曉諭　「諭」，原作「示」，據硯、吴、錢三本改。

度其逆順　吴本「逆順」二字互倒。

蘭若山場　「山場」，原作「場山」，據硯、吴、錢及文淵閣本乙轉。

權不在手　「手」，錢本誤作「乎」。

開立狀申　「申」，吴本作「由」。

開具文解　「具」，吴本誤作「其」。

兼已指揮南京路都統所　「指」，錢本誤作「旨」。「揮」，原作「軍」，據吴、錢、文淵閣三本改。

〔考釋〕

（一）案：書中所云「結搆罪人，使圖不軌，據京爲叛」，賊殺大臣，邀回户口，啖以官秩反令納土」；仍示手詔，竊行撫諭」，指張覺事。參看本書第三十篇考釋三。「更易姓名，授之官爵，及至追索，傳以僞首」，亦指張覺等事。會編卷十八：「宣和五年（一一二三）七月十日辛酉，張覺至燕山，郭藥師留之，易姓名曰趙秀才，匿常勝軍中。」同書同卷引北征紀實云：「金人始來索覺，朝廷命安中諱之。其索既急，又命斬一人似覺者。俄又索云：『此非覺也，實係某人。若不與我，則舉兵自取。』中國乃斬覺，傳首金人。」

（二）案：書中「矧又夏臺，實爲藩輔」云云，據金史卷三太宗紀云，「天會二年（一一二四）正月甲戌，夏國奉表稱藩，以下寨以北、陰山以南、乙室耶剌部吐禄濼西之地與之。三月辛未，夏國王李乾順遣使上誓表。閏月戊寅朔，賜夏國誓詔。十月甲辰朔，夏國遣使謝誓詔」。金史卷一三四西夏傳云，「天會二年，始奉誓表，以事遼之禮稱藩，請受割賜之地。宗翰承制，割下寨以北、陰山以南、乙室耶刮部吐禄濼之西，以賜之。於是，宋人與夏人俱受山西地。宋人侵取之。乾順遣使表謝賜誓書，并論宋所侵地。詔曰：『省所上表，具悉。已命西南、西北兩路都統府從宜定奪。』是時宗翰朝京師未還，録夏國奏付權都統斡魯，宋人侵略新受疆土、及使人王阿海争儀物事，與夏通問以便宜決之。初，以山西九州與宋人，而天德遠在一隅，緩急不可及，割以與夏」。檄文所言，即指此。宋史本紀不載，夏國傳亦但云「金人滅遼，粘罕遣撒拇使夏國，許割天德、雲内、金肅、河清四軍及武州等八館之地，約攻麟州，以牽河東之勢」云云。

（三）案：書中「趙佶越自藩邸，包藏禍心，陰假黄門之力，賊其家嗣，盗爲元首」云云，據宋史卷十九徽宗紀一云，「徽宗諱佶，紹聖三年（一〇九六），以平江、鎮江軍節度使封端王。元符三年（一一〇〇），哲宗崩，皇太后垂簾，哭謂宰臣曰：『家國不幸，大行皇帝無子，天下事須早定。』章惇厲聲對曰：『在禮律當立母弟簡王。』皇太后曰：『神宗諸子，申王長而有目疾，次則端王當立。』惇又曰：『以年則申王長，以禮律則同母之弟簡王當立。』皇太后曰：『皆神宗子，莫難如此分別，於次端王當立。』知樞密院曾布曰：『章惇未嘗與臣等商議，如皇太后聖諭極當。』皇太后又曰：『先帝嘗言，端王有福壽，且仁孝，不同諸王。』於是惇爲之默然。乃召端王入，即皇帝位」。同書卷二十二徽宗紀四贊曰：「哲宗之崩，徽宗未立，惇謂其輕佻，不可以君天下。」同書卷四六八童貫傳謂「貫性巧媚，自給事宫掖，即善策人主微指，先事順承」。均未直言徽宗之立，得童貫之力。檄文所指，或另有所據。

（三二）次事目劄子

〔係差貝勒吴孝民等持去。〕

肇我大聖皇帝起義兵，弔伐亡遼，燕薊一方，最爲强大；天兵一日忽至城下，不血一刃，俯首順命。爰念有宋航海遣使，起初結好，請復幽燕舊地，即時割與。惟少摘官吏、强族、工巧，並不滿萬數，徙之東行，良不得已，乃常勝軍相易之故。著定誓書：「盜賊逃人，彼此無令容納。苟有違者，社稷傾覆，子孫不紹。」曾不踰月，棄德背惠。手詔逆賊張覺，陰相結搆，殺我四執政大臣，邀迫我官民以歸。歲交金幣，罔不踰時。及正旦使賀允中御前奏達，「傳語」二字，深涉輕易。其於本國，窮奢極侈，上下相蒙，恣行無道，不忍多言。殘虐海内，人怨神怒。此天奪之鑒，假手於我大金。

前月二十九日，師次邯鄲，才有使人李鄴等將到三省樞密院所奉聖旨文牒，歸罪邊臣，全非當理。洎審求的意，方云：「前主自省愆尤，不敢枝負大變，前月二十三日，當已傳禪。」兩項歸過，特有不同，難爲准信。又奈使人悃愊辭酸，懇言「本國君臣，深自責恨前日之非」。但念「人誰無過，過而能改，善莫大焉」；兼所奉宣旨，「如趙主深自悔過，再乞懽好，仰就便酌中施行」，宜加恕道，用存大義。若果能誠心悔罪，重乞懽盟，可囚縛首先謀取平山童貫、譚稹、詹度，並逆賊張覺、李石、衛甫、趙仁彦等來詣軍前，謝天下罪。應自北界亂離南來，及南京叛亡諸職官、工匠、教坊、百姓續次發遣前來。仍以黄河爲界。先請皇弟鄆王與太少宰科一員權且爲質，亦候交割了絶，審覩情狀，别無猜忌，即便遣還。外歲輸金幣并賞軍物，然後計議施行。如或不欲依從，可預爲備捍，指日相見。却冀端的回示。

〔校文〕

貝勒吴孝民等持去　「貝勒」，原誤作「員勒」，據文淵閣本改。硯本、吴本作「孛菫」，錢本作「孛廑」。

大聖皇帝起義兵　硯、吴、錢三本無「兵」字。

俯首順命　「俯首」，文淵閣本作「舉土」；硯本、錢本闕文。

爰念有宋航海遣使　「念」，硯本、吴本誤作「命」。

官吏强族工巧　「工巧」，原作「工役」，據硯、吴、錢三本改。文淵閣本作「工匠」。

並不滿萬數　「並」，吴本作「并」，錢本作「倂」。

曾不踰月　文瀾閣本無「曾」字，守山閣本依吴本補。

不忍多言　「多言」，硯本、吴本二字誤倒。

三省樞密院　「院」，文瀾閣本作「使」，守山閣本依吴本改。硯本、錢本、文淵閣本亦均作「院」。

所奉聖旨文牒　「奉」，吴本誤作「奏」。

不敢枝負大變　「枝負」，原作「扳負」，硯本作「技負」，此據吴本、錢本改。案：「枝負」猶云「枝任」，「扳」、「技」並形似致誤。「變」，硯本誤作「變」。

悃愊辭酸　「愊」，原作「幅」，文淵閣本作「傓」，此據硯本、吴本改。

但念人誰無過　「念」，原作「言」，據硯、吴、錢三本改。

再乞懽好　「好」，吴本、錢本、文淵閣本作「和」。

若果能誠心悔罪　「果」，硯、吴、錢三本誤作「不」。

童貫譚稹詹度　「譚稹」二字原脱，據硯、吴、錢三本補。案：金史卷三太宗紀，「天會四年（一一二六）正月庚午，宗望使吴孝民等入汴，問宋取首謀平山者童貫、譚稹、詹度及張覺等」。據此，當有「譚稹」。「度」，硯本、吴本誤作「庶」。

亂離南來　硯、吴、錢三本無「南」字。

皇弟鄆王與太少宰科一員　「弟」，吴本誤作「帝」。「太」，吴本作「大」，通。

并賞軍物　錢本「賞」字上有「犒」字。

如或不欲依從　「欲」，硯、吴、錢三本誤作「遇」。

〔考釋〕

（一）案：金史卷三太宗紀，「天會四年正月丁卯朔。己巳，諸軍渡河。庚午，取滑州。宗望使吴孝民等入汴，問宋取首謀平山者童貫、譚稹、詹度及張覺等」。據此，則此劄子發文日期當是天會四年正月庚午（初四日）。

（二）案：金史卷一百三十三張覺傳云，「天輔七年（一一二三）五月，左企弓、虞仲文、曹勇義、康公弼赴廣寧，覺使人殺之于栗林下，遂據南京叛入于宋」。文中所云「殺我四執政大臣」，即指此。

（三）案：會編卷十九，「宣和六年（一一二四）九月十八日壬辰，秘書省秘書郎賀允中充大金皇帝賀正旦國信使」。會編卷二十三，「宣和七年（一一二五）十一月二十八日乙未，斡離不陷薊州，執奉使賀允中，鎖之」。據此，賀允中曾兩次奉使金國，然「傳語」事會編、畢鑑、宋史、金史均未見記載。

（四）案：文中謂「前主自省愆尤，不敢枝負大變，前月二十三日，當已傳禪」。據畢鑑九十五宋紀，「宣和七年十二月己未，遣通直郎李鄴使金，告以將内禪，且求和。庚申，下詔内禪」。鄴奉使在前，徽宗傳位在後，故云「當已傳禪」。

（三三）宋三省樞密院劄子

〔天會四年正月七日，汴京城下受得下項。〕

三省樞密院：據探報到，大金人馬漸次前來，侵近京城，欲行禦逐。緣大金已差人使，見到國門講和，未委上件人馬前來，有何因依者。

右差魏康、劉鎬前去，直至大金人馬見今盤泊去處取回文，速申。

靖康元年正月七日。

〔校文〕

未委上件人馬前來 「未委」，疑爲「未悉」之誤。硯、錢二本作「末委」。

見今盤泊去處 「今」，吳本誤作「金」。

速申 「速」，硯、吳、錢三本作「連」。

〔考釋〕

（一）案：會編卷二十七，「靖康元年（一一二六）正月三日己巳，斡離不軍渡河」。卷二十八，「靖康元年正月七日癸酉，斡離不犯京師」。宋史卷二十三欽宗紀、金史卷六十交聘表上記金兵渡河圍汴之日皆與會編相同。

（二）案：文中云「大金已差人使，見到國門講和」，指靖康元年正月四日宗望遣吳孝民等入汴，問宋取首謀平山者。參看上篇考釋一。

（三四）回劄子

肇我大聖皇帝，爲契丹主容納叛人阿合占大王，不行交送，又多無道，應天順人，起兵弔伐。是後不忍覆滅，欲與通好，終不聽從，直至亡國，方始投降。尚猶釋罪，特加王爵。又燕京留守秦晉國王耶律淳、遼陽渤海高永昌、奚蕭良等，各賜本部地界，仍以世爵。例皆執迷，竟取滅亡。夏國王李乾順、塔坦默爾赫，並助亡遼，犯我行陣，未鼓而破。爲能改過，各復舊居；分裂契丹邊土，以濟其地。

趙宋前者航海遣使，請復幽燕舊疆。當此之時，分白約誓，同力收取，邇來竟無接應行跡。一旦天兵倏至，不血一刃，舉土向風。蓋自契丹二百餘年，遠近無敢回顧。爰念從初結好，姑務懽和，即時割與，恩義非輕。著定誓書：「若納逃人，社稷傾危，子孫不紹。」曾未踰月，棄德背惠：手詔逆賊張覺，害我四執政大臣；邀我百官，更易姓名，公然任使。歲交金幣，並不如期。及正旦使賀允中御前奏達，「傳語」二字，特越舊例，深涉輕易。其於本國，窮奢極侈，上下相蒙；閹豎擅權，作爲奇巧，尅聚民間財玩，至有家室懸磬，人曷聊生？往往弊源，萬莫言一。

我皇帝審是數端，忘盟失道。上符天心，爰赫斯怒；大舉天兵，數路並進，理當問罪。面奉聖旨：「如趙主能悔己過，再乞懽盟，仰就便酌中施行。」當司引領大軍，取幽燕一路。自入貴境，謂必遣使賫來御筆，改責前非，縱横待命，不至深入。豈期直至邯鄲，才有使人李鄴等，却只將到省院所奉聖旨文牒；又言歸罪邊臣，全非當理。洎詰求的意，方言「前主自省愆尤，不敢枝負大變，已至傳禪」。兩項歸責，全是不同，難爲准信。緣差來人使，不能騎馬，事致淹留；兼恐途次別有錯失，乃摘留從軍。先令貝勒吴孝民等持白劄子專去奏聞。路次及城門首遮堵，早不放入。今及城下，猶未遣還。新任大臣，例不賢明，鮮能英斷。今上年少，因亂登基，詳度軍國社稷，子孫禍福，未能裁決。且前朝作孽，既爲人子，未曾切諫；至今據捨崇高，逃竄無地，爲子之罪，莫大於此！今可追悔往咎，卑辭改責，手筆誓書，乞申舊好，於義爲然。今執政臣屬，不念前日清平，姦賊同惡相濟，棄之于市，快天下心；止以放逐爲大罰，又使宸顔憂辱不暇，亦宜同力敷奏，親詣軍前，重求通好。爲臣之罪，復何可言！當計在久遠，依應當司所請事目，不但拔出生靈塗炭，抑宗廟血食，園陵安寢，豈非幸甚！苟或不然，反令海内百姓，肝膽塗地，鬼神乏主，後嗣零落。蓋臣主俱新，虚負英氣，不畫遠略，謀取艱難。乃前朝作鬧亂之始，今日成滅亡之禍；其爲大過，更踰前日。歷觀自古不道君臣，於此爲甚！

兼貴朝兵將，與亡遼士馬，優劣可見。亡遼與本朝士馬，勝負明知。即日簽揀到舊遼契丹、奚、漢、渤海軍衆不少，其本國大軍，未足稱數。且當司一路，除所經州郡并餘路軍兵亦約定於汴京會集安置外，見節次前來，未斷頭尾。雖不欲一一分白，貴朝亦必詳悉。又自來邊方守備兵衆，不能捍禦，侵及國門，能免其難，未曾或有。貴國太平，積有歲年。止以奢華適意，人民柔脆，不習騎射，創初設教，以不知兵之衆而拒我熟練征伐强勇之士，望求可濟，往昔無聞。更恐淺近官民間言：當司應以堅城不下，求請和好，勿宜輕信。緣是與大聖皇帝結好修盟，痛可哀憫，宗社傾覆，子孫謝絶。今皇帝正統天下，高視諸邦，其惟有宋，不可無主。然摧滅大權，已入握内。又爲元奉旨諭叮嚀，屢遣人使，遂與安和。惟求轉禍成福，勿有疑惑。請准前去文字，别遣大臣將呈御筆，早圖萬世之利。若大禍已成，須至自取滅亡，今後斷絶往來。緣大軍速至，難以停滯。却請執定，疾速見示，不宣。白。

〔校文〕

肈我大聖皇帝　會編卷二十九靖康元年（一一二六）正月八日甲戌載此劄子全文，「肈」作「昔」。

爲契丹主容納叛人　會編作「以契丹之主納叛人」。

阿合占大王　「阿合占」，硯、吴、錢三本作「阿合産」，文淵閣本作「阿克占」。會編作「阿鶻産」，許本會編注云，「改作古齊」。案：遼史卷二十七天祚紀一亦作「阿鶻産」。遼史卷四十六百官志，「天祚天慶二年（一一一二）有順國女直阿鶻産大王」。

不行交送　「送」，會編作「還」。

應天順人　「人」，會編作「民」。

是後不忍覆滅　「是」，許本會編作「自」。

特加王爵　「特」，錢本誤作「持」。

高永昌　硯本脱「高」字。

各賜本部地界　硯本脱「各」字。會編「地界」作「土地」。

例皆執迷　「皆」，文瀾閣本作「加」，守山閣本依吴本改作「皆」。錢本亦作「皆」。會編作「俱」。

塔坦默爾赫　硯本、錢本作「達靼鞢鞈舌」，吴本同，惟「舌」誤作「古」。會編作「達打毛合尖」，許本

會編注云，「改作韃靼摩古津」。

趙宋前者航海遣使　「者」，硯、吴、錢三本及會編均作「帝」。

分白約誓　「誓」，硯本、錢本、文淵閣本作「示」。

天兵倏至　「倏」，原作「忽」，他本皆作「倏」，兹據改。

爰念從初結好　硯本脱「念」字。

若納逃人　「若」，會編誤作「多」。

社稷傾危子孫不紹　會編「社稷傾危」與「子孫不紹」互倒。

曾未踰月　硯本脱「曾」字。

棄德背惠　「惠」，硯本、錢本及會編作「恩」。

歲交金幣　「幣」，會編作「帛」。

閹豎擅權　「豎」，會編作「寺」。

作爲奇巧　「作爲」，硯、吴、錢三本及袁本會編均脱此二字。許本會編作「造作」。

尅聚民間財玩　「聚」，原作「取」，據吴本、錢本改。硯本誤作「衆」。

家室懸罄　「家室」，吴本、錢本及會編二字互倒。「罄」，原作「磬」，據文淵閣本及會編改。

往往弊源　「源」，硯本、吴本誤作「言」。

萬莫言一　「一」，硯本、吴本作「十」。

我皇帝審是數端　硯、吴、錢三本及會編「我」字下有「今」字。袁本會編「帝」作「上」。硯本、吴本「數端」作「端的」。

忘盟失道　「忘」，原作「亡」，據會編改。

大舉天兵　「兵」，硯、吴、錢三本及會編作「師」。

如趙主能悔己過　會編作「如趙皇能悔過」。

當司引領大軍　會編無「引」字。

謂必遣使賫來御筆　「謂必」原作「必爲」，錢本、文淵閣本作「必謂」，此據會編改。

改責前非　「責」，會編作「削」。

才有使人李鄴等　「使人」，原作「人使」。案本書第三十二篇吴孝民所賫次事目劄子作「使人」，兹據乙轉。

省院所奉聖旨文牒　「省院」，會編作「三省樞密院」。

歸罪邊臣　「邊臣」，會編作「朝廷」。案：本書第三十二篇次事目劄子亦作「邊臣」。

全非當理　「全」，硯本誤作「金」。「非」，會編作「無」。

洎詰求的意　「洎」，錢本誤作「泊」。

不敢枝負大變　「枝負」，原作「扳負」，據吴本、錢本及袁本會編改。許本會編作「支吾」。參看本書第三十二篇次事目劄子「不敢枝負大變」校文。

乃摘留從軍　許本會編「乃」下有「先」字，「留」作「令」。

先令貝勒吴孝民等持白劄子專去奏聞　「貝勒」，硯、吴、錢三本及會編作「孛堇」。會編無「等」字，「奏聞」二字互倒。

早不放入　「早」，袁本會編作「俾」。

今上年少　「年少」，會編二字互倒。

因亂登基　「基」，會編作「極」。

詳度軍國社稷　「度」，硯本誤作「庶」。

未能裁決　「決」，會編作「酌」。

新任大臣　「新」，袁本會編作「見」。

鮮能英斷　「鮮」，硯、吴、錢三本及許本會編作「若」，袁本會編作「莫」。硯本闕「英」字。案：「若」、「莫」音近形似，疑原作「莫」，四庫全書意改爲「鮮」。

且前朝作孽　「且」，錢本及許本會編作「其」，硯本誤作「具」。

既爲人子　會編此句下無「未曾切諫」至「爲子」十六字。

據捨崇高　「據」，疑爲「遽」字之誤。

手筆誓書　許本會編「手」字上有「立」字。

不念前日清平　「前」，袁本會編作「平」。

止以放逐爲大罰　硯本脱「放」字。硯、吴、錢三本「爲」字上有「便」字。

同力敷奏　「力」，硯本誤作「立」。「敷」，硯、吴、錢三本及會編均作「輔」。

園陵安寢　「園」，硯本誤作「岡」。

肝膽塗地　「膽」，會編作「腦」。

鬼神乏主　「乏」，硯本誤作「之」。

不畫遠略　「畫」，會編作「盡」。

於此爲甚　「於」，會編作「如」。

亡遼與本朝士馬　硯本、錢本脱「與本朝」三字。

即日簽揀到　「日」，原誤作「目」，據硯本、錢本、文淵閣本及袁本會編改。

軍衆不少　硯本無「衆」字。

所經州郡并餘路軍兵　「郡」，會編作「軍」。「餘」，硯本、錢本誤作「余」。

約定於汴京會集安置　「集」，原作「齊」，據硯、吴、錢三本及會編改。

節次前來　硯本闕「來」字。

未斷頭尾　「斷」，硯本誤作「繼」。

一一分白　硯本「一一」誤作「二」。

不能捍禦　「捍禦」，錢本二字互倒。

能免其難　「其」，會編作「斯」。

貴國太平　「國」，會編作「朝」。

止以奢華適意　會編「華」作「侈」。

人民柔脆　會編「柔」作「懦」。硯本「脆」誤作「肥」。

創初設教　「設」，硯本誤作「結」。

不知兵之衆　許本會編作「不知戰之兵」。

望求可濟　硯本、錢本「求可」二字互倒。

淺近官民間言　「民」，會編作「司」。「間」，錢本及會編作「聞」。

求請和好　硯本、吴本「求」字上衍「不」字。會編「求請」二字互倒。

與大聖皇帝結好修盟　「聖」，錢本及會編作「宋」。案：本文中對宋不稱皇帝，此指金太祖阿骨打，作「聖」是。

今皇帝正統天下　許本會編「今」字下有「大金」二字，袁本會編作「大聖」。

旨諭叮嚀　「旨諭」，袁本會編二字互倒。「叮嚀」，硯本、錢本、文淵閣本及會編作「丁寧」，通。

轉禍成福　「成」，會編作「爲」。

請准前去文字　會編無「去」字。

別遣大臣將呈御筆　硯、吴、錢三本「遣」字下有「使」字。會編無「呈」字。

緣大軍速至　「緣」，硯本、吴本作「後」。「速」，硯本、錢本、文淵閣本及會編作「遠」。

不宣白　此三字原無，據吴本補。

〔考釋〕

（一）案：此回劄子會編卷二十九繫靖康元年正月八日甲戌，即本劄發文日期。

（二）案：文中謂天祚亡後，「尚猶釋罪，特加王爵」，參看本書第二十八篇報南宋獲契丹昏主書考釋一。秦晉國王耶律淳事，參看本書第八篇金國書及其考釋一。

（三）案：文中謂高永昌云云，據遼史卷二十八天祚紀二，「天慶六年（一一一六）正月，渤海高永昌僭號，稱隆基元年」。金史卷二太祖紀，「收國二年（一一一六）正月閏月，高永昌據東京，使撻不野來求援。五月，敗永昌，撻不野擒永昌以獻，戮之于軍」。

（四）案：文中謂「夏國王李乾順」云云，據遼史卷七十屬國表云，「天祚保大二年（一一二二）六月，夏國遣兵來援，爲金師所敗。三年（一一二三）六月，册李乾順爲夏國皇帝」。金史卷三太宗紀，「天會二年（一一二四）正月，夏國奉表稱藩，以下寨以北、陰山以南、乙室耶剌部吐祿濼西之地與之。三月，夏國王李乾順遣使上誓表。閏月，賜夏國誓詔。」

（五）案：文中謂「塔坦默爾赫」云云，據遼史卷二十九天祚紀三云，「保大二年六月，謨葛失以兵來援，爲金人敗于洪灰水。四年（一一二四）正月，謨葛失來迎，贐馬、駝、羊；又率部人防衛。封謨葛失爲神于越王。遼史卷六十九部族表所記同。金史卷三太宗紀云，「天會三年（一一二五）三月，斡魯以謀葛失來附，請授印綬」。案：謨葛失、謀葛失，皆默爾赫對音異譯。畢鑑卷九十四宋紀改作「瑪克實」。

（六）案：文中謂「大舉天兵，數路並進」，據會編卷二十五云，「金人敗盟，分兵兩道入寇：其一以斡離不爲帥，寇燕山，燕山諸郡皆陷，遂犯河北，所謂二太子者是也；其一以國相粘罕爲帥，寇河東，遂圍太原，所謂國相者是也。」

（七）案：文中一則謂「依應當司所請事目」，再則謂「請准前去文字」，皆指天會四年（一一二六）正月四日宗望遣吴孝民持去之次事目劄子（本書第三十二篇）。

（三五）宋主書

契勘自太上皇與大聖皇帝，浮海結約，歲月已深，遂割燕雲，恩義至厚。質諸天地，共著誓書，使聘交馳，懽盟無間。止緣姦臣誤國，容納叛亡，歲幣愆期，物貨麤惡，遂令信誓，殆成空文。鄰國興師，職由于此。重念大聖皇帝從初講好，欲卜萬年，事至於今，雖悔何及？

太上皇深自尅責，乃付神器。纘服之始，不違康寧，夙夜以思，宜伸舊好。果蒙使价，遠達信誠，結約之辭，悉以面諭。自今以始，傳之無窮，共庇生靈，永同金石。緬惟英鑒，必諒兹懷。

今差知樞密院事李梲、尚書工部侍郎鄭望之，充計議使副。事目具如別幅，想加照察。

〔校文〕

自太上皇與大聖皇帝　會編卷二十九靖康元年（一一二六）正月九日乙亥載此書全文，無「自」字。

浮海結約　「約」，袁本會編作「納」。
遂割燕雲　「遂」，硯、吴、錢三本作「遠」。
質諸天地　「地」，會編作「神」。
遂令信誓　「信誓」，會編作「誓盟」。
太上皇深自尅責　袁本會編「皇」下有「帝」字，「尅」作「刻」。
宜伸舊好　「伸」，會編作「申」。
果蒙使价　會編「蒙」作「承」，「价」作「介」，通。
自今以始　「以」，會編作「日」。
今差知樞密院事李棁　「知」，原無，據文淵閣本補。「棁」，硯本、吴本、文淵閣本誤作「稅」。
具如别幅　「具如」，袁本會編作「另具」。
想加照察　「加」，硯、吴、錢三本作「必」。「察」，會編作「悉」。

〔考釋〕

案：會編卷二十九，「靖康元年正月八日甲戌，鄭望之與金人吴孝民來，上御崇政殿引見，差知樞密院事李棁、借工部侍郎鄭望之，爲計議使副，再使於斡離不軍前」。金史卷六十交聘表上，「天會四年（一一二六）正月甲戌，宋知樞密院事李棁等奉書謝罪，且請修好」。據此，則此書及下篇事目均係李棁等持去。

（三六）事目

投拜職官人口，盡行發遣；大金國人馬抽回。議定更不以黄河爲界，只將地土税賦所出，改添歲幣七百萬貫。今來河北、河東人馬抽回，賞軍銀五百萬兩，絹五百萬疋，金五十萬兩。

〔校文〕

大金國　會編卷二十九靖康元年（一一二六）正月九日乙亥載此事目，無「國」字。

只將地土税賦所出　硯、錢二本無「只將」二字　吴本及會編「地土」二字互倒。

今來河北河東人馬抽回　「來」，吴本作「求」

賞軍銀五百萬兩　硯、吴二本「軍」下有「人」字。「五百萬兩」，硯本誤作「百萬百兩」。

絹五百萬疋金五十萬兩　吴本「絹五百萬疋」與「金五十萬兩」互倒。

〔考釋〕

案：畢鑑卷九十六宋紀，「靖康元年（一一二六）正月甲戌，引見金使孝民，言願遣親王、宰相到軍前議和。帝命李梲奉使，望之、世則副之。帝許增歲幣三五百萬兩，免割地。論及犒軍，許銀三五百萬兩。又命梲押金一萬兩及酒果賜宗望。使人至，宗望南嚮坐見之，遣燕人王汭等傳道語言，謂：都城破在頃刻，所以斂兵不攻者，爲趙氏宗社也。議和所須犒師金銀絹采各以千萬計，馬駝驢騾之屬各以萬計。尊其國主爲伯父。凡燕雲之人在漢者悉歸之。割太原、中山、河間三鎮之地。又以親王、宰相爲質。梲等不敢有言，第曰：有皇帝賜到金萬兩及酒果。宗望令吴孝民受之。夜，宿孳生監，金人遣蕭三寶努等來言：南朝多失信，須一親王爲質；割地必以河爲界。望之但許增歲幣三百萬。三寶努不悦而退」。

（三七）回宋書

〔天會四年正月九日，與前文字一就發，先來李鄴同去。〕

承計議使副知樞密院事李梲、尚書工部侍郎鄭望之，賫到御寶文字：深悔前非，再求盟好，「傳之無窮」，「永同金石」。仰稔至誠，實爲大利。雖有報復之心，載惟元從大聖皇帝結好，暨我今皇帝旨諭叮嚀，德義寬大，拯救生靈塗炭，宜舒舊憤，以示新恩，當開誠心，與修和睦。

今差元部族節度使伯哩、復州管内觀察使高永義、諸軍都部署判官司農少卿張愿恭，與前次差來人使，同去計議。其諸事條，具如別幅。若可依從，請皇弟鄆王并太少宰科一員，不踰是日，來赴軍前，權且爲質。更或不欲施行，無煩理會，伏候端的。鄆王權質，候過黄河，便議歸還。太少宰科一員，祇候交撥定疆界，亦便放還。

〔校文〕

與前文字一就發　「字」，錢本誤作「手」。

先來李鄴同去　「鄴」，原作「鄰」，他本皆作「鄴」，兹據改。「同」，原作「回」，據硯本、錢本、文淵閣本改。

知樞密院事李棁　硯、吴、錢三本脱「事」字。硯本、吴本「棁」誤作「税」。

賫到御寶文字　會編卷二十九靖康元年（一一二六）正月十日丙子載此書，此句無「到」字。

仰稔至誠　「稔」，硯本、吴本作「認」，錢本作「仞」，會編作「諗」。

今皇帝旨諭叮嚀　「今」下原有「聖」字，據錢本删。案：本書第三十四篇回劄子即作「今皇帝」。

「叮嚀」，硯、錢二本及會編作「丁寧」，通。

與修和睦　「與」，硯本誤作「興」。

今差元部族節度使伯哩　硯、吴、錢三本「族」誤作「旋」，「伯哩」作「寶利」。

張愿恭　「愿」，硯本、錢本作「原」。

差來人使　硯、吴、錢三本脱「來」字。

其諸事條　「其」，硯本誤作「具」。

太少宰科　「科」，許本會編作「臣」。

不踰是日　許本會編作「不俟踰日」。

鄆王權質候過黄河便議歸還太少宰科一員祗候交撥定疆界亦便放還　硯、吴、錢三本次「候」字在「亦」字下。「鄆王權質」至「亦便放還」三十九字，會編寫入事目中。參看下篇事目校文。

〔考釋〕

案：宋史卷二十三欽宗紀，「靖康元年（一一二六）正月乙亥（九日）李棁與蕭三寶奴、耶律忠、王汭來索金帛數千萬，且求割太原、中山、河間三鎮，并宰相親王爲質，乃退師」。會編卷二十九，「靖康元年正月九日乙亥，李棁見斡離不議事，賫和議犒師割地等事目回來。十日丙子，李棁等與金人所遣計議使高永、張愿恭、蕭三寶奴復命，當日引見，三寶奴上殿呈書」。金史卷六十交聘表上，「天會四年（一一二六）正月丙子（十日），宗望許宋修好，約質，割三鎮地，增歲幣，載書稱伯姪」。據會編與宋史，此書與下篇事目發文日期爲正月九日，與本篇所注日期相合，金史交聘表繫十日，乃「上殿呈書」之日。惟金使姓名，本篇作高永義、張愿恭、伯哩，宋史作蕭三寶奴、耶律忠、王汭，會編作高永、張愿恭、蕭三寶奴，三者互異。

（三八）事目

〔並入御筆誓書。〕

自新結好已後，凡國書往復，並依伯姪禮體施行。今放黄河，更不爲界。可太原、中山、河間等府一帶所有地分，畫立疆至，將來撥屬本朝。於内城池别有變亂，貴朝應管擒制交送。來示改添歲幣七百萬貫，今減五百萬貫。除自來已合交送銀絹兩項外，擬只歲輸二百萬貫。合要賞軍物帛并書籍下項：

書五監　金五百萬兩　銀五千萬兩

雜色表段一百萬疋　裏絹一百萬疋

馬牛騾各一萬頭匹　駝一千頭

〔校文〕

自新結好已後　會編卷二十九靖康元年(一一二六)正月十日丙子載此事目。袁本會編此句脱「新」字。

凡國書往復　「國」，原作「圖」，據文淵閣本及會編改。

並依伯姪禮體施行　袁本會編「禮」下有「一」字。

今放黄河　許本會編無「放」字，袁本會編「今放」作「於今」。案：下第三十九篇回書誓文及差康王少宰出質、第四十一篇回奏宋主均作「放黄河」，會編蓋以意改。

可太原中山河間等府　硯、吴、錢三本「太原」、「中山」下均有「府」字，「等」下無「府」字。會編「可」字下有「將」字。

應管擒制　「管」，硯本誤作「館」。

今減五百萬貫　硯、錢二本脱此六字。

銀絹兩項　「項」，硯、吴、錢三本及會編作「色」，文淵閣本誤作「匹」。

歲輸二百萬貫　硯、吴、錢三本及會編「萬貫」下有「物貨」二字。又，會編「物貨」下有「已上并入御筆誓書鄆王權質候過黄河便議歸還太少宰科一員祇候交撥定疆界亦便放還」三十七字。

合要賞軍物帛　「物帛」，硯、吴、錢三本作「兵物」。

雜色表段一百萬疋　硯、吴、錢三本「段」字在「萬」字下。許本會編「疋」作「段」。

裹絹一百萬疋　硯、吴、錢三本「疋」字上有「段」字。會編無「裹」字。

（三九）回書誓文及差康王少宰出質

〔係正月十二日。〕

契勘太上皇與大聖皇帝浮海結約，欲卜萬年。偶因手詔平山張覺，招納叛亡，至使懽盟變爲兵革，遂至大金數路興師。今大聖皇帝次子郎君先及京城，事至於今，雖悔何及！專差知樞密院事李棁、尚書工部侍郎鄭望之等趨詣軍前，引過乞和。正月十日，迺承計議使高永義等賫到文字，大開容允，備諒純誠，拯救生靈，敦結盟好，載惟高誼，深劇感悰。已戒攸司，悉從定約。

太上皇與大金大聖皇帝及今皇帝，義同兄弟，今來國書，當依契丹舊例，禮從伯姪施行。已許放黄河，更不爲界。可太原、中山、河間等府一帶所轄縣鎮，分畫疆至。係自大金後，比至立了疆界，屯兵已前，於内别有變亂處所，當朝自當應管擒制交送，至於尺土一民，不令侵犯招納。若是與三府以南州軍犬牙出入不齊去處，臨時兩平兑易。應自亡遼播越之時，北界流離南來，并係大金叛亡諸職官、工匠、教坊、百姓，除元不曾到并已死亡外，應見在盡數遣還。在京令隨逐前去，在外接續逐處發遣，一無停匿殘害錯失。除自來合交銀二十萬兩、絹三十萬疋外，更歲輸二百萬貫，以金銀疋帛并雜物折納，決無麄惡愆期。斯言之信，金石不渝。有違此誓，神殛無赦，宗社傾覆，子孫不享。所有其餘該載不盡合約事件，並依前立誓書施行。遠冀英懷，永同重誓。

今差通直郎試給事中李鄴、右武大夫康州防禦使知西上閤門事高世則，充計議使副，伏惟炤察。謹白。

〔校文〕

差康王少宰出質　文瀾閣本脱「康」字，守山閣本依吴本補。他本亦皆有「康」字。

係正月十二日　硯本、錢本「二」作「三」。案：下第四十一篇回奏宋主作「正月十二日」，作「二」是。

平山張覺　會編卷三十靖康元年(一一二六)正月十四日庚辰載此書。許本會編「山」作「州」。

知樞密院事李棁　「棁」，硯本、吴本、文淵閣本誤作「稅」。

趨詣軍前　「趨詣」，硯本作「趍詣」，會編作「赴議」。

迺承計議使高永義等　硯本、錢本無「迺」字，「永義」誤作「永議」。

深劇感悰　原作「深感劇悰」，硯、吴、錢三本作「深劇忱悰」，此據會編改。

太上皇與大金大聖皇帝及今皇帝　「太上皇」下原有「帝」字，無「及」字，此據會編删補，與下第四十一篇回奏宋主引文合。

可太原中山河間等府一帶　硯、錢二本「太」作「大」，通。硯、吴、錢三本及會編「河間」下無「等」字。

比至立了疆界　「比」，吴本誤作「北」。

别有變亂　「有」，硯本誤作「無」。

自當應管　吴本作「自管應當」。

出入不齊　硯本闕「齊」字。

北界流離南來　「南來」，原作「向南」，袁本會編作「而來」。案：下第四十一篇回奏宋主引此文作「南來」，兹據改。

令隨逐前去　「令」，硯本、錢本作「今」。

銀二十萬兩絹三十萬疋外更歲輸二百萬貫以金銀疋帛并雜物折納　硯、吴二本脱「絹三十萬疋」五字。會編無「銀二十萬兩」至「以」十九字。

麄惡愆期　「惡」，硯、錢二本作「弱」。案：本書第三十五篇宋主書云，「物貨麤惡」，作「惡」是。

知西上閤門事　原作「西山閤門事」，據文淵閣本改。案：宋官無「西山閤門」，宋史卷四百六十四高世則傳亦作「知西上閤門事」。

伏惟炤察　「炤」，文淵閣本作「照」。

〔考釋〕

(一)案：宋史卷二十三欽宗紀，「靖康元年正月庚辰，詔稱金國加『大』字」。案以前國書亦有「大」字，不知何故有此詔。

(二)案：宋史卷一百六十六職官志六，「靖康元年，詔閤門並立員額。舊制有東、西上閤門，多以處外戚勳貴，建炎初元，并省爲一。紹興五年，詔右武大夫以上並稱知閤門事」。此次世則使金軍，在靖康元年正月，故閤門仍有東、西之分，而以右武大夫兼知閤門，則此時已有之。

(四〇)事目

皇弟康王、少宰科一員，前去相見，以示信好，便請遣回。賞散河北、河東路軍物帛并書籍下項：

書五監　金五百萬兩　銀五千萬兩

雜色表段一百萬疋　裏絹一百萬疋

馬牛騾各一萬頭匹　駝一千頭

右即今盡據城中所有，内自宫禁，係官司與士民、宫觀、寺院等處，已行根刷。慮或不足，須至稍寬期限，更於河北州縣及外路州軍起發送去。

〔校文〕

皇弟康王　「弟」，吴本誤作「帝」。

物帛　硯、吴、錢三本作「兵物」。

雜色表段一百萬疋　硯、吴、錢三本「段」字在「萬」字下。

裏絹一百萬疋　硯、吴、錢三本「萬」字下有「段」字。

稍寬期限　「稍」，錢本誤作「稱」。

〔考釋〕

案：會編卷三十，「靖康元年（一一二六）正月十四日庚辰，皇帝弟康王、少宰張邦昌使於大金軍前。給事中李鄴爲計議使，右武大夫高世則副之，齎和議誓書，送伴蕭三寶奴等同行」。宋史卷二十三欽宗紀所載亦爲庚辰。惟金史卷三太宗紀繫十二日戊寅，卷六十交聘表上同，則較宋史及會編早兩日。案本書第四十一篇回奏宋主、第四十二篇别上書均云，「正月十二日，遣來李鄴降到誓文」，别上書中且明言「暨皇弟康王并少宰一員至」，則亦爲十二日戊寅，與金史合，與上篇回書誓文及差康王少宰出質所注日期合。

（四一）回奏宋主

〔係正月十四日。〕

大金都經略處置使兩路都統所：

正月十二日，大宋皇帝遣來使副李鄴、高世則等降到誓文，大開詳審，推見聖意勇于改悔，求踐舊好，叙定兄弟之義，卜於萬代，更不渝變，斯乃社稷生靈之福也。當司深爲感切，遽解重圍，收聚兵馬，鈐束將校，更不令驅虜殺戮。

所承誓旨具載：「太上皇手詔平山張覺，招納叛亡，遂至大金數路興師。今大聖皇帝次子郎君先及京畿，事至于今，雖悔何及！太上皇舊與大聖皇帝及今皇帝義同兄弟，今來國書，當依契丹舊例，禮從伯姪施行。已許放黄河，更不爲界。可太原、中山、河間等府一帶所轄縣鎮，分晝疆至。係自大金後，比至立了疆界，屯兵已前，于内别有變亂處所，當朝自當應管擒制交送，至于尺土一民，不令侵犯招納。若是與三府以南州軍犬牙出入不齊去處，臨時兩平兑易。應自亡遼播越之時，北界流離南來，并係大金叛亡諸職官、工匠、教坊、百姓，除元不曾到并已死亡外，應見在并盡數遣還。在京令隨逐前去，在外接續逐處發遣，一無停匿殘害錯失。除自來合交銀二十萬兩、絹三十萬匹外，更歲輸二百萬貫，以金銀匹帛并雜物折納，決無蘢惡愆期。斯言之信，金石不渝。有違此盟，神殛無赦，宗社傾覆，子孫不享。所有其餘該載不盡合約事件，並依前立誓書施行。」

既復舊約，欲成長久。竊慮歲輸物多，難以經遠施行；兼奉宣命，「若能悔責，委酌中理會」，今又特減放一百萬貫，常年只許納一百萬貫折納，并銀二十萬兩，絹三十萬疋。仍爲今歲分撥疆至事忙，直候次年正月依舊例交納。所有誓書，乞早賜差遣國信使副就赴闕下，告回誓書，當司亦准備具此申奏次。如交割結絶之後，苟有違變，神明殛之，俾墜其師。

今差都管契丹兵馬輔國上將軍耶律度、復州管内觀察使隨駕教坊都提點王汭，充計議使副，伏乞照驗。謹奏。

〔校文〕

係正月十四日　硯、吴、錢三本無此六字題注。

兩路都統所　會編卷三十靖康元年（一一二六）正月十五日辛巳載此書。袁本會編「都統所」作「都統制斡離不」。

正月十二日　吴本及會編「二」作「四」。

卜於萬代　「代」，硯、吴、錢三本作「世」。

遽解重圍　「遽」，硯本誤作「遞」。

所承誓旨具載　吴本及會編省略「所承誓旨具載」至「並依前立誓書施行」一大段，共三百三十字。

遂至大金數路興師　錢本「至」作「及」，並脱「數路興師」至「大上皇舊與」三十字。

大聖皇帝及今皇帝　「聖」，錢本作「金」。

當依契丹舊例　硯本「依」誤作「宜」，脱「丹」字。

河間等府一帶　錢本「河間」下無「等」字。

應自亡遼播越之時　硯本脱「越」字。

流離南來　「離」，硯本誤作「難」。

工匠　「匠」，硯本、錢本作「巧」。

并盡數遣還　硯、錢二本「并」作「並」。案：上第三十九篇回書誓文及差康王少宰出質無「並」字。

令隨逐前去　「令」，硯、錢二本作「今」。

在外接續逐處發遣　「外」，硯本誤作「迯」。

麄惡愆期　「惡」，硯本、錢本作「弱」。

金石不渝　「渝」，硯本、錢本、文淵閣本作「移」。

並依前立誓書　「並」，原作「并」，據硯本、錢本改，與上第三十九篇回書誓文及差康王少宰出質合。

竊慮歲輸物多　硯、錢二本脱「竊」字。會編「物」下有「稍」字。

常年只許納一百萬貫　「年」，硯本誤作「行」。

苟有違變　「有」，吴本作「萌」，硯本作「盟」。

今差　會編略「今差」至「計議使副」三十七字。

復州管内觀察使　「復州」原作「福州」，據文淵閣本改。案：下第六十一篇再上書中王汭職銜即作「復州」，此誤。

伏乞照驗　會編「照驗」作「照察」。

謹奏　此二字原無，據會編補。

〔考釋〕

案：會編卷三十：「靖康元年（一一二六）正月十五日辛巳，斡離不回奏并書。」以本篇爲奏文，下篇別上書爲書。案本篇題下注「十四日」，當爲作書之日，會編繫「十五日」，則爲書達之日，兩者相合。

（四二）别上書

正月日，大金皇子都經略處置使斡喇布，上書于大宋皇帝闕下：今月十二日，差李鄴等賜到誓文，暨皇弟康王、并少宰一員至。仰體聖慈，深增信喜。事苟不然，其如社稷生靈何？今轉禍爲福，重踐舊好；惟望貴朝不失農事，早令當司兵馬無稽駐泊，益彰至德。當司已鈐束逐處軍兵，不令驅虜殺戮。所有國書再立誓約，乞賜盡言，差遣信使將擎來付當司，待憑發遣赴闕。即日一見康王，便如兄弟；相次事過，即時遣還，願勿憂疑。更有但係亡遼契丹、奚、漢、渤海、雜類人等，無令劫掠傷殘，早爲交割。

今月十一日夜，南方天見赤氣，直至天曉。詳其分野，正臨都邑。能盡至誠，務敦大信；反身修德，必底消禳。緣念義同一家，别白奏達。謹上。

〔校文〕

大金皇子　硯、吴、錢三本無「大金」二字。案：下第四十六篇回謝書亦自稱「大金皇子」。

斡喇布　硯、吴、錢三本作「斡離不」，文淵閣本作「斡喇布」。

今月十二日　硯、吴、錢三本「二」作「三」。會編卷三十靖康元年(一一二六)正月十五日辛巳載此書，「二」作「四」。案：上篇回奏宋主，硯本、錢本、文淵閣本亦均作「十二日」。

暨皇弟　硯本、錢本無「暨」字。

深增信喜　吴本及會編「信」誤作「倍」。

今轉禍爲福重踐舊好　硯、錢二本及會編「今」字下均有「既」字。會編「舊」作「懽」。

惟望貴朝不失農事　硯、吴、錢三本無「惟望」二字。許本會編「事」作「桑」。

不令驅虜殺戮　會編「不」字上有「更」字。

差遣信使將擎來付當司　錢本「付」作「赴」。

即日一見康王　「日」，硯本誤作「目」。

雜類人等　硯本脱「類人」二字。

無令劫掠傷殘　硯本無「令」字。「劫」，原作「却」，他本及會編均作「劫」，兹據改。

務敦大信　「敦」，原作「敷」，他本及會編均作「敦」，兹據改。

必底消穰　「消」，硯本、錢本作「銷」，通。「穰」，硯本誤作「穰」。「底」，許本會編作「可」。

別白奏達　「達」，硯本誤作「達」。

〔考釋〕

（一）案：據會編卷三十，本篇與上篇同時送達，故文内云「别白奏達」。

（二）案：斡喇布，諸本及會編多作「斡離不」。金史卷七十四本傳云，「宗望本名斡魯補，又作斡離不，太祖第二子也」。卷五十九宗室表作「斡里不」。卷三十一禮志四作「訛魯補」。清乾隆朝改譯爲「斡喇布」。

（四三）報進誓書及乞約束書

靖康元年正月十五日，大宋皇帝致書于大金皇子都經略處置使軍前：特承書示，備諒勤誠。以康王、少宰至彼，灼知美意，深增信喜。兼念本朝不失農事，早爲罷兵，鈐束既明，更不殺戮。凡兹來諭，益重懽盟。所言國書再立誓約，見今差遣信使賫詣大金皇帝闕下，煩爲差人同往。歲輸特承放減一百萬貫，深荷恩意，已於國書具載。若非惇示大信，欲保萬年，何以及此！亡遼契丹、奚、漢、渤海、雜類人等，自當發遣，豈敢傷殘。天象示戒，所宜反身修德以銷去之。重蒙來示，尤誌不忘。

近聞大兵已到太原，攻圍未下。和好之後，義同一家，願速約攔人兵，以全一城生靈之命。兼恐河西兵馬乘隙深入，亦望早與約回。諒惟英懷，必加深察。謹白。

〔校文〕

都經略處置使　硯本、錢本脱「置」字。

深增信喜　吴本「信」誤作「倍」。

兼念本朝不失農事　硯、吴、錢三本均脱「念」字。

凡兹來諭　「兹」，硯本、錢本誤作「慈」。「來」，硯本誤作「采」。

雜類人等　「類」下原無「人」字，據錢本、文淵閣本補。案：上篇别上書亦有「人」字。

尤誌不忘　「誌」，錢本作「仞」，硯本、吴本作「認」。

約攔人兵　「攔」，硯本、錢本作「欄」。

諒惟英懷　「懷」，硯、吴、錢三本作「悟」。

〔考釋〕

案：本文中提及「康王、少宰」、「不失農事」、「鈐束既明」、「天象示戒」等，均係針對上篇幹喇布來文而言；文首記明「靖康元年正月十五日」，時日亦銜接，自應列于别上書之後。吴本此篇誤置于下第四十八篇回謝宋主書後。

（四四）宋少主新立誓書

靖康元年正月十五日，姪大宋皇帝桓謹致書于伯大金皇帝闕下：昨自太上皇帝遣使越海結約，請復幽燕舊地，交割之後，著定誓書。曾不踰月，手詔平山張覺，招納叛亡，歲輸之物愆期，正旦使賀允中致「傳語」二字。由此伯大金皇帝遠遣數路重兵，入境問罪。

太上皇帝自省前非，傳付神器。適有大聖皇帝次子郎君一路兵馬先到京城之下，遂專差知樞密院事李棁、尚書工部侍郎鄭望之，趨詣軍前，代上皇引過自悔，告和乞盟。乃承二郎君遣使賫到文字，開諭恩旨：「如到日深悔前非，再乞懽和，即委就便酌中施行。」今已計議定：可中山、太原、河間府南一帶所轄縣鎮以北州軍，分畫疆至。別有地圖。仍比至定了疆界，屯兵以前，于内別有變亂處所，當朝自當應管擒制交送，已後至于尺土一民，不令侵犯招納。若是與三府已南州軍犬牙出入不齊去處，臨時兩平兑易。外據往復國書，伯姪施行。并應係亡遼官吏、僧道、教坊、工匠、百姓等，除元不曾到并已死亡外，並行遣還。在京令隨逐前去；在外接續逐處起發，一無停匿。爲放河北、河東土地，每歲輸送銀二十萬兩、絹三十萬匹、錢一百萬貫，以金銀匹帛并雜物折納，無依前麄惡愆期，以報重恩，再結懽好。斯言之信，金石不渝。有違此盟，天地鑒察，神殛無赦，宗社傾覆，子孫不享。所有其餘該載不盡合約事件，並依前立誓書施行。

伏惟聖明，永同重誓；倘蒙允諾，佇候回音。今差通直郎試給事中文安縣開國男食邑三百户賜紫金魚袋沈晦、右武大夫康州防禦使武功縣開國男食邑三百户王仲通，充賫誓書國信使副。有少禮物，具如別幅。專奉書陳達，不宣。白。

〔校文〕

宋少主新立誓書　吴本無此標題。

靖康元年正月十五日　吴本無篇首「靖康元年正月十五日」至「手詔平山張覺」六十二字。

大宋皇帝桓謹致書　錢本脱「謹」字。

太上皇帝遣使越海結約　「遣使」下原無「越海」二字，錢熙祚于此下出校云，「原本此下衍『越使』二字，今以意删」。案：錢本、文淵閣本「遣使」下均有「越海」二字，文瀾閣本「越使」二字當爲「越海」之誤，非誤衍，删之非是。兹據錢本、文淵閣本補。

曾不踰月　「曾」字原無，他本亦無。案：本書第三十二篇次事目劄子作「曾不踰月」，第三十四篇回劄子作「曾未踰月」，各本誤脱，兹據補。

招納叛亡　吴本自此「招納叛亡」以下至篇末「專奉書陳達」四百數十字均錯簡在本書第四十五篇

宋少主與左副元帥府報和書中。

知樞密院事李棁　硯、吳、錢三本脱「知」字。硯、吳二本「棁」誤作「税」。

尚書工部侍郎　硯、吳、錢三本脱「尚書」二字。

引過自悔　硯、吳、錢三本「過」均作「罪」。

屯兵以前　硯、吳、錢三本「以」均作「已」，通。

當朝自當應管擒制交送　硯、吳、錢三本「自當應管」作「自管應當」。案：本書第三十九篇回書誓文及差康王少宰出質、第四十一篇回奏宋主各本均作「自當應管」。

若是與三府已南州軍犬牙出入不齊去處　「若」下原無「是」字，他本皆有，兹據補。「已」，他本作「以」，通。「若是」下原無「與」字，「已南」下原無「州軍」二字，均據本書回書誓文及差康王少宰出質及回奏宋主補。「齊」，硯本闕。「處」，文瀾閣本誤重，守山閣本依吳本删去。

并已死亡外　硯、吳、錢三本「已」字下衍「後」字。

在京令隨逐前去　「令」，硯本、錢本作「今」。

在外接續逐處起發　「在」，硯本誤脱。「外」，文瀾閣本作「内」，守山閣本依吳本改。

銀二十萬兩　硯、吳、錢三本「二」作「三」。案本書回書誓文及差康王少宰出質及回奏宋主各本均作「二十萬兩」。

雜物折納　硯、吴、錢三本「物」作「貨」。案：本書回書誓文及差康王少宰出質及回奏宋主各本均作「物」。

麄惡愆期　硯、吴、錢三本「惡」作「弱」。案：作「惡」是。參看本書回書誓文及差康王少宰出質校文。

並依前立誓書施行　「並」，原作「并」，據吴本、錢本改，與回書誓文及差康王少宰出質合。

倘蒙允諾　「諾」，硯、吴、錢三本作「許」。

紫金魚袋　硯本脱「魚」字。

〔考釋〕

（一）案：本篇原列本書第四十八篇回謝宋主書後，硯本、錢本、文淵閣本同。案上篇題爲報進誓書及乞約束書，則「誓書」本文當與「報進」之書同去；若無「誓書」，「報進」者何？且本篇誓書所記立誓之時，與「報進」之書同日，自應銜接。特爲移置於此。

（二）案：金史卷三太宗紀，「天會四年（一一二六）正月辛巳（十五日），宋上誓書、地圖，稱姪大宋皇帝、伯大金皇帝」。卷六十交聘表上，「天會四年正月辛巳，宋使沈晦賫所上誓書、三鎮地圖，至軍中」。卷七十四宗望傳，「宋請和，遂割太原、中山、河間三鎮，書用伯姪禮，以康王構、太宰張邦昌爲質。沈晦以誓書、三鎮地圖至軍中。歲幣、割地，一依定約」。案金史紀、表所記時日，均與本文同；傳雖不載時日，而内容與宋使姓名亦同本書。宋史欽宗紀不載誓書，會編亦不録本文，蓋諱言之也。

（四五）宋少主與左副元帥府報和書

靖康元年正月十五日，大宋皇帝致問大金元帥伊拉齊貝勒軍前：頃者，太上皇與大聖皇帝浮海結約，情義至重。偶緣手詔平山張覺，招納叛亡，遂至懽盟變爲兵革。屬太上皇傳位眇躬，方閲旬浹，皇子郎君大軍已至京畿。即遣知樞密院事李棁、尚書工部侍郎鄭望之，備攄情悃，復講懽盟。皇子郎君惇兩朝和好之重，特爲開允，許以退師。本朝尋遣宰相親王詣軍相見，土疆歲幣，並已議定，兩路賞軍金帛萬數之多。尚慮元帥在遠，未知的實，今遣使人同皇子郎君所差親信，尋詣軍前諮白。惟冀早爲抽回軍馬，免致殘害生靈。諒惟英懷，必能洞照。

春首尚寒，更加保重。微物將誠，具如別幅。今差朝奉大夫充右文殿修撰廣平縣開國男食邑三百户賜紫金魚袋宋彦通、武翼大夫成州刺使汝陽縣開國男食邑三百户郝抃，充河東軍前報和使副。白。

別幅

細物五百疋

錦一百疋　鹿胎一百疋　金錦一百疋

緊絲一百疋　青絲綾一百疋

茶五十觔

上等揀芽小龍團一十觔　小團一十觔

大團三十觔

龍腦一百兩　椽燭三百條　薫香三百帖

右請檢留。白。

〔校文〕

宋少主與左副元帥府報和書　「報和書」，硯、吴、錢三本均作「報知」，無「書」字。

尚書工部侍郎　硯、吴、錢三本作「工部尚書」。案：本書第三十五篇宋主書、第三十九篇回書誓文及差康王少宰出質、第四十四篇宋少主新立誓書，各本均作「尚書工部侍郎」。

復講懽盟　「講」，硯、吴、錢三本作「請」。

兩朝和好　吴本「兩朝和好」以下至篇末别爲一篇，題又白劄子，列本書第四十三篇報進誓書及乞約束書之後。以下有關吴本各條，均據又白劄子文。

特爲開允　「允」，吴本、硯本誤作「元」。

尋遣宰相親王詣軍相見　硯、錢二本「尋」下衍「以」字，吴本衍「已」字。硯、吴、錢三本「軍」下有「前」字。

並已議定　「已」，原作「以」，據硯本、錢本、文淵閣本改。

兩路賞軍金帛萬數之多　「軍」字原無，據硯、吴、錢及文淵閣四本補。「帛」，文淵閣本作「幣」。「之」，原作「至」。案：本書第五十五篇遣李棁持寶貨物折充金銀書中云，「亦何能有萬數之多也」。兹據以改「至」爲「之」。

更加保重　「重」，他本皆作「愛」。

揀芽小龍團　硯、吴、錢三本脱「團」字。

椽燭　「椽」，硯、吴、錢三本誤作「椓」。

三百帖　「帖」，他本皆作「貼」，通。

〔考釋〕

案：吴本本篇列在本書第四十二篇别上書之後，第四十七篇宋主致謝書及報因便附問之前。其文中自「招納叛亡，歲輸之物愆期」以下至「專奉書陳達」四百數十字，係第四十四篇宋少主新立誓書文，自「細色并雜物」以下至「右請檢留白」七十九字，係第四十七篇宋主致謝書及報因便附問文，均錯簡在本篇中。自「兩朝和好」以下別爲一篇，題又白劄子，列第四十三篇報進誓書及乞約束書之後。守山閣本本篇原列第五十一篇宋少主敕太原守臣詔後，兹依時日移置第四十四篇宋少主新立誓書後。

（四六）回謝書

天會四年正月十七日，大金皇子都經略處置使斡喇布謹上書于大宋皇帝闕下：伏沐聖慈，以御書見賜，諭言委曲，存問稠重，揣分尋涯，何以勝此？云大軍已到太原，抑恐河西兵馬乘隙深入，願速約攔。恭奉敕旨，非敢怠慢。當司已准備發遣先來計議王介儒、色呼美及在此親信人，與御前差到宋彦通等，同去融會河西軍兵，請元帥府就便攔約次。再立到誓約國書，言出至誠，可傳萬世。本朝興復，焉敢異斯？所保懽和，必深曩昔。據安置定圍城兵馬，今月日並勾抽還營，應在城側近者，十八日亦令退去。于後輜重已差約頓，更不許過河。信德、真定等路駐下軍兵，嚴行鈐束，不得虜掠。燕京知院侍中統押漢軍，續次待來，近已差人止約去訖。伏惟聖鑒照察。謹上。

〔校文〕

正月十七日　硯、吴、錢三本均闕「十七」二字。

上書　硯本、錢本兩字互倒。

伏沐聖慈　硯、吴、錢三本誤作「復沐聖私」。

願速約攔　硯、吴、錢三本「約攔」二字互倒。案：本書第四十三篇報進誓書及乞約束書作「約攔」。此引前書，作「約攔」是。

就便攔約　「便」，原作「使」，據硯、吴、錢及文淵閣四本改。「攔約」，硯、吴、錢三本作「指約」。

駐下軍兵　硯本、錢本脱「軍」字。

知院侍中　文瀾閣本作「知樞密院」，無「侍中」二字。守山閣本依吴本删補，與本書第五十篇宋主回書合。案：錢本、文淵閣本亦均作「知院侍中」。

近已差人止約去訖　硯、吴、錢三本「已」作「以」，「止」作「指」。

聖鑒照察謹上　「照」，原誤作「盟」，吴本作「炤」，此據錢本、文淵閣本改。吴本脱「聖鑒」、「謹上」四字。

〔考釋〕

(一)案：本篇係復宋靖康元年正月十五日報進誓書及乞約束書(本書第四十三篇)。

(二)金史卷三太宗紀,「天會三年(一一二五)十月甲辰,詔諸將伐宋。知樞密院事劉彦宗兼領漢軍都統,自南京入燕山」。本文中「知院侍中」指劉彦宗。

(四七)宋主致謝書及報因便附問

大宋皇帝致問大金皇子都經略處置使軍前：自承大軍遠臨,獲惇舊契,永懷恩義,寤寐不忘。叙好云初,無以將意,輒有薄禮,具如別幅。言念懽盟既定,盡出周旋,此恩何窮,眷想深甚。自此每遇生辰聖節及正旦遣使,專附問訊之儀,想當照察。雪塗寒凛,更加珍重。白。

別幅

珍珠碾鏤金雞竿百戲人物腰帶一條,黑漆匣全。

珍珠蹙圈夾袋子一副,上有北珠三十三顆,麻調珠全。

珍珠玉夾口笓,靶子全。

細色并雜物

緊絲五十疋　金錦五十疋

素絲綾五十疋　紅錦五十疋

鹿胎一百疋

興國茶場揀芽小龍團一大角

建國蝵源夸茶二千夸（共二百角，每角十夸。）

龍腦一百兩　薰香二十帖

劄球二十副（每副五事）　論棒二十條

右請檢留。白。

〔校文〕

敘好云初　「云」，錢本作「之」。

專附問訊之儀　「訊」，原作「信」，硯、吴、錢三本作「許」，此據文淵閣本改。

別幅　吴本「別幅」至「真珠玉夾口笣靶子全」錯簡在本書第四十八篇回謝宋主書中。「細色并雜物」至「論棒二十條」錯簡在第四十五篇宋少主與左副元帥府報和書中。

珍珠碾鏤金雞竿　錢本「珍珠」作「真珠」，下同，「鏤」誤作「縷」。

夾袋子　吴本「袋」作「帶」。

三十三顆　原作「二十三顆」，據硯、吴、錢三本改。

夸茶二千夸（共二百角每角十夸）　「二千」，原作「三十」，硯、錢二本作「三千」，此據文淵閣本改。「每角」，吴本誤作「每百」。「十夸」，原作「一夸」，據文淵閣本改。

二十帖　「帖」，硯本、錢本作「貼」。

（四八）回謝宋主書

大金皇子都經略處置使斡喇布謹奏謝大宋皇帝：今承復降御寶文字爲問報，「每遇生辰聖節及正旦遣使，專附問訊之儀」，并賜到珠玉段疋等物，稠重恩德，何可勝言！又言「懽盟既定，盡出周旋」。循省以來，頗多惶懼。此蓋皇帝英明獨斷，歡好再成，社稷永安，生靈賴慶。斡喇布依准本朝皇帝宣命施行，恩從聖造，事靡己爲，永念于兹，難當旨意。惟願兩朝久惇信義，世固和成，下順人情，上協天意。今既事同一家，仍慮百姓有妨農務；所索牛一萬頭，乞行罷去，伏乞照察。向融春律，加裕宸襟。謹謝。

〔校文〕

專附問訊之儀　「訊」，原作「信」，硯、吴、錢三本作「許」，此據文淵閣本改。

段疋　硯、吴、錢三本此二字互倒。

依准本朝皇帝宣命　「依」下原無「准」字，此據硯、吴、錢三本補，以與下篇宋主賜書合。

加裕宸襟　硯本、錢本作「加裕震襟」，吴本作「和洽整襟」，皆形似或音近致誤。

〔考釋〕

案：吴本此篇錯簡在本書第四十三篇報進誓書及乞約束書之前。其中尚有「别幅」及珍珠腰帶等三物，係第四十七篇宋主致謝書及報因便附問文。又有「餘該載不盡合約事件，並依前立誓書施行」一行文字，分見于第三十九篇回書誓文及差康王少宰出質、第四十一篇回奏宋主、第四十四篇宋少主新立誓書三篇，均錯簡在本篇。

（四九）宋主賜書

〔據徐夢莘三朝北盟會編袁祖安排印本卷三十靖康元年正月十八日甲申補。〕

大宋皇帝致問大金皇帝皇子郎君：薦承使介，特貺書詞。披覽再三，深諗勤意。比者復修盟好，休兵息民，皆自周旋，殊深感戢。示諭「依准大金皇帝宣命施行，恩從聖造，事靡己爲」，益諒高懷，尤彰謙德。更承念及耕農重事，罷去所索牛一萬頭。誠忱備至，義同一家，固當傳之無窮，永以爲好。春律尚寒，倍惟珍嗇。謹白。

〔校文〕

殊深感戢　許本脱「殊」字。

春律尚寒　「尚」，原作「向」，據許本改。

〔考釋〕

案：會編卷三十載，「靖康元年（一一二六）正月十八日，朝廷復遣使致問於金人軍前」。即此書也。下又云，「又賜以沈香山子一百兩、花犀酒盤一十隻、玳瑁酒瓶二隻、撥花犀注椀一副」。案本書第五十篇靖康元年正月十九日宋主回書别幅所載禮物，有沈香山子等四種。會編卷三十載有靖康元年正月二十日斡離不回謝賜物上奏，文中云，「回賜到沈香山子、花犀玳瑁酒器」。則沈香山子等物爲正月十九日所賜，非此日事。斡離不回文，已據會編補入（見本書第五十三篇）。

（五〇）宋主回書

正月十九日，大宋皇帝致問大金皇子郎君：薦示書詞，備照情懇。春雪寒沍，匽薄近坰，寢興之間，諒惟勞止。所論「已准備發遣王介儒、色呼美，及親信人，與宋彦通等同去融會太原軍前，并請元帥府就便約回河西軍兵；勾抽處所圍城兵馬還營，應在城側近，亦已退去。于後輜重約回，不許過河。鈐束諸路劄下軍兵，不得虜掠。及約止燕京知院侍中所統漢軍」。載詳恩義，備極周旋，非誠貫金石，義均一家，安能復通信好，軫念生靈，委曲如是！感悰所集，毫楮奚殫！誓約國書，實盡誠意，願保懽好，傳之萬年。更荷英仁，曲垂惠諭，誓心修睦，永愜至懷。白。

別幅

信使王汭至，承惠及人參一十秤，至于多感。有少微物，回答下項：

沉香山子五百兩，作一匣。

花犀酒杯二十隻，作一合。

玳瑁酒瓶二隻，托里并蓋全，作一合。

撥花犀注椀一副二件，托里全，作一合。

右請檢留。白。

〔校文〕

大金皇子郎君　文瀾閣本「子」作「帝」，守山閣本依後文改。案：文淵閣本即作「子」不作「帝」。硯、吴、錢三本「大金皇子」作「大聖皇帝皇子」。

親信人　吴本「親信」二字誤倒。

約止燕京　硯、吴、錢三本「止」作「去」。案：據本書第四十六篇回謝書，作「止」是。

載詳恩義　硯、吴、錢及文淵閣四本「義」作「意」。

毫楮奚殫　錢本「毫」作「毛」。

別幅　吴本、錢本「幅」作「録」。

人參一十秤　「十」，原作「千」，據錢本、文淵閣本改。案：本書第六十五篇上書送人參二十秤，第六十八篇謝宗主餞禮書送人參一十秤（吴本作二十秤）。此云一千，不應數額懸殊若是。

托里全　「全」，吴本誤作「合」。

〔考釋〕

案：此書係復天會四年（一一二六）正月十七日斡離不回謝書（本書第四十六篇）。

（五一）宋少主敕太原守臣詔

敕太原府守臣：應中山、河間、太原府并屬縣鎮及以北州軍，已於誓書中議定，合交割與大金事。昨者大金以朝廷招納叛亡，有渝信誓，因舉大軍，直至京畿。重以社稷爲念，所繫甚大，遂割三府，以尋懽盟。庶銷兵革之憂，以固兩朝之好。其犬牙不齊去處，并兩平兑易，合照誓書施行。如有州軍未便聽從，仰將此詔書遍行告諭，各務遵禀。毋或拒違，自取塗炭。

兩朝封疆接畛，義同一家，各寧爾居，永保信睦。其中山、河間、太原府并屬縣鎮及以北州軍見任寄居職官，不係本土及從内地差去者，不在交割之限。今差朝奉大夫、資政殿學士、簽書樞密院事、充神霄玉清萬壽宫副使、文安縣開國伯、食邑七百户、實封一百户、賜紫金魚袋路允迪，賫詔宣諭。咨爾守臣，體予至意。故兹詔示，想宜知悉。春暄，卿等各比平安，好否？遣書指不多及。

〔校文〕

已於誓書中議定　「中」字原無，據硯、吴、錢三本補。會編卷三十六靖康元年（一一二六）二月十日丙午載此詔，「中」作「内」。

有渝信誓　「信」，會編作「盟」。

因舉大軍直至京畿　會編「軍」作「兵」，「京」作「都」。

重以社稷爲念　錢本無「重以」二字。硯本脱「以」字。吴本及會編「社稷」上有「宗廟」二字。會編無「爲念」二字。袁本會編「重」作「朕」。

遂割三府　「府」，袁本會編作「鎮」。

犬牙不齊去處　「齊」，吴本誤作「介」。

仰將此詔書　「仰」，許本會編作「即」。

各務遵禀　「禀」，文瀾閣本作「凜」，守山閣本依吴本改。

永保信睦　「永」，他本及會編皆作「用」。硯本「用」字上闕一字。硯、錢二本「保」字下並脱「信」字。

不在交割之限　「限」，原作「例」，他本及會編皆作「限」，兹據改。

朝奉大夫　會編「奉」作「散」。案：朝奉大夫正五品，朝散大夫從五上。

資政殿學士　硯、吴、錢三本「資」上衍「充」字。

充神霄玉清萬壽宫副使　「副使」二字原誤倒，兹據吴、錢及文淵閣三本改正。會編無「充神霄」至「紫金魚袋」三十一字。

路允迪　「允」，硯本、錢本誤作「元」。

洺爾守臣　袁本會編「爾」下有「等」字。

各比平安好否　「比」，硯、錢二本誤作「此」。「好否」二字原無，據吴本及會編補。

指不多及　硯本、錢本「多及」二字誤倒，下并有「七日」二字。

〔考釋〕

案：此詔會編卷三十六繫靖康元年二月十日，吴本編在本書第六十八篇謝宋主餞禮書後（守山閣本錢注謂「吴本此篇在後卷宋主謝放還康王書後」，與今墨海金壺所據吴本不合）。謝宋主餞禮書係二月十日發，與會編合。硯本、錢本、文淵閣本、守山閣本則均列本書第四十四篇正月十五日宋少主新立誓書後。案宋敕三府守臣詔書，獨太原先發，以粘罕軍方在河東攻掠故也。其時蓋在正月，而非二月。宋史卷二十三欽宗紀，「靖康元年正月乙酉（十九日），路允迪使粘罕軍於河東」。本書第五十四篇遣計議使副及回謝書，「外中山、河間兩府，亦望差遣近上親信之臣交撥疆界」。文中言「外」，言「亦」，足證已差路允迪赴太原交撥疆界矣。遣計議使副及回謝書會編卷三十一繫正月二十四日，則遣路當在此日之前。硯本、錢本文末有「七日」二字，若非衍誤，則此「七日」應在二月，但考之史實，當爲正月。「十九」兩字連書似「七」，頗疑「七」爲「十九」之誤。文淵閣本原注云，「三朝北盟會編載此詔于二月十日，而此本列在正月十五日誓書之後，疑係先具稿呈金軍，而後降下者。故彼此記載不同。」是注者亦認爲此詔具稿在正月不在二月。茲依諸本列于正月，移置第五十篇靖康元年正月十九日宋主回書後。

（五一）宋主與左副元帥書

〔在高平。〕

大宋皇帝致書于大金元帥伊拉齊貝勒：遡聞高誼，未覿英標。茲再講于懽盟，獲永依于鄰庇。興言載戢，未易叙陳。

今因分地界官僉書樞密院事路允迪往軍前，親解玉帶一條，真珠雙圈直繫勒帛一副，遠將信意。并令皇弟康王亦親解玉帶玉魚一副，同致謝緘。緬惟孚察。白。

〔校文〕

兹再講于懽盟　「講」，硯、吴、錢三本作「請」。

僉書樞密院事　「僉」，硯本、錢本作「簽」，通。

真珠雙圈直繫勒帛　硯、吴、錢三本均無「直」字，「帛」誤作「白」。

〔考釋〕

案：宋史卷二十三欽宗紀：「靖康元年（一一二六）二月，金人犯澤州之高平，知州高世由往犒之，乃去」。案宋彦通于靖康元年正月十五日奉使粘罕軍前報和（見本書第四十五篇宋少主與左副元帥府報和書），同月十九日續遣路允迪去交割太原，均至高平，方見粘罕（分見本書第七十五篇粘罕與南宋書、第八十五篇書外聞達事件）。此書當係與上篇宋少主敕太原守臣詔同時由路允迪賫去。守山閣本原列第七十一篇又乞放肅王書後，兹依時次移置于此。

（五三）斡離不回謝賜物上奏

〔據徐夢莘三朝北盟會編袁祖安排印本卷三十靖康元年正月二十日丙戌補〕

差去使人王汭至。伏蒙聖慈，回賜到沈香山子、花犀玳瑁酒器并奇獸珍禽等，斡離不無任感恩，望聖激切屏營之至。謹奉書奏謝以聞。謹奏。

〔校文〕

回賜到沈香山子　文淵閣本「回賜」二字互倒。

斡離不　文淵閣本作「斡里雅布」。

激切屏營　「切」，文淵閣本誤作「竊」。

奉書奏謝　「奏」字原無，據許本、文淵閣本補。

〔考釋〕

案：此斡離不回謝賜物之文，按其時日，揆其詞意，當係復本書第五十篇正月十九日宋主回書。

（五四）遣計議使副及回謝書

大金皇子都經略處置使斡喇布謹上書于大宋皇帝闕下：差去人使李士遷等回，伏承御書，特加温諭。尋繹研味，言悉由衷；敦固懽盟，益光聖德。陛下既全終始，質諸天神，斡喇布等永念同盟，敢不祗畏。

近知樞密院事李棁等至，懇以金銀闕數，欲將寶貨折充，理當循從。奈士卒輩有失元望，可否之間，實難于心。復蒙示諭，謂「髮膚可捐，猶且不吝」；言極意切，感惻倍深。靜而思之，兢惶交至。竊緣大議已定，豈可因兹細故，不終恩意？乃于金内特減一萬錠，准五十萬兩。兼爲講和已後，大軍根取糧草，雖經嚴切鈐束，不得非分，其間不無侵耗，亦合約量更減銀一十萬錠，准五十萬兩；表里十萬段疋。上件所減物色，并係合節次交送四停之數；仍于見交六停金色内，更許准一萬錠外者，乞依所指，五日盡數賫送。所索騾馬，幸在京取刷肥壯交送；如或決難及數，當依駝畜例抵折起運前來。外中山、河間兩府，亦望差遣近上親信之臣，嚴賜敕旨，令從隨少宰專行管勾交撥疆界；及就便於河北至真定府，其間州軍應有係官金帛，取索充填歇下之數；更或難可應送，擬准見奉御寶文字續次交送。

近者猥被聖恩，賜到内樂百餘人，不欲使去父母之邦，尋用放還。辱從所請，感戴之至，無任下情。外據所割三府見在職官内不係本土之人，恐有知識欲要者，椿定姓名垂示，即當發遣。如不見公據，請不收留。内太原一路官員，乞便於交割宣内分明開指，以憑依應施行。今差韶陽軍節度使耶律忠、少府監充乾文閣待制太平甫，充計議使副，謹奉書奏謝以聞。謹奏。

〔校文〕

大金皇子　會編卷三十一靖康元年（一一二六）正月二十四日庚寅載此書，省略「大金皇子」以下至「等回」三十二字。

敦固懽盟　硯本、錢本「固」作「和」。會編「盟」作「好」。

既全終始　會編「終始」二字互倒。

斡喇布等永念同盟　硯、吴、錢三本「斡喇布」作「斡離不」，「斡」上有「況」字。

近知樞密院事李棁　硯、吴、錢三本脱「事」字。硯本、吴本「棁」誤作「稅」。會編省略「近知樞密院事李棁」以下至「起送前來外」三百二十餘字。

髮膚可捐　「髮膚」，硯、吴、錢三本二字互倒。「捐」，硯本作「損」。

不終恩意　下第五十七篇宋主爲分畫疆界書引此「意」作「惠」。

特減一萬錠　「錠」，硯、錢二本作「鋌」，通。下同。

更減銀一十萬錠准五十萬兩　硯、吴、錢三本「五十萬」作「五萬」，並脱「兩」字。案：五十萬兩則每錠五兩，五萬則每錠僅半兩，不應小至如此。

六停金色内　硯、吴、錢三本「色」上均有「一」字。

更許准一萬錠外者　「外者」，原作「者外」，他本皆作「外者」，兹據乙正。

五日盡數賫送　硯、吴、錢三本無「盡數」二字。

所索騾馬　「索」，硯、吴、錢三本作「在」。「騾」，原作「驢」，據硯、吴、錢及文淵閣四本改。

如或決難及數　「及」，硯、吴、錢三本作「迭」。

差遣近上親信之臣　會編無「遣」字。

及就便於河北至真定府　文瀾閣本「便」作「使」，守山閣本依吴本改。他本亦皆作「便」。會編由此句起至「續次交送」，節略爲「據賜下金帛擬准見御寶文字續次交送」。

難可應送　「送」，硯本、錢本、文淵閣本作「迭」。

見奉御寶文字　會編無「奉」字。

賜到内樂　會編「到」作「致」。

尋用放還　許本會編「尋用」作「因乞」。

感戴之至　「戴」，硯、吴、錢三本作「藏」。

所割三府見在職官　「割」，原作「轄」，據會編改。「在」，吴本及會編作「任」。

恐有知識欲要者　「有」下原有「聖人」二字，據吴本、錢本及會編删。「識」，硯本誤作「失」。

椿定姓名　「椿」，原作「椿」，袁本會編作「册」，此據硯本、錢本、文淵閣本改。會編此四字上有「内」字。

請不收留　會編「收」作「受」。

交割宣内分明開指　硯本「宣」誤作「害」。袁本會編「宣」作「管」。會編「割」作「撥」，「明」作「白」。

以憑依應施行　「以」，原作「亦」。兹據許本會編改。

今差　「今」，原作「令」，他本及會編皆作「今」，兹據改。

少府監　會編無此三字。

太平甫　「甫」，硯本、錢本及袁本會編作「府」，袁本會編此下並空三字。案：金史地理志並無太平府，蓋袁氏所據之本誤「甫」爲「府」，遂疑其下當有脱文，故空三字。

謹奉書奏謝以聞　全句原作「奉書奏聞」，錢本作「奉書奉謝」，硯本、吴本作「奉書奏謝」，此據會編補正。

謹奏　此二字原無，據會編補。

〔考釋〕

案：本篇與下篇次序，殊堪斟酌。本篇云，「知樞密院事李棁等至，懇以金銀闕數，欲將寶貨折充」，似下篇應在此前。下篇云「馬騾駝數，不惟多少，類皆病瘦」，又似針對本文「取刷肥壯交送；如或決難及數，當依駝畜例抵折起運前來」而言。下篇又云，「賞軍之物，又蒙減定」，「雖未足六停之數，而實已竭公私之藏」。「六停」、「四停」之説，初見于本篇，前此未及。至減定賞軍物數，前此僅正月十八日「罷去所索牛一萬頭」（見本書第四十八、四十九兩篇），而此次所減特多，計金五十萬兩、銀五十萬兩、表里十萬段疋。則下篇「賞軍之物，又蒙減定」，應指本文。蓋李棁往還磋商者非一，其中或由「面布」，未載書牘，而本書所收亦未全。兹仍舊以本篇列前。

（五五）遣李棁持寶貨物折充金銀書

〔係二十八日〕

大宋皇帝致問大金皇子郎君：輒有誠意，幸加照察。兹者大軍南來，再約盟好，恩義之厚，筆舌難言。賞軍之物，又蒙減定，深見委曲懽和之意，欽佩不已。

累日下令於民間根刷金銀。告諭之法，不問奴婢親戚；隱藏之罪，至於籍没家貲。專命大臣，明諭禍福；分遣庶僚，廣行斂取。再得金二十餘萬兩，銀二百餘萬兩，通前已報之數，金共五十一萬七千餘兩，銀共一千四百三十萬二千餘兩。雖未足六停之數，而實已竭盡公私之藏。金銀地寶，生發有時，鑛淘沙漬，計以銖兩；自非中都寶貨所聚，太平積累之久，亦何能有萬數之多也？自此朝廷宴設，止有丹漆之器，而市肆飲酌，皆埏埴之資。諒惟皇子郎君通明，必知此詳盡而不在多辭。

今者通和大事，既荷講成，賞軍物色，豈敢計較多寡？但以力屈財殫，無可求索，其肯吝惜，以取疑貳？若蒙仁哲，深照此情，伏惟大軍旋旆，且無留滯，又使本朝誓言，永無虧失。全此二美，不亦善乎！竊惟皇子郎君之意，必謂既已施此惠好，亦要寬假圓融，以盡終始。表段皆新好之物，可及四十餘萬；馬騾駝數，不惟多少，類皆病瘦，恐或不堪，併冀寬明，許以續發准折。

今有府庫累世所藏珠玉犀象寶器等并金銀絲合等物，悉令知樞密院事李棁持去。倘蒙容留，許以准折，尤所願幸，一聽裁決也。其餘細瑣，令李棁等面布，并少微意，亦令就達左右，伏幸照察。

春律尚寒，惟冀加慎。白。

〔校文〕

遣李棁持寶貨物折充金銀書　「棁」，硯、吴、文淵閣三本誤作「稅」。「物」，錢本、文淵閣本誤脱。「充」，錢本作「兑」。案：本書第七十篇宋主遣計議使副書中亦有「充折」字樣，作「充」是。

欽佩不已　「欽」，原誤作「叙」，據文淵閣本改。

告論之法　「論」，原作「諭」，據硯本、文淵閣本改。

明論禍福　「論」，硯本誤作「論」。

銀二百餘萬兩　硯本闕「銀」字。

金共五十一萬七千餘兩　硯、吴、錢三本無「七千」二字。

計以銖兩　「計」，硯本、錢本作「必」，文淵閣本作「積」。

寶貨所聚　吴本脱「貨」字。

知此詳盡　「盡」，吴本誤作「書」。

既荷講成　硯本、錢本脱「講」字。吴本「講成」誤作「減定」。

計較多寡　「計較」，原作「較計」，據硯、吴、錢三本乙轉。

既已施此惠好　「已」，硯本、錢本作「以」，通。

寬假圓融　「圓」，吴本誤作「圖」。

珠玉犀象寶器等　「等」下原有「物」字，他本皆無，兹據删。

其餘細瑣　「瑣」，硯本、吴本誤重。

令李棁等面布　吴本無「令」字。硯本、吴本、文淵閣本「棁」誤作「税」。

惟冀加慎　硯本、錢本無「加」字。吴本「加慎」作「慎攝」。

〔考釋〕

案：本篇原注正月二十八日。會編不載此書，惟下篇又書及上篇遣計議使副及回謝書會編均繫正月二十四日下，則此篇亦應爲二十四日。然畢鑑卷九十六宋紀云：「靖康元年（一一二六）正月乙未（二十九日），帝以金人索金銀數至多，欲取禁中珠玉以充折，令聚置宣和殿。是日，李棁入對，命閲所列珠玉，悉津至金營」。據此，則原注二十八日較爲得實。然則下篇又書亦當爲二十八日，會編繫二十四日蓋誤。

（五六）又書

大宋皇帝致問于大金皇子郎君：比者盟書既定，和議方深，用孚千載之期，永保兩朝之好。輒因使介，以物將誠。今有寶物數件，元係椿出送皇子郎君軍前，今差李棁就便持送左右。詳具别紙，惟冀檢留。白。

別幅

珍珠束帶一條，上有北珠二十五顆。

正透飛鳳犀腰帶一條，花藤匣絲盒全。

金稜真玉注碗一副，彙盞。

玉酒杯十隻，金托裏玳瑁盒全。

細鞍轡一副，烏銀間金鍍柞子架坐全。

琥珀假竹鞭一條，絲稍匣全。

〔校文〕

輒因使介　會編卷三十一靖康元年（一一二六）正月二十四日庚寅載此書，許本會編「使」誤作「便」。

軍前　硯本、吴本二字誤倒。

今差李棁　「今」，錢本誤作「令」。「棁」，硯、吴、文淵閣三本誤作「税」。

檢留　袁、許二本會編作「留納」，文淵閣本會編作「留意」。

白　會編作「謹白」。

珍珠束帶　會編「珍珠」作「珠子」。袁本會編無「束」字。

二十五顆　會編作「五十顆」。

正透飛鳳犀腰帶　會編無「腰」字，「帶」下無「花藤匣絲盒全」六字。案：本書第八十六篇宋復遣使告免割三鎮書有「金廂正透犀帶」，錢本「正」作「玉」。此處「正」字疑爲「玉」字之誤。第六十八篇謝宋主餞禮書有「通犀御帶」，通犀即天犀，此處「透」字疑爲「通」字之誤，當在「飛鳳」二字下。全文應作「玉飛鳳通犀腰帶」。

彙盞　硯、吴、錢三本作「彙全」。會編無此二字。

玉酒杯十隻　硯本、錢本「十」作「一」，殆誤。會編「玉」字上有「真」字，「十隻」下無「金托里玳瑁盒全」七字。

柞子架坐　「柞」，原作「作」，據錢本改。「子」字疑爲「木」字之誤。

絲稍匣　「稍」，文淵閣本作「梢」，硯、吴、錢三本作「箱」。

（五七）宋主爲分畫疆界書

大宋皇帝致書于大金皇子郎君：比嘗具書，審達清視。復承翰墨，深佩勤情。詞意稠重，欽味不已，心腹相照，了無疑間。永同信約，懽好益深。所示「大議已定，豈可因兹細故，不終恩惠」；減定金銀表段數目，及許折騾馬之數，比擬曲盡，周達事理，尤見仁哲之用心也。

金銀再取於民間，根刷詳盡，委無隱漏。所得之數，不能敷足，遂以歷世寶藏珠玉犀象珍器等悉數持送。本朝所貴，不敢愛重；因物顯意，可諒此誠。專有一書布叙，令李棁等持達，更不再述，惟幸乎察。

見諭中山、河間府差官分畫疆界，今差官兩員付張邦昌下，可令分遣勾當，三府詔書圖本更不候分畫先持去。今張邦昌、路允迪一依所議定，「犬牙不齊處，兩平兑易」施行。其真定府以南至黄河州軍應係官金帛，已降劄子付邦昌，并逐處照會，令盡取交送。

先遣去女樂百餘人，本示通和一家之意，今來放還，自非皇子郎君明英豪邁，其誰能此！欽嘆欽嘆！

李棁回，珠玉等物，已承留納，聊充贐路之儀，豈勝感愧！犒賞闕數，誠以公私竭盡，無可取刷，候軍回路通，四方計置，逐旋持送。尚冀高明有以裁處。其詳累具前幅，不復多叙。

春寒氣候未常，惟冀加衛賽寢。白。

〔校文〕

宋主爲分畫疆界書　硯本、錢本無「書」字。

詞意稠重　「重」，原作「密」，據硯、吴、錢三本改。

欽味不已　吴本「欽味」作「味之」。硯、錢二本無「欽」字，「味」下闕字。

不終恩惠　「惠」，第五十四篇遺計議使副及回謝書原文，各本均作「意」。

金銀再取於民間　「金銀」，硯本、吴本二字誤倒。

根刷詳盡　「詳」，吴本作「計」。

委無隱漏　「隱漏」，原作「遺漏」，據硯、吴、錢三本改。

不能敷足　錢本作「敷足不充」，硯本、吴本「不充」誤作「不免」。

不候分畫　「候」，錢本誤作「侯」。

令張邦昌路允迪　硯、吴、錢三本「令」誤作「今」。硯、吴、錢及文淵閣四本無「張」、「路」二字。

犬牙不齊處　「齊」，吴本誤作「介」。

令盡取交送　「交」字原無，他本皆有，兹據補。

通和一家之意　「意」，原作「好」，他本皆作「意」，兹據改。

明英豪邁　「明」，硯、吴、錢三本作「行」。

其誰能此　硯本、錢本無「此」字。

犒賞闕數　硯、吴、錢三本作「賞闕數議」。

氣候未常　「常」，吴本作「融」。

〔考釋〕

案：本篇内容係復第五十四篇遣計議使副及回謝書，會編不載此文。發文時間當在靖康元年（一一二六）正月二十八日至三十日之間。

（五八）上宋主書

〔爲二月一日夜犯軍營事〕

大金皇子都經略處置使兩路都統斡喇布等謹上書于大宋皇帝闕下：今月一日夜四更

時，有步騎軍沿孟陽河東南二處向北奪橋，詰朝又於大軍營西南刬陣前來。當司量差兵馬隨路禦逐。曾未逾時，殺傷兵卒洎所獲器甲鞍馬，其數甚多。緣當司不識是甚處兵馬，及從何來，願示其詳。李棁、王汭所計議事，亦望端的垂諭。日近所送元定賞軍物貨，其闕甚多，幸無依前稽滯。今差檀州刺史張恭禮充計議使，謹奉書奏聞。謹奏。

〔校文〕

今月一日夜四更時　會編卷三十三靖康元年（一一二六）二月二日戊戌載此書，此句作「今月初一日夜五更時」。案：下第六十篇又書引本篇作「初一日四更」，作「四更」是。

沿孟陽河東南二處向北奪橋　「東南二處向北」，硯、吴、錢三本作「東西三處北向」，袁本會編作「東西二處向北」，許本會編「二」作「三」。

又於大軍營西南　硯本、錢本脱「於」字。

量差兵馬　會編作「量遣兵」。

殺傷兵卒洎所獲器甲鞍馬　會編「兵卒」下有「甚衆」二字，無「洎」字。

是甚處兵馬　「處」字原無，據吴本及會編補。

及從何來　「及」，硯本、錢本作「又」。

謹奉書奏聞　硯、吴、錢三本脱「奏聞」二字。

謹奏　此二字原無，據會編補。

〔考釋〕

案：宋史卷二十三欽宗紀，「靖康元年二月丁酉朔，命都統制姚平仲將兵夜襲金人軍，不克而奔」。會編卷三十三，「靖康元年二月一日丁酉朔，姚平仲劫金人寨，不克，敗績。楊可勝被執，爲斡離不所殺。二日戊戌，斡離不奏書，問刦寨兵馬」。金史卷三太宗紀，「天會四年（一一二六）二月丁酉朔，夜，宋將姚平仲兵四十萬，來襲宗望營，敗之。己亥，復進師圍汴」。同書卷七十四宗望傳，「二月丁酉朔，與宋平退軍孟陽。是夜，姚平仲兵四十萬來襲。候騎覺之，分遣諸將迎擊，大破平仲軍。復進攻汴城，問舉兵之狀」。案各書所記時日相同，惟謂姚平仲以兵四十萬襲金營，實誇大之辭。會編卷三十三引中興遺史作「兵七千」，引中興姓氏忠義録作「兵五千」，引傳信録作「騎萬人」。宋史卷三百五十八李綱傳載綱語云，「敵兵號六萬，而吾勤王之師集城下者已二十餘萬」。是宋兵總數尚不足四十萬也。蓋刦營之兵至多不過萬人而已。

（五九）宋主回書

大宋皇帝致書于大金皇子郎君：比者大軍遽至京城，方懷憂恐；乃承寬仁，盡洗宿愆，許修新好；獲安宗社，貽慶子孫，恩義之重，實同天地。前日觀察王汭來，審所持犀玉等盡蒙留納，并金銀等數，亦從寬假，尤荷恩意。自非惇權好之重，何以及此！所諭前書所陳，未盡明白，謹依來旨，悉從改易，並交割三鎮詔書。

初二日早，方欲坐朝遣來使還，一并持去，忽報初一日夜有兵馬在城外作鬧，本朝不知事因。繼聞輒至大金軍前，不勝驚駭！尋遣人根問止約，至暮，乃知姚平仲率城外諸路軍馬作過。尋令勾捉，稱本人未回軍寨。亦見令人擒捕，候見即正典刑，以戒貪功誤國之士。又執政間有素與姚平仲相善者，形迹可疑，恐相協助，已先行黜責了當。

且本朝自度事理，其不敢輕舉妄動者有三：論彼此强弱之勢，則本朝兵力寡薄，難以迎敵，一也。前此敗盟，煩大軍遠來，逼近京城，惴恐失措，荷恩德再造，豈敢復有負約之理？二也。宰相、親王特遣詣軍中爲質，又遣執政大臣奉使，事體至重，豈忍置而不恤，有傷君臣之義，骨肉之愛？三也。皇子郎君仗義而來，聰明果斷，必能察此。方城外有亂兵，故當日未敢遣使人便還，深愧遲滯，尚冀深照。其他一如誓書所載。天實臨之，永永萬年，罔復有渝。今差資政殿大學士宇文虚中持書布叙，并賫所换國書及三府詔書、地圖等前去，諒惟洞照。白。

〔校文〕

觀察王汭來　硯本脱「來」字。

尤荷恩意　會編卷三十三靖康元年（一一二六）二月二日戊戌載此書，「意」作「義」，下有「之重」二字。

並交割三鎮詔書　硯、錢及文淵閣三本「並」作「并」。

不知事因　「事」，原作「來」，他本及會編均作「事」，兹據改。

不勝驚駭　「驚」，硯、錢二本誤作「哀」。

止約　錢本及會編作「指約」。

乃知姚平仲率城外諸路軍馬作過　硯、吴、錢三本「率」下衍「亂」字。會編此句作「乃知是姚平仲統諸路軍兵作過」。

尋令勾捉　硯本「尋令」二字誤倒。吴本「捉」作「提」。會編「勾」作「根」。

又執政間有素與姚平仲相善者　硯本脱「執」字，「間」誤作「問」。

形迹可疑　吴本及會編「形」上有「其」字。

已先行黜責了當　「行」字原無，他本及會編皆有，兹據補。「黜」，硯本、錢本誤作「出」。

輕舉妄動　「輕」，硯本誤作「輿」。

負約之理　「理」，硯本、吴本誤作「禮」。

軍中爲質　「中」，會編作「前」。

故當日未敢遣使人便還　「人」字原無，他本及會編皆有，兹據補。

天實臨之　「實」，原作「寳」，據他本及會編改。

并賫所换國書　「换」，會編作「授」。

〔考釋〕

（一）案：二月五日，宗望再上書（本書第六十一篇）引宋主又書（第六十篇）「初聞甚駭」兩句，引本篇「不敢興舉者三」，則本文發于五日以前可知。書中云初二日暮乃知姚平仲率軍馬作過，「當日未敢遣使人便還」，則本文當發于三日。會編繫二日，與文内所言不符。蓋係夜襲金營敗績後，畏金兵再逼，先爲道地，于二日寫成此書；下篇又書，方是爲刦營事復金人書。

（二）案：宋史卷三五八李綱傳，「四方勤王之師漸有至者，种師道、姚平仲亦以涇原、秦鳳兵至。綱奏言：『金人貪婪無厭，其勢非用師不可。彼以孤軍入重地，當與計取之，俟其食盡力疲，然後以一檄取誓書，復三鎮，縱其北歸，半渡而擊之，此必勝之計也。』上深以爲然，約日舉事。姚平仲勇而寡謀，急於要功，先期率步騎萬人，夜斫敵營，欲生擒斡離不，及取康王以歸。夜半，中使傳旨諭綱曰：『姚平仲已舉事，卿速援之。』綱率諸將旦出，與金人戰，以神臂弓射金人，却之。平仲竟以襲敵營不克，懼誅亡去。金使來，宰相李邦彦語之曰：『用兵乃李綱、姚平仲，非朝廷意。』遂罷李綱」。同書卷二十三欽宗紀，「靖康元年二月戊戌（二日），罷李綱以謝金人，廢親征行營司。辛丑（五日），又命資政殿大學士宇文虚中、知東上閤門事王球使之，許割三鎮地」。金史卷六十交聘表上，「天會四年（一一二六）二月辛丑，宋遣宇文虚中以書來，辯姚平仲兵非出宋主意」。

（六〇）又書

〔係同日至。〕

大宋皇帝致書問大金皇子郎君：特承書翰，銘感實深。所示初一日四更，有軍兵輒犯營寨，初聞甚駭，寢食俱廢，更蒙垂問，但切悚惶！今已根究，蓋是西兵初來，貪利要功，統制姚平仲，妄作生事。見收身不到，候捉至，明正典刑。

李棁、王汭所議事，一如來意，一一當報。候王汭看定文字了當，同遣人附達。賞軍物亦在書中備細陳聞。和好事重，既荷周旋，切望終始成之。白。

〔校文〕

係同日至　錢本無此四字題注。

特承書翰　「承」，吴本作「奉」。

銘感實深　「實」，硯、吴、錢三本作「甚」。

輒犯營寨　硯、吴、錢三本「輒」下衍「爾」字。

今已根究　「今已」，硯、吴、錢三本作「已令」。

西兵初來　「西」，硯、吴、錢三本誤作「兩」。

李棁　「棁」，吴本、文淵閣本誤作「稅」，硯本誤作「鋭」。

周旋　「旋」，硯、吴、錢三本作「還」。

〔考釋〕

案：本文篇首云「所示初一日四更，有軍兵輒犯營寨」云云，則此文係復斡離不爲二月一日夜犯金營事質問宋廷書（本書第五十八篇）。

（六一）再上書

〔别索犯夜者。〕

天會四年二月五日，大金皇子都經略處置使斡喇布謹上書于大宋皇帝闕下：昨以太上皇誣神瀆盟，奉命致討。正月七日，大軍直抵都城。方謀攻拔，特承遣知樞密院事李棁等具言「上皇自省前非，傳位播越」，以代上皇引過求誠。遂依元奉宣命，「酌中計議」，復尋舊好；明著誓書，有如皎日。始者不忍貴朝宗社顛覆，生靈塗炭，遂用解圍。至於四面園館屋宇，都無所毁；及放黄河，更不爲界。元許歲輸七百萬貫，仍於見交金帛之數，減免頗多。本欲貴朝知此大義，結以至誠。矧誓墨未乾，神聽甚邇，理當祗畏，豈可背違？何期倏爾發兵，竊犯營壘，自取速禍！前日之事，起自上皇；今日之爲，其咎安在？遂使師徒疑撓，别欲施行。差去人使王汭回狀，審皇帝召見面諭，言輒流涕；及承所賜書云，「初聞甚駭，寢食俱廢」。謂以執政姦臣姚平仲等妄作生事，貪功誤國；及陳所不敢輿舉者三，詞意懇切，聞之惻然。

當司詳認，實自向誤國者，不度强弱之勢，禍福之理，徒以弄兵殘民，欲僥一日之幸。

重念皇帝即位日淺，斷不自衷，而宗廟社稷，幾爲此輩所隕，實可傷惜！乃令諸軍特罷攻取，仍依已立誓書一切爲定。其造意執政姦臣及姚平仲等，可日下執送軍前，以塞衆怨。從來雖以康王、少宰爲質，決是無所顧惜，輒敢有此侵犯。更以皇叔越王、駙馬曹都尉同質軍前，并於太宰李邦彦、樞密吴敏二人内科發遣一員，交换少宰張邦昌，亦候割定疆界，同時發遣。外據歇下騾馬金帛，疾速交送。如或有所不從，幸賜端的垂示。今差復州管内觀察使隨駕教坊都提點王汭、安州團練使耶律寧，充計議使副，謹奉書奏聞。謹白。

〔校文〕

誣神瀆盟　「盟」，硯、吴、錢三本誤作「明」。

明著誓書　「明」，硯、吴、錢三本誤作「盟」。

知此大義　錢本及文淵閣本「知」誤作「如」，「義」誤作「議」。

自取速禍　「速」，硯、吴、錢三本作「違」。

其咎安在　硯、吴、錢三本作「所咎安往」。

師徒疑撓　硯本闕「師」字。

差去人使王汭　「使」字原無，據硯、吴、錢三本補。

召見面諭　「見」，原作「以」，據錢本改。

初聞甚駭　硯本闕「甚」字。

及陳所不敢興舉者三　錢本「及」誤作「反」。硯、吴、錢三本「敢」下無「興」字。案：上第五十九篇宋主回書云，「不敢輕舉妄動者有三」，下第六十二篇宋主遺報謝使副回書云，「妄舉甲兵」，「興」字疑爲「輕」字之誤。

特罷攻取　「特」，吴本作「復」。

決是無所顧惜　「所」，原作「敢」，據硯本、錢本、文淵閣本改。

交換　「交」，硯本誤作「文」。

同時發遣　「時」，吴本誤作「將」。案：下第六十二篇宋主遺報謝使副回書，吴本亦作「同時發遣」。

復州管内觀察使　「復州」，硯、吴、錢三本誤作「福州」。

隨駕教坊都提點　硯、吴、錢三本「都」字下衍「點」字。

充計議使副　「充」，硯本誤作「元」。

謹奉書奏聞　「書」字原無，玆以意補。

謹白　「謹」字原無，他本皆有，玆據補。

〔考釋〕

案：宋史卷三五八李綱傳云，「金將斡離不兵渡河，徽宗東幸，宰執議請上暫避敵鋒。綱曰：『天下城池，豈有如都城者！且宗廟社稷，百官萬民所在，捨此將何之？今日之計，當整軍馬，相與堅守，以待勤王之師。』綱治守戰之具，敵兵攻城，綱力督戰。金人知有備，求遣大臣至軍中議和。綱請行，上遣李棁。棁還報，綱謂『所需金幣，竭天下且不足，況都城乎。三鎮國之屏蔽，割之何以立國？若遣辯士姑與之議，宿留數日，大兵四集，彼孤軍深入，雖不得所欲，亦將速歸。此時而與之盟，則不敢輕中國而和可久也』。宰執議不合，綱不能奪。時四方勤王之師漸有至者。种師道、姚平仲亦以涇原、秦鳳兵至。綱奏言：『敵兵號六萬，而吾勤王之師集城下者已二十餘萬。彼以孤軍入重地，自投檻穽，不必與角一旦之力。若扼河津，絶餉道，分兵復畿北諸邑；而以重兵臨敵營，堅壁勿戰，俟其食盡力疲，縱其北歸，半渡而擊之，此必勝之計也。』」同書卷三三五种師道傳，「金人南下，趣召之。遂抵城西，徑逼敵營，曰：『女真不知兵，豈有孤軍深入人境，而能善其歸乎？』師道又請緩給金幣，使彼惰歸，扼而殲諸河。執政不可，竟用平仲斫營，以及於敗。御史中丞許翰見師道，訪所疑。師道始言，『我衆彼寡，但分兵結營，控守要地，使彼糧道不通，坐以持久，可破也』。翰嘆味其言。金兵之始退也，師道中前議，勸帝乘半濟擊之，不從」。案：平仲既敗，金人虛聲恐嚇，但求約質，而「仍依已立誓書一切爲定」。蓋如种、李所言，亦慮孤軍深入，無以善其歸也。

（六二）宋主遣報謝使副回書

大宋皇帝致書于大金皇子郎君：蒙遣計議使副王汭、耶律寧，同宇文虛中至。伏承書翰，辭情懇曲，深佩忱誠。兹者大軍南來，自抵京邑，敦講舊好，許約盟書，宗社載安，生靈寧息。是皆不貲之恩，懷感何已！使節往還，既同絡繹，和好之厚，誓信彌堅。豈意城外軍兵，輒敢不遵號令，妄舉甲兵，夜犯軍寨；以卵投石，自取敗亡。初聞驚駭，不知所措，惟恐貽怒皇子郎君，來責敗盟之咎。疑似難明，煩辭何益。今者乃蒙仁哲，深諒此情，自非曲示懽和之意，何以能此？愧謝之深，言不能究。且强弱之形，多寡之勢，三尺之童，可料而知。以弱敵强，以寡犯衆，雖甚愚者，皆知不可。況講信修睦，今將一月，彼此相照，大事已成；豈忍以目前小利，失久遠之計，而違其初心哉！此理灼然，不待辨析。又且心膂之臣，手足之愛，爲質軍中，寧不愛惜？前書具白，已蒙垂照。且聞軍兵聚集，約日攻城，嚴令一宣，尋即退散；既欽約束之明，仍荷恩德之厚。

所諭「皇叔越王、駙馬曹都尉同質軍中，并於太宰李邦彦、樞密吴敏二人内科發遣一員，交換少宰張邦昌，亦候定疆界，同時發遣」事，曹都尉今謹遣行。昨者城中軍民數萬伏闕，詆駡宰執，殺戮宦官數人。兩日之間，輔臣罷免甚衆。太宰李邦彦已屢乞致仕，門下侍郎趙野亦在假不出，中書侍郎王孝迪、左丞蔡懋皆罷政事，樞密李綱除知大名。王汭見，止有樞密吴敏、新除左丞耿南仲、新除樞密宇文虚中及李棁四人在列。事至於斯，惟有誠實。若皇子郎君不念孤危之迹，不諒哀痛之誠，雖罄竭語言，無復可望；儻蒙矜念，許存趙氏社稷，保全億萬生靈，敢祈大恩，存留見在執政官，粗立朝廷，稍安衆望。即欲除張邦昌大宰，且令前去交割地界，或更遣門下侍郎趙野爲質，亦取高裁。惟越王以叔父之尊，平日每所奉侍，以姪遣叔，情理不遑。已遣弟肅王樞前去，幸依元約，只至黄河。所有康王，却望先次遣回，以副手足之念。

姚平仲逆天誤國，誅殛是宜。比令四遠根尋，已聞隕於鋒鏑。凡爲執政，事涉可疑，雖領行營之權，實無結構之迹。雖自臣下違命要功，亦由眇躬有失照察。負慚飲涕，無以自明。尚冀廓山藪之容，俾獲全君臣之義；止從貶責，庶免嚴誅。況邯鄲軍役失守，尚蒙放還，在於近臣，終祈矜免。

所諭騾馬金帛事，已納金五十一萬七千三百兩，銀一千四百三十萬二千六百兩，絹一十萬疋，表四十七萬疋。竭盡府庫舊積，仍斂民間所藏，盡數於斯，無可再得。只候軍回之後，道路稍通，取之四方，旋充元數。騾已納六百頭，馬五百四十七匹之外，餘皆尫瘁瘦疲，素不養在城中。縱復有馬千餘，亦乞留爲禁衛。事至今日，豈敢不從？荷再造則天地同功，蒙一譴則社稷立隕。惟有投誠，且實盟言。幸今日之矜容，覯他時之改悔。後或有違誓約，不顧大恩，天實臨之，禍敗不悔。

〔校文〕

辭情懇曲　「曲」，硯、吴、錢三本作「屈」。

妄舉甲兵　「甲兵」，吴本互倒。

以卵投石　「卵」，硯、吴二本誤作「卯」。

疑似難明　「似」，硯本誤作「是」。

講信修睦　錢本脱「信」字。

失久遠之計　錢本脱「失」字。

不待辨析　硯本「待」誤作「得」，「析」誤作「折」。

心膂之臣　硯本「心」字下衍「齊」字。

約束之明　「明」，硯本、錢本誤作「盟」。

亦候定疆界　上篇金來文作「亦候割定疆界」，疑此處「定」字上有脱文。

同時發遣事　「事」字原無，據硯本、錢本補。

曹都尉今謹遣行　吴本脱「曹都尉」三字。

伏闕　「伏」，原作「赴」，據錢本、文淵閣本改。

殺戮宦官　「宦」，硯本、錢本誤脱，吴本作「内」。

亦在假不出　「假」，硯本誤作「暇」。

王汭見　「王汭」二字疑衍，或「見」字上脱「眼」字。

敢祈大恩　「祈」，錢本誤作「析」。

執政官　「執政」，原作「政執」，他本皆作「執政」，兹據乙正。

除張邦昌大宰　「宰」，錢本誤作「宰」。

趙野爲質　吴本脱「趙野」二字。

只至黄河　「至」，硯、吴、錢三本作「在」。案：本書第三十七篇回宋書云，「鄆王權質，候過黄河，便議歸還」，作「至」是。

以副手足之念　「之」字原無，他本皆有，兹據補。

比令四遠根尋　「令」下原有「之」字，他本皆無，兹據删。

鋒鏑　「鋒」，原作「鐸」，他本皆作「鋒」，兹據改。

鈔躬　「鈔」，原作「渺」，據硯本、錢本、文淵閣本改。下第六十六篇宋主回謝書守山閣本亦作「鈔」。

負慚飲涕　「負慚」，硯、吴、錢三本互倒。

三十萬二千六百兩　文瀾閣本「三十」下有「一」字，文淵閣本亦有，守山閣本依吴本删。案：錢本亦無「一」字，本書第五十五篇遣李棁持寳貨物折充金銀書亦作「三十萬」。

絹一十萬疋　吴本「十」作「千」。案：本書以前各篇所言絹數，無至千萬者，作「十」是。

馬五百四十七匹　「五」，吴本作「四」。

惟有投誠　「惟有」，硯、吴、錢三本作「慎可」。

且實盟言　硯、吴、錢三本「盟言」下衍「有無」二字。

後或有違誓約　「後」字原無，他本皆有，兹據補。

〔考釋〕

（一）案：文中謂「昨者城中軍民數萬伏闕，詆罵宰執，殺戮宦官數人」，據會編卷三十四云：「靖康元年（一一二六）二月五日辛丑，太學生陳東伏闕上書，乞罷李邦彦，用李綱、种師道」。又引李綱傳信録云，「初，太學生陳東與諸生千餘人，是日詣闕上書，明余及師道之無罪，不當罷。軍民聞之，不期而集者數十萬人。填塞馳道街巷，呼聲震地。舁登聞鼓于東華門，擊碎之。上遣吴敏、耿南仲慰諭諸生，俾之退，反爲軍民所擁，不得行，必欲見余及師道乃去。不得報，則殺傷内侍二十餘人，皆臠割之，雖毛骨無存者。而詬詈宰執李邦彦、蔡懋、王孝迪、趙野等，欲毆擊之，皆散走藏匿。于是上遣中使召余及師道入對，有旨復尚書右丞，充京城四壁守禦使。俾出東華門至右掖門一帶，安撫軍民。余稟上旨宣諭，乃稍散去」。

（二）案：文中謂「樞密李綱除知大名」，蓋應付金人之詞，並非事實。宋史卷二十三欽宗紀云，「靖康元年二月戊戌（二日）罷李綱以謝金人。辛丑（五日），太學諸生陳東等及都民數萬人伏闕上書，請復用李綱及种師道，殺内侍數十人。乃復綱右丞，充京城防禦使」。李綱傳信録自序云，「二月三日，以姚平仲事罷職。五日，以士庶伏闕，復舊職，改充都大提舉京城四壁守禦使」。據此，李綱未嘗除知大名，書中所言，蓋飾辭耳。

（三）案：宋史卷二十三欽宗紀，「靖康元年二月庚子（四日），命駙馬都尉曹晟使金軍」。會編卷三十六，「靖康元年二月五日辛丑，以張邦昌爲太宰。肅王及太宰張邦昌、駙馬曹晟質于金國軍前」。案陳東等伏闕上書在二月五日辛丑，各書所載悉同。文中言「昨者城中軍民數萬伏闕」，則發書之日當在六日。「曹都尉今謹遣行」，亦當在六日。且上篇二月五日斡離不來書方要「駙馬曹都尉同質軍前」，決無四日即遣曹晟之理。欽宗紀所載，顯係錯誤。會編謂曹晟以五日質金，而復書六日方發，亦屬不確。至肅王之行，欽宗紀繫七日癸卯，不與曹晟同時，或事屬可能也。

（六三）宋主請歸康王書

·〔據徐夢莘三朝北盟會編袁祖安排印本卷三十一靖康元年正月二十四日庚寅補〕

比承書示，欲別遣親王爲質。今令弟肅王前去，可諒誠愨之情。然念康王留軍中，今將一月，朝夕憂念，未嘗少寧。雖皇子郎君義同一家，必垂顧恤，奈手足之愛，同氣之親，一日不見，實有三秋之念。敢望仁慈，候肅王到日，便令康王回歸，以慰兹寤寐注想之懷。情深意切，書不盡言，再此布叙，惟冀孚察。謹白。

〔校文〕

奈手足之愛　「愛」，文淵閣本作「情」。

〔考釋〕

案：宋史卷二十三欽宗紀，「靖康元年（一一二六）二月癸卯，命肅王樞使金軍」。畢鑑卷九十六宋紀，「二月癸卯，以著作佐郎沈晦從皇弟肅王樞使金軍」。癸卯爲初七日，即此書發文日期。

（六四）斡離不送還康王回奏

〔據徐夢莘三朝北盟會編袁祖安排印本卷三十一靖康元年正月二十四日庚寅補〕

使至，迭承來諭，請送還康王，備聆聖心懷注之切。今如命遣送前去。緣以康王久留軍中，謹贈金一萬錠，聊用壓驚，式表微意。謹奉書奏聞。謹奏。

〔校文〕

迭承來諭　「諭」，文淵閣本誤作「喻」。

請送還康王　文淵閣本脱「還」字。

〔考釋〕

案：上篇宋主請歸康王書與本篇斡離不送還康王回奏兩文，會編均繫靖康元年（一一二六）正月二十四日，并記云，「别遣肅王爲質，請歸康王。斡離不以大安仁、耶律忠充使副，送還康王」。又于靖康元年二月五日下記云，「康王及張邦昌歸自虜寨」。所記不僅自相矛盾，時間亦皆有誤。本書第六十一篇斡離不二月五日再上書中尚云「從來雖以康王、少宰爲質，決是無所顧惜，輒敢有此侵犯」；第六十二篇二月六日宋主遣報謝使副回書尚以「所有康王，却望先次遣回」爲請；上篇宋主請歸康王書爲二月七日所發（參看上篇考釋）：然則康王之歸，不可能在七日以前。宋史卷二十三欽宗紀云，「二月癸卯（七日），命肅王樞使金軍。乙巳（九日），康王至自金軍」。同書卷二十四高宗紀一云，「二月癸卯，肅王至軍中，留質軍中，帝始得還」。據此，遣送康王日期，亦即本篇發文日期，當是靖康元年二月八日。九日，康王乃返至汴城。

（六五）上書

〔兵回，差使副代辭。〕

天會四年二月八日，大金皇子都經略處置使兩路都統斡喇布等謹上書于大宋皇帝闕下：昨者受命專征，以太上皇渝盟是問。靈旗南向，直抵京城。伏承皇帝嗣位，再請修好，遂依元奉詔旨，「酌中計議」，著定盟約。日復貴朝姦臣誤國，妄起釁端，于是當司實懷疑憤。乃蒙宸翰，諭以孤危哀痛之誠，重遣同氣近姻之質。深諒大信，克保有終。前日之盟，非此爲比。且自大軍之來，資索頗多，上瀆聰明，下匱民庶，事在不已，固非樂爲。竊惟兵火一縱，收之實難。自非皇帝仁明遠略，屈己愛民，安能使此禍危，翻然爲福？今兹大計已定，而後無以舊事爲念。惟祈永惇誠義，共保生靈。

又承所賜書内，謂越王以叔父之尊，平日奉事；姚平仲死于鋒鏑，李綱止從貶責，其餘宰執，近間求退罷免者甚衆。既聞兹命，敢不孚聽。及蒙諭城中軍民，不遵號令，實恐轉生變亂，以貽聖憂。當司本圖安定貴朝社稷，永固和好；遂令城下諸軍，退保舊寨，須是即日班師。伏念陛下即位之初，必欲推恩布澤，以悦衆志，特於元定賞軍物内減金一萬鋌，銀一十萬鋌，表一十萬段，以充振乏廣施之用。外有歇下金帛頭疋，更望止於今歲逐月接續交送。

今方言還，非不欲詣闕展辭，少叙悃愊，以在軍中，不克如願。謹遣左金吾衛大將軍權宣徽北院使韓鼎裔、信州管内觀察使耶律克恭，充代辭使副。有少禮物，具如别幅。謹奉書奏辭以聞。謹白。

别幅

人參二十秤

〔校文〕

渝盟是問　硯、吴、錢三本作「渝變盟誓」。

日復貴朝姦臣誤國　會編卷三十六靖康元年(一一二六)二月八日甲辰載此書，袁、許二本會編「復」下有「爲」字。

于是當司實懷疑憒　「于」，原誤作「干」，據吴、錢及文淵閣三本改。

事在不已　硯本、錢本「在不」二字誤倒。

屈己愛民　「己」，硯本誤作「以」。

惟祈永惇誠義　「祈」，原作「其」，他本皆作「祈」，兹據改。此句袁本會編作「惟祈皇上永守成議」，許本會編作「惟祈皇上永於誠意」，文淵閣本會編作「惟祈永於誠意」。

共保生靈　硯本闕「保」字。會編「保」作「庇」。

謂越王以叔父之尊　「謂」，硯、吴、錢三本誤作「該」。

死于鋒鏑　「鋒」，原作「鐸」，他本及會編皆作「鋒」，兹據改。

其餘宰執　「餘」，硯本誤作「於」。

近間求退罷免者　「間」，吴本誤作「聞」。

實恐轉生變亂　硯、吴、錢三本「實」字上有「今」字。

城下諸軍　「下」，硯本作「中」。

以悦衆志　文瀾閣本「悦」作「矜」，守山閣本依吴本改。

表一十萬段　吴本「段」作「疋」。會編「表」下有「裹」字。

接續交送　「交」，硯本作「而」。

今方言還　「還」，會編作「旋」。

權宣徽北院使韓鼎裔　硯本、錢本無「使」字。會編無「權」字。許本會編「鼎」作「光」。案：宋史卷二十三欽宗紀亦作「韓光裔」。

信州　「信」，硯、吴、錢三本及許本會編、文淵閣本會編均作「桂」，非是。

人參二十秤　會編「二十」作「五十」。

〔考釋〕

(一)案：會編卷三十六，「靖康元年(一一二六)二月八日甲辰，上賜宴于斡離不軍中，斡離不上書辭別」。宋史卷二十三欽宗紀，「二月乙巳(九日)，金人遣韓光裔來告辭，遂退師，京師解嚴」。

(二)案：金史卷二十四地理志上，「上京路，信州，下，彰信軍刺史。本渤海懷遠軍。遼開泰七年建，取諸路漢民置」。案金無桂州。宋有桂州，即静紅府，但不屬金。文中「信州」有作「桂州」者，誤。

（六六）宋主回謝書

〔爲放還康王及減免金數〕

大宋皇帝致書於大金皇子郎君：使崇義軍節度副使高安仁、隴州防禦使耶律忠來，承惠書翰，豈勝愧感之情！比者大軍南來，獲修盟約，信義之重，情愛爲深。嘗遣皇弟康王、少宰張邦昌詣軍帳前，以示誠懇之實，萬年之歡，永以交孚。不期姦臣誤國，邀功生事，輒出士卒，夜犯軍營。初聞駭愕，實恐有害盟誓，且以短書備叙誠懇。伏承皇子郎君，契同一家，深照悃愊，具知臣下之姦，非出眇躬之意，解疑息怒，復固懽和。既寬責問，三軍之士，亦罷攻圍。感激之心，言何可既。

承諭「本不欲貴朝有蹙迫之危，故更不移前約，稍有變渝，斷以限河爲定。果能永惇大信，將來别有裁酌」。味讀再三，深稔美意。康王留軍前幾月，極荷管顧，今蒙還歸，甚慰顒顒。更承減金萬鋌，兹爲厚惠，益稔眷存。姑此叙謝，言不究悉。

〔校文〕

備叙誠懇　硯本闕「誠」字。

故更不移前約　「約」，硯、吴、錢三本均作「定」。疑涉下致誤。

斷以限河爲定　「斷」，硯、吴、錢三本作「新」。

將來别有裁酌　硯本「有」字下衍「變」字。

深稔美意　「稔」，硯本、吴本作「認」，錢本作「仞」。

益稔眷存　「稔」，硯本、錢本作「諗」。

〔考釋〕

案：文中云，「承諭『本不欲貴朝有蹙迫之危，故更不移前約，稍有變渝，斷以限河爲定。果能永惇大信，將來别有裁酌』」。第七十篇宋主遣計議使副書中亦云，「兼昨蒙貽書，許以『果能永惇大信，將來别有裁酌』」；使人傳言，亦諭此意」。據此，則金當别有一書由高安仁賚來，本書失載，會編亦不載。

（六七）又書

〔乞寬限送納賞物〕

大宋皇帝致書于大金皇子郎君：兹者危難之邦，既蒙恩于矜貸，纖悉之懇，敢避瀆于再三。昨者李棁續起金二十萬兩，其金俱係拘刷到民間稜稻釵釧器物之類，旋行折剥鉟銷，遂有折耗。實起發金一十九萬四千四百兩，係欠五千六百兩。續起銀二百萬兩，爲金有欠數，却起過銀二百八十四萬二千六百餘兩，係大起過八十四萬餘兩。至於都數之中更減免外，通計所欠之數甚多。又有騾馬名件不一。兹審大軍將還，理當送納。屬以城中圍閉，道路不通，至於掌管之人，亦多逃匿，若會見備細實數，又須數日遲留。敢望矜憐，許令於軍行之後，逐旋算計送納。三府地圖本合通作一本，又緣中有真定府路邊疆不齊，曾令宇文虛中面懇英聽，今只作三圖繪畫。其分畫界至，自有里堠分明，踏行之時，一一可見。今者城中疑阻，不保朝夕，尚冀終惠，俾早安寧。至於纖悉曲折，有應副未至之事，凡百皆望矜貸。此後比至交割疆封、金帛、騾馬未了之間，應有往復文字，當親加點閱，達于上聞，伏祈照察。白。

〔校文〕

乞寬限送納賞物　吴本脱「乞」字。

既蒙恩于矜貸　「貸」，原誤作「貨」，據吴本、錢本、文淵閣本改。

稜稻　原注云，「三朝北盟會編作『稜道』」。

實起發金一十九萬四千四百兩　硯、吴、錢三本「金」作「及」，無「一」字。

若會見備細實數　「會」，吴本誤作「曾」。

軍行之後　「後」，硯本、錢本誤作「數」。

今只作三圖繪畫　「今」，原作「令」，據硯本、文淵閣本改。

其分畫界至　「界至」，吴本作「疆界」。

俾早安寧　硯本、吴本「俾」字下衍「作」字。

比至交割疆封　「比」，硯本誤作「此」。

達于上聞　「上」，硯本、錢本闕文。

〔考釋〕

案：「稜稻」亦作「陵稻」。管子地員篇「其種陵稻」下尹知章注云，「謂陸生稻」。陳懋仁庶物異名疏云，「陵稻，草名」。此處「稜稻」與「釵釧器物」連稱，自非指稻穀言，疑爲仿稜稻形之金銀首飾。會編作「稜道」，或指器物上所刻稜綫，鑲以金銀，古謂之鏤金。本書第五十六篇又書别幅有「金稜真玉注椀」，即其例也。

（六八）謝宋主餞禮書

天會四年二月十日，大金皇子都經略處置使兩路都統斡喇布等謹致書于大宋皇帝闕下：比者已復舊好，即議還師。伏蒙聖慈特差開封府少尹就軍中賜斡喇布等茶果龍腦酒藥；并差去使人韓鼎裔等回，復承賜通犀御帶一條，以隆餞別之禮。仍被旨稠重，昭宣大信。仰仞聖意，曲殫底衷，欽領之餘，尤增感激。當司遂促歸期，今月十日已令大軍旋旆。所祈陛下社稷載寧，生靈休息。今差静江軍節度使高僧奴、隴州防禦使大迎充賀。有少禮物，具如別幅。謹奉書奏謝以聞。

別幅

人參一十秤

〔校文〕

即議還師　「即」，硯、錢及文淵閣三本作「佇」。

伏蒙聖慈　「蒙」，原作「望」，據錢本、文淵閣本改。

差去使人韓鼎裔等回　硯本、吴本脱「去」字。錢本「回」字上衍「復」字。會編卷三十六靖康元年（一一二六）二月十日丙午載此書，「使人」兩字互倒，無「等」字。許本會編「鼎」作「光」。

復承賜通犀御帶一條　硯本、錢本脱「復」字、「通」字。吴本「通」字下有「天」字。會編「賜」字上有「親」字。

餞别　「餞」，硯本誤作「踐」。

仰仞聖意曲殫底衷　「仞」，原作「稔」，硯本、吴本作「認」，此據錢本改。「聖意曲殫底衷」，原作「聖意曲周用殫底裏」，會編作「聖慈曲周用殫砥礪」，此據硯本、錢本改。

尤增感激　「激」，原作「劇」，袁本會編、文淵閣本會編作「篆」，此據許本會編改。

静江軍　錢本、吴本「静」作「靖」。吴本「軍」字上衍「將」字。案：金史地理志、遼史地理志均無静江軍或靖江軍，宋史地理志有静江軍節度，屬廣南西路，地不屬于金。

有少禮物　「有少」，硯、吴、錢三本誤倒。

具如别幅　「具」，硯本誤作「其」。「幅」，原誤作「副」，他本皆作「幅」，兹據改。

人參一十秤　「一」，吴本及袁本會編、文淵閣本會編均作「二」，許本會編作「五」。

〔考釋〕

（一）案：會編卷三十六，「靖康元年二月十日，斡離不上書謝恩」。與本書發文日期相合。

（二）案：會編卷三十六引遺史曰，「金人既退，种師道請臨河邀之，三戰可使無噍類，若縱之去，他日禍不可測。李邦彥不從，罷師道爲中太乙宫使。以姚師古、种師道、折彥質、范瓊等領兵護金人過河。邦彥奏立大旗于河東、河北，有擅出兵者並依軍法」。又引靖康遺録曰，「賊之來，雖少有抄掠，而不殺害人民。比去，所過皆殘破。其所得漢人，並削髮，使控馬、荷擔；得婦女，好者掠去，老醜者殺之。自京師去黄河數百里間，井邑蕭然，無復烟爨，屍骸之屬，不可勝數」。

（六九）宋致大金皇子郎君等敍別書

〔據徐夢莘三朝北盟會編袁祖安排印本卷三十六靖康元年二月八日甲辰補〕

大宋皇帝致書于大金皇子郎君、皇弟國王、皇弟都統：兹以肅整軍威，遠臨郊甸。敢怠省愆之意，遂蒙兼愛之仁。再講鄰歡，復安敝邑。感深肌骨，賜重邱山。更承念及府庫之虚，並減金帛之數。益諗高明之意，特深拯庇之懷。載遣車軺，稟告還馭，再三誠懇，每荷矜全。豈惟恩加于危難，抑亦義重于乾坤。惟有謹守信盟，庶可仰酬厚德。屬宗祧之有守，阻道路之叙違。益慎寢饔，永綏福禄。所有贐儀飲餞，已載前書，伏惟亮察。謹白。

〔校文〕

兹以肅整軍威　「以」，文淵閣本作「審」。

念及府庫之虚　「府庫」，原作「庫府」，據許本、文淵閣本乙轉。

並減金帛之數　許本、文淵閣本「減」上無「並」字。

益諗高明之意　「諗」，許本作「紉」，文淵閣本作「仞」。

載遣車軺　「遣」，原作「道」，據許本、文淵閣本改。

豈惟恩加于危難　「恩加」二字原倒，據許本、文淵閣本乙轉。

〔考釋〕

案：會編卷三十六，「靖康元年（一一二六）二月八日甲辰，簽書樞密院事宇文虚中、知東上閤門使王球，充送路使副，持書叙别。」

（七〇）宋主遣計議使副書

〔乞免割三鎮，更增歲幣等事。〕

大宋皇帝致書于大金皇子郎君：比者駐軍近境，屢致尺書，旋旆踰河，嘗馳信使。春和届序，福履增隆。既舊好之復修，宜誠言之盡布。太原、中山、高陽三鎮，雖限大河，不遠京邑。其間有遠祖陵域、太宗祠宫，在於子孫，忍不保守！高陽一帶税賦，舊已收在納銀絹數中，今復重割疆封，非敢有愛；惟河外人民，不安生業，其間親戚，境土相鄰，一有往還，動干盟誓，所憂小事，馴致大愆。今欲更增歲輸銀絹，以代三鎮租賦。兼前來犒軍金銀、表段、騾馬等，除已交過，及將府庫珠玉等並已送納，向來使人回，許盡充折。雖行減損，餘數尚多；候事平取之外郡。而累年以來，用度窘乏，兵革之後，又益空虚，若取於民，必生變亂。前日汴城之事，憂悸至今。况自頃時歲幣麄惡，皆因燕山之後，民力凋殘，盗賊縱横，公私勞費。今若歲輸金帛雜物，又復補發犒軍餘數，物力不逮，恐失前言。所有歲輸百萬，折爲雜物，名件瑣細，道里阻修，每歲困竭民力，終不能足。已令使人，一一回達。若許折爲綿帛，却令沿邊依舊設置榷場，許通商賈販賣，庶得兩便，其利久長。若必欲補此難足之數，則力所不能，釁隙常在，恐非和好之意，望加照察。

兼昨蒙貽書，許以「果能永惇大信，將來别有裁酌」；使人傳言，亦諭此意。今若覆露情實，隱忍不言，雖從一時之宜，恐有後來之悔。况高明英偉，惟義是從，想遂慨然，寬其迫遽。

今差中大夫試工部尚書王雲、定國軍承宣使曹曚，充軍前計議使副，專書爲懇。尚勤保毓，益介壽祺。白。

〔校文〕

大金皇子　「皇」，硯本、錢本誤作「王」。

不遠京邑　「不」，硯、吴、錢三本誤作「大」。

遠祖陵域　「域」，硯、吴、錢三本誤作「城」。

高陽一帶税賦　「賦」，吴本誤作「武」。

舊已收在納銀絹數中　「已」，硯本、錢本作「以」，通。

其間親戚　文瀾閣本「間」誤作「問」，守山閣本以意改。案：錢本、文淵閣本均作「間」，守山閣本所改甚是。

兼前來犒軍金銀　「來」，硯、吴、錢三本均誤作「未」。

汴城之事　「汴」，硯、吴、錢三本誤作「汗」。

民力凋殘　硯本誤重「民」字。

今若歲輸金帛　「今」，硯本、錢本誤作「金」。

道里阻修　文瀾閣本「里」誤作「理」，守山閣本以意改。案：文淵閣本作「里」，守山閣本所改甚是。

每歲困竭民力　吴本脱「歲」字。

若許折爲綿帛却令沿邊依舊設置榷場　錢本「帛却」兩字誤倒。吴本無「却」字。硯本「榷」誤作「㩁」。

若必欲補此難足之數　硯本、錢本「欲」誤作「能」，「足」誤作「定」。

許以果能永惇大信　「許」，錢本誤作「訴」。

覆露情實　「覆」，硯、吴、錢三本作「復」。

〔考釋〕

（一）案：宋金議和後，定以太原、中山、河間等府一帶分畫界至。歷次往來國書，均以太原、中山、河間並提，獨本篇不提「河間」而提「高陽」，何耶？案宋史卷八十六地理志二，「河間府，上，河間郡，瀛海軍節度。至道三年，以高陽隸順安軍，舊名關南。太平興國七年，改名高陽關。慶曆八年，始置高陽關路安撫使，統瀛、莫、雄、貝、冀、滄、永静、保定、乾寧、信安十州軍。大觀二年，升爲府，賜軍額」。可見高陽爲軍事重鎮。文中不言河間而云高陽，雖以税賦爲詞，實則邊防重地，求免割讓也。若就誓書言之，則當云河間矣。

（二）案：文中云，「兼昨蒙貽書，許以果能永惇大信，將來别有裁酌；使人傳言，亦諭此意」。本書第六十六篇宋主回謝書中，亦有此語。可參看彼文考釋。

（三）案：宋史卷二十三欽宗紀，「靖康元年二月辛酉，命給事中王雲，侍衛親軍馬軍都指揮使曹曚使金國」。案辛酉爲二十五日。又王雲、曹曚官職，宋史與本書異，當係因奉使遷官爾。

（七一）又乞放肅王書

大宋皇帝致書于大金皇子郎君：春暄，伏候福履具宜。

比遣肅王餞送還師，期渡大河，即令先返。今聞行李已過邢、趙，夙夜傒望，未聞還音。又聞肅王踐履跋涉，寢食失時，宜近藥餌。手足之愛，實切於心。今差使人躬詣和門，懇尋前約，早賜還歸。諒守盟言，必無留滯。

今差王雲、曹曚充奉迎肅王使副。專書爲懇，尚冀保綏。白。

〔校文〕

比遣肅王「比」，原誤作「此」，據吴、錢、文淵閣三本改。

肅王踐履跋涉　硯、吴、錢三本「王」下有「乍」字。

和門　吴本作「軍門」。

〔考釋〕

案：本文所遣使副亦爲王雲、曹矇，與上篇同，當係同時由王、曹賫去。畢鑑卷九十六宋紀云，「靖康元年（一一二六）二月戊申（十二日），遣王俅使金軍迎肅王。辛酉（二十五日），命給事中王雲等使金」。據此，宋之遣使迎肅王，王、曹已是第二次。

（七二）回宋主書

〔謝宋彦通報和，同帶一牒〕

天會四年三月日，大金固倫尼伊拉齊貝勒左副元帥致書于大宋皇帝闕下：頃雖結釁，即復尋盟，爰遣使以報成，遂致書而爲問。更多賜遺，已劇感藏。所有事理，别差官賫牒三省樞密院去訖。淑律正融，佇膺多福。

今差利州管内觀察使銀青榮禄大夫檢校工部尚書兼侍御史上騎都尉蘭陵縣開國伯食邑七百户蕭仲恭、朝儀大夫守太僕少卿驍騎尉天水縣開國男食邑三百户賜紫金魚袋趙倫，充回謝使副。謹奉書陳達以聞，不宣。

〔校文〕

謝宋彦通報和同帶一牒　錢本「帶」誤作「韋」。吴本脱此題注十字。

爰遣使以報成　「成」，吴本作「誠」。

賜遺　「遺」，錢本誤作「遣」。

蘭陵縣開國伯　「開國伯」，原作「開國男」，據吴本改。

天水縣開國男食邑三百户　「天水縣」，原作「天水郡」，硯、吴、錢三本作「天水郡縣」。案：縣男食邑三百户，應作「天水縣」，各本皆誤，兹以意改。

〔考釋〕

案：金史卷五十五百官志一，「正從四品曰郡伯（原注：舊曰縣伯，承安二年更）。凡食邑：郡伯七百户，縣男三百户」。據此，文中「蘭陵縣開國男」應作「蘭陵縣開國伯」；「天水郡開國男」應作「天水縣開國男」。如此，方與其食邑數相合。

（七三）元帥府與宋三省樞密院牒

大金元帥府牒大宋三省樞密院：近簽書樞密院事路允迪、右文殿修撰宋彦通等，前次賫到大宋皇帝聖書，方知河北路軍已至京畿，割太原、中山、河間三府，復講歡盟，許以退師者。會驗其所和會之事，即與當府元奉宣意不協。然以河北軍前別有續奉宣命。發自太原前來，攻略至隆德府，不伏招諭，縱兵攻下，曉示宣命。别差官員撫定了當，申奏。朝廷未降指揮，難便倒移歸還。尋具申奏，仍留逐官依舊管勾，才候奉到朝命，即當移報次。須至公文牒具如前。事須牒大宋三省樞密院，到請照驗。比至當府別有移報以來，勿以隆德、威勝軍府并屬縣鎮不係割數，一似夜犯河北軍營，多方謀害前件軍府官員，引惹生事。儻有如此，難保忱盟。外據路樞密專來交割太原府界至，候軍回到彼，從長商議，亦請照驗。天會四年三月日。

〔校文〕

元帥府與宋三省樞密院牒　此標題「牒」上原有「事」字，據文淵閣本删。

近簽書樞密院事　硯、吴、錢三本「近」字下衍「日」字，「院」字下脱「事」字。

方知河北路軍已至京畿　硯、吴、錢三本「河」字下脱「北」字，「畿」字作「師」。

然以河北軍前別有續奉宣命　硯、吴、錢三本「以」字下有「盧」字，疑爲「慮」字之誤。「以」字疑衍。

發自太原前來攻略至隆德府　「略」，原作「掠」，據硯本、錢本、文淵閣本改。「發」字上疑脱「當府」二字。

撫定了當申奏　「奏」，文瀾閣本作「奉」，守山閣本依吴本改。硯本、錢本、文淵閣本亦均作「奏」。

指揮　吴本、錢本誤作「旨揮」。

勿以隆德威勝軍府　「勿」，吴本誤作「忽」。

引惹生事　「引」，原作「別」，據吴本、錢本改。案下第七十六篇元帥府再與宋三省樞密院牒文中有云，「並關引惹生事」，則作「引」爲是。

太原府界至「界至」，硯、錢、吳三本誤倒。

〔考釋〕

案：金史卷三太宗紀，「天會四年（一一二六）二月壬子（十六日），宗翰定威勝軍，攻下隆德府」。宋史卷二十三欽宗紀，「靖康元年（一一二六）二月甲寅（十八日），粘罕過南、北關，權威勝軍李植以城降。乙卯（十九日），陷隆德府」。據此，隆德之陷在二月中旬，文中稱攻下隆德府，則發文當在二月中旬之後；而牒尾載明「三月」，則在三月上旬發。

（七四）詔河北三帥固守三鎮

〔據徐夢莘三朝北盟會編袁祖安排印本卷四十三靖康元年三月十六日壬午補〕

朕承太上皇付託之重，即位十有四日，金人之師已及都城。大臣建言，捐金帛，割土地，可以紓禍；賴宗廟之靈，守備弗缺，久迺退師。而金人屢盟，終弗可保。今肅王渡河北去未還；粘罕深入，南陷隆德，未至三鎮，先敗元約。又所過殘破州縣，殺掠士女。朕夙夜追咎，何痛如之！

已將元主和議李邦彦，奉使許地李棁、李鄴、鄭望之悉行罷黜。已詔种師道、姚古、种師中，往援三鎮。祖宗之地，尺寸不可與人；且保塞陵寢所在，誓當固守。朕不忍陷此三鎮以偷頃刻之安，與民同心，永保疆土。播告中外，使知朕意。

〔校文〕

太上皇付託之重　畢鑑卷九十六宋紀靖康元年（一一二六）三月壬午引此詔全文，「太上皇」作「道君皇帝」。

金人屢盟　「屢」，畢鑑引作「要」。

終弗可保　「終弗」，許本誤倒。

粘罕深入　文淵閣本「粘罕」作「尼堪」，「深」上有「兵」字。

南陷隆德　「陷」，畢鑑引作「破」。

已將元主和議　「將」，文淵閣本作「詔」，畢鑑引同。

已詔种師道　「已」，許本作「並」，畢鑑引作「又」。

祖宗之地　畢鑑引「祖」上有「朕惟」二字。

保塞陵寢所在　「保塞」原作「保全」，許本、文淵閣本均作「保塞」，畢鑑引同，兹據改。

朕不忍陷此三鎮「此」，許本、文淵閣本作「與」。畢鑑引此句「三鎮」下有「二十州之民」五字。

〔考釋〕

（一）案：會編卷四十三靖康元年三月十六日壬午下引遺史曰，「金人之犯京師也，城下之盟，割河北、河東三鎮以講和好，金人退兵。至是，太原猶堅守不下，而河間、中山亦爲國家守。朝廷知三鎮人心不願割地，且議者謂三鎮之地不可割，遂令固守，乃降是詔」。

（二）案：宋史卷二十三欽宗紀、畢鑑卷九十六宋紀，均繫此詔于靖康元年三月十六日，與會編合。

（七五）與南宋書

〔爲太原府不伏交割〕

三月十七日，大金固倫尼伊拉齊貝勒左副元帥謹致書于大宋皇帝闕下：近准簽書樞密院事路允迪賚書前來，稱「河北路軍前講和了當，議定割太原、中山、河間三府，允迪奉差交割太原府界至」。今月初四日，重兵將回，以道路隘窄住滯，計會允迪、宋彦通、滕茂實，同當府差下官員先赴太原交割施行。今月十七日，師次南關。比有路允迪使臣談某、何偉來到軍前，稱「太原府今來所降詔書，與先奉指揮不同，不肯出迎詔書，不伏交割」。申議合交界至，未見了絶，難便退師。見於太原府并左右州縣逐有草料屯駐，幸勿疑惑。律正暄和，順膺多福。今因人使請，奉書陳達，不宣。謹白。

〔校文〕

近淮 「淮」，錢本誤作「淮」。

路允迪賫書前來 「允」，硯本、錢本誤作「元」。

比有路允迪 「比」，硯本誤作「此」。

〔考釋〕

案：路允迪奉使太原，分畫疆至，原文未提副使姓名。本書中提滕茂實姓名，此尚爲首次。據宋史卷四百四十九滕茂實傳云，茂實「副路允迪出使，爲金人所留，憂憤成疾，卒雲中」。

（七六）元帥府再與宋三省樞密院牒

大金元帥府牒大宋三省樞密院：當府會驗自重兵進攻，招下太原府已南軍府縣鎮，差下官員管勾撫定之後，准大宋皇帝遣簽書樞密院事路允迪賫書，前次報與河北路軍前講和，議定割太原、中山、河間三府，已載誓書。却爲前件州軍不在來書，除申奏外，一面回書大宋，報逐處差下官員依舊管勾。其事説諭報和史郝刺史，非不委細。近日有隆德府路户曹田子儀、工曹何企常等來到，告稱「大宋人馬入府，拏了知府姚璠、通判郝伸。子儀等透身前來」。又據威勝軍司録王孝悌稱，「探知大宋人馬待來本軍收拏，以此走來」。才待移文理會次，今年三月二十八日遊騎來報，「巡到團柏鎮南，不覺撞出南軍，環帶衣甲衝突，先放弓箭，不免迎戰，退敗。捉得軍人一名，問稱『隆德府官員已經拏下，前來到南關駐劄』者」。須至公文牒。

勘會太原府雖承國書交割，其府稱有所奉指揮，不伏交割。兼前件軍府又是官軍所到攻略下處所，並係申奏，該在回書，未經了絶，今來如何便縱軍兵强拏留下管勾官員，及前來屯駐？似屬變渝盟約。況當府重兵，本爲分畫之事不肯了絶，久駐此地，所藉草料，須因土民。洎縱人民般取，其中多有無知之人拒抗不服，以至軍兵忿争。又知諸處救軍前來，不免遣軍體探，致有累各路居民，相驚作過。凡此等並關引惹生事，及關分畫之事早不了絶，致有如此。若不移文理會，實慮不見分白。事須牒大宋三省樞密院，到請照驗。前件州軍並係已具申奏書報，見今分畫未見，如何輒縱軍兵收拏留下官員，及前來屯駐？早具端的公文回示，故牒。

天會四年四月日。

〔校文〕

路允迪賫書　硯、吴、錢三本「允迪」下有「等」字。硯本「賫」作「賚」。

議定割太原　「議」，硯、吴、錢三本作「講」。

逐處差下官員　「差」，吴本誤作「管」。

隆德府路　「德」，硯、吴、錢三本誤作「安」。

户曹田子儀工曹何企常等來到　「子」下原衍「正」字，據文淵閣本删。「來」，硯本誤作「未」。

子儀等透身前來　「透」，吴本作「退」。

待來本軍收拏　「待」，原作「特」，據硯本、錢本改。

環帶衣甲　「環」，吴本、錢本作「擐」。

先放弓箭　「弓」，吴本作「了」。

所奉指揮　「指」，吴本、錢本誤作「旨」。

所藉草料　「藉」，硯、錢、吴三本作「銷」。

致有累各路居民　硯、吴、錢三本脱「各」字。

若不移文理會　「理會」，原作「會理」，據硯本、錢本、文淵閣本乙轉。

事須牒大宋三省樞密院　硯、吴、錢三本「牒」下衍「文」字。

前件州軍　「前」，原作「並」，據硯本、錢本、文淵閣本改。「州」，錢本誤作「洲」。

〔考釋〕

案：金官制與宋異。本文所稱「户曹」、「工曹」、「司録」等官，均係宋制。蓋一時侵占，尚沿用舊名，未遑改用金制也。

（七七）宋主回書

〔係因使副蕭仲恭、趙倫回，并附黄絹書。〕

四月七日，大宋皇帝致書于大金國相元帥：重尋盟好，當修往問之儀；申遣使華，來示交懽之意。允懷信義，良用嘆嘉。方此清和，勉綏福祉。白。

〔校文〕

國相元帥 「國相」，吴本誤倒。本書中凡宋致粘罕書，均稱「國相元帥」。下第八十一篇宋再遣使乞免割三鎮增歲幣書，即其例證。

〔考釋〕

案：此文守山閣本有題無文，兹據文淵閣本補入。張元濟涵芬樓影印錢遵王鈔本弔伐録跋云，此文「爲是本所獨有」。今查硯本、吴本、文淵閣本亦有此文，並非錢本獨有。

（七八）黄絹間牒結構書

大宋皇帝致書于左金吾衛上將軍元帥右都監耶律太師：昔我烈祖章聖皇帝與大遼結好澶淵，敦信修睦，百有餘年。邊境宴然，蒼生蒙福，義同一家，靡有兵革鬥争之事。通和之久，振古所無。金人不道，稱兵朔方。拘縻天祚，翦滅其國。在於中國，誓和之舊，義當興師，以拯顛危。而姦臣童貫等違國擅命，沮遏信使，結納仇讎，購以金繒，分據燕土。金匱之約，藏在廟祧，委棄不遵，人神恫怨。致金人强暴，敢肆陸梁，俶擾邊境，達于都畿，則惟此之故。道君太上皇帝深悼前非，因成内禪。

肆朕初即大位，惟懷永圖。念烈祖之遺德，思大遼之舊好，輟食興嘆，無時暫忘。凡前日大臣之誤國構禍者，皆已竄誅，思欲興亡繼絶，親仁善鄰，以爲兩國無窮之福。此志既定，未有以達。而使人蕭仲恭、趙倫之來，能道遼國與燕雲之遺民不忘耶律氏之德，冀假中國詔令，擁立耆哲。衆望所屬，宜乎國人，無如金吾都監太師者。適諧至意，良用忻懌。

嘗聞金吾都監太師前爲遼國將兵，數有大功，謀立晉王，實爲大遼宗社之計。不幸事不克就，避禍去國。向使前日之謀行，晉王有國，則天祚安享榮養，耶律氏不亡。然則於天祚不害其爲忠，而於耶律氏之計，則至忠矣。宗室之英，天人所相，是宜繼有遼國，克紹前休，以慰遺民之思。方今總兵於外，且有西南招討太師同姓之助，雲中留守尚書願忠之佐，一德同心，足以共成大事。以中國之勢，竭力擁衛，何有不成？謀事貴斷，時不可失，惟太師圖之。書不盡言，已令蕭仲恭、趙倫面道委曲。

天時蒸溽，更冀保綏。白。

靖康元年四月日。

〔校文〕

黄絹間牒結構書　守山閣本上篇有題無文，其題誤置于此篇之首，兹依吴本、錢本、文淵閣本改正。

右都監　「右」，硯本、錢本作「又」。

結好澶淵　硯、吴、錢三本「結好」下有「于」字。

思大遼之舊好　硯本「思」誤作「恩」。硯、吴、錢三本無「之」字。

未有以達　「以」，硯、吴、錢三本作「能」。

擁立耆哲　硯本誤作「權立耆誓」。

避禍去國　「禍」，硯本誤作「福」。

然則於天祚　吴本無「則」字。

而於耶律氏之計則至忠矣　硯本「至」誤作「忘」。

克紹前休　「休」，硯本、錢本作「修」。

願忠之佐　文瀾閣本「忠之」二字誤倒，守山閣本依吴本乙轉。硯本「願」作「援」，「佐」作「任」。

已令蕭仲恭　「令」，原誤作「今」，兹據吴本、錢本、文淵閣本改。

〔考釋〕

案：金史卷八十二蕭仲恭傳，「仲恭與遼主俱獲。太宗以仲恭忠於其主，特加禮待。天會四年，仲恭使宋且還，宋人意仲恭、耶律余睹皆有亡國之戚，而余睹爲監軍，有兵權，可誘而用之。乃以蠟丸書，令仲恭致之余睹，使爲内應。仲恭素忠信，無反覆志，但恐宋人留不遣，遂陽許。還見宗望，即以蠟丸書獻之。宗望察仲恭無他，薄罰之。於是再舉伐宋，執二帝以歸。」

（七九）宋主再乞免割三鎮書

靖康元年六月九日，大宋皇帝致書于大金國相元帥：本朝講鄰國之懽，累年於兹矣。歲時之聘，金繒之奉，所以結好於無窮者，禮未嘗有闕，而日加於前。謂宜共保懽盟，萬世永賴。比因邊方邀功生事，遂致傳疑；連兵構禍，深入郊甸。深惟厲階，生自叛將，而首開邊釁者，乃異時主兵之臣。原其誤國之罪，不可勝誅，既正典刑以謝天下矣。

皇子郎君尋承通好，以致退師。固常遣使申諭三鎮，及戒所過不得邀遏回兵。而三鎮之民，以死固拒；且復懷戀，監守不下。大朝雖欲令之，固不能使之必從。再念邊釁之啓，在於往年之姦臣；而兹用兵之端，不自本朝之今日。兩國之人，披堅執鋭，皆以忠孝，各爲其主。乃使暴露原野，肝膽塗地，恐非上天好生之德，亦非彼此愛民之意。是以復遣使介，請以三鎮租税納充歲幣。其燕雲舊地，則不敢有愛。用使南北之民，各得其宜；上合天德，下當人意。永享長久之安利，固亦仁明之用心。深惟忻、代之師，專從統帥，想於議和之事，或未詳知。重使來師，淹留吾地。兹因聞命，專使詳告本末。想惟聰亮，亦所樂聞。有少禮物，具如別幅。

別幅

真珠蹙結束帶一條

〔校文〕

國相元帥　「國相」，吴本互倒。

累年於兹矣　「兹」，硯本、錢本作「此」。

比因邊方邀功生事　「比」，硯本誤作「此」。

首開邊釁者　「開」，硯本誤作「聞」。「釁」，吴本、錢本作「隙」。

固常遣使申諭　「固」，文瀾閣本作「故」，守山閣本依吴本改。硯本、錢本亦作「固」。

大朝雖欲令之　硯本、吴本「令」誤作「今」，脱「之」字。錢本「欲」下闕一字，無「之」字。

肝膽塗地　「肝」，硯本、吴本誤作「肺」。

三鎮租税　「租税」，硯、吴、錢三本互倒。

上合天德下當人意　吴本「天德」作「天意」，「人意」作「人心」。

忻代之師　「忻」，吴本作「新」。

議和之事　「和」，硯本、錢本、文淵閣本作「租」。

兹因聞命　「因」，文瀾閣本作「用」，守山閣本依吴本改。

專使詳告本末　硯、吴、錢三本「專」下有「從」字。

别幅　吴本、錢本不重此二字。

〔考釋〕

案：宋史卷二十三欽宗紀，「靖康元年（一一二六）二月辛酉（二十五日），命給事中王雲、侍衛親軍馬軍都指揮使曹曚使金國（英案：此次遣使，賫去乞免割三鎮書，見本書第七十篇宋主遣計議使副書）。三月壬午（十六日），詔：其元主和議李邦彦、奉使許地李棁、李鄴、鄭望之，悉行罷黜。詔种師道、姚古、种師中往援三鎮（英案：詔書全文見本書第七十四篇詔河北三帥固守三鎮）。丙戌（二十日），知中山府詹度爲資政殿大學士；知太原府張孝純、知河間府陳遘並爲資政殿學士，賞城守之勞也。庚寅（二十四日），姚古復隆德府。辛卯（二十五日），復威勝軍。四月甲寅（十八日），种師道加太尉、同知樞密院事、河北河東路宣撫使。五月丁丑(十二日),河北河東路制置副使种師中與金人戰于榆次,死之。乙未(三十日),詔姚古援太原。六月戊戌(初三日),太原圍急,群臣欲割三鎮地,李綱沮之。乃以李綱代种師道爲宣撫使。癸卯(初八日),以侍衛親軍馬軍副都指揮使、鎮西軍承宣使王禀爲建武軍節度使,録堅守太原之功也」。以上可見,宋廷自二月末、三月初,主戰派漸占優勢,決心固守三鎮,故一再行文,請免割三鎮。

(八〇)宋主與金皇子郎君書

〔據徐夢莘三朝北盟會編袁祖安排印本卷五十靖康元年七月二十九日癸巳引宣和録補〕

七月望日,大宋皇帝致書大金國皇子郎君:比嘗布問,具致悃誠;近因使介之旋,尤詳惇好之意。但以三鎮之民,懷土顧戀,雖令不從,以致宿師引日已久。重惟兵民各爲其主,困於暴露,深可憫傷,是用願以三鎮税租,納充歲幣。方昭大信,諒不受於間言;將究遠圖,豈自生於細故。成長利於兩國,在仁人之立談。想惟英聰,必能體亮。已遣使大金國相元帥。今再命單車,復陳本末,願加聰察。有少禮物,具於别幅。秋暑尚熾,更希保護。謹白。

〔校文〕

七月望日　「望」，許本作「某」，文淵閣本作「空」。

尤詳惇好之意　「惇」，文淵閣本作「修」。

重惟兵民各爲其主　文淵閣本脱「惟」字。

納充歲幣　「納」，文淵閣本誤作「租」。

今再命單車　「今」，原作「合」，下篇宋再遣使乞免割三鎮增歲幣書作「今」，據改。

具於别幅　「於」，許本、文淵閣本作「如」。

秋暑尚熾　「尚熾」，許本作「爲煩」。

〔考釋〕

案：會編引傳信録曰：「初，斡離不之師還抵中山、河間，兩鎮居民以死固守，不肯下。肅王、張邦昌及割地使等躬至城下説諭，即以矢石及之，乃退。沿邊諸郡亦然。而种師道進兵逼之，金人出境，兩鎮無虞。粘罕之師至太原城下，太原亦堅壁固守，粘罕屯兵圍之。姚古進師復隆德府、威勝軍，扼南、北關，累出兵，互有勝負，然不能解太原之圍。」

（八一）宋再遣使乞免割三鎮增歲幣書

靖康元年七月望日，大宋皇帝致書大金國相元帥：比因專使，嘗已布書，具載悃誠，想加通亮。但以三鎮之民，懷土顧戀，以死堅守，雖令不從，遂致宿師引日已久。重惟兵民各爲其主，困於暴露，深可憫傷。是用欲以三鎮税租，納充歲幣。既不失通和之議，抑亦爲長久之圖。諒惟仁明，必能矜察。

已遣使大金皇帝及皇子郎君，今再命單車，復陳本末，願加聰亮。有少禮物，具諸别幅。秋暑尚熾，更希保護。白。

〔校文〕

七月望日　「望」字原無。會編卷五十靖康元年七月二十九日癸巳引宣和録載此書，許本會編有「望」字，與上篇同，兹據補。

大金國相元帥　「國相」，吴本互倒。

重惟兵民　「兵民」，原作「兵馬」，據硯本、錢本及會編改。

是用欲以三鎮税租「税」，錢本作「歲」。

納充歲幣 硯、吴、錢三本無「納」字。

願加聰亮「亮」，會編作「聽」。

秋暑尚熾「熾」，原作「熕」，據會編改。

〔考釋〕

案：本篇原列第八十八篇王雲呈覆之後，兹以時爲次，移置于此。

（八二）宋致金主國書

〔據徐夢莘三朝北盟會編袁祖安排印本卷五十八靖康元年十月十八日庚戌補〕

姪大宋皇帝致書於伯大金皇帝闕下：謹遣使人，往敷誠悃，睿明兼照，當蒙洞察。往者信用童貫，姦謀誤國，遂致連兵，頻年不解。迨初嗣位，即有悔悟之心；頗聞聖情，亦有和解之意。及皇子郎君之至汴城，自無力攻之事；國相元帥之圍并州，止守從初之約。載惟信義，實不愆違，乃出聖慈，夙深告戒。

頃者姦臣一二，近在朝堂，但知宰輔之言，所當聽順；豈期離間之事，輒敢肆行。將使兩國之情義不通，懽欣不接。姦邪之罪若此，竄斥之典何逃。瑕垢盡除，群情所快。今玆循省，已自篤於私誠；亦冀寬明，無或追於往咎。

顧三鎮乃祖宗之地，當務保持。況大國有伯姪之親，宜蒙宏恕。願以賦租之入，增爲歲幣之常。還守舊疆，別爲信誓。如此，則仁恩之厚，何可彌忘；盟誓之堅，自應循守。上符天道，下順人心。博易交通，不乏四方之貨；耕耘自若，遂安兩境之民。緬想聖懷，亦同至願。不宣。謹白。

〔校文〕

往者信用童貫　文淵閣本「童貫」上有「奸臣」二字。

追初嗣位　「嗣位」，原作「嗣服」，據許本、文淵閣本改。

豈期離間之事　「期」，原作「其」，據許本、文淵閣本改。

〔考釋〕

案：靖康元年（一一二六）七月望日，宋曾分别遣使致書於斡離不、粘罕，乞增歲幣，免割三鎮。其致粘罕書中曾言「已遣使大金皇帝及皇子郎君」云云，本文殆即彼書中所云致金主者也。又全書俱按年月先後排比，惟七月望日宋主致粘罕書以下往來四書，先後顛倒，兹悉以時次，庶幾一致。

（八三）左副元帥回書

七月二十三日，大金固倫尼伊拉齊貝勒左副元帥謹致書于大宋皇帝闕下：適因專介，祗受緘封。既蒙示其忱悰，叠承遺以聘幣。禮宜復辨，洒具緘章。

謹按今年正月十五日誓書，「分畫太原、中山、河間一帶，比至立了疆界，屯兵以前，於内别有變亂，當朝應管擒制交送者」。今雖未服，向所言出於至誠，則縱此不服，亦宜自制，副於前言，以示篤和。反云「戒所過不得邀遏回兵」。當府故謂若不蒙戒嚴，則想皇姪之師未克易退乎！况竊三府以死力抗，而云「非自本朝之今日」，失言如此，誠意安在！燕雲之地，係皇姪已言之事，何由再舉？又來書「再念邊釁之啓，在往年之姦臣」，今復不守約，累遣兵衆寇援太原；目下又聞人馬前來，徒使愚民遭罹孥戮，此實可愍，繫自于誰？的非仁明之用心也。若長懷此志，果爲後悔。當府已具細申奏，取候指揮次，伏惟照察。

律啓微涼，佇膺多福。今因閤門宣贊舍人張亢等回，謹奉書陳謝以聞。謹白。

〔校文〕

示其忱悰　「忱」，吴本誤作「悦」。

禮宜復辨　「辨」，硯本、錢本、文淵閣本作「辯」，通。

迺具敝章　「具」，硯本誤作「其」。「敝」，硯、吴、錢三本誤作「幣」。

屯兵以前　「前」，原作「來」。第三十九篇回書誓文及差康王少宰出質及第四十四篇宋少主新立誓書中均作「屯兵以前」。「以前」指金兵尚未占領其地，宋應負治安之責；「以來」，指金兵占領以後，則宋又何從負責？本文「來」字當係「前」字之誤。兹據誓書改。

縱此不服　「服」，原作「報」，據錢本、文淵閣本改。

反云戒所過　「反」，吴本作「及」。

未克易退乎　「克」，吴本誤作「免」。

而云非自本朝之今日　此句硯本誤作「而自非大朝之今日」，吴本誤作「而曰自非大朝之令」。

失言如此　「失」，硯本、吴本誤作「夫」。「言」，錢本作「信」。

孥戮　「孥」，原作「拏」，據錢本、文淵閣本改。

取候指揮次　「指」，吴本、錢本誤作「旨」。

張允等回　硯、吴、錢三本無「等」字。

〔考釋〕

案：本文係復本書第七十九篇靖康元年（一一二六）六月九日宋主再乞免割三鎮書。本文原緊接宋主再乞免割三鎮書後，兹以時次移置于此。

（八四）兩路元帥府差官問罪書

〔先爲遣使人蕭仲恭、趙倫報復割三鎮，回授黄絹書，及三省印御寶分印結構間諜之事，至是告發。〕

天會四年八月十四日，大金固倫尼伊拉齊貝勒左副元帥、皇子右副元帥，同致書于大宋皇帝闕下：頃因起釁，以至連兵。曲直所歸，彼此自見。思得尋盟之計，用申割地之言。厥後事固稽留，約復渝變。況上皇之鑒未遠，抑亡遼之戒在前。誠思再造之恩，可稔輕忘之意。將久保有成之信，盍早畫元議之疆？曾自爲辭，管行制送；今則反假土民之固守，更張軍勢以解圍。兹事難圖，昔言安在？

迺者差蕭仲恭、趙倫等賫書報復，回日輒授間諜之語，陰傳結構之文。敢蹈前非，又在今日。爲此申過朝廷，奉到宣命：「據兹釁惡，更踰上皇。仰就便差官問罪，從長相度施行。」

今差保静軍節度使楊天吉、昭德軍節度使王汭，充問罪使副前去。若深悔前非，請速令皇叔越王、皇弟鄆王、太少宰一員同詣行府，賫書陳謝過咎。仍據元割三府，即行戒諭，並令開門，以待撫定。苟不能此，的示所圖。白。

〔校文〕

八月　吴本作「九月」。

固倫尼伊拉齊貝勒　「倫尼」二字原倒，據文淵閣本乙正。

頃因起釁　文淵閣本「起」作「啓」。會編卷五十八靖康元年（一一二六）十月十八日庚戌載此書，「起」亦作「啓」。

事固稽留　「固」，會編作「因」。

約復渝變　許本會編及文淵閣本會編作「元約復變」，袁本會編作「已約復變」。

誠恩再造之恩　會編「誠」作「既」，「恩」作「功」。

可稔輕忘之意　「稔」，吴本、錢本及會編作「忽」，硯本作「念」。許本會編此句作「可忽經久之意」。

將久保有成之信　「將」，硯本、錢本作「既」。

曾自爲辭　「曾」，硯本誤作「曹」。

管行制送　「制」，許本會編、袁本會編作「割」。

土民之固守　吴本、錢本「固守」作「固圉」，硯本「圉」誤作「圖」。許本會編、袁本會編「土」作「士」。

軍勢　「軍」，硯本誤作「吏」。

輒授間諜之語　「授」，吴本、錢本作「受」。

申過朝廷　硯、吴、錢三本「申」上有「尋」字。

據茲釁惡　硯、吴、錢三本「據」上有「該」字。

仍據元割三府　「府」，袁本會編作「鎮」。

白　吴本「白」上有「謹」字。

〔考釋〕

案：金史卷六十交聘表上，「天會四年（一一二六）八月，諸軍復伐宋。元帥府遣楊天吉、王汭以書責宋。」同書卷三太宗紀，「天會四年八月庚子，詔左副元帥宗翰、右副元帥宗望伐宋」。宋史卷二十三欽宗紀，「靖康元年十月戊戌，金人使楊天吉、王汭來」。會編卷五十八，「靖康元年十月十八日庚戌，粘罕令楊天吉、王汭持書，問朝廷遣契丹梁王及余覩蠟書，并元割三鎮」。以上金史所記遣使月份與本書相合；宋史及會編均繫十月，則金使至汴之時也。

（八五）書外聞達事件

一、昨據當府領兵至高平縣，有元差去人使王介儒、色呼美，與差來宋彦通、郝抃等同報講和，備領旨意。續次路允迪至，既言交割太原府，請先去計會本府官員開門。仍遣郝抃復報，依准施行。去時尋差附奏：「竊以太上皇承先皇帝之恩，言不盡意；後因棄德，結絶信使。事至于今，蓋邊臣與執政通連邀功所致。」具此奏聞去來。

一、據前項報和使副此時備言：「上皇自省前非，傳付今上；應有誤國姦臣，並已貶竄，顯是至誠。」看詳和事，未審能保。願以永敦大信，是爲長計。亦委具此附奏去來。

一、遣郝抃回。領兵至太原府，見依舊堅守。尋問路允迪如何不行交割，却稱：「回到本府文字，言交割朝命在先，所奉堅守朝命是後，致難開門。」兼姦細人等處獲得真定府劉韐蠟書云：「李綱密奉聖旨，委令堅守，隨宜措置。」當府爲數處議同。及路允迪告乞申覆朝廷，諭允迪以「上皇自省前非，已經禪位，今次決無再有渝盟，定是姦臣依前邀功所致。若欲申禀，請就便施行」。由此路允迪曾經奏審，日後更無來耗。此上量摘軍馬，屯駐圍守，本軍還赴西京。前次太原府都統所申：「宋兵數路屢來援府，足稔先發釁端。事不得已，遣兵迎敵，並皆掃滅。」又於七月遣到張亢計議三府，續發大兵，節次前來，亦戰殺殆盡。看詳來意，全是隱誤敵情，潛蓄毒惡，欲解重圍，非是誠實。與當府預測詐和，先於郝扑處所言並同。

一、當府切念昨以上皇禪位，蓋撫邊帥臣誤國；今即屢發大兵來援太原府，亦是姦臣所造。深慮蔽蒙，前後敗亡諸路軍兵，巧誕奏聞，不使上知。

一、貴朝若欲復尋舊好，慮以止圖益己，或不從本朝所欲，決難休和。因何舉此？若許貴朝謀，便終歲連兵，又似今日。願不聽納姦臣，乞以至誠修睦，勿虛示甘言，包藏異心。非惟貴朝利便，兩朝各有益，國計決千萬年。

一、若欲准前休和，乞依差去使副所賫書內事意施行。除書事目外，攻下太原，續有聞達事理。

一、當府依准所奉聖旨，委差楊天吉、王汭等充問罪使副，元限行府比到太原府，却管回來。洎到太原，其人等猶未過界，稱早已牒取接伴去訖。當府看詳，應是爲已密令堅守，猶有謀圖，復故止人使，不早過界。緣太原已是割屬本朝，理當存惜，却爲終不從順，於九月三日因怒縱軍攻取，晝時便下。闔城大小職官軍民，並依軍法施行訖。外張孝純并男浹二人，爲是故違再結懽好，爲首柄定府人不令依准交割，殘損了太原府路生靈無數，其罪並在前人父子，合要張孝純在南骨肉。以此留在軍前，惟守候家屬，乞賜發遣。更慮姦臣奏言：張孝純是爲國盡節忠臣，不可分付。儻或聽納，終難杜絶渝盟，必難休和。若是依准發遣，今後奸臣無敢再犯。須是事出至誠，使鄰國可以信重。

〔校文〕

高平縣　「平」，硯、吴、錢三本誤作「郵」。

差來宋彦通郝抃　「抃」，硯本、錢本誤作「拯」。

續次路允迪至　硯、吴、錢三本無「次路」二字。

竊以太上皇　「竊」，吴本作「初」，錢本作「切」。

具此奏聞去來　「具」，硯本誤作「且」。

永敦大信　「敦」，硯本誤作「敢」，吴本作「孚」。

却稱回到本府文字　吴本脱「稱」字。

兼姦細人等處獲得真定府劉鞈蠟書云　硯、吴、錢三本「獲得」下有「其」字。「劉鞈」，原作「劉韐」，據文淵閣本改。錢本「書」字上無「蠟」字。硯、吴二本「蠟書」作「鞨書」。

諭允迪以上皇自省前非　硯、錢二本「以」字錯在「諭」字下。

日後更無來耗　「來」，硯、吴、錢三本誤作「求」。

足稔先發釁端　「稔」，錢本作「仞」，硯本、吴本作「認」。

全是隱誤敵情　「隱」，硯本、錢本誤作「穩」。

預測詐和　「測」，硯本、錢本誤作「惻」。

貴朝若欲復尋舊好　「欲」，硯本、錢本誤作「遇」，吴本作「還」。

止圖益己　「止」，吴本作「正」。

非惟貴朝利　硯、吴、錢三本「貴朝」下衍「大金」二字。

國計決千萬年　硯、吴、錢三本「國」字下無「計」字。

比到太原府　硯、吴、錢三本無「府」字。

其人等猶未過界　「過」，硯、吴、錢三本誤作「還」。

猶有謀圖　「有」，吴本誤作「未」。

故止人使　「止」，硯、吴、錢三本誤作「指」。

因怒縱軍攻取　「因」，錢本誤作「恩」。

今後奸臣無敢再犯　吴本「今」作「令」。硯、吴、錢三本脱「臣」字。

〔考釋〕

（一）案：文中謂「昨據當府領兵至高平縣」云云，據金史太宗紀，粘罕至高平在天會四年（一一二六）二月丁巳。參看本書第五十二篇宋主與左副元帥書考釋。

（二）案：文中謂「兼姦細人等處獲得真定府劉鞈蠟書」云云，宋史卷四百四十六劉鞈傳，「鞈爲河北、河東宣撫參謀官。河北盜起，復以守真定。金人已謀南牧，鞈諜得實，急以聞。且陰治城守以待變。是冬，金兵抵城下，知有備，留兵其旁，長驅内向。及還，治梯衝設圍，示欲攻擊。鞈發强弩射之，金人知不可脅，乃退」。

（三）案：文中謂「張孝純并男浹二人，爲是故違再結懽好，爲首柄定府人不令依准交割，殘損了太原府路生靈無數」云云，宋史卷二十三欽宗紀，「靖康元年（一一二六）九月丙寅（初三日），金人陷太原，執安撫使張孝純。副都總管王禀、通判方笈皆死之」。會編卷五十三引封氏編年，「太原被圍二百五十餘日。城中乏薪，乃毁屋取木，燃骨充爨，殍死百分僅存一二，餘皆病不能起。雖披堅執鋭者，以其飢乏，悉委軍器，但倚壁瞠目，不能步走。王禀聞金人入城，復領羸兵與之巷戰，身被數十鎗。孝純等爲金人所執。粘罕使人捽仆孝純及子浹於地，曰：從我則有生理，不然，我以萬種之刑及爾父子。浹大聲曰：我不負朝廷。頗被楚捶，抗言不撓，父子要以必死。粘罕令人押赴雲中」。

（四）案：上篇兩路元帥府差官問罪書篇首明言八月十四日，而本文最後一條記九月三日攻取太原事。疑前書之發在九月三日以後；否則，本篇則在楊天吉等行後，另行差人賫送。

（八六）宋復遣使告免割三鎮書

靖康元年八月日，大宋皇帝致書大金國相元帥：閒常遣使，咸得及疆；往布斯誠，諒惟深察。情義既接，和好斯通。初，兩軍元帥許割地而盟，聞大金皇帝有「酌中」之語，因知令德，信是寶鄰。既而太原士民，嬰城固守，雖遣大臣特詔，戀土終深。遂致攻圍之師，不免暴露于野。守臣求救，既以忠孝爲言；將士請行，欲展急難之義。雖非元約，乃亦常情。事須改圖，可令永久。願以賦租之入，增爲歲幣之常。還守舊疆，別爲信誓。盡出疑梗，幸不置於胸中；雖有短長，冀亦忘於度外。如其聞可，將見平寧。博易交通，不乏四方之貨；耕耘自若，遂安兩境之民。可保千年，定如一日。上符天道，下順人心。竊計高情，實同至願。有少禮物，具如别幅。今差秘書少監李若水。

別幅

金廂正透犀帶一條　玉酒器五件

琉璃器一十五件　瑪瑙器一十五件

玳瑁器一十五件　珊瑚七枝内二枝（原注：按此下疑有闕文。）

沈香五十兩

右謹專獻上國相元帥，請檢留。白。

〔校文〕

八月日　「八」，原作「七」，據吴本改。

國相元帥　「國相」，吴本誤倒。

太原士民　「士」，硯、吴、錢三本作「生」。

增爲歲幣之常　「增爲」，吴本、錢本作「習以」。案：下第九十七篇回南宋書引本文，吴、錢二本亦作「增爲」。

别爲信誓　「别爲」，吴本作「可爲」，硯本作「何爲」，錢本作「何違」，皆誤。

雖有短長　「短長」，原作「長短」，據硯本、錢本、文淵閣本乙轉。

今差秘書少監李若水「李若水」下疑有脱文。又此句應在「有少禮物」前。

金廂正透犀帶「廂」，硯本、錢本作「箱」。「正」，錢本作「玉」。案：「透」疑爲「通」之誤。本書第六十八篇謝宋主餞禮書有「通犀御帶」可證。此物當爲金地鑲玉通天犀腰帶。參看本書第五十六篇又書校文。

〔考釋〕

（一）案：會編卷五十二，「靖康元年（一一二六）八月二十四日，李若水以吏部侍郎充山西軍前和議使，王履以相州觀察使充山西軍前和議副使。九月一日，李若水、王履出國門」。會編卷五十五引和議録，「靖康元年八月二十四日，若水等被旨，差往大金軍前和議。九月初一日長行」。宋史卷二十三欽宗紀，「靖康元年八月乙卯（二十二日），遣秘書著作佐郎劉岑、太常博士李若水，分使其軍議和」。以上會編、和議録與宋史所記奉旨日期相差二日，但國書作於八月則同。吴本作「八月」是，他本作「七月」誤。

（二）案：會編卷五十五引和議録曰，「若水等九月十五日次太原府榆次縣。國相請使副若水等相見。若水曰：『某等面奉本朝皇帝聖訓，今欲以三鎮逐年所收租賦悉奉貴朝，願休兵講好。』國相厲聲曰：『既有城下之盟，許割與他三鎮，那租税便是這裡的，怎生更上説也。若如此，便是敗盟。』若水曰：

『蓋緣三鎮軍民未肯交割，故欲將逐年租稅奉貴朝，其利均一，止是愛省事，幸國相元帥開納。』國相曰：『公們不去勸諫貴朝皇帝，好教早割與他三鎮土地人民，便是好公事，却來這裡弄唇舌，想捎空，恐使不得。』第三日早，若水等詣軍前謝白國相。國相曰：『貴朝當今之時，譬如著棋一般，既敗，則補其餘；若顧惜，恐一齊帶累了不可知。』若水曰：『本朝若顧惜，又豈肯以三鎮租賦奉貴朝也？』國相曰：『不須巧說。』第四日早，若水等再見國相，國相曰：『若不割得三鎮土地人民，決不可和。』第五日早，若水等再見國相，國相曰：『已作國書了。』命左右取到，傳與若水。不得已，搢笏領之。國相曰：『使副們少間便回，如到京師，煩爲再三奏知貴朝皇帝，所諭三鎮租賦不須言及，若差人速來交割土地人民，即便回軍通和；萬一不從，須索提兵直到汴京理會也。』若水等乃行，十一月十一日歸次國門。

（三）本篇原列第九十篇天會四年（一一二六）九月十六日左副元帥回書後，兹依時間先後，移置於此。

（八七）宋遣和議國信使副書

九月日，姪大宋皇帝桓謹致書于伯大金皇帝闕下：昨因告發，知有絹書，姦人作僞，何所不至。若兩國通和，貼然無事，則無隙可乘，姦人不利。緣此構造，意在離間，頃者按治，已正典刑。諒惟聖明，特加洞照。遣王雲去，面道其詳。

〔校文〕

九月日　「九」，硯本、錢本作「七」。

昨因告發　「因」，硯、吴、錢三本作「日」。

姦人作僞　會編卷五十八靖康元年（一一二六）十月十八日庚戌載此書，「作」作「詐」。

貼然無事　「貼」，錢本作「帖」，硯本誤作「怗」。

姦人不利　「人」，原作「臣」，他本皆作「人」，兹據改。「利」，吴本誤脱。

意在離間　「離間」，會編作「間諜」。

諒惟聖明　「明」，原作「朝」，據文淵閣本及會編改。

特加洞照　「照」，吴本作「察」。

〔考釋〕

（一）案：會編卷五十五靖康元年（一一二六）九月十九日壬午引傳信録曰：「初，賊騎既出境，即遣王雲、曹曚使金人軍中，議以三鎮兵民不肯割，願以租賦代割地之約。至是遣回，有許意。其實以疑我師，非誠言也。而朝廷信之，耿南仲、唐恪尤主其議，意謂非歸租賦，則割地以啗之，和議可決成。乃詔宣撫使，不得輕易進兵。而議和之使，紛然於道路矣」。

（二）案：宋史卷二十三欽宗紀，「靖康元年八月乙卯（二十二日），遣徽猷閣待制王雲、閤門宣贊舍人馬識遠，使於金國。庚申，遣王雲使金軍，許以三鎮賦税」。據此，王雲之使金，八月之行，止此一次。本書及金史、會編均不載。九月則各書亦均無王雲出使記載。本文篇首明言「九月」，下篇王雲呈覆亦係「九月」，使人即王雲與馬識遠。此與宋史所記恐爲一事。

（三）案：本篇原列第八十五篇書外聞達事件後，玆依時次移此。

（八八）王雲呈覆

雲等奉本朝皇帝口宣：「自今春大兵至城下，荷大金皇帝許再結歡盟，皇子郎君成此恩惠。社稷再安，生民休息。但本朝大臣有懷姦之人，致信義有虧，今盡行竄逐。專遣使三番陳謝。」有下項事，令雲等告求皇子郎君：「三鎮有本朝太宗皇帝行宫，祖先陵寢在内，及諸州民情愚迷顧戀，若行討伐，百萬生靈性命可憫。欲以税租折爲銀絹三十萬，代割三鎮。通舊來歲幣銀絹五十萬，每年共計八十萬。又犒賞金銀，初承示及大數，當時大臣不契勘的實回報。尋以庫藏所有，及宗廟器物，又搜索民間，只得已納之數。已荷皇子郎君矜察，量減金銀表段，及許以珠玉寶器等充折，大臣又不曾開具所折之數。後來取於外郡，亦以自前姦臣用事，費耗略盡。今罄竭府庫應副犒軍之用，恐必不能如數，實出窘匱。若不披露，又恐食言。曉夕念慮，惟皇子郎君仁明，裁恕減免。其歸朝官昨已指揮發遣，亦緣姦臣奉行稽滯，今令所在隨遠近津遣前去。」

自大聖皇帝通好結盟，中間本朝姦臣誤國，致煩用兵來城下，荷皇子郎君傳大金皇帝宣命，許「酌中講和」。今增歲幣銀絹，代割三鎮，減免犒軍物數，則恩惠深厚，珠玉幣帛不足以昭致謝之意。兼此日皇子郎君曾舉言下項禮數：今惟大金皇帝開境數萬里，撫有諸國，欲以皇帝車輅、衮冕等物爲謝，及令使人附宰臣等表，奉册寶，增上尊號，仍令三鎮之人，遇大金皇帝生辰，齋僧十萬人祝延聖壽。已上物儀，候得皇子郎君允許增歲幣代割三鎮，及減免犒軍物數書，即專遣使賫詣大金皇帝闕下。右謹具呈，伏望皇子郎君體諒本朝皇帝遣使三番，告求和議，免割三鎮等事，特賜垂允，大軍早回，恕貸真定等處生靈之命。乞令雲等先回奏，伏候令旨。

靖康元年九月日呈覆。和議國信副使、武翼大夫馬識遠，和議國信使、大中大夫、試禮部尚書王雲。

〔校文〕

專遣使三番陳謝　會編卷五十八靖康元年(一一二六)十月十八日庚戌載此文,此句作「專遣王雲陳謝」。

有下項事　「事」,硯本誤作「是」。

三鎮有本朝太宗皇帝行宫　硯本「三」誤作「王」。吴本此句上有「謂」字。會編此句上有「謂如」二字,無「本朝」二字。

祖先陵寢　會編「祖先」二字互倒。

愚迷顧戀　「戀」,硯本誤作「變」。

百萬生靈性命可憫　袁本會編「萬」作「姓」,「憫」作「憐」。

欲以税租折爲銀絹　吴本及袁本會編「税租」二字互倒。

的實回報　「回」,硯、吴、錢三本作「爲」。

庫藏所有　「所」,「硯、吴、錢三本誤作「初」。

亦以自前姦臣用事　「自」,錢本誤作「目」。

今罄竭府庫　硯、吴、錢三本均無「竭」字。案下第九十七篇回南宋書引此語亦作「罄竭」。應有「竭」字。

曉夕念慮　「曉」，硯、吴、錢三本誤作「晚」。

指揮發遣　「指」，硯本、吴本誤作「旨」。

中間本朝姦臣誤國　「間」，原誤作「問」，他本皆作「間」，兹據改。

恩惠深厚　吴本「惠」作「施」，硯本、錢本無「惠」字。

舉言下項禮數　會編無「舉」字。

撫有諸國　「有」，硯本誤作「以」。

體諒本朝皇帝　「諒」，錢本作「亮」。

九月日呈覆和議國信副使武翼大夫馬識遠　硯本、錢本、吴本「呈覆」二字錯在「馬識遠」下。

〔考釋〕

（一）案：文中謂「皇子郎君曾舉言下項禮數」云云，據宋史卷三百五十七王雲傳云，「靖康元年，以給事中使斡離不軍。金人陷太原，召拜刑部尚書，再出使，許以三鎮賦入之數。雲至真定，遣從吏李裕還言：『金人不復求地，但索五輅及上尊號，且須康王來，和議乃成。』欽宗悉從之」。故王雲呈覆中有是語。其實仍係金人故作誑語，以麻痺宋廷也。

〔二〕案：宋史卷二十三欽宗紀，「靖康元年八月丁未（十四日），斡離不復攻廣信軍、保州，不克，遂犯真定。十月丁酉（初五日），金人陷真定」。文中云「恕貸真定等處生靈之命」，即指此。其時真定尚未陷落。

（八九）宋宣撫判官書

九月十五日，朝議大夫、充徽猷閣待制、樞密院都承旨、河北河東路宣撫判官折彦質，謹遣修武郎吴革，修武郎李鋭，致書于大金元帥國相閣下：彦質聞和久而不能信，則必戰；戰久而不息，則必復和。自古簡册，所載多矣，不特今也。自頃兵連而不解，三軍暴骨，已歷三時。此亦上穹悔禍，兩國結好息民之時也。

恭惟主上皇帝，恭儉愛人，出於天性；視民如傷，無此疆彼界之異。二邊構兵，非其本心。凡近日將相大臣弗克欽承，與夫謀國不臧爲天下生事者，皆已黜之遠方，永不復用。彦質亦新命來典兵戎之寄。陛辭之日，仰承聖旨：深念生靈，蹈兹塗炭，至勞寤寐；惻怛之訓，叮寧切至；皇天后土，實鑒臨之。比遣信使三輩王雲等躬詣大金皇帝闕下，及燕、雲中軍前，且道永結歡盟之好。計其道里，當已有達乎國都者。又會闕下遣楊節度使至威勝軍前，邊吏以聞，此固以契主上皇帝聖心之所惘矣。已聞臨遣官僚，往迓信使，又飭邊吏，日竢動息。其誠意端慤，亦可見矣。彦質以不材謬當斯任，竊料天地鬼神已有休息生靈之意，故兩國皇帝各形至誠惻怛之心，棄捐細故，永保大和。斯民幸會，可勝言哉！彦質與閣下俱在疆埸，儻各能體國，顧戒守兵之官，按兵不動，勿相侵擾，以竢盟誓之必成，和好之永結。則北方軍民，又免鋒鏑之禍，流離之苦，其受閣下陰德大賜，豈有窮已！伏想仁明，必能垂聽，洞然而不疑也。

秋氣已涼，伏冀善護寢餗，以介福履。謹奉狀布執事，不宣。

〔校文〕

充徽猷閣待制　硯本、錢本脱「猷」字。

河北河東路　文瀾閣本脱「河北」二字，守山閣本依吴本補。

李鋭　吴本誤作「李税」，錢本誤作「李棁」。案：此爲修武郎李鋭，非知樞密院事李棁。

致書于大金元帥　他本皆無「于」字。

自古簡册　硯、吴、錢三本脱「古」字。

自頃兵連而不解　「頃」，硯本誤作「須」。

皆已黜之遠方　「已」，硯本、吴本作「以」。

惻怛之訓　「怛」，硯本誤作「怚」。

及燕雲中軍前　吴本無「中」字。「及」字上原有「遣楊節度使」五字，係涉下文而衍，兹以意删。

又會闕下　「會」，吴本誤作「謂」。

竊料天地鬼神　「竊」，吴本、錢本作「切」。

各形至誠惻怛之心　「形」，吴本作「行」。

斯民幸會　「幸」，原作「大」，據文淵閣本改。

和好之永結　硯、吴、錢三本無「之」字。

北方軍民　「軍」，吴本誤作「車」。

又免鋒鏑之禍　「又」，錢本作「必」。「鋒」，原誤作「鐸」，他本皆作「鋒」，兹據改。

〔考釋〕

（一）案：宋史卷一百六十七職官志七，「宣撫判官，不常置，掌贊使務。詔行移文字，同其繫銜。」

（二）本篇原列第九十七篇十月二十日粘罕回南宋書後，兹依時次移此。

（九〇）左副元帥回書

天會四年九月十六日，大金固倫尼伊拉齊貝勒左副元帥致書于大宋皇帝闕下：謹按來書，「已别遣使大金皇帝」者。竊見大朝凡有事繫于聞上者，臣子之分，不得輒自施行。但不知貴朝體例如何。然其赴闕人使具申奏，取候指揮，蓋不敢擅爲接引。外三鎮堅守事，粗知仔細。今來却稱「三鎮之民，懷土顧戀，以死固守，雖令不從」。誠意安在？若欲以税充歲幣，肯於從初議約交割？已立嚴誓，嚴誓纔立，今又别議，想其用意，徒然以僞計苟望歸復。終不克遂，傾斃士民。覩其太原，誤于前謀，堅壁不降，盡遭屠戮。此之事節，猶未理辨。況先准已降聖旨，遣使問罪去訖。所望諸事並依已去書意分白垂報。仍自今後，似此無信事理，幸無遣使，虚勞往復。

律正極涼，佇膺多福。今因太常少卿陳之詳等回，專奉書陳謝以聞。

〔校文〕

凡有事繫于聞上者　「繫」，硯本誤作「繁」。

粗知仔細　「仔」，硯本、錢本作「子」，通。

已立嚴誓　「已」，硯、吴、錢三本作「以」，通。

嚴誓纔立　「纔」，硯本、錢本作「才」，通。

終不克遂　「終」，硯、吴、錢三本誤作「縱」。

傾斃士民　「傾」，硯、吴、錢三本誤作「須」。「斃」，硯本、錢本誤作「幣」，吴本作「敝」。

盡遭屠戮　「遭」，吴本作「皆」。

並依已去書意　「已」字原無，據硯、吴、錢三本補。

似此無信事理　「似」，吴本作「以」。

太常少卿　「常」，原誤作「原」，據硯本、錢本、文淵閣本改。

專奉書陳謝以聞　「奉」，吴本誤作「奏」。「書」，吴、錢二本誤脱。

〔考釋〕

案：此文係復第八十一篇靖康元年（一一二六）七月望日宋再遣使乞免割三鎮增歲幣書，原列其書之後，兹依時次移置。

（九一）宋謝過書

靖康元年九月二十八日，大宋皇帝致書大金國相元帥：近者李若水去，想已伏謁麾下。奉書以道其略，遣使以陳其詳，諒惟英明，特加周察。昔在潛邸，講學惟勤，其於政事，一不與聞。忽蒙内禪，驟攬萬機。適當多事之搶攘，未嘗諳練；不免大臣之獻納，悉以聽從。無何姦邪，輒生詿誤。逮言章之交擊，方悔悟於前非。隨加竄流，使瀕於死。然亦晚矣，追之何及！唯國相元帥器度宏遠，智略沉雄，他邦之人，莫不欽重。回賜薦至，情義藹然，感憮之私，言不能既。或聞統衆入至真定，嘗遣請和之使，往詣闕庭；當蒙從欲之仁，各安疆埸。幸收兵而静謐，必俟命於斯須。頃被初恩，更祈終惠。克符願望，豈勝感銘！

別幅

本朝和議使鄧紹密回日，皇子郎君令館伴蕭寶導意，欲得白花蛇。除已附一合送皇子郎君外，恐國相元帥亦欲得之，以一合附送。

酒五十瓶　果子四合　茶一合　風藥一合　白花蛇一合

右請檢留。白。

〔校文〕

特加周察　「周」，硯、吴、錢三本誤作「用」。

一不與聞　「與聞」，硯本、吴本誤倒。

騤攬萬機　「攬」，硯、吴、錢三本作「覽」。

言章之交擊　「擊」，硯本、吴本誤作「繫」。

回賜薦至　「賜」，硯本、錢本誤作「易」。

感憮之私　「憮」，吴本作「撫」。

或聞統衆入至真定　「衆」，原作「聚」，據錢本改。

各安疆埸　「埸」，吴本誤作「場」。

幸收兵而静謐　硯本闕「兵」字。

别幅　「幅」，硯、吴、錢三本作「録」。

館伴蕭賨　「蕭賨」，硯本、錢本、文淵閣本作「蕭實」。

〔考釋〕

（一）案：是年八月下旬宋曾遣李若水使粘罕軍前，本書第八十六篇宋復遣使告免割三鎮書，即係李若水賫去。文中云「近李若水去」，即指此。

（二）案：本篇原列第八十九篇九月十五日宋宣撫判官書後，兹依時次移置於此。

（九二）宋宣撫司牒

大宋宣撫使司牒大金國軍前：契勘日近准朝旨，已與大金國議和，約束諸道不令進兵。及於九月中旬，大金國所遣和使赴闕去訖。今又據河北路開報稱：「所有大金國人兵，昨曾在真定府等處，日近並各未聞抽回。」詳此，兩朝信約固以堅明；兼不住承准朝旨，惟務約束，不得生事。日近據汾州、平陽府等處申報，各有大金國人馬抄略，致人户驚擾不安。緣此深恐有害和議，須至移牒者。右牒專差人賫牒前去，請詳此速行約束彼處人馬，務在戢斂，各守信約，無致抄略驚擾，致有害兩國講和大議。謹牒。

靖康元年十月三日牒。

朝儀大夫、充徽猷閣待制、樞密院都承旨、河北河東路宣撫判官折。

資政殿學士、銀青光禄大夫、河北河東路宣撫副使劉。

太尉、鎮洮軍節度使、同知樞密院事、河北河東路宣撫使种。

〔校文〕

與大金國議和　「議」，吴本、錢本作「講」。

今又據河北路開報　「今」，硯本、吴本作「及」，錢本作「近」。

固以堅明　「堅」，硯本、錢本誤作「聖」。

緣此深恐有害和議　「此」，硯本在「恐」字下，吴本在「有」字下。「緣此」，錢本在「深恐」二字下。

右牒　硯本、錢本闕「右」字。

講和大議　「講」，硯、吴、錢三本誤作「請」。

河北河東路宣撫判官折　「路」字原無，據文淵閣本補。「折」，錢本誤作「拆」。

宣撫副使劉　「宣」，原作「安」，據文淵閣本改。「撫」，錢本脱。

同知樞密院事　「事」字原無，據文淵閣本補。

〔考釋〕

案：會編卷四十八，「靖康元年（一一二六）六月六日，以真定府路安撫使劉韐爲宣撫副使」。宋史卷二十三欽宗紀，「靖康元年八月丙申，命种師道以宣撫使巡邊」。同書卷一百六十七職官志七，「宣撫使，不常置。靖康初，种師道提兵入衛京城，爲京畿、河東、北宣撫使，凡勤王之師屬焉。宣撫副使，不常置，掌二使事。靖康初，會兵救太原，以資政殿學士劉韐爲之」。牒文中种、劉、折爲种師道、劉韐、折彦質。

（九三）宋宣撫判官書

〔此書不答。以其僭越無禮，不足與論故也。〕

十月十日，朝議大夫、充徽猷閣待制、樞密院都承旨、河北河東路宣撫判官折彦質，謹遣修武郎劉寶，致書于大金元帥國相閣下：彦質聞古者交兵，使在其間，此言小忿不廢大信也。今兩朝搆難，逾三時矣。而信使載馳，禮聘交修，則知王者舉事，信義爲本，非若尋常貪土地、矜殺伐之流可比方也。故日者輒以尺牘，具言本朝叮寧懇惻之旨。竊意上天悔禍，欲令兩朝皇帝捐細故，保太和，其旨甚明。僕，仁人也，既乏蘇秦、犀首之辨口以更移從約，又無燕丹、齊慶之誠心以感動物蒙；徒以區區之志，猥瑣之論，側聽逾旬，無所發明。

懷不能已，復進狂瞽。

夫好生者，帝王之大德也；體國者，人臣之至分也。故上有不忍之仁，則下行愛民之政；上有不貪之惠，則下盡無求之節。況於居輔相弼諧之任，當疆埸爪牙之寄，不肆欲以窮取，惟内恕而及物，此固賢達明智，挺立古今之表者，固閤下胸中素定，而兩地之人所望於閤下者也。僕於平昔，竊欽高義。幸得備綏靖之職，居顧盼之地，望旌旗而係心，聞金鼓而增氣。今信使入朝，話言方洽；惟須遠圖，以答天意。幕府所以日夜警勵，切戒吏兵，帖焉自戢，義不當以又使北向而關弓者也。

今游騎騣騣，時獵於近郊，細民無辜，或困於刦執。徬徉乎雞肋之獲，而忽眇乎邱山之重。竊仰閤下之謀猷，義不出此。意者偏裨未達兩朝之大計也。伏惟閤下以高世之才，居特尊之位，舒慘歸其嚬笑，安危係於静作。號令所留，草木慺然，亦何惜隻使一箭之令，使兩地生靈得以泰然，歌詠閤下之功德無窮而報施不匱者也。僕雖不才，願附羊陸之義，惟閤下裁之，不宣。彦質再拜。

〔校文〕

僭越無禮　「禮」，原作「謂」，據錢本改。吴本作「爲」。

宣撫判官　「判」，硯、吴、錢三本誤作「司」。

古者交兵　「交兵」，硯、吴、錢三本誤倒。

兩朝搆難　「朝」，硯本、錢本、文淵閣本作「國」。

保太和　「太」，錢本作「大」。

其旨甚明　「旨」，錢本作「指」，通。

更移從約　「更」，吴本作「交」，錢本誤作「反」，硯本誤作「友」。

燕丹齊慶　硯本、錢本誤作「燕卿齊庶」，吴本誤作「燕卿斧度」。

猥瑣之論　「猥」，錢本作「闟」，硯本、吴本誤作「聞」。

狂瞽　「狂」，硯、吴、錢三本誤作「强」。

好生者　硯本、吴本脱「者」字。

疆場　硯本「疆」誤作「彊」，脱「場」字。

惟内恕而及物　「惟」，硯本、吴本作「推」。

賢達明智　吴本脱「達」字。

固閣下胸中素定　「固」，硯本、錢本作「故」，義通。

居顧盼之地　「顧」，硯本誤作「顔」。

望旌旗而係心　「係」，吴本作「俿」。

話言方洽　硯本、吴本「方」下衍「相」字。

切戒吏兵帖焉自戢　吴本、錢本均無「兵」字。硯本「帖」作「怗」。

闢弓　「闢」，硯本、吴本作「開」。

或困於刦執　「困」，硯本誤作「因」。

徬徉乎雞肋之獲　「徬」，吴本、錢本、文淵閣本作「彷」，硯本作「仿」。「徉」，錢本作「佯」。

偏裨　「偏」，原作「徧」，據硯本、錢本、文淵閣本改。

隻使　「隻」，硯、吴、錢三本誤作「隼」。

歌詠閣下之功德無窮而報施不匱者也　「詠」，原誤作「訂」，他本皆作「詠」，兹據改。硯、吴、錢三本全句作「歌詠閣下之功德無窮之報施者」。

再拜　吴本作「謹白」。

〔考釋〕

案：會編卷五十七，「靖康元年（一一二六）十月五日丁酉，徽猷閣待制宣撫使司參謀官折彦質，授龍圖閣直學士、河北河東宣撫副使」。本文仍稱「判官」，殆朝命猶未達與？

（九四）都部署司回牒

大金山西兵馬都部署司牒宋宣撫司：准來文云云，須議回文。

契勘近奉元帥府露布：「左副元帥報，今月十五日，占真定府先鋒軍都統申，汾州不伏招誘，今月八日攻下。當司想其真定必不願歸，益以大軍攻下，一同汾州。」況近日元帥府已遣使往貴國問罪，雖知前去，至今尚未回來，是致大軍未聞抽回。今承來牒，既與議和，應是貴國自以渝變前盟爲罪，添割土地請和，交過本朝，遂致開門引納重兵，撫馴了當；則其餘應合本府占守州軍縣鎮寨關隘，亦宜逐旋交割，接納王師，益協所請議和，得息生靈。不然，則不止有傷朝廷合撫人民，亦恐貴國不獲安便，自茲愈深。事須回牒大宋國宣撫司，到請照驗施行。

天會四年十月日牒。

〔校文〕

准來文云云　「云云」係文稿省略來牒文字，避免謄寫之煩，若正本，必叙明來文。硯本此兩字作小字偏右書，是。

契勘近奉元帥府露布　硯、吴、錢三本「契勘」下衍「會」字。

占真定府　硯、吴、錢三本「占」下有「鎮」字，疑爲「領」字之誤。

益以大軍攻下　「益」，硯、吴、錢三本作「蓋」。

往貴國問罪　「國」，吴本作「朝」。

添割土地請和　「土地」，硯、吴、錢三本互倒。

交過本朝　硯本、吴本「朝」字上衍「府」字。錢本「朝」誤作「府」。

應合本府占守　「占」，原誤作「古」，他本皆作「占」，兹據改。

關隘　「隘」，硯、吴、錢三本誤作「監」。

接納王師　「接」，原誤作「按」，據硯、錢、文淵閣三本改。

益協所請議和　硯本、錢本誤重「請」字。

則不止有傷朝廷　硯本、錢本脱「不」字。

貴國不獲安便　「國」，吴本作「朝」。「便」，硯本誤作「使」。

〔考釋〕

（一）案：宋史卷二十三欽宗紀：「靖康元年（一一二六）十月丁酉（初五日），金人陷真定。庚子（初八日），金人陷汾州」。

（二）案：文中云：「近奉元帥府露布：左副元帥報，今月十五日，占真定府先鋒軍都統申」云云，則本篇發文之日，應在十月十五日之後。各本原列第九十三篇十月十日宋宣撫判官書之前，兹依時次移此。

（九五）宋復遣陳謝請和使書

〔係楊天吉等問罪回書〕

靖康元年十月日，大宋皇帝致書于大金國相元帥、皇子郎君：累年遣使，相繼奉書，今已淹時，想必聞鑒。意雖難盡，言亦頗周。儻爲繹思，必加乎察。大抵人誰無過，固貴自知。既克改於前非，當徐觀其後蹈。在昔東宫之日，但歷覽於群書；逮登寶位之初，乃乍臨於庶政。姑聽從於宰輔，不億度其姦欺。難掩臺評，尋加憲責。静言既往，雖悔何追！

今者惠書，意皆切理。但三府乃祖宗之地，況本土有陵廟之存，當務安寧，乃經驚擾，興言及此，爲緒無聊。雖殫累百之詞，更致再三之懇，是望高明之德，易知愛孝之情。當愠而和，式見包容之量；既取而與，尤爲特達之恩。厚有被蒙，終期報稱。初冬尚寒，更希保護。

大宋陳謝請和使、朝請郎試尚書吏部侍郎、武功縣開國子、食邑五百户、賜紫金魚袋王及之等。

別幅

青絲綾五十疋　紅錦五十疋　鹿胎五十疋

合錦五十疋　藥一合　龍腦二百兩

荔枝一千顆　生薑五十觔　乳糖獅子一百顆

橙子五十對　汾州蒲桃五十觔　小龍團茶一十觔

大龍團茶一十觔　夸子正焙茶一十觔

右謹專獻上國相元帥，伏惟令慈，俯賜容納。謹具狀申聞。謹狀。

〔校文〕

宋復遣陳謝請和使書　此標題吴本作「宋復遣使謝請和書」，硯本、錢本作「宋復遣使謝請和使書」。

想必聞鑒意雖難盡言亦頗周　「周」下原有「詳」字，據文淵閣本删。此數句吴本作「必開鑒意雖難盡言亦頗周詳」。硯本、錢本同，惟「詳」字闕文。

人誰無過　「人誰」，吴本、錢本互倒。

固貴自知　吴本此句作「貴乎自知」，硯本、錢本同，惟「乎」字闕文。

在昔東宫之日　「在昔」，硯、吴、錢三本互倒。

億度　「億」，吴本作「憶」，通。

意皆切理　「皆」，吴本誤作「加」。

有陵廟之存　吴本作「有陵寢之廟」；硯本、錢本同，惟「寢」字闕文。

是望高明之德　硯本、錢本無「望」字。

式見包容之量　「包」，硯、吴、錢三本誤作「色」。

既取而與　「取而」，硯本誤倒。

朝請郎　「請」，原作「信」，據硯、吴、錢三本改。

别幅　吴本、錢本作「别録」。

乳糖獅子一百顆 「糖」，原作「塘」，據文淵閣本改。「顆」，文淵閣本作「个」。

橙子 「橙」，硯、錢二本作「根」。

汾州 硯、吴、錢三本作「邠州」。

大龍團茶一十觔 文瀾閣本脱此句，守山閣本依吴本補。

〔考釋〕

（一）案：題注云「係楊天吉等問罪回書」，楊天吉問罪書即本書第八十四篇兩路元帥府差官問罪書。該書係天會四年（一一二六）八月十四日發，楊天吉等于十月間賫書到汴。參見本書第八十四篇考釋及第八十五篇書外聞達事件第七節。

（二）會編卷五十八，「靖康元年（一一二六）十月十八日庚戌，粘罕等令楊天吉、王汭等持書問朝廷遣契丹梁王及余覩蠟書，并元割三鎮。以王雲借尚書，持書從王汭使於軍前」。而本篇題注云「係楊天吉等問罪回書」，則王雲所持之書，殆即此書。惟會編以王及之爲王雲耳。或同時另遣有王及之，而會編不載。

（九六）回答書外事件

一、諭及「上皇自省前非，傳付今上，應有誤國姦臣，並令貶竄」。勘會議和文字，別有貶竄，此亦誠如來諭。蓋緣初膺傳國，姦邪未見，刑誅之事，難以遽加。然亦不久漸逐，不令在内。今則或竄或誅，既已久矣。後以不明，繼用吴敏、李綱。吴敏則爲少宰，李綱則知樞密，皆居要地，親執政柄。不知元乃蔡京、蔡攸之黨，陰相交結，欲報蔡氏之恩，希冀復用。其所妄作，一體蔡氏，其所稱「密奉聖旨」，皆其專輒所爲。承差信使，面出帛書半印，見之悚然，豈不慚負！此吴敏、李綱相協爲之，初不加察，爲所詿誤。昨因言章交攻，因先遣李綱在外爲宣撫使，雖是總兵，其實不令在朝。然吴敏猶爲少宰，中外相應，爲姦不已。自古將臣總兵，不從中制，故得自閫以外，將軍制之。所以李綱在外，擅自發兵。若論誤國之罪，可擢二人之髪。今則吴敏、李綱皆已竄逐遐裔。

一、見諭「願不聽納姦臣，至誠修睦」。此乃善言見誨，德意甚美，豈勝感服！大抵天道昭然，咫尺可畏，況爲人主，臨御萬民，一言一語，何可不思？既許講和，願觀其後。

一、天下之情，遠近皆一，睽間則疑生，和會則疑釋。兩朝構兵，初因睽間，雖有使人去來，書辭往返，然言不盡意，未免生疑。惟在聰明，深加孚察！

一、承差信使人未至，本朝聞先遣二人持牒威勝軍界。威勝軍小處，不敢便申朝廷，先申宣撫使。是時宣撫李綱身在懷州，見牒有問罪之名，知罪在己，畏懼朝廷必治其罪，於是巧説遷延，不以聞達。其後，威勝軍奏到，即便時發遣接伴，在河陽等候多日，不聞來耗。朝廷再三催促，方知軍前信使入界。古者交兵，使在其間；若非李綱挾情，豈有稽留之理。

一、發遣張孝純家屬。垂情講好，蓋亦憐無罪之民；爲首就誅，宜可緩也。已孤之旅，使悲號而載路，宜慈惠之動懷。彼微類何足以除，況威聲已著于遠。聰明幸察，旨意無他。

一、亡遼人有未發遣。契勘亡遼人在此，遠近有之。其有官人，皆是額外添差，並不令管勾職事。無補州縣，徒費禄廪。自欲發遣，非所占吝。向者發遣，正在擾攘之際，寇盗縱横，塗路艱澀，多遭攘奪，以被殘害；致老幼失所，深可憫憐。一等生靈，更無彼此。只候通和既定，兩境帖然，即資給逐人，安穩發遣。

〔校文〕

親執政柄　「政」，原誤作「攻」，據吴本、錢本、文淵閣本改。

其所妄作　「妄」，硯本誤作「望」。

承差信使　吳本、錢本無「差」字。

故得自闔以外　「故」，硯本誤作「改」。

必治其罪　「治」，硯本誤作「殆」。

古者交兵　「交兵」，吳本、錢本互倒。

彼微類何足以除　「除」，硯本誤作「徐」。

威聲已著于遠　「聲」，硯、吳、錢三本作「名」。

旨意無他　「他」，硯、吳、錢三本誤作「犯」。

塗路艱澀　「艱」，原誤作「姦」，文淵閣本誤作「間」，此據錢本改。

以被殘害　「以」，硯、吳、錢三本作「亦」。

深可憫憐　「可」，錢本作「切」，硯本闕文。「憫憐」，錢本互倒。

兩境帖然　「帖」，硯本作「怗」。

〔考釋〕

案：本篇係回答本書第八十四篇兩路元帥府差官問罪書所附第八十五篇書外聞達事件，故題爲回答書外事件。此文與上篇宋復遣陳謝請和使書同時由王及之等賫去。

（九七）回南宋書

天會四年十月二十日，大金固倫尼伊拉齊貝勒左副元帥致書于大宋皇帝闕下：會驗今年正月十五日誓書，三鎮「比至立了疆界，屯兵已前，于内若有變亂處所，當朝自當應管擒制交送」者。今承來書，「守臣求救，既以忠孝爲言，將士請行，欲展急難之義」，則上所立嚴誓，大宋皇帝自爲渝變。而王雲等至皇子右副元帥軍前所呈事目，稱「奉本朝皇帝口宣，本朝大臣有懷姦之人，致信義有虧」。由此而言，則罪歸於臣下也。豈其事中異端若此之多！因未知所言，孰是可取。

來書云「願以税租之入，增爲歲幣之常」者。且以三鎮之土地人民既割爲我有，其所出租税，必竟何歸？此雖不敏，亦望粗曉，況聰明者乎。

又王雲事目：「今罄竭府庫應副犒軍之用，恐不能如數，實出窘匱。」以此詳味，特謂敝府惟貪犒軍之用。且官兵之所以舉者，蓋行弔伐之義也。尚所見如彼，是知貴朝之不知罪己，而惑之甚也。此中事理，早遣人使入國問罪，日月淹久，猶不回程。幸望高懷，從其弊幅。

微寒届候，善保多福。今因秘書少監李若水等回，專奉書陳謝。

〔校文〕

立了疆界　「疆」，吴本誤作「彊」。

自當應管擒制交送者　「自當應管」，硯、吴、錢三本作「自管應當」。案：據第四十四篇宋少主新立誓書，應作「自當應管」。

欲展急難之義　「義」，硯本、錢本誤作「議」。

所呈事目　「呈」，硯、吴、錢三本誤作「承」。

由此而言　「言」，硯本誤作「信」。

則罪歸於臣下也　「罪歸」，吴本互倒。

豈其事中　錢本「其」誤作「共」。硯、吴、錢三本「事」下有「之」字。

孰是可取　「孰」，硯本、吴本誤作「敦」。

來書云　硯、吴、錢三本「來」字上有「又」字。

願以税租之入　第八十六篇宋復遣使告免割三鎮書「税」作「賦」。

三鎮之土地人民　「土地」，硯、吴、錢三本互倒。

敝府惟貪犒軍之用　「敝」，硯本、錢本誤作「弊」。「軍」，硯、吴、錢三本作「賚」。

且官兵之所以舉者　錢本無「之」字。

而惑之甚也　「甚」，硯、吴、錢三本作「深」。

專奉書陳謝　「陳」，硯、吴、錢三本誤作「承」。

〔考釋〕

（一）案：此書係復本書第八十六篇靖康元年（一一二六）八月宋復遣使告免割三鎮書、及第八十八篇王雲呈覆。

（二）案：文末云「今因秘書少監李若水等回，專奉書陳謝」。案李若水於九月十五日見粘罕於榆次縣軍前。第五日早，若水方欲起言和議，粘罕云：「已作國書」，命左右取到，傳與若水，促令起程（見本書第八十六篇宋復遣使告免割三鎮書考釋二）。則發書之日不應遲至十月，殊不可解。

（三）本篇原列本書第八十六篇靖康元年八月宋復遣使告免割三鎮書後，第八十九篇九月十五日宋宣撫判官書前，兹按時間先後移此。

（九八）李若水狀

大宋河東大金軍前告和副使、徽猷閣學士、朝奉郎、隴西縣開國男、食邑三百户、賜紫金魚袋李若水，准敕再差充河東大金軍前告和副使，與告和使知樞密院事馮澥同行。今月十五日起程，賫奉本國皇帝交割三鎮國書、曉諭三鎮敕榜，及詔路允迪、張邦昌依元約施行文字。竊恐遲滯，若水已兼程先來，差使臣王深、尹宣、蔡松及邱吉、吕青前去軍前報信。伏望令慈，特賜照會施行。

靖康元年十一月日狀。

大宋河東大金軍前告和參議、武翼大夫、武功縣開國男、食邑三百户王履。

大宋河東大金軍前告和副使、徽猷閣學士、朝奉郎、隴西縣開國男、食邑三百户、賜紫金魚袋李若水。

〔校文〕

馮澥　「澥」，硯、吳、錢三本誤作「獬」。

尹宣　「宣」，吴本作「寅」。

十一月日狀　硯、吴、錢三本「狀」字在下文「王履」下。

朝奉郎　「奉」，硯本、錢本誤作「訓」。案：文散官無朝訓郎，本文篇首亦作朝奉郎。

隴西縣　「縣」，硯本、錢本誤作「院」。

賜紫金魚袋李若水　硯、吴、錢三本均脱「賜紫金魚袋」五字。

〔考釋〕

案：會編卷六十三云，「靖康元年（一一二六）十一月十三日甲戌，知樞密院事馮澥、徽猷閣學士李若水充告和使副及同王雲、馬識遠詣粘罕軍前交割三鎮地界」。宋史卷二十三欽宗紀云，「靖康元年十一月丙子（十五日），金人渡河。遣資政殿學士馮澥及李若水使粘罕軍」。本篇李若水狀亦云，「今月十五日起程」。據此，則宋遣馮、李在十一月十五日，應無疑義。又案：會編卷六十三云，「靖康元年十一月十七日戊寅，粘罕遣楊天吉、王汭、撒盧母等十三人持書來議黄河爲界等事」。本書第一九一篇孫覿實録云，「天會四年（一一二六）十一月十七日，遣烏凌噶思謀致書宋少主，二十日次汴都，越一日，入見崇政殿」。宋史卷二十三欽宗紀云，「靖康元年十一月壬午（二十一日），斡離不（英案：應作粘罕）使楊天吉、王汭、勃堇撒離栂來。命耿南仲使斡離不軍，聶昌使粘罕軍，許畫河爲界」。據此，粘罕遣使在馮、李啓行之後，亦無疑義。粘罕遣使所賫之元帥府書（本書第一〇二篇）原列本篇李若水狀之前，兹依時次移置馮、李所賫宋主書之事目（本書第一〇一篇）後。

（九九）馮澥狀

大宋告和河東大金軍前國信使、中大夫、知樞密院事、安西縣開國子、食邑四百户、賜紫金魚袋馮澥。右澥祇承朝命，恭造行臺，輒犯威顔，冀尋信誓。赦既往之不咎，許惟新之是圖，二境兵戈，庶有息肩之漸；兩朝懽好，寧無握手之期？冒昧而來，匍匐以請。澥年當衰邁，位忝樞機。得罪先朝，幾死凶邪之手；受知今聖，誤叨將相之權。常懷欲報之心，遂備告和之役。趨瞻在邇，喜懼交深。謹具狀申大金國相元帥，伏候令旨。

靖康元年十一月日。

大宋告和河東大金軍前國信使、中大夫、知樞密院事、安西縣開國子、食邑四百户、賜紫金魚袋馮澥狀。

〔校文〕

右澥　吴本脱此二字。

寧無握手之期　「寧」，硯、錢二本闕文。

匍匐以請　會編卷六十三靖康元年（一一二六）十一月十三日甲戌載此狀，袁本會編「以」作「而」。

得罪先朝　「先」，會編作「前」。

遂備告和之役　「遂」，硯本、錢本誤作「逐」。「和」，會編作「求」。

伏候令旨　「候」，吴本誤作「惟」。

（一〇〇）宋主書

〔告和，願割三鎮。〕

靖康元年十一月日，大宋皇帝致書大金國相元帥：專馳使介，遠布悃誠。今春大軍俯臨郊甸，尋以上皇傳位之意，引過請和。承大金皇子元帥奉伯大金皇帝「酌中」之命，特修舊好；尋報知大金國相元帥，並令班師。信義之重，比堅金石。於是宗廟再安，生民賴慶，乃割三鎮，以謝德惠。

既而諸州民情愚執，群臣議論二三，往復告求，致淹時月。蓋緣寡昧，失不詳思。誓約之明，豈敢輒易？果煩大軍，來詰兹事，中外震動，不遑寧居。禮既有虧，追悔何及！過而能改，請踐斯言。其三鎮之地，今並依正月所立誓書交割施行。惟冀兩路大軍早回，使趙氏二百年社稷永寧，億萬生靈全其性命。仁恩之大，山海難喻。自此傾誠，萬世不易。上天實臨，百神在列，何敢背違，自取殃禍。

今遣知樞密院事馮澥、徽猷閣學士李若水，充告和使副。緬惟英哲，必爲矜從。寒律方嚴，倍加珍攝。白。

〔校文〕

大金皇子元帥　硯、吴、錢三本「皇」下衍「帝」字。

特修舊好　會編卷六十三靖康元年（一一二六）十一月十三日甲戌載此書，此句作「特許修和」。

並令班師　許本會編、文淵閣本會編作「並各班師」，袁本會編作「並各令班師」。

生民賴慶　「民」，會編作「靈」。「賴」，袁本會編作「共」。

誓約之明　「明」，硯、吴、錢三本作「盟」。

豈敢輒易　「敢」，會編作「應」。

禮既有虧　「既」，會編作「義」。

社稷永寧　「寧」，硯、吴、錢三本作「保」。

全其性命　「全」，袁本會編作「存」。

仁恩之大　「仁」，硯本誤作「人」。

自此傾誠　「誠」，錢本誤作「城」。

百神在列　「神」，硯本、錢本誤作「祚」。

充告和使副　「使副」，原作「副使」，他本皆作「使副」，兹據改。

必爲矜從　「爲」，硯本、錢本誤作「惟」。

倍加珍攝　「攝」，硯、吴、錢及文淵閣四本均作「嗇」。

〔考釋〕

案：本篇及下篇事目即馮澥、李若水所賫國書并事目。

（一〇二）事目

一、今來交割三鎮，並依今年正月誓書，已詔路允迪依應施行。其交地官就差滕茂實。

一、交割三鎮，慮人民堅守，已出敕榜告諭開門。其帥臣守令以下官吏兵民及其家屬財物，并客旅僧道，隨行物色，凡係内地人，依今奉貴朝曉諭發回。更煩詳諭所委官員，如數放行。

一、交割三鎮，諭令開門，若甲兵稍近，即人生疑懼，莫敢便出。須煩令旨移兵近北稍遠，止令貴朝官員好語説諭，即一方安心。兼若擁併而出，顛沛於路，無不受弊。幸不催促，令其收拾，和欸而歸。將來發遣北地官民，敢不如是。

一、北地官民，已委隨處提刑責知，通令佐隨遠近次第，盡數發遣，仍給盤纏，差人防護，至界交割。

一、犒設兩軍金銀。初大軍到城下，庫藏所積，既已罄竭，遂取宗廟祭器及宫中所用應干器物，又搜索民間，雖釵釧之類，亦已銔銷。至如宰相及百官所繫金帶，並括取不遺，然止得昨來已送之數。後來取於遠方州軍，亦是日前耗費略盡。今盡底搜索，止有金二萬五千兩，銀三十萬兩，見續次發遣。自知微細，不足犒設大軍。諒惟特加矜察，貸免所欠，不勝慚怍。

〔校文〕

事目　硯、吴、錢三本無此「事目」標題，其文直接上篇。

帥臣守令　「帥」，硯本、錢本誤作「師」。

客旅僧道　「僧道」，原作「道僧」。下孫傅五狀（第一四二、一四三、一四四、一四八、一四九伍篇）及耆老狀（第一四七篇），凡僧道並提時，均「僧」字列前，兹照彼文例乙轉。

如數放行　錢本作「如欵施行」。硯本、吴本作「和欵施行」。

即人生疑懼　「生」，錢本作「心」，硯本誤作「之」。

即一方安心　「一」，硯、吴、錢三本作「人」。

無不受弊　「弊」，錢本誤作「斃」。

和欵而歸　錢本作「如約而歸」。

通令佐隨遠近次第　錢本無「通」字。「隨」字下原無「遠」字，據錢本補。

犒設兩軍金銀　吴本、錢本「犒設」上衍「犒軍」二字。

既已罄竭　「已」，硯本、錢本作「以」，通。

所用應干器物　硯、吴、錢三本無「所用應干」四字。

耗費略盡　硯本、錢本無「略」字。吴本「略」作「已」。

不足犒設大軍　硯、吴、錢三本無「大軍」二字。

貸免所欠　「欠」，原誤作「次」，他本皆作「欠」，茲據改。

（一〇二）元帥府書

〔以黄河爲界。〕

大金固倫尼伊拉齊貝勒左副元帥致書于大宋皇帝闕下：近日恭依宣旨，遣使問罪。來意雖以委任不當爲辭，然未肯服罪，致領重兵河北、河東兩路齊進。所經州縣軍府，服者撫之，拒者攻之。今月十六日已到澤州界，不住前進。及所遣先鋒，今月十四日已過黄河。不施船械，不由渡口，直涉洪水，諒已洞悉。

載惟大宋屢變盟言，若不以黄河爲界，終不能久。故今議定河北、河東兩路先行收撫。其中或有來自河外者，不拘甚處人民，並許放回；所有見在職官兵卒，並合一例存撫，然念拋鄉之人，亦議定與河外見在兩路未下州府官員兵人，並許放回。請差近上官員前來交割引出，俾見家小，仍服罪訖；一面先具凡所聽命不違國書回示。如或不見依從，稍爲遷延，將恐别招悔咎。

律正凝寒，善祈多福。今差保静軍節度使楊天吉、昭德軍節度使王汭、貝勒色呼美前去，奉書陳達，不宣。

〔校文〕

恭依宣旨　會編卷六十三靖康元年（一一二六）十一月十七日戊寅載此書，「依」作「承」。

來意　「意」，疑爲「書」字之誤。

未肯服罪　「未」，硯、吴、錢三本作「不」。

致領重兵　「領」，原作「令」，據硯、吴、錢三本改。

所經州縣軍府　會編作「所經府州縣鎮」。

今月十六日已到澤州界　「十六日」，原作「初六日」，據硯、吴、錢三本改。「到」，會編作「過」。

不住前進　「住」，原作「往」，據會編改。

及所遣先鋒　會編無「所」字。

已過黄河　「已」字原無，他本及會編皆有，兹據補。「河」字原重，他本及會編皆不重，兹據删。

直涉洪水　袁本會編作「直抵汜水」。

諒已洞悉　「已」，原作「亦」，據文淵閣本及會編改。

載惟大宋屢變盟言　硯本脱「惟」字。

不拘甚處人民　「拘」，硯本、錢本、文淵閣本作「選」。許本會編亦作「選」，注云：「改作論」。

並許放回　吴本及會編脱此四字。

所有見在職官兵卒　硯本、錢本脱此八字，衍「請差近上官員前來」八字。

與河外見在兩路未下州府官員兵人　硯、吴、錢三本及會編「與」作「自」。會編無「河」字。

一面先具　會編無「一面」二字。

稍爲遷延　會編作「稍有延遲」。

〔考釋〕

（一）案：會編卷六十三，「靖康元年（一一二六）十一月十五日丙子，粘罕自河陽渡大河。十一月十七日戊寅，粘罕遣楊天吉、王汭、撒盧母等十三人，持書來議黄河爲界等事」。宋史卷二十三欽宗紀，「靖康元年十一月壬午（二十一日），斡離不使楊天吉、王汭、勃堇撒離栂來」。本書第一九一篇孫覿所撰實録云，「天會四年（一一二六）十一月十六日，大金固倫尼伊拉齊貝勒左副元帥自太原進兵，次澤州。十七日，至高平，遣使烏凌葛思謀致書宋少主，以興師問罪之意，議欲割河爲界，俾分遣大臣詔諭河東北兩路兵民交割；仍先具凡所聽命不違國書還報。烏凌葛思謀即日馳馬上道」。案實録所記金遣使時日與會編同。又據本文，楊天吉等爲粘罕所遣，非斡離不也。欽紀誤。

（二）案：金史卷三太宗紀，「天會四年十一月甲子（初三日），宗翰自太原趨汴。戊辰（初七日），宗翰下威勝軍。乙亥（十四日），克隆德府。庚辰（十九日），克澤州」。

（三）案：本篇原列本書第九十八篇李若水狀前。以馮澥、李若水奉使在前，楊天吉等受命在後，故移置于此。參閲李若水狀考釋。

（一〇三）宋主回書

〔許割黄河爲界。〕

靖康元年十一月二十二日，大宋皇帝致書大金國相元帥：昨自太上皇航海遣使，請求舊地，特承大聖皇帝異恩，委割燕雲兩路。猶爲不足，手詔平山張覺，招納叛亡，由此遂致興師。今春河北路皇子郎君兵馬先至城下，太上皇自省前非，尋行禪位。遣執政以下屢告：爲有再造之恩，割以三鎮酬謝。又蒙國相元帥雖已撫定威勝、隆德、汾澤、高平等處，爲念大義已定，秋毫不犯，亦便班師，止以太原爲界。續承使人蕭仲恭、趙倫等至，報喻恩義。被姦臣邀功，復便聽從，依前附使間諜大金功臣；及舉國動兵以援太原，詔所割州府堅守不從。及承問罪，不勝惶恐。今蒙惠書，兼來使保静軍節度使楊天吉、昭德軍節度使王汭、貝勒色呼美，疏問過惡，皆有事實。每進一語，愧仄愈增。

今日之咎，自知甚明。今准割黄河爲界，貴圖兩朝安便。所有蔡京身亡，王黼、童貫已誅，馬擴不知所在，吴敏涪州安置，李綱夔州安置，張孝純先知太原府，詹度湖南安置，陳遘見知中山。其中有係在遠不知去處，便當根逐，一依來命。今遣門下侍郎耿南仲、同知樞密院事聶昌，賫送詔命，令黄河東北兩路州府軍縣人民悉歸大金。仍依來示，一一專聽從命，不敢依前有違已立信書。今乞早爲班師，以安社稷，至願至懇。白。

今具下項：

蔡京：責授節度副使，昌化軍安置，已死。

童貫：責授節度副使，吉陽軍安置，已誅。

王黼：責授節度副使，衛州安置，已誅。

李綱：責授節度副使，夔州安置。

吴敏：責授節度副使，涪州安置。

馬擴：昨任真定府路廉訪使，今不知存亡。

詹度：湖南安置。

陳遘：見在中山。

張孝純家屬：聞在徐州或南京。

河北、河東兩路州府軍縣人民：河東，聶昌前去交割；河北，耿南仲前去交割。

〔校文〕

宋主回書　原題無「回」字，據吴本補。硯本、錢本闕題。

許割黄河爲界　原題無此題注，據吴本補。

致書大金國相元帥　吴本「書」下有「于」字。

請求舊地　「舊地」，硯、吴、錢三本作「幽燕」。

平山張覺　會編卷六十四靖康元年（一一二六）十一月二十二日癸未載此書，許本會編作「平州張

轂」。

尋行禪位　「位」，硯、吴、錢三本作「禮」。

遣執政以下　「政」，吴本誤作「攻」。

國相元帥　「帥」，原誤作「師」，他本皆作「帥」，兹據改。

雖已撫定威勝隆德汾澤　會編「汾澤」作「澤州」。袁本會編無「已」字。

被姦臣邀功復便聽從依前附使間諜大金功臣及舉國動兵以援太原　此數句袁本會編作「被姦臣反覆舉國動兵以援太原」，許本會編作「被姦人反復舉國動兵以援太原」，文淵閣本會編作「被姦人

誤國動兵以援太原」。

詔所割州府　「所」，硯、吴、錢三本作「新」。

愧仄愈增　「仄」，硯本作「側」。

今准割黄河爲界　會編無「割」字。案：上第一〇二篇金國元帥府書只是要求「以黄河爲界」，並未要求「割黄河爲界」。「以黄河爲界」則河屬共有，「割黄河爲界」則河亦屬金矣。下第一〇四篇宋主與河北河東敕中云，「應黄河見今流行以北州府，並仰開門，歸於大金」。本篇末亦明言河東由聶昌交割，河北由耿南仲交割。可見雙方議定是「以黄河爲界」，非「割黄河爲界」。「割」字當依會編删。題注亦應删「割」字。

貴圖兩朝安便　硯、吴、錢三本「圖」作「國」。許本會編、袁本會編「貴圖」作「實爲」，文淵閣本會編無「爲」字。

先知太原府　「太原府」，守山閣本依吴本改作「太平府」。案：張孝純於太原陷時被金所執，則作「太原府」爲是。會編作「見知太原」。守山閣本誤改，兹據文淵閣本改正。

詹度湖南安置　「湖」，原作「河」，下文亦作「河」，皆誤。兹據文淵閣本及會編改正。會編卷六十三，「靖康元年十一月十三日甲戌，奉聖旨：詹度責授海州團練副使，郴州安置」。郴州屬荆湖南路，故當作「湖南」。

其中有係在遠不知去處　硯本、錢本無「其中」二字，「有」作「又」。硯、吴、錢三本「遠」字下有「及」字。

今遣門下侍郎耿南仲　硯、吴、錢三本脱「門下侍郎耿南仲」七字。

兩路州府軍縣　硯本、錢本無「兩」字。

已立信書　硯、吴、錢三本「已」作「以」。吴本及會編「書」作「誓」。

昨任真定府路廉訪使　「府」，原作「州」，據文淵閣本改。

河北河東兩路州府軍縣人民　吴本脱「府」字，「人民」二字互倒。

耿南仲前去交割　吴本、錢本無「前去」二字。

〔考釋〕

案：會編卷六十三，「靖康元年十一月十七日戊寅，以金人欲割地，令各自陳願使者。陳過庭以主憂臣辱，首請自行。耿南仲以老辭，聶昌以親辭。尋出御批曰：『過庭忠誼可嘉，特免。可差辭免人耿南仲使斡離不河北，聶昌使粘罕河東，日下出門。』」同書卷六十四，「靖康元年十一月二十二日癸未，耿南仲使於粘罕，割河東；聶昌使於斡離不，割河北。并賜河東、河北兩路守臣詔」。案會編此兩條所記互相矛盾。宋史卷二十三欽宗紀云，「靖康元年十一月壬午（二十一日），命耿南仲使斡離不軍，聶昌使粘罕軍，許畫河爲界」。本篇亦云，「河東，聶昌前去交割；河北，耿南仲前去交割」。據此，應以欽紀與會編卷六十三所記爲是，會編卷六十四所記誤。本書下有聶昌説諭河東士民（第一〇五篇），亦可證。宋史卷三五二耿南仲傳云，「以南仲出河東，昌出河北，議割地」。亦誤。

（一〇四）宋主與河北河東敕

敕官吏軍民等：頃者有渝盟約，致大金興師。朕初嗣位，許割三鎮，以酬前恩。偶緣姦臣貽誤，三府不割；又間諜大金功臣，再致興師。使河北、河東之民，父子兄弟，暴骨原野。夙夜以思，罪在朕躬。念欲息生靈鋒鏑之禍，使斯民復見太平，莫若割地以求和，講兩國之好。是用黄河見今流行以北，河北、河東兩路郡邑人民，屬之大金。朕爲民父母，豈忍爲此，蓋不得已。民雖居大金，苟樂其生，猶吾民也，其勿懷顧戀之意。應黄河見今流行以北州府，並仰開門，歸於大金。其州府官員兵人，即依軍前來書，許令放回南地。速依今敕，勿復自疑。故兹示諭，想宜知悉。冬寒，汝等各比好否？遣書指不多及。敕付諸州軍下項：

一、河東路

岢嵐軍　隰州　保德軍　憲州　火山軍　忻州　遼州　太原府

汾州　懷州

寧化軍　平陽府　石州　平定州　絳州

威勝軍　澤州　隆德府　代州

一、河北路

濬州　衛州　相州　磁州　洺州　邢州　趙州　真定府　中

山府　永寧軍　深州　祁州　北平軍　河間府　莫州　安肅軍

順安軍　廣信軍　雄州　保定軍　信安軍　保州　霸州

〔校文〕

敕官吏軍民等　會編卷六十四靖康元年(一一二六)十一月二十二日癸未載此文,此句上有「詔河北河東州軍」七字。

偶緣姦臣貽誤　「貽」,硯、吴、錢三本作「違」,會編作「迷」。

三府不割　「府」，袁本會編、許本會編作「鎮」。

又間諜大金功臣　硯、吴、錢三本及會編均無「諜」字。硯本「間」誤作「聞」。

念欲息生靈鋒鏑之禍　會編「念」作「今」，「靈」作「民」。

是用黄河見今流行以北　硯、吴、錢三本脱「北」字。案下文亦作「黄河見今流行以北」，應有「北」字。袁本會編「用」下有「割」字。

河北河東兩路郡邑人民　「人」，硯本、錢本、文淵閣本作「之」。案下第一〇六篇樞密院告諭兩路指揮云，「黄河以内州府人民」，第一〇七篇元帥府與宋書云，「黄河東北路州府軍縣人民」，均作「人民」。

豈忍爲此　「爲」，吴本及會編作「如」。

民雖居大金　硯、吴、錢三本無「民」字。

應黄河見今流行以北州府　硯本脱「府」字。

速依今敕　錢本、文淵閣本及袁本會編「今」作「令」。許本會編、文淵閣本會編此句均作「速令依敕」。

勿復自疑　「自」，硯、吴、錢三本作「生」。

遣書指不多及　「遣書」，原作「遣意」，據錢本、文淵閣本改。「多及」，硯本二字誤倒。

岢嵐軍　「軍」，吴本、錢本誤作「州」。

隰州　「隰」，硯本誤作「濕」。

火山軍　「軍」，硯、吴、錢三本誤作「府」。

寧化軍　「軍」，硯本、錢本誤作「州」。

絳州　「絳」，原誤作「絛」，吴本誤作「鋒」，兹據硯本、錢本、文淵閣本改。

祁州　「祁」，硯本、吴本誤作「祈」，錢本誤作「析」。

信安軍　原列「保州」下，硯、吴、錢三本均列「保州」上，與下第一〇六篇樞密院告諭兩路指揮合，兹據乙轉。

〔考釋〕

案：此敕會編繫靖康元年十一月二十二日，蓋自彼日復金主書後，即分遣耿、聶二人賫詔，前往河北、河東兩路交割。案本書第一八八篇孫覿所撰實録云，「遣門下侍郎耿南仲、同知樞密院事聶昌，持詔分畫兩河四十四州軍。詔意大抵謂：爲人父母，豈忍爲此，蓋不獲已。苟全汝生，猶吾民也。勿懷顧望」。即指此文。惟據本文實止四十二州軍，與實録所記四十四州軍不符。

（一〇五）聶昌説諭河東士民

昌啓：守土之臣，自合遵奉朝命。令守則守，令棄則棄。今既有敕書令割與大金，何必區區堅守！即今若堅守，則必招大兵攻打殘破；應河南官員軍人、百姓商旅，既不得南還，而土人又不免屠戮之禍，何可遂復舊業耶？況於京城危迫如此，方藉交割以退師，儻若稽緩，豈不誤國大事。今交割兩路：河北則差耿門下，河東則親賫詔書。朝廷危迫之意可知矣。

昨者備坐聖旨約知，通以次出城面議。既不略至城外審驗是非，諭問端的，輒下矢石，引兵出戰，殆非體認朝廷危迫之意。昨晚又遣三輩賫敕書往，又復無報。不知公等意欲何爲！今交割，大帥亦不以城中拒守爲怪，但欲疾速交割，以了國家大事。開門之日，秋毫一無所犯，放官兵商旅南歸。皇天后土，實鑒臨之。幸早爲之所，無復疑慮；若稍遲遲，大兵一至，悔無及矣！

昌舊名山，六月間賜今名，恐公等未知，故以奉聞。古者交兵，使在其間，蓋欲通彼此之情也。昨晚親詣城下，遣使臣賫劄子奉聞，輒下矢石；再遣三介賫敕書去，亦未見還，豈非爲所傷乎？雖他邦遣人，尚不可如此，況本朝皇帝遣一樞密親行，而所差去皆朝廷之人，不知輒固拒何也！請深思之，無貽禍。

〔校文〕

既不得南還　「南」，吴本誤作「有」。

遂復舊業　硯、吴、錢三本均脱「舊」字。

朝廷危迫之意可知矣　「意」，吴本誤作「義」。

備坐聖旨約知　「知」，硯、吴、錢三本誤作「和」。

賫敕書往　「賫」，硯本誤作「稽」。

不知公等意欲何爲　「等」，吴本誤作「意」。

大帥亦不以城中拒守爲怪　「帥」，吴本作「金」，硯本作「師」。

商旅南歸　「商」，錢本誤作「商」。

無復疑慮　硯、吴、錢三本脱「復」字。

若稍遲遲　硯、吴、錢三本不重「遲」字。

通彼此之情　「此」，硯、吴、錢三本作「己」。

再遣三介　硯、吴、錢三本「再」上有「又」字。

亦未見還「未」，錢本作「不」，硯本誤脱。

豈非爲所傷乎硯、錢二本脱「爲」字。

雖他邦遣人硯、吳、錢三本無「雖」字，「邦」作「國」。

〔考釋〕

（一）案：宋史卷三五三聶昌傳：「昌舊名山，帝謂其有周昌抗節之義，乃名之曰昌。京師復戒嚴，拜同知樞密院。會金人再議和，割兩河，須大臣報聘。詔耿南仲及昌往。昌往河東，至絳，絳人閉壁拒之。昌持詔抵城下，縋而登。州鈐轄𪷜衆害昌，抉其目而臠之」。

（二）案：聶昌奉使去河東，至絳當在十一月二十二日以後，原文列第一〇四篇宋主與河北河東敕前，兹爲互易位置。

（一〇六）樞密院告諭兩路指揮

樞密院：勘會昨以大遼失政，興師弔伐。有大宋遣使航海，請割幽燕——元係五代陷于契丹。朝廷方務善鄰，才獲幽燕，即割全地，歸復界至。此乃朝廷有大造于宋也。不料大啓貪心，潛謀不軌，結構平山，禍及宰輔，招納民户，接引叛亡。然朝廷尚存大體，敕戒邊臣：惟索人口之外，一無理辨，亦可謂包容之深也。而彼人猶不悔悟，飾詞隱蔽，譎語百端。反云「本朝幅員萬里，民居散漫，無處根尋」；又於疆埸，多方作過。

去冬宣委元帥府興兵討罪，兩路並進。有皇子右副元帥先到汴城。舊主奔逃，竊行禪位，蓋亦自咎也。新主嗣立，哀乞告和，遂成所請。惟割三鎮，以贖其罪，即時班師。何期誓墨未乾，盟言已變。密敕居民，嬰城堅守；續遣大軍，寇援河東。雖每遭覆敗，尚不知改過。

再奉宣旨，重行弔伐，先以黄河爲界。除兩路前次攻絳州府軍縣外，先遣先鋒軍今月十四日平涉洪波，昔所未聞，非夫獲罪自天，豈有如此之異！蓋亦自作之孽故也。仍遣人使説諭此意。及帥府今月二十七日駐泊永安軍，宋方致書云，「深悔前非，聽命不違」。别差門下侍郎耿南仲、同知樞密院事聶昌，前來交割黄河以内州府人民，並歸朝廷。

再念彼民，以其易主，寧無顧戀之心？然久在薄俗，早不聊生，爾亦共知。況今並許各居舊鄉，一無遷徙，朝廷亦俟元帥府措置了日，厚與存卹。應自前日煩苛科斂重役、諸般巧細、糴買折變、香礬鹽茶之類，凡爾疾苦，候隨處所申到，於民有害，並與蠲除。或有饒利，亦與興舉。亦見太平之日，后雠之異，當使知之。合先告諭，須至指揮。

河北路

濬州　衛州　相州　磁州　洺州　邢州　趙州　真定府　中山府　永寧軍　深州　祁州　北平軍　河間府　莫州　安肅軍　順安軍　廣信軍　雄州　保定軍　信安軍　保州　霸州　永静軍　冀州　恩州　青州

河東路

嵐軍　隰州　保德軍　憲州　火山軍　忻州　遼州　太原府　汾州　懷州　寧化軍　平陽府　石州　平定州　絳州　威勝軍　澤州　隆德府　代州　嵐州　慈州　河陽府　河中府

右下逐處，可照驗，就便及指揮所轄去處，粉壁曉示管内官僚僧道耆壽軍人百姓。比至相次别行措置規畫以來，並仰向化爲業，勿謂早不歸降，别生疑懼。仍比至正官到任，須得自相告諭，各務安堵。兼河内州府人民，應自來驚移在河南者，見於宋國追索，遣回復業。若隨處有逃散户口，亦仰逐旋招集著業。今隨處既歸本朝，宜同風俗，亦仰削去頭髮，短巾左衽。敢有違犯，即是猶懷舊國，當正典刑，不得錯失。付逐處，准此。

天會四年十一月二十九日。

〔校文〕

即割全地　「全」，原作「前」，硯本、錢本、文淵閣本皆作「全」。案：下第一一六篇天會四年(一一二六)閏十一月二十六日與宋主書云「全付燕雲」，第一三一篇天會四年十二月十一日行府告諭兩路撫慰指揮云「即畫全地」，作「全」是，茲據改。

潛謀不軌　「潛」，原作「汚」，他本皆作「潛」，茲據改。

敕戒邊臣　「敕」，吴本誤作「救」。

飾詞隱蔽　「飾」，原作「飭」，據吴、錢、文淵閣三本改。

反云本朝幅員萬里　「反」，硯、吴、錢三本誤作「及」。

新主嗣立　「主」，硯、吴、錢三本作「人」。「立」，吴本作「位」。

續遣大軍　「遣」，吴本誤作「遺」。

寇援河東　「援」，吴本作「攘」。

重行弔伐　「伐」，硯本誤作「代」。

前次攻絳州府軍縣外　「絳」，原誤作「終」，文淵閣本誤作「降」，吴本誤作「絳」，茲據硯本、錢本改。「外」，硯、吴、錢三本皆誤作「州」。

駐泊永安軍　「泊」，吴本誤作「洎」。

宋方致書云　吴本無「云」字。

同知樞密院事　硯、吴、錢三本脱「事」字。

前來交割黄河以内州府人民　「來」，硯本、錢本作「去」。「人民」，原作「民人」，據硯、吴、錢三本乙轉。

厚與存䘏　「存」，吴本誤作「從」。

后雠之異　吴本「雠」作「蘇」。

須至指揮　「指」，硯本、錢本作「旨」。

洺州　「洺」，錢本誤作「洛」。

真定府　「府」，硯本、錢本誤作「州」。

祁州　「祁」，硯、吴、錢三本誤作「祈」。

火山軍　「軍」，硯本、錢本誤作「府」。

忻州　「忻」，硯本、錢本誤作「祈」。

絳州　「絳」，吴本誤作「降」。

指揮所轄去處　「指」，硯本作「旨」。

須得自相告諭　「得」，吴本作「聽」。

應自來驚移在河南者　「在」，硯、吴、錢三本作「自」。

亦仰逐旋招集著業　吴本「業」上有「復」字。

亦仰削去頭髮短巾左袵　「頭」，錢本作「項」，硯本作「頂」。文淵閣本脱此十字。

〔考釋〕

（一）案：本書第一九一篇孫覿所撰實録云，先遣使烏凌噶思謀於十一月「二十六日次河陽，遇元帥，遂引兵而南。河流淺涸，不用船筏，策騎而渡」。文中所謂「平涉洪波，昔所未聞」者，誑語耳。

（二）案：文中謂「駐泊永安軍，宋方致書云：深悔前非，聽命不違」，蓋指本書第一〇三篇靖康元年（一一二六）十一月二十二日宋主回書而言。

（三）案：宋史卷八十六地理志二河北東路有清州而無青州。金史卷二十五地理志中河北東路亦但有清州。青州，宋屬京東路。文中「青州」，當爲「清州」之誤。

（四）案：上篇宋所割州軍實止四十二，本篇增州軍八。河東路增嵐州、慈州、河陽府、河中府；河北路增永静軍、冀州、恩州、青州。共割州軍五十。

（一〇七）元帥府與宋書

〔兵近都城。〕

天會四年閏十一月三日，大金固倫尼伊拉齊貝勒左副元帥、皇子右副元帥，致書于大宋皇帝闕下：近楊天吉等回，特沐華音，准割「黄河東北路州府軍縣人民，悉歸大金，仍依來示，一一專聽從命」者。當府照會訖，深稔美意。見差官同知樞密院事聶昌分路交割去訖。今勘會有數州在河内，而來書不入交割之數；所索官員及家屬，多有漏落。係使人理會不盡，來書亦不見分明，又不言後約。以故兩路重兵，已近都城，期在定一。今差保静軍節度使蕭慶、司農少卿楊貞幹、貝勒色呼美，專往計議所有事宜，並已丁寧口諭前去。幸望依從，以副從命之言。

初陽在律，善履多祺。專奉書陳達，不宣。

〔校文〕

深稔美意　「稔」，硯本、吴本作「認」，錢本作「仞」。

蕭慶　硯、吴、錢三本脱此兩字。案：下第一一一篇天會四年（一一二六）閏十一月十三日與宋主書云「今再差保静軍節度使蕭慶」，即此人也。

楊貞幹　「幹」，吴本誤作「翰」。下第一一一篇與宋主書即作「幹」。

〔考釋〕

（一）案：本書第一九一篇孫覿所撰實録，記金兵「閏十一月二日，駐汴之青城。三日，復遣烏凌噶思謀同借保静軍節度使蕭慶、借司農少卿楊貞幹致書，欲畫河内州郡，并前次使人所索官吏漏落之數，如蔡攸、徐處仁、王安中、李彌大、劉韐、折彦實、折可求、吕仲、王稟，及趙良嗣、蔡靖、高世由、范直方、滕茂實、李嗣本家屬」。本篇所言「所索官員及家屬，多有漏落」，即指此。

（二）案：會編卷六十四，「靖康元年（一一二六）十一月二十五日丙戌，金遊騎先犯京師」。卷六十五，「三十日辛卯，粘罕、斡離不以兵至京城。粘罕兵自河東入，斡離不自河北入。兩路同日至京城下，共約十萬衆」。金史卷六十交聘表上，「天會四年（一一二六）十一月丙戌（二十五日），宗望軍至汴。閏月壬辰朔，宗望敗宋兵於汴城下。癸巳（初二日），宗翰至汴」。金史卷三太宗紀，「天會四年十一月丙寅（初五日），宗望自真定趨汴。丙戌（二十五日），宗望至汴。閏月癸巳（初二日），宗翰至汴」。宋史卷二十三欽宗紀，「靖康元年十一月乙酉（二十四日），斡離不軍至城下。閏月癸巳（初二日），粘罕軍至城下」。案以上宋史、金史記宗望、宗翰會師汴城時日，與孫覿實録所記相合，與金遣使日期及本書發文日期亦相合。會編所記誤差兩日。

（三）案：據本篇内容（索漏落官員）及孫覿實録所記，下第一一一篇與宋主書所附取干戾人劄子應列本篇後，茲爲移置。

（一〇八）取干戾人劄子

童貫（有子師楊、師孔等。）　蔡京　蔡攸　王黼　李綱　李彌大　劉鞈　王安中　馬擴　詹度　陳邁　吴敏　徐處仁　折彦質　折可求　吕仲　張孝純　王稟

已上干戾人數。

滕茂實　范直方　李嗣本　蔡靖　高世由

已上本身或有兄弟在本朝，取家屬圓聚。

趙良嗣（并衆房伯叔兄弟，元係北人。）

折可存（係歸降逃走。）

又右班殿直張觀、東頭供奉官楊忠敏〔自身〕、張謙、張冀，將領長行軍二十餘人，八月内走。〔係忠順軍。〕

〔校文〕

師孔　「孔」，硯、吴、錢三本作「禮」。

折彦質　「質」，原誤作「實」，據文淵閣本改。

王禀　「禀」，硯、吴、錢三本誤作「秉」。

并衆房伯叔兄弟　吴本、錢本「兄弟」二字互倒。

將領長行軍二十餘人　「將」，硯本、錢本作「特」。

〔考釋〕

案：本篇係自下移置于此，見上篇考釋三。

(一〇九)宋主乞免攻城書

靖康元年閏十一月日，大宋皇帝致書于大金國相元帥：比者旌旆遠來，跋涉勞止。嘗通音問，未徹聽聞。念和議之已成，且使華之先辱；再馳微物，用表私衷。幸遂免于攻城，仍早還於歸騎。以示兩朝之信，克成萬世之歡。郊野沍寒，倍希保愛。白。

〔校文〕

宋主乞免攻城書　硯、吴、錢三本標題作「宋書乞免攻城」。

大金國相元帥　吴本「國相」二字誤倒。

且使華之先辱再馳微物用表私衷幸遂免于攻城　吴本脱此「且使」至「攻城」二十字。

〔考釋〕

案：宋史卷二十三欽宗紀，「靖康元年(一一二六)十一月丁丑(十六日)，簽書樞密院事李回，以萬騎防河，衆潰而歸。是日，塞京城門。閏月壬辰朔，金人攻善利門，統制姚仲友禦之。癸巳（初二日），粘罕軍至城下。甲午（初三日），金人攻通津門。乙未（初四日），金人入青城，攻朝陽門。馮澥與金人蕭慶、楊真誥來」。案：楊真誥當即楊貞幹。

（一一〇）又書

靖康元年閏十一月日，大宋皇帝致書于大金國相元帥：比者累因專使布問，想皆呈徹。遠來特承書示，備悉勤誠。伏自今春國相元帥由懷州收兵還北，敦結和好，出於眷厚，極用感藏。繼因闇於聽任，遂生嫌隙。雖自咎悔，已無所追。是以王汭方行，即令馮澥、李若水等如諭交割三鎮。及楊天吉、色呼美與王汭再來，承議畫河，亦便遣同知樞密院事聶昌即日就道，依諭前去。所以每從來意，誠欲休息戰鬥，全保生靈。不謂旌旆當此隆冬，遠至城下。重勤跋涉，深所不遑。載念仁人之心，必能周全，少加矜察，以終前惠。收還兵馬，不使攻城。宗社獲寧，民庶安堵。其爲恩念，何以比諭！感幸之深，言不能叙。初寒在律，倍冀保調。白。

〔校文〕

又書　硯、吴、錢三本此標題作「又」，無「書」字。

致書于大金國相元帥　硯本、錢本、文淵閣本無「于」字。

累因專使布問　「因」，吴本作「日」。

敦結和好　吴本無「敦」字。

出於眷厚　硯本、吴本無「出」字。錢本「出」作「其」。

深所不遑　「遑」，硯、錢二本作「皇」。

何以比諭　「諭」，硯本、文淵閣本作「論」。

〔考釋〕

案：本書第一八八篇孫覿所撰實録云，「烏凌噶思謀七日入見崇政殿致書（英案：即本書第一〇七篇元帥府與宋書）。八日，得旨詣都堂，與三省長官何㮚等集議。報書第言『始割三鎮，即遣馮澥、李若水如約；復議畫河，又遣耿南仲、聶昌分詣』，而會盟不從。九日，陛辭出安上門復命」。據此，本文當係閏十一月八日作。

（一二）與宋主書

天會四年閏十一月十三日，大金固倫尼伊拉齊貝勒左副元帥、皇子右副元帥，致書于大宋皇帝闕下：頃者專使仰期親會，今辱書音，雖云備悉，而使人却稱大宋皇帝有懷疑惑者。其所云躬親出城，豈有他意！但以前後所言，一無誠信，遂有是議，以驗稟從。今既疑惑，肯忍必也。果若聽命不違，據見去人使所諭事宜，並望依前更有事宜，仍遣親信堪議論官同僕射何㮚等，不過此月十五日出城，貴憑約諭。比至結絶以來，別遣上皇、越王、皇子、親弟爲質。

今再差保静軍節度使蕭慶、司農少卿楊貞幹、貝勒色呼美等，專去計議。式當寒律，善保多祺。白。

〔校文〕

頃者專使仰期親會　硯、吴、錢三本「使」下衍「人」字。

並望依前更有事宜　「並望依前」，文淵閣本作「並望依從」；硯、吴、錢三本作「並依從」，無「望」字。

僕射何㮚等　硯、吴、錢三本無「僕射」二字。

貴憑約諭　「諭」，硯本、錢本、文淵閣本作「喻」。

別遣上皇　「遣」，原誤作「遺」，他本皆作「遣」，兹據改。

蕭慶　吴本脱此二字。

〔考釋〕

（一）案：本書第一八八篇孫覿所撰實録謂烏凌噶思謀偕蕭慶、楊貞幹來致書，「欲畫河内州郡，并前次使人所索官吏漏落之數」。「并約少主出城會盟，以示大信」。八日報書，「而會盟不從」。「十四日，又遣烏凌噶思謀致書云：使還，少主以會盟爲疑，可遣右僕射何㮚赴軍前計議；而以上皇、皇弟越王、太子爲質」。本篇所言即指此。惟文首作「十三日」，而實録作「十四日」。蓋十三日爲作書之日，十四日爲使人致書之日也。

（二）案：會編卷六十八靖康元年（一一二六）閏十一月十九日庚戌引宣和録曰，「先是粘罕兵到青城，遣奉使知樞密院事馮澥，引蕃官蕭慶、楊貞（英案：當作楊貞幹，下同）、撒盧母勃極烈來使（英案：此當指本書第一〇七篇閏十一月三日元帥府與宋書）。慶等力陳本朝失信，國相元帥須要與皇帝會盟，方退師。虜使辭去。又數日，蕭慶等再賫粘罕、斡離不書來，堅請皇帝出城會盟；不然則圍城之兵決不解，攻城之具決不退（英案：此殆指本書第一〇九篇宋主乞免攻城書及第一一〇篇又書所言）。閏十一月十四日，粘罕、斡離不復遣蕭慶、楊貞、撒盧母，同李處權等來。使先與儔等相見。曰：「國相元帥、皇子元帥云，皇帝不肯出，莫是疑否？」儔答曰：「亦何所疑，只是事體不順。」慶曰：「國相元帥、皇子元帥來時令慶等奏知皇帝，更不必車駕出城，只要大臣計議，近上親王爲質，便待退兵。如依得書中所言，十五日放慶等回，和議便定。不然，亦不顧慶等三人，一面攻打。若一個軍人登城，更無商量。」遂引見。至殿上即奏曰：「免煩聖駕出城，只㮚出城議事。」㮚色變，上亦不許。宣諭使曰：「待遣大臣馮澥、曹輔前去。」又請上皇、皇帝太子、越王、鄆王爲質。上宣諭曰：「朕爲人之子，豈可以父母爲質。如太子方數歲，如何到得軍前。」撒盧母奏曰：「這事也有商量。如上皇、皇太子不須出去，只詔親王二人出城爲質。」上宣諭曰：「待遣近上皇屬出城。」蕭慶等又奏曰：「議事非何㮚不可。」上降内批付儔等，令再三説諭，本朝宰相只一員，不可闕官。已遣輔臣馮澥、曹輔去。慶等曰：「須得何㮚並親王出城，事便了，兵便退。不然，決定攻城。」楊貞又索干戾人等。儔曰：「皆已竄貶嶺海，不知存亡。」次日，朝廷遣知樞密院事曹輔代宰相，宗室節度使仲温、士詠代親王，出至軍前。粘罕但置酒三行，便遣馮澥等歸，不交一談。自此攻城益急。」

（一一二）宋主遣士説往議事宜書

靖康元年閏十一月日，大宋皇帝致書于大金國相元帥：比者再承來使，備見勤誠；特免會盟，尤佩厚意！國相元帥遂引重兵，方此沍寒，衝冒勤勩，頓師之久，不急攻城，出於寬仁，良用感戢。所諭欲令親信往議事宜，今遣皇伯士説、大臣馮澥前去。載念惠好之厚，更望曲全終始。

冬序方深，倍惟調衛。白。

〔校文〕

宋主遣士説往議事宜書　「士説」，原作「仕詵」，據硯、吴、錢三本改。「事宜書」，硯、吴、錢三本無此三字。

致書于大金國相元帥　硯本、錢本、文淵閣本無「于」字。

皇伯士説　「士説」，原作「仕詵」，據硯、吴、錢三本改。

〔考釋〕

(一)案：宋史卷二十三欽宗紀，「靖康元年(一一二六)閏十一月己酉(十八日)，遣馮澥、曹輔與宗室仲温、士訸(英案：當作士説)使金軍請和」。同書卷三五二曹輔傳，「金人要親王大臣出盟，輔與馮澥出使粘罕軍」。本書第一八八篇孫覿所撰實録云，「以皇伯保順軍節度使開府儀同三司安康郡王士説，同馮澥計議，留何㮚不遣。」

(二)案：據宋史，太宗生九子。第四子爲商王元份，第六子爲鎮王元偓，第八子爲周王元儼。商王房有右監門衛大將軍士旆，安康郡王士説(見宋史卷二三一)。鎮王房有成忠郎士㤟、鎮東軍承宣使仲温(見宋史卷二三三)。周王房有德慶軍節度使仲温(同上卷)。據宋史宗室表無仕訸其人，而仲温有二。孫覿所撰實録明言所遣爲「安康郡王」，則爲「士説」無疑。硯、吴、錢三本作「士説」是，守山閣本作「仕訸」誤。會編卷六十八引宣和録稱「朝廷遣曹輔代宰相，宗室節度使仲温代親王，出至軍前」。既稱「節度使」，則當爲周王房之仲温，而非鎮王房之承宣使仲温矣。

(一一三)士説等充報謝使書

靖康元年閏十一月二十一日，大宋皇帝致書于大金國相元帥：近者專使之還，已有謝懇。遠勤旌旗，久駐郊坰，方此凝寒，匽薄匪易。内深慙灼，良所不遑！至於臨城攻擊頗緩，尤稔來意出於寬仁，極於懷荷。載惟通和之久，德惠已深，更冀始終，便爲解圍，永固歡好。今差皇伯士説、樞密馮澥充報謝使副。祁寒在律，倍冀保調。白。

〔校文〕

士説等充報謝使書　「士説」，原作「仕訹」，據硯、吴、錢三本改。下同。

閏十一月　硯、吴、錢三本脱「閏」字。

致書于大金國相元帥　硯本、錢本、文淵閣本無「于」字。

良所不遑　「遑」，錢本作「皇」。

尤稔來意出於寬仁　「稔」，硯本、吴本作「認」，錢本作「仞」。

德惠已深　「惠」，硯、吴、錢三本作「業」。

祁寒　「祁」，硯、吴、錢三本作「祈」。

〔考釋〕

案：會編卷六十八載，「靖康元年（一一二六）閏十一月十七日戊申，金人使蕭慶同馮澥入城議事。蕭慶入城，請上出城，欲議盟誓。不從。再遣蕭慶來請太上出城，又不從。許宰執親王出城」。據會編卷六十八引宣和録，士説、馮澥等至金軍，粘罕不交一語，即遣之歸。此次爲「報謝」，與前非同日事。下篇云「介使復來，音書薦至」，可證。宋史卷二十三欽宗紀繫士説、馮澥等上次出使於閏十一月十八日（參看上篇考釋一），亦可證。

（一四）回宋主書

〔係差皇叔祖漢東郡王仲温，同知樞密院事曹輔回書。〕

天會四年閏十一月二十二日，大金固倫尼伊拉齊貝勒左副元帥、皇子右副元帥，致書于大宋皇帝闕下：介使復來，音書薦至，詳味再三，徒深披閲。而來使云，一面攻城，遣使有懷疑惑。又云，報謝通和，乞早解圍者。且今之所舉，蓋緣渝約，雖有聽命之言，未有聽命之實。況以議定畫河，特謂誠信；頃差官同去交割，而彼人反謀捉拏。此之無信，甚於去春。遂議出質割城，發送官員，聽命遷都表信，方許通和。人使既回，一無依從，以故曾議進擊。然念貴朝宗社，不忍立墜，且陳器備，聊示攻城之勢。本俟貴朝，必圖悛悔，而任自遷延，其誠安在？必欲保全宗社，永固懽和，曷若並從前諭，表信有實，則所謂解圍之舉，肯延時刻！一諾之言，争忍反覆！如或執迷，決無聽從，敢謂安危之理，灼然驗於臨時。

隆寒紀律，善保多祺。白。

〔校文〕

知樞密院事曹輔　此題注硯、吴、錢三本脱「事」字。「曹輔」，原誤作「曹轉」，據吴本、錢本、文淵閣本改。

乞早解圍者　「早」，硯、吴、錢三本作「好」。

特謂誠信　硯、吴、錢三本脱「誠」字。

頃差官同去交割　「頃」，硯、吴、錢三本作「須」。

貴朝宗社　硯、吴、錢三本脱「貴朝」二字。

而任自遷延其誠安在　吴本作「面自謝和其誅安在」；硯本與吴本同，惟「面」作「而」。錢本作「而自謝和其安在」，「其」下闕文。三本皆有脱誤。

並從前諭　「前」，硯、吴、錢三本作「已」。

所謂解圍之舉　硯、吴、錢三本無「之舉」二字。

争忍反覆　「反」，原誤作「及」，他本皆作「反」，兹據改。

決無聽從　「聽從」，原作「所聽」，據硯本、錢本、文淵閣本改。吴本作「所從」。

隆寒紀律　「紀」，硯、吴、錢三本誤作「犯」。

善保多祺　「善保」，吴本作「倍冀」，硯本、錢本「倍」下闕文。

〔考釋〕

案：宋史卷二十三欽宗紀，「靖康元年（一一二六）十一月閏月辛亥（二十日），金人來議和，要親王出盟。乙卯（二十四日），金人復使劉晏來，趣親王、宰相出盟」。劉晏兩次使宋，本書及金史均無記載，孫覿實録亦不載。

（一一五）宋主差李仔充請命使文字

〔係二十五日城破。〕

差李仔往大金軍前請命。景王杞充使，謝克家副使；李仔副使，係改差。

〔校文〕

係二十五日城破　此題注硯、吴、錢三本脱「城」字。

差李仔往大金軍前請命　「李仔」下原有「充」字，據文淵閣本删。

景王杞　「杞」，錢本誤作「祀」。

謝克家副使　「家」，硯本、吴本誤作「宗」。

〔考釋〕

（一）案：宋史卷二十三欽宗紀，「靖康元年（一一二六）十一月閏月丙辰（二十五日），京城陷」。金史卷三太宗紀，「天會四年（一一二六）十一月閏月丙辰，克汴城」。同書卷七十四宗望傳：「丙辰，克汴州。」同上卷宗翰傳，「丙辰，銀朮可等克汴州。」各書所記城破之日皆與本篇題注相合。

（二）案：會編卷七十，「靖康元年閏十一月二十六日丁巳，城陷，上急召大臣親王侍從，而至者三人，謝克家其首也。因與徒步入小閣中計議。俄頃遣謝克家及景王使軍中請命」。據題注，景王杞等使金軍應在二十五日。

（一一六）與宋主書

〔要近上官員議事。〕

天會四年閏十一月二十六日，大金固倫尼伊拉齊貝勒左副元帥、皇子右副元帥，致書于大宋皇帝闕下：累遣使人，備陳誠懇；緣以執迷，未畫定一。且朝廷全付燕雲，蓋務善鄰；而貴朝不爲厭足，遂招背德，結構逆賊，招納叛亡。此釁隙之所以生也。去春王師到城，哀鳴請和，願畫三鎮，討許和好。又圖不軌，密令堅守，遣兵救援。此釁隙之所以深也。洎再舉問罪，猶執謀計，不肯聽命，遂致事勢及此。尚慮京人驚駭，昨日遣李若水以下使臣入城，以示慰諭。今承遣到景王一行，洞悉悛悟。然聽命事大，專候更遣執政何㮚并近上堪與議事者，共同請命，無以猶迷，禍及平人。專奉書陳達，不宣。白。

〔校文〕

未畫定一　「畫」，硯、吴、錢三本作「盡」。

遂招背德　「招」，硯本、錢本、文淵閣本作「昭」。

遣兵救援　「援」，吴本誤作「緩」。

此釁隙之所以深也　吴本無「隙」字。

遣李若水以下使臣入城　「若水」下原無「以下」二字，據錢本補。吴本、文淵閣本有「下」字，無「以」字。

專候　硯、吴、錢三本作「專俟」。

堪與議事者　硯、吴、錢三本無「者」字。

〔考釋〕

（一）案：會編卷七十載，「靖康元年（一一二六）閏十一月二十六日丁巳，粘罕遣李若水入城」。據本篇，則若水係二十五日城破日進城。景王亦係二十五日發遣。

（二）案：文中謂「昨日遣李若水以下入城」云云，據會編卷七十靖康元年閏十一月二十六日丁巳引遺史、泣血録曰，「李若水初同馮澥奉使留軍中，澥已歸而城陷。館伴見若水説，『景王請命書上猶有御寶，料城中未甚亂。國相教徽猷來，欲令入城』。若水遂同館伴者至城破處，見粘罕、斡離云，『京城已破，可遽歸報皇帝，勿須播遷，五百里内，皆吾兵也。且請處置内事，恐防内亂』。又曰，『可令何相公來議事』」。

（一一七）宋主求哀書

靖康元年閏十一月二十六日，大宋皇帝致書大金國相元帥、皇子元帥：久蒙恩惠，深用感銘；不省過尤，尚煩責數。比者大兵累至城下，危然孤壘，攻擊何難？及已登臨，猶存全愛。方圖請命，更辱使音，特俾安心，仍無後慮。感極垂涕，夫復何言。謹遣右僕射何㮚、濟王栩、中書侍郎陳過庭，求哀懇告，切冀收兵。天雪沍寒，敢祈保嗇，不宣。白。

〔校文〕

致書大金國相元帥皇子元帥　硯、吴、錢三本無「大金國相元帥」六字。案是時粘罕與斡離不分駐兩處，此書與下篇係同日分別致書求哀，此六字殆誤衍。

不省過尤　「省」，文淵閣本誤作「自」，硯本、錢本闕文。

累至城下　「累」，硯本、錢本、文淵閣本作「屢」。

謹遣右僕射何㮚　吴本「遣」下有「使」字。硯、吴、錢三本無「右僕射何㮚」五字。案下第一一八篇宋求再造、第一一九篇宋求哀請命書，亦均謂何㮚使金軍，三本誤脱。

〔考釋〕

（一）案：會編卷七十，「靖康元年閏十一月二十六日丁巳，何㮚奉使於金軍前。何㮚見粘罕。粘罕問之曰：『汝爲宰相，知我提兵將至，何不投拜而乃拒戰，又不能守城，何也？』㮚無以對。又曰：『聞汝勸宋主與我戰者，豈非汝耶？』曰：『然』。粘罕曰：『汝有何學術，與我戰耶？』曰：「㮚無學術，在爲國爲民，當如是耳。』粘罕曰：『我欲洗城，如何？』㮚曰：「率兵洗城，元帥一時之威也；愛民施德，元帥萬世之恩也。』粘罕曰：『相公回奏皇帝，欲請上皇出郊相見，不可辭也。』㮚無辭以對，應命而還」。

（二）案：濟王及中書侍郎陳過庭出使事，會編卷七十繫閏十一月二十七日，而本篇及下篇則與何㮚同日去金軍前。

（一一八）宋求再造

靖康元年閏十一月二十六日，大宋皇帝致書于大金國相元帥軍前：李若水等到，特惠書誨，及傳面諭意指，備悉寬仁，感刻難弭。已依寵諭，遣右僕射何㮚、濟王栩、中書侍郎陳過庭，前去請命。更望再造，保安宗社，愛全生靈，不勝恐懼哀祝之至！

雪候沍寒，倍祈珍嗇，不宣。白。

〔校文〕

大宋皇帝　錢本脱「帝」字。

大金國相元帥　錢本脱「金」字。

面諭意指　硯、吴、錢三本「意指」二字互倒。吴本「指」作「旨」。

保安宗社　「宗社」，吴本作「社稷」。

〔考釋〕

案：遣何㮚、濟王栩使金軍，宋史卷二十三欽宗紀亦繫靖康元年（一一二六）閏十一月二十六日，下第一八八篇孫覿所撰實録則繫二十七日。下篇宋求哀請命書發于二十七日，文中云「比者遣何㮚等奉書」，「何㮚等又未回歸」，則以二十六日奉使爲是。

（一一九）宋求哀請命書

靖康元年閏十一月二十七日，大宋皇帝致書于大金國相元帥、皇子元帥：比者遣何㮚等奉書，想已呈徹。危迫之懇，必蒙矜憫。言念和好之重，出於大德，聽從弗明，以致招釁。遠煩旌旗，深所不遑。然念師徒既登城堞，何㮚、濟王栩等又未回歸，城内人情，惶擾異常，撫諭不定，深憂自致生事，却使不能奉承德意。敢望特加存全，早賜指揮，少駐兵馬，以安人心。所有欲約事目，一一謹即聽從，便當歃血著盟，傳之萬世。其爲大恩，何以方此？謹再遣使御史中丞秦檜、徽猷閣學士朝奉郎李若水、武翼大夫王履，求哀請命。

祁寒應候，冀倍保調，不宣。白。

〔校文〕

致書于大金國相元帥皇子元帥　硯、吴、錢三本「皇子元帥」上衍「大金」二字。硯、錢二本無「于」字。

想已呈徹　「徹」，硯、錢二本作「澈」。

出於大德　「大」，吴本作「恩」，錢本誤作「薄」。

遠煩旌旗　「旗」，錢本、吳本作「騎」。

深所不遑　「遑」，硯本、錢本作「皇」。

然念師徒既登城堞　硯、吳、錢三本「師」字上有「來」字。錢本「來」字上並闕一字。疑原有「今來」二字。

濟王栩　「栩」，硯本、錢本誤作「相」。

又未回歸　「未」，硯、吳、錢三本誤作「來」。

何以方此　硯本、錢本「方」字闕文。

遣使御史中丞　「使」字疑爲「試」字之誤。下第一五六篇秦檜狀乞立趙氏署銜即作「試御史中丞」。

祁寒　「祁」，硯本、錢本誤作「祈」。

〔考釋〕

案：秦檜出使事，宋、金二史及本書中孫覿所撰實録均不見記載。

（一二〇）元帥與宋主書

〔要上皇出質。〕

天會四年閏十一月二十七日，大金固倫尼伊拉齊貝勒左副元帥、皇子右副元帥，致書于大宋皇帝闕下：弊章既報，美問復臻。雖承懇告之言，未副質親之素。再叙悃悰，更煩聽覽。

且重兵才至，屢望會盟。因謂疑惑，乃從高意，惟索上皇已下爲質而已。亦不依應，遂生兵怒，以致攻擊。而一無他辭，但云收兵，其理安在？況事勢及此，宜從初議：早冀上皇與皇子出質；别差近上官員交割已畫定州府軍縣；及比至開門撫定以來，更遣逐州府長官血屬執質。仍使前項逐官親戚，每州各一名，同交割官前去説諭，俾知納土。又一面速送所索官員并家屬。

緬惟照亮，曲認懇誠。專奉書陳達，不宣。白。

〔校文〕

元帥與宋主書　硯、吴、錢三本此標題無「主」字。

弊章既報　「弊」，原作「幣」，據硯本、錢本、文淵閣本改。

爲質而已　吴本脱「而」字。

遂生兵怒　「生」，硯本、錢本作「至」。

以致攻擊　「致」，硯、吴、錢三本作「至」。

已畫定州府軍縣　吴本無「定」字。

及比至開門撫定以來　硯、吴、錢三本「比至」誤作「北望」。吴本脱「及」字。

逐州府長官　「州府」，硯、吴、錢三本互倒。

曲認懇誠　「認」，錢本作「仞」。

（一二）宋主乞上皇不出書

靖康元年閏十一月二十八日，趙桓謹致書于大金國相元帥、皇子元帥：適何㮚等還，伏領書示，及已蒙約軍兵未令下城。再造之恩，何以論報！且蒙恩許免親詣，然欲上皇皇子出郊。今城已破，生死之命，屬在貴朝，又焉敢拒；但父子之間，心所不忍，如何躬詣軍前，求哀請命。如蒙曲賜矜念，更爲望外允從，豈勝至幸！如其不然，自惟菲德，難勝大寶，若蒙更立本宗，但全性命，存留宗廟，保護生靈，區區一身，受賜已厚。豈勝哀祈急迫懇切之至。

冬序嚴寒，倍加珍嗇，不宣。白。

〔校文〕

謹致書于大金國相元帥　硯本、錢本、文淵閣本無「于」字。

且蒙恩許免親詣　「詣」，硯本、錢本誤作「誼」。

父子之間　硯本「子」字闕文。

如何躬詣軍前　文淵閣本「如何」作「何如」。硯本、錢本「躬」字下注云：「一作往」，無「詣」字。文淵閣本「躬詣」作「躬親」，下注云：「一作往。」

曲賜矜念　「念」，吴本作「全」。

更爲望外允從　吴本作「更仰望即行允從」，硯本、錢本作「更爲望行允從」。

豈勝至幸　「勝」，硯本誤作「從」。

自惟菲德　錢本「菲」作「非」。錢本、文淵閣本「德」字下注云：「一作薄。」

但全性命　硯本、錢本、文淵閣本「但」字下注云：「一作俾」，吴本即作「俾」。

冬序嚴寒　吴本「嚴寒」二字互倒。硯本、錢本「序」字下闕文，其下有「嚴」字，無「寒」字。

〔考釋〕

案：會編卷七十，「靖康元年（一一二六）閏十一月二十七日戊午，何㮚回自大金軍前，具道粘罕議和之語，上意稍安。又聞欲邀上皇出城，上曰：『上皇驚憂已病，不可出。必不可辭，朕不惜一往。』㮚曰：『陛下不可不一見之。』乃復遣㮚詣軍前。二十八日己未，何㮚使於軍前，祈請上皇免出郊，且言上出郊之意。粘罕從之」。

（一二三）宋主欲親詣軍前書

靖康元年閏十一月二十九日，趙桓謹致書于大金國相元帥：孫傅等歸，傳來意旨，欲得上皇出郊。切以父子之間，有難言者。今欲親詣軍前，祈哀致謝，謹先遣秦檜馳報。不知當於甚日甚處會見。如蒙賜諭，即當依從。

冬序凝寒，倍冀珍嗇，不宣，白。

〔校文〕

孫傅　「傅」，原誤作「傳」，據硯本、錢本、文淵閣本改。

傳來意旨　硯、吴、錢三本無「意」字。

祈哀致謝　吴本「致」誤作「至」。各本「謝」下均注云：「一作請。」

〔考釋〕

案本書第一八八篇孫覿所撰實録云，「天會四年（一一二六）閏十一月二十九日，又遣皇叔燕王俁、越王偲、皇弟鄆王楷、景王杞、濟王栩、祁王模、莘王植、徐王棣、沂王樗、和王栻、信王榛凡一十一人，請命於元帥而不得見。第遣皇弟四人還諭少主，令速出郊。三十日昧爽，少主素隊出南薰門，大臣、侍從、親王等從者四百人。烏凌噶思謀傳元帥旨迎勞少主畢，遂館伴少主於青城」。會編卷七十，靖康元年（一一二六）閏十一月三十日辛酉引遺史曰，「是日昧爽，有詔大金和議已定，朕以宗廟生靈之故，躬往致謝。咨爾衆庶，無致疑惑。平旦，上擁數騎將出南薰門，何㮚、陳過庭、孫傅等從，曹輔、張叔夜留守彈歷」。

（一二三）送蔡駙馬書

靖康元年閏十一月三十日，趙桓謹致書于大金國相元帥、皇子元帥：近蒙惠書，具見美意，不勝感激。所需姦臣親屬，謹應如命。但以前此誤國，盡竄嶺外，獨有蔡京之子絛，見以除名勒停，緣係駙馬都尉，當時不曾遠竄，今令樞密都承旨王健押送軍前。餘人以方在圍城中，追究未得，更俟續次根尋遺發，不敢少有失信。凝寒在候，倍冀珍嗇，不宣。白。

〔校文〕

謹應如命　吳本作「謹領如令」，錢本作「謹令如命」，硯本作「謹令如今」。三本皆誤。

獨有蔡京之子　硯、吳、錢三本無「有蔡」二字。

根尋遺發　硯、吳、錢三本「遺發」二字互倒。

白　吳本、錢本作「謹白」。

（一二四）宋主告收城上軍文字

先蒙恩許，如親到軍前，即收還城上軍兵。今來既已出郊，更望特賜約束。緣見今城内民人驚疑，慮出城後或生他變。不免再露悃愊，切冀矜從，以副終始保全之意。

〔校文〕

城内民人　硯、吴、錢三本無「人」字。

或生他變　吴本「生」作「出」。

終始保全之意　「終始」，硯本、錢本、文淵閣本作「始終」。

〔考釋〕

案：本篇原列第一二九篇宋告諭合交割州府官吏軍民指揮後、第一三〇篇宋主降表前。據宋史卷二十三欽宗紀，欽宗于閏十一月三十日出城，十二月二日還。文中云「今來既已出郊」，又云「慮出城後或生他變」，則本文當作于閏十一月三十日。兹移置送蔡駙馬書後。

（一二五）宋主降表

臣桓言：伏以今月二十五日，大兵登城，出郊謝罪者，長驅萬里，遠勤問罪之師，全庇一宗，仰戴隆寬之德。感恩念咎，俯極危衷。臣誠惶誠懼，頓首頓首。猥以眇躬，奉承大統，懵不更事，濟以學非；昧於知人，動成過舉。重煩元帥，來攻陋邦。三里之城，已失藩維之守；七廟之祀，幾成煨燼之餘。不圖深仁，曲假殘息。兹蓋伏遇伯大金皇帝乾坤之德甚溥，日月之照無私。不怒之威，既追踪於湯武；好生之德，且儷美於唐虞。弗念一夫之辜，特全萬人之命，宇宙載肅，宗社獲安。文軌既同，永託保存之惠；雲天在望，徒深嚮往之誠。無任瞻天望聖激切屏營之至！謹奉表稱謝以聞。臣桓誠惶誠懼，頓首頓首。謹言。

天會四年十二月日。

〔校文〕

仰戴隆寬之德　「戴」，硯本、錢本作「載」。

感恩念咎　「恩」，原作「深」，本書第一八八篇孫覿所撰實録作「恩」。「恩」、「咎」相對成文，作「恩」

是，兹據改。

來攻陋邦　硯本脱「陋」字。

七廟之祀　「七廟」，原作「九廟」。宋自太祖至哲宗凡七世，下第一三〇篇改定宋主降表作「七廟」，兹據改正。

幾成煨燼之餘　「幾」，原作「當」，下孫覿所撰實録及會編卷七十引宣和録均作「幾」，兹據改。「燼」，原作「爐」，硯、吴、錢、文淵閣四本及會編引宣和録均作「燼」，兹據改。

乾坤之德甚溥　「溥」，吴本誤作「博」，硯本、錢本誤作「慱」。

宗社獲安　下孫覿所撰實録作「宗廟復安」。

永託保存之惠　孫覿實録「存」作「全」。

謹奉表稱謝以聞　吴本脱「謹」字。

〔考釋〕

（一）案：會編卷七十一，「靖康元年（一一二六）十二月一日壬戌，駕在青城。金人遣蕭慶來索降表」。金史卷六十交聘表上，「天會四年（一一二六）閏十一月辛酉（三十日），宋帝詣宗翰、宗望軍。十二月癸亥（初二日），以表降。是日歸於汴城」。金史宗翰、宗望二傳及宋史欽宗紀所記並同。

（二）案：會編卷七十一引宣和録並遺史曰，「上在虜寨，宿郊宫，與二酋尚未相見。遣使議事，索降表。上命孫覿草表，但言請和稱藩而已。使人齎草示粘罕，粘罕以爲未是。使人往來者數四，皆不中，而要四六對屬作降表。覿與吴幵互相推避，不下筆。上曰：『事已至此，當卑辭盡禮，勿計空言。』促使爲之。於是覿、幵與何㮚共草成之。其略曰：『三里之城，遽失藩籬之守；七世之廟，幾爲灰燼之餘。既煩汗馬之勞，敢緩牽羊之請。』又云：『上皇負罪以播遷，微臣捐軀而聽命。』又云：『社稷不隕，宇宙再安。』使人齎草示粘罕，意不可。令其官吏同吴幵、何㮚改易數次。粘罕抹去『大金』二字，止稱『皇帝』。又抹去『大宋皇帝』四字，止稱大金爲皇帝，而不自爲國號。又改『負罪』爲『失德』。又指『宇宙』二字云：『大金亦宇宙也，改爲環海。』上悉從之，至是始定」。案本篇猶有「宇宙」二字，「皇帝」上仍有「大金」二字，顯係降表初稿之一，最後定稿則爲本書第一三〇篇宋主降表。

（一二六）宋主謝書

十二月日，大宋皇帝桓謹致書于大金國相元帥：累日授館，禮意勤厚，亦既覯止，問勞稠重。再造之恩，何以圖報！經夕匽薄之餘，台體優裕。謹遣使人，承問興寢，不宣。白。

〔校文〕

白　硯、吴、錢三本誤脱。

〔考釋〕

案：文中云「累日授館」，明指在青城之日，則此書當發于十二月三日，故移置第一二五篇宋主降表後。

（一二七）左副元帥府請喚回康王

〔據徐夢莘三朝北盟會編袁祖安排印本卷七十一靖康元年十二月三日甲子引泣血録補。〕

既往不咎，故無可言。事至于今，良可驚悖！康王見在河北，可遣一兩人同使命喚回。未審聖意如何？凝寒，伏惟善保壽祺！

骨盧你移賚勃極烈大金左副元帥書上

〔校文〕

同使命喚回　文淵閣本「回」下有「來」字。

骨盧你移賚勃極烈　文淵閣本作「固倫尼伊拉齊貝勒」。

大金左副元帥　「左」字原脱，據文淵閣本補。「左」字上文淵閣本衍「皇子」二字。「大金」二字應在「骨盧你移賚勃極烈」上。

〔考釋〕

(一)案：會編卷六十七，「靖康元年(一一二六)閏十一月十四日，康王同門下侍郎耿南仲起兵於相州」。卷七十，「閏十一月二十七日，秦仔賫蠟書，除康王河北兵馬大元帥」。卷七十一引要盟録，「是時朝廷遣人，每出，金人必搜索蠟書。上乃於曹輔衣襟用礬書詔，以詔康王：『京城將吏士卒失守，幾至宗社傾危，尚賴金人講和，止於割地而已。仰大元帥康王，將天下勤王兵總領分領屯近甸，以伺變難，無得輕動，恐誤國事。四方將帥，亦宜詳此。』」

(二)案：會編卷七十一，「靖康元年十二月三日，金人遣使致書，請喚回康王」。宋史卷二十三欽宗紀，「靖康二年(一一二七)正月壬辰(初二日)，金人趣召康王還」。畢鑑卷九十七宋紀，「靖康二年正月壬辰，金人復趣召康王。遣中書舍人張澂齎詔以行，以前此曹輔往迎，不見王而還故也」。案金人召康王，宋史欽宗紀與會編相差一月。畢鑑定爲兩次，本篇當是會編所記靖康元年十二月三日第一次。

（一一八）二帥索金銀表段犒軍書

〔據徐夢莘三朝北盟會編袁祖安排印本卷七十三靖康元年十二月二十四日乙酉引朝野僉言補。〕

骨盧你移賚勃極列左副元帥、皇子右副元帥，謹致書於大宋皇帝：提師遠涉，惟賴金銀犒設軍兵。近日差官入京城檢視府庫，藏積絹一色約有一千四百萬匹於内，准備取犒賞所須一千萬匹。今承來示，披尋深意，恐似防再索，假以爲辭，於理未安。初破城時，本議縱兵，但緣不忍，以致約束。今欲犒賞諸軍，議定合用金一百萬錠，銀五百萬錠，段子衣絹不限官私，早望依數應副。且見在庫絹雖見有餘，唯取所須之數。金銀段子亦依所須，之外亦必不取。累承示諭金帛豐耗，驗今所諭，似謬前言。且冀亮悉，無多浮辭。專奉書啓達，不宣。謹言。

〔校文〕

皇子右副元帥　此六字原脱，據許本補。

准備取犒賞所須　原無「取」字，據許本補。

今承來示　許本、文淵閣本作「今來承示」。

披尋深意　「披」，原作「搜」，據許本、文淵閣本改。

恐似防再索　許本、文淵閣本作「恐似有妨取索」。

今欲犒賞諸軍　「欲」，許本誤作「於」。

議定合用金一百萬錠　許本、文淵閣本無「用」字。

銀五百萬錠　文淵閣本脱「錠」字。

段子衣絹　「衣絹」下原衍「數」字，據許本删。文淵閣本「衣絹」下衍「不下數」三字。

且見在庫絹雖見有餘　許本、文淵閣本無「且」字，「見在」下衍「府」字。文淵閣本「雖見有餘」作「如見有」。

唯取所須之數　「取」，文淵閣本作「依」。

之外亦必不取　文淵閣本作「此外亦不必取」。

驗今所諭　「諭」字疑爲「積」字之誤。

〔考釋〕

案：宋史卷二十三欽宗紀，「靖康元年（一一二六）十二月甲子（初三日），大索金帛」。本書第一一八篇孫覿所撰實録，「十二月二日，烏凌噶思謀復陪少主入城。始括馬幾萬匹，又出内帑一千萬緡犒軍。惟金銀表段不能副所須。詔開封府尹，自府庫洎臣寮戚里大姓之家，悉皆蒐取，而所得不及百之一」。據此，此書發于十二月二日或三日，殆無可疑。會編卷七十三繫此書于靖康元年十二月二十四日，謂「粘罕、斡離不遣書來索金銀表段犒軍，以書榜示於市」。案閏十一月二十五日汴城已陷，金人當不致遲至一月之後，始索犒軍金帛。孫覿實録所記可證。惟十二月宋庭曾據金人來書榜示，下第一三八篇進士黄時偁上大金二帥書曾引其文，自屬事實，當爲第二次來文催索，與此書非同時事。

（一二九）宋告諭合交割州府官吏軍民指揮

中書侍郎：近者大金元帥統軍親臨，責以失信。京師備禦，曾不踰月，遽爾失守。迺蒙元帥仁恩保全，更不縱兵下城；止欲敦篤舊好，復申前言，交自河以北地界。皇帝車駕出城面會，上表稱臣，宗社再造。惟候逐處州郡撫定了當，方欲斂軍。仍要逐處官員血屬質于軍前；才候交割了當，便即放還。其不在此間者，亦必根刷去訖。更要自來用兵及誤國凡干戾官員；或有死亡，仍取家屬支散人等。今除竄在遠地，差人去取外，駙馬都尉蔡儵尚不能愛惜，已行交割訖。

今據合割州郡，逐一差官各賫詔書，委曲告諭。惟本處官吏軍民被命之日，宜即開門迎受，一一遵稟。所有本土人民，便得安業，獲免兵革之患。其河南官員軍民寄居客旅者，各許歸還，則血屬俱寧，公私無害。在於今日，愛君愛國，明見事變，速令約束，乃爲忠義。且且前此州郡所以未服，蓋欲區區堅守，以效臣節。今者京城既破，即與前日事體不同。且以京師地大人衆，城池固阻，穩若金湯，尚不能保；在爾一郡，豈可拒抗？儻或不從此言，一旦城壁失守，則不免盡遭屠戮之禍，雖悔何追。至如走出，定須追索。仰認皇帝須是交割，必不隱諱，復招已往之悔，即與干戾誤國人等無異。今謹宣布誠悃之意，再三播告。惟本處官吏軍民互相勸諭，上以安國家宗社，下以保父母妻子；無或執迷，自取殘戮。故兹曉諭，各宜體認。又准敕，若係河外有係別路所管州府軍縣，不入今來交割之數者，亦仰一就交割。本所今往河北交割。所有河東路，今差參議官徽猷閣待制張宇，發遣前去交割，亦須照驗遵依施行。

〔校文〕

官吏軍民指揮　硯、吴、錢三本標題無「軍民」二字。

質于軍前　「于」，硯本誤作「子」。

便即放還　「還」，文瀾閣本誤作「遠」，守山閣本以意改。案：硯本、錢本、文淵閣本均作「還」。

更要自來用兵及誤國　「來」，硯、吴、錢三本誤作「日」。

支散人等　硯、吴、錢三本無「人等」二字。

今除竄在遠地差人去取外　錢本無「今」字。硯本、吴本「今」字下衍「皇帝」二字。硯本、錢本「去取」二字互倒。

今據合割州郡　吴本「合」字下有「交」字。硯、吴、錢三本均脱「郡」字。

一一遵稟　「稟」，原作「凛」，據硯、吴、錢三本改。

乃爲忠義　「爲」，硯本誤作「於」。

城池固阻　「固」，硯本誤作「故」，錢本闕文。

仰認皇帝　「認」，錢本作「仞」。

已往之悔　「悔」，吴本作「禍」。

惟本處官吏軍民　「惟」，硯本誤作「推」。

亦仰一就交割　「仰」，吴本誤爲「作」。

本所今往河北　「今」，硯、吴、錢三本誤作「全」。

〔考釋〕

案：會編卷七十二，「靖康元年（一一二六）十二月五日丙寅，差吏部文武官各二十員，隨金人軍往兩河交地，每州各一員。中書侍郎陳過庭爲交地都提舉」。宋史卷二十三欽宗紀，「靖康元年十二月丙寅，遣陳過庭、劉韐使兩河割地。二年正月壬辰（初二日），遣聶昌、耿南仲、陳過庭出割兩河地，民堅守不奉詔。甲午（初四日），詔兩河民出降」。案本文係靖康元年十二月五日所發，非二年正月壬辰遣使所發。

（一三〇）宋主降表

〔係令改定。〕

臣桓言：背恩致討，遠煩汗馬之勞；請命求哀，敢廢牽羊之禮。仰祈蠲貸，俯切凌兢。臣桓誠惶誠懼，頓首頓首。竊以契丹爲鄰，爰構百年之好；大金闢國，更圖萬世之懽。航使旌，絶海嶠之遥；求故地，割燕雲之境。太祖大聖皇帝，特垂大造，許復舊疆。未閲歲時，已渝信誓。方獲版圖於析木，遽連陰賊於平山，結搆大臣，邀回户口。雖違恩義，尚貸罪愆。但追索其人民，猶夸大其土地。致煩帥府，遠抵都畿。上皇引咎以播遷，微臣因時而受禪。懼孤城之失守，割三府以請和；屢致哀鳴，亟蒙矜許。

官軍纔退，信誓又渝；密諭士人，堅守不下，分遣兵將，救援爲名；復間諜於使人，見包藏之異意。遂勞再伐，並興問罪之師；又議畫河，實作疑兵之計。果難逃於英察，卒自取於交攻。尚復嬰城，豈非拒命？怒極將士，齊登三里之城；禍延祖宗，將隳七廟之祀。已蠲銜璧之舉，更叨授館之恩。自知獲罪之深，敢有求生之理？

伏惟皇帝陛下，誕膺駿命，紹履鴻圖。不殺之仁，既追蹤於湯武；好生之德，終儷美於唐虞。所望惠顧大聖肇造之恩，庶以保全弊宋不絶之緒。雖死猶幸，受賜亦多。道里阻修，莫致籲天之請；精誠祈格，徒深就日之思。謹與叔燕王俣、越王偲、弟鄆王楷、景王杞、祁王模、莘王植、徐王棣、沂王樗、和王栻，及宰相百僚、舉國士民僧道耆壽軍人，奉表出郊，望闕待罪以聞。臣桓誠惶誠懼，頓首頓首。謹言。

天會四年十二月日，大宋皇帝臣趙桓上表。

〔校文〕

析木　「析」，吴本、錢本誤爲「折」。

割三府以請和　「請」，吴本作「求」。

復間諜於使人　「間諜」，硯、吴、錢三本作「搆結」。

不殺之仁　「仁」，文瀾閣本原作「神」，守山閣本依吴本改。

不絶之緒　「緒」，硯、錢二本作「序」。

雖死猶幸　「猶幸」，吴本作「無辜」，硯本、錢本作「無幸」。

道里阻修　「里」，硯、吴、錢三本誤作「理」；「阻」，誤作「且」。

精誠祈格　「祈」，硯、吴、錢三本作「所」。

徒深就日之思　「思」，文瀾閣本作「恩」，守山閣本以意改。

祁王模　「祁」，硯、吴、錢三本誤作「祈」。

和王栻　「栻」，錢本誤作「棫」。

臣桓誠惶誠懼　「桓」字原無，據硯本、錢本、文淵閣本補。

〔考釋〕

（一）案：本篇宋主降表係經再四修改後之定稿。其修改經過，參看本書第一二五篇宋主降表考釋二。

（二）案：本書第一八八篇孫覿所撰實録載，閏十一月二十九日，遣諸王請命於元帥，凡十一人。此降表無濟王栩、信王榛二人。

（二三一）行府告諭兩路撫慰指揮

行府：勘會朝廷昨以大遼失政，害及生民，興兵伐罪。收兵將還，大宋遣使航海，願復舊來漢地——係五代所陷。朝廷方務善鄰，才克燕雲，即畫全地，此朝廷有大造于宋。不料天方肇亂，自爲戎首。結構逆賊，謀害宰臣，招納叛亡，邀回民户。朝廷不以爲咎，惟索户口，猶不悛悟；乃云「本朝幅員萬里，民居散漫，難加根究，無計可得」。輒鳩集兇黨，剽劫邊民，侵掠畜産，使不獲安，終然不悟。朝廷雖欲惻隱，莫由獲已，乃命行府興師問罪。去春兵抵汴京，上皇方知深悔，亟行禪位；嗣主求哀，願畫三鎮，復修舊好。無何誓墨未乾，盟言已變。密令堅守，遣兵救援；陰搆使人，潛圖禍亂。遂奉宣旨，重申弔伐。雖許畫河，亦不以實。閏十一月初二日，大兵會於汴都。猶不伏罪，准備攻具，填疊壕道，已踰十餘日。當月二十四日進擊，次日城拔。三十日國主出降，今月初二日降服，上表，望闕稱臣，以奉正朔。

令依元議，差官前去説諭交割河北河東州府軍縣。尚慮所在以早不歸欵爲懼，或飾僞辭，有緩撫定。再念自河之内，天啓洪塹，以限疆埸。昨來大兵所至，其有迎軍納土，循省撫定；其拒命者，或有按以軍法，或有示以寛貸，皆臨時從宜措置，想必共知。今河北河東兩路纔候交割官員至彼説諭，即仰逐旋燒毁樓櫓，具狀納土，開門以待，行府别差官員就去存䘏。應有前日重難徭役科斂，諸般巧細，糴買變折香礬茶鹽之類，凡爾疾苦，並爲蠲除；或有饒利，亦與興舉。今除土人外，元係河南客居官員兵人商旅僧道，欲願去留，並從自意。敢有執迷，稍勞官軍，臨日必無容恕。合行告諭，須議指揮。

右下逐處，可各照驗，就便及轉行所轄去處，粉壁曉示各管士民耆老僧道軍人百姓知悉，不得有違。付逐處，准此。

天會四年十二月十一日。

〔校文〕

行府告諭兩路撫慰指揮　「指揮」，錢本作「旨揮」。

收兵將還　「兵」，硯本、錢本、文淵閣本作「併」。

有大造于宋　硯、吴、錢三本作「始有造於宋」。

天方肇亂　「亂」字下守山閣本、錢本、文淵閣本注云：「一作禍。」硯本、吴本注「禍」誤作「福」。

民居散漫　「民居」，原作「居民」，據硯、吴、錢、文淵閣四本乙正。

輒鳩集兇黨　硯本、錢本、文淵閣本「輒」下有「以」字。

上皇方知深悔亟行禪位　硯本「悔亟」二字誤倒。

重申弔伐　「申」，錢本作「伸」。

雖許畫河　「畫河」，吴本誤作「畫和」。

填疊壕道　「疊」，錢本、吴本誤作「堞」。

次日城拔　「次」，錢本誤作「攻」。拔，吴本作「破」。

初二日　硯本、錢本脱「日」字。

以奉正朔　硯本、錢本誤作「以正正朔」。

以限疆埸　「以」，吴本、錢本誤作「巨」，硯本誤作「臣」。「埸」吴本、文淵閣本誤作「場」。

循省撫定　「循」，硯本、錢本誤作「詢」，吴本誤作「詢」。

至彼説諭　「至」，硯本、錢本誤作「致」。「諭」，吴本誤作「論」。

就去存卹　「卹」，文淵閣本作「息」。

諸般巧細　「巧細」，原作「細巧」，他本皆作「巧細」，兹據乙轉。

糴買變折　「買」，吴本誤作「置」。

香礬茶鹽　硯本誤重「香」字。

或有饒利　硯、吴、錢三本脱「饒」字。

河南客居　「客」，原誤作「容」，他本皆作「客」，兹據改。

欲願去留並從自意　「留」，原作「坐」，據錢本改。吴本此兩句誤作「欲願去並生任從自意」。

各管士民耆老僧道軍人　吴本「士民」作「士人」，「軍人」作「軍民」。

知悉　「悉」，硯本、錢本誤作「委」。

准此　「准」，吴本誤作「隹」。

（一三一）宋主賀行府元日書

天會五年正月一日，大宋皇帝桓謹致書于大金國相元帥：一氣迵通，三陽交泰。惟五兵之既戢，與萬物以皆春。茂對休辰，具膺純嘏。更蘄保毓，藉慰願言，不宣。謹白。

〔校文〕

一氣迵通　「迵」，硯、吴、錢三本作「逮」。

惟五兵之既戢　「惟」，硯本、吴本誤作「推」。

藉慰願言　「藉」，吴本作「忻」，硯本、錢本誤作「毋」。

〔考釋〕

案：會編卷七十四，「靖康二年（一一二七）正月一日辛卯，詔百官僧道出南薰門，赴二酉軍前致賀」。宋史卷二十三欽宗紀，「靖康二年正月辛卯朔，遣濟王栩、景王杞，出賀金軍。」

（一三三）宋主再敕河北河東割地

〔據徐夢莘三朝北盟會編袁祖安排印本卷七十四靖康二年正月四日甲午補。〕

敕某州守臣某：大金元帥府領兵來責失信，欲盡得河北河東，永圖結好。雖即時應許，遣聶昌、耿南仲前去交割，其實念祖宗之地，不可與人。故自大兵臨城，堅守禦敵，終至失守，出城歸欵。所有重兵雖不下城，猶稱只候交割州軍，撫定了當，然後收斂。仍取了應合交州府官員在京血屬爲質，只候撫定了日，放歸團聚。其在外者，亦別作根勾去訖。近刷到知石州种廣家屬送過軍前，稱石州早已歸欵，遣回不用。足知其餘家屬，才候撫定，亦當歸還。

今聞某州堅守未降，足諗勤王保衛社稷，不願屬歸外界。然大軍尚在城下，若迤邐堅守，須至別有施行，則汝之忠勤，反爲社稷之禍。豈如早毁樓櫓，開門出降撫定。除本土人民外，元係河南各官軍民客旅人等，元許放還，則公私各得其所。再念京師城池深固，猶不能保；若汝等不務順從，豈止宗社無所裨益，所在亦必不保，慎毋執迷。

故兹詔諭，想宜知悉。

〔校文〕

永圖結好　「圖」，許本、文淵閣本作「固」。

前去交割　「交割」，文淵閣本作「割交」。

故自大兵臨城　「兵」，許本、文淵閣本作「金」。

只候交割州軍　「候」下許本、文淵閣本有「此」字。「軍」，原作「郡」，據許本、文淵閣本改。

應合交州府官員在京血屬爲質　「交」下原有「付」字，「府」作「縣」，據許本、文淵閣本删改。「爲質」，許本、文淵閣本作「執質」。

只候撫定了日　「只候」原作「才便」，據許本改。文淵閣本作「才候」。

知石州种廣家屬　許本、文淵閣本脱「知」字。許本「种廣」下注云：「一作种廣秩。」

送過軍前　「送過」，原作「遣送」，據許本改。文淵閣本作「送還」。

足諗勤王　「諗」，許本、文淵閣本作「認」。

不願屬歸外界　「屬歸」，許本、文淵閣本作「歸屬」。「外」，原作「分」，據許本、文淵閣本改。

然大軍尚在城下　「然」，原作「但」，據許本、文淵閣本改。

除本土人民外　許本、文淵閣本無「除」字。

元係河南各官軍民客旅人等　「各」，許本、文淵閣本誤作「客」。

元許放還　許本、文淵閣本無「許」字。

不務順從　「順從」，原作「從順」，據許本、文淵閣本乙正。

豈止宗社無所裨益　「豈止」，文淵閣本作「其於」。

〔考釋〕

案：宋史卷二十三欽宗紀：「靖康二年（一一二七）正月甲午（初四日），詔兩河民開門出降」。即此文也。會編及繫年要録亦繫是日。

（一三四）宋主許面議書

天會五年正月日，大宋皇帝桓謹致書于大金國相元帥、皇子元帥：專承使旨，特示書辭，慰懌之情，無以爲喻。金帛已令嚴切根括，接續供納。所有上徽號禮數、冠冕車輅、圖籍印板之類，謹以來日躬往面議。先此布叙，幸賜照亮，不宣。謹白。

〔校文〕

宋主許面議書　「主」，硯、吴、錢三本誤作「言」。

皇子元帥　硯、吴、錢三本「皇子」上衍「大金」二字。

專承使旨　硯本、吴本「旨」下衍「揮」字。

特示書辭　「特」，硯本、錢本誤作「持」。

金帛　「帛」，錢本作「銀」，硯本誤作「皇」。

印板之類　硯、吴、錢三本脱「之」字。

〔考釋〕

（一）案：會編卷七十四，「靖康二年（一一二七）正月八日，何㮚使軍前，懇粘罕乞減金銀表段之數，粘罕不從。既歸，尚書省揭榜示。是時根括金銀益緊，御史臺置歷抄，上自宰執已下未納金銀人姓名，督索開封府、大理寺及四壁根括。所司追呼禁繫枷拷，不可勝計。不以官品高下，例行訊拷枷項。促催者相望於市，人不聊生」。此即文中所謂「金帛已令嚴切根括」也。

（二）案：會編卷七十四，靖康二年正月九日己亥引遺史曰，「金人遣人使來，請上詣軍前，云：農務將興，及徽號事，須當面議定。乃降詔曰：『朕初十日出郊見兩元帥，議徽號，咨爾衆士，各宜知悉。』」十日庚子，又引遺史曰：「上出郊，以皇太子監國，以孫傅爲留守，尚書梅執禮副之」。本書第一八八篇孫覿所撰實録云，「天會五年（一一二七）正月九日，元帥以書約少主議事」。宋史卷二十三欽宗紀，「靖康二年正月庚子（初十日），帝親至軍中，以太子監國」。金史卷六十交聘表上，「天會五年正月庚子，宋帝復至青城」。據上各條，本文當作于正月初九日。翌日出居青城，從此不復返矣。

（一三五）宋進士段光遠上大金元帥書

〔據宋王明清揮麈後録四庫全書文淵閣本卷四補。〕

大宋進士段光遠，謹齋沐裁書百拜獻于大金元帥軍前：僕嘗讀春秋左傳，有曰：「親仁善鄰，國之寶也。」又嘗讀禮記聘義，有曰：「輕財重禮，則民遜矣。」讀至於斯，未嘗不三復斯言，掩卷長嘆。竊謂非聖賢之人，疇能如此？

仰而思之，在昔太祖皇帝，膺天明命，以揖遜受禪，奄有神器，爲天下君。創業垂統，重熙累洽，垂二百年。東漸西被，南洽北暢，薄海内外，悉爲郡縣，殊方絶域，悉爲鄰國，聘問交通，絡繹道路。其間義重禮隆，恩深德渥，方之他國，唯大金皇帝爲然。

比年以來，本朝不幸，姦臣用事，宦官撓權。罔知陳善閉邪而格其非心，罔知獻可替否而引之當道，欺君誤上，蠹國害民，靡所不至。姦臣可罪，庶民可弔。事一至此，則弔民問罪之師有不得已而舉也。

恭惟大金元帥舉問罪之師，施好生之德，念今聖之有道，憫斯民之無辜，斂兵不下，宗社再安，生靈獲全。深厚之惠，若海涵而春育；生成之賜，若天覆而地載。兩國永和，萬姓悦服。夫如是，則親仁善鄰，曷以加於此哉！

特枉鑾輿，爲民請命，重蒙金諾，與國通和。帝謂「髮膚亦所不惜，况於金帛，豈復有辭」。宵旰焦勞，不遑寢食，官户根括，急於星火。竭帑藏之所積，罄貧下之所有，甘心獻納，莫或敢違。雖曠蕩之恩難以論報，而有限之財恐或不敷。久留聖駕，痛切民心。夙夜匪懈，而事君之禮廢於朝；號泣旻天，而痛君之民滿於道。仰望恩慈，再垂矜念，冀聖駕之早還，慰下民之痛切。夫如是，則輕財重禮，曷以加於此哉！

伏念光遠草茅寒士，沐浴膏澤，涵泳聖涯，陰受其私，於兹有年。才踈命薄，報德無階。今兹聖駕蒙塵于外，僕雖至愚，噫嗚泣涕，疾首痛心，甚於庶民。尚幸仰賴元帥再生之恩，若天地無不覆載，於人無所不容，僕是以敢輸忠義激切之誠，干冒威嚴。仰祈垂聽，俯賜矜憐，無任戰懼惶恐哀懇之至。不宣。

〔校文〕

百拜獻于大金元帥軍前　會編卷七十五靖康二年(一一二七)正月十六日丙午載此文，許本會編、文淵閣本會編無「百拜」二字。

春秋左傳　會編作「左氏春秋傳」。

則民遜矣　會編「民」下有「作」字。

讀至於斯未嘗不三復斯言　文淵閣本會編略作「讀至斯言」。

竊謂非聖賢之人　「竊」，原作「切」，「聖賢」，原作「賢聖」，據袁本會編改。許本會編、文淵閣本會編「聖賢之人」作「賢人之儔」。

疇能如此　「疇」，許本會編作「誰」。

悉爲鄰國　「悉」，會編作「皆」。

恩深德渥　會編作「恩德深厚」。

罔知陳善閉邪而格其非心　「罔」，許本會編、文淵閣本會編作「不」。「心」字原無，據會編補。此句與下句相對成文，有「心」字是。

罔知獻可替否　「知」，許本會編、文淵閣本會編作「有」。

欺君誤上　「誤」，會編作「罔」。

姦臣可罪 「罪」，會編作「誅」。

庶民可弔 「庶」，會編作「士」。

有不得已而舉也 袁本會編「舉」字下有「之」字，「也」字下有「哉」字。

恭惟大金元帥 「恭」，原作「共」，兩字本通，爲明晳起見，據會編改爲「恭」。「元帥」，會編作「皇帝」。

斂兵不下 袁本會編「斂」作「按」。許本會編、文淵閣本會編無此四字。

生靈獲全 「獲」，許本會編、文淵閣本會編作「復」。

深厚之惠 「惠」，會編作「德」。

萬姓悅服 「姓」，會編作「民」。

特枉鑾輿 會編作「先時枉駕鑾輿」。

帝謂髮膚亦所不惜 「帝」，會編作「常」。

豈復有辭 許本會編、文淵閣本會編作「豈復辭哉」。

官户根括 「户」，會編作「吏」。

號泣旻天 「旻」，袁本會編作「昊」，許本會編、文淵閣本會編作「呼」。

而痛君之民滿於道 「而」字原無，據袁本會編、文淵閣本會編補，庶與上文相對。

再垂矜念　「矜」，會編作「軫」。

涵泳聖涯　「泳」，會編作「養」。

才疎命薄　「薄」，文淵閣本會編作「蹇」。

甚於庶民　「甚」，原作「其」，據會編改。

若天地無不覆載　會編「天地」下有「之」字。

輸忠義激切之誠　「輸」，會編作「申」。

仰祈垂聽　「祈」，袁本會編、許本會編作「期」。

無任戰懼惶恐哀懇之至　「惶」，原作「皇」，據袁本會編改。許本會編、文淵閣本會編此句省作「無任哀懇」四字。

（一三六）宋太學生汪學海上大金元帥書

〔據徐夢莘三朝北盟會編袁祖安排印本卷七十六靖康二年正月十七日丁未補。〕

太學生汪若海謹披心腹，露情素，獻書於大金元帥：聞之知天者可與論安危之計，不知天者不可與論安危之計。天道甚遠，人心可卜。

往者天將有警於宋，是興燕雲之役以假手於大金。我上皇天命是畏，惕然内禪。於是大金乃戢干戈，乃申盟好。我實懷惠，賂以名都。我寡君朝夕恪懃，奉以忠信，不敢有怠。惟是一二庸臣，輕議淺謀，肆其愚衷，以眩惑我寡君之耳目，是用再辱軍師之臨。

恭惟大金既併契丹，又服我宋，有以見元帥之勇；料敵無遺，百戰百勝，有以見元帥之智；城邑望風，迎刃而解，有以見元帥之威；功振天下，光臨鄰國，有以見元帥之名。破人之城，不恣屠戮，其誰不歸仁？堅上皇之約，成我寡君之孝，其誰不與義？勇智所以行世，而武不可黷；威名所以張國，而勢不可必；仁義所以成德，最獲天人之助。何謂武不可黷？物至則反，冬夏是也；智至則危，累棊是也。是以古之善用兵者，必觀天極究數而止，用能保世以滋大。如或不然，則殺人之父，孤人之子，頭顱相屬，暴於原野，天安得而不厭哉！此所以爲元帥懼也。何謂勢不可必？今元帥之于中國也，有令必行者，有令不能必行者。戰必勝，攻必取者，此令必行也。因號四方曰：「爾無叛」，則令不能必行也。何則？天下者，非一人之天下也。人君不足以自存，匹夫可以成帝業；是使宋不得而事大金，則大金不得有河北也。此所以爲元帥懼也。何謂德獲天人之助？元帥誠能無驕智勇，保守威名，黜攻伐之心，肥仁義之德，則人心知歸，天道必喜。此所以樂爲元帥道也。

然抑嘗聞之：富人之牆壞，其子曰：「不築且有盜。」其鄰人之父亦曰：「不築且有

盜。」暮而果失盜。富人智其子而疑鄰人之父。今某之于大金也，相距數萬里，惟是風馬牛

不相及，則其跡疏于鄰人之父；而元帥左右腹心之臣親於富人之子。某乃飾小說以觸雷

霆之怒，誠不自量。雖然，爲宋人解倒懸之命，而爲大金立不拔之基，事有相當，理有適然

者。

且夫元帥智勇若是，威名若是，大功既立，大效已著，蒼天在上，必不食言。然而區區竊有疑者。寡君越在草莽中，萬姓摧心折肝，號呼叫天，而奉使之言，乃以金帛爲約；如此，則是質寡君以要利也。夫人一日無主則皇皇，三日無主則思亂。元帥則亂之不恤而寡君之不歸，是將大泯其社稷，蔑殺其民人也。順人心以致天討者果若是乎？語曰：「下令如流水之源」，順人心也。元帥亦知人心之所歸乎？

昨南門之下有一老父，年且九十，傴僂扶杖，揮淚而言曰：「我生之初，尚及仁宗；我生之末，乃又遇聖君。」因望行在而顧衆曰：「今上寬仁似仁宗，汝等當以死事。吾老無能也，今日先死，以爲諸君之勸。」城中聞之，不問老小，無不歔欷流涕。皆曰：「有君如此，何忍負之！」人心如此，天意可知。元帥豈不承於天，不和於人哉！

請以兵爲喻。矢之可以射遠貫堅，弩力也；其所以中的剖微，人心也。宋固弱也，人心已戴七世之仁；元帥固强也，而人心未洽大金之政。以河北論之，大金何德之布以懷柔

之，故此河北人未敢承命；若推惠及之，惟官司之所守，其誰敢拒大金之命？元帥捨此之不圖，惟利是要，利聲日播，而大德浸微，河北安所歸哉！河北之地，號爲奥區，兹固不涸之倉，不竭之府。若鎮撫而有之，豈金帛之足云。元帥必欲得河北，則不可得也。

大金與宋爲結歡之本，在於有禮，禮不可無，無禮則脱，此其所以私憂過計，恐宋不得而事大金也。今日宋之存亡，權在元帥。存亡有二，不可不知也。百姓之心，欲在存宋；奸雄之心，利在亡宋。宋存則民得而安，故曰百姓所欲；宋亡則四方蠭起，故曰奸雄所利。

自古取天下者，豈全在於耀兵，而在定名分。今夫天下猶一兔，走則百人逐之，非一兔可以分爲百，名分未定也。賣兔於市，盗不敢取者，由名分之定也。故名分未定，雖以元帥之强，未能有河北；名分已定，雖以宋咫尺之檄，下河北可也。自天地之判，限制内外，夷夏不雜居，兩國不同治。考之前史，可以爲證。而契丹得割全燕而有之，耶律有德于石晉而假中國之力也。使耶律不挾以石晉之命，則天下安知名分之所歸哉！故曰：爲元帥計，莫若親宋。

元帥其無恃甲兵之衆而有無宋之心。宋雖蕞爾縣地四百州，安知無豪傑之士起於中哉？語曰：「天下嗷嗷，新主之資也。」豪傑之起，非元帥之所敵矣。請推明其利害。

夫宋之所以不敵元帥者何也？太平日久，民不識兵。而大金之兵，以軍中爲家，以馬上爲生。而宋自戰其地，咸顧其家，各有所戀，易以奔北。是以元帥驅數萬之衆，可以得志於中原。若豪傑並起，則中國之人亦以軍中爲家，馬上爲生，所在蠭屯蟻聚，名爲報國家之難，實至操戈而逐兔，則元帥能横行於中原乎？某亦知元帥之不能也。當三國鼎峙之時，元帥能横行於中原乎？某亦知元帥之不能也。蓋遊擊者易爲力，而坐守者難爲功。故爲元帥計，莫若按甲休兵，無庸有事於民者，親宋也。宋於顛覆之際，受君之賜，報德萬世，無有窮已。竊恐事出倉猝，元帥捨萬世之德，而起新主之讐也。其爲利害相去萬萬明矣。

某布衣之士，久困太學，匹夫之命甚微，而一身之狥極寡。居此圍城中，非有求於宋君也，又非守城之人骨肉親戚也。然而每念天地之間人爲貴，古人斬一木，殺一獸，猶或不忍，況其俱謂之人而相爲屠戮哉！竊見元帥之行，慕義無窮，是用敢議於軍前。伏惟元帥尚以某之言爲可取，則願少寬文武之怒；如或不然，則願先斬某以狥。

〔校文〕

露情素　「素」，許本作「愫」，通。

城邑望風　「風」，原作「降」，據許本改。

成我寡君之孝　「我」字原無，據許本、文淵閣本補。

今元帥之于中國也　「于」，原誤作「子」，據許本、文淵閣本改。

此令必行也　「此」字原無，據許本、文淵閣本補。

匹夫可以成帝業　「成」，原誤作「承」，據許本、文淵閣本改。

何謂德獲天人之助　「德」上原有「成」字，「獲」上原有「最」字，據許本、文淵閣本删。

肥仁義之德　「肥」，許本作「充」。

三日無主則思亂　「無主」下原有「至旬日無主」五字，據許本、文淵閣本删。

元帥亦知人心之所歸乎　許本「亦」作「未」，「乎」作「耳」。

尚及仁宗　許本「及」下有「知」字。

乃又遇聖君　「又」字原無，據許本補。

以爲諸君之勸　原作「以爲諸公勸」，據許本、文淵閣本改。

元帥豈不承於天不和於人哉　許本「天」字下、「人」字下各有「心」字，「哉」字上有「者」字。

矢之可以射遠貫堅　「可以」，文淵閣本作「不可」。

若推惠及之　「推」字原無，據許本補。

惟官司之所守　「惟」，原誤作「推」，據許本、文淵閣本改。

元帥捨此之不圖　「不」字原無，據許本補。

而大德浸微　許本無「而」字，文淵閣本「浸微」作「無聞」。

則不可得也　「得」字原無，「也」作「矣」，據許本、文淵閣本補改。

大金與宋爲結歡之本　「與」，原作「以」，據許本改。

在於有禮　文淵閣本作「在于待之以禮」。

禮不可無　文淵閣本作「必不可無」。

無禮則脱　文淵閣本無此四字。

此其所以私憂過計　文淵閣本「此」下有「則」字。

未能有河北　「北」下原有「者」字，據許本、文淵閣本删。

下河北可也　「北」下原有「者」字，據許本、文淵閣本删。

各有所戀　「所戀」，原作「懸念」，據許本、文淵閣本改。

所在蠭屯蟻聚　「在」，許本、文淵閣本作「以」。

實至操戈而逐兔　「至操」，原誤作「致摻」，據許本改。「兔」，文淵閣本作「北」。

非有求於宋君也　「求」，原作「事」，據許本改。

元帥尚以某之言爲可取　原作「元帥以德行仁」，據許本改。文淵閣本「元帥」下數字皆脱。

少寛文武之怒　「少」字原無，據許本補。

則願先斬某以狥　文淵閣本無「願」字。

（一三七）太學生徐揆等上金二帥書

〔據宋王明清揮麈後録四庫全書文淵閣本卷四補。〕

太學生徐揆等，謹獻書於大金國相元帥、太子元帥：揆等聞：昔春秋魯宣公十一年，楚子伐陳，欲以爲縣。申叔時諫曰：「諸侯之從者曰：『討有罪也。』今縣陳，是貪其富。以討召諸侯而以貪歸之，無乃不可乎！」王曰：「善哉！吾未之聞也。」乃復封陳。後之君子，莫不多申叔時之善諫，楚子之從諫。千百歲之下，猶且想其風采爲不可及。

昔上皇任用非人，政失厥中，背盟致討，元帥之職也；大兵既臨，都城失守，社稷幾亡而復存，元帥之德也；兵不血刃，市不易廛，生靈幾死而幸免，元帥之仁也。雖楚子存陳之功，未能有過。我宋皇帝以萬乘之尊，兩造轅門，議賞軍之資，加徽號之請，越在草莽，信宿逾邁，國中喁喁，跂望屬車之塵者屢矣。今生民無主，境内騷然，忠義之士，食不下咽。又聞道路之言，以金銀未足，天子未還。揆等竊惑之。蓋金銀之産，不在中國而在深山窮谷之間，四方職貢，歲有常賦。邦財既盡，海内蕭然，帑藏爲之一空，此元帥之所明知也。重以去歲之役，增請和之幣，獻犒賞之資，官吏征求，及於編户，都城之内，雖一妾婦之飾，一器用之微，無不輸之於上，以酬退師之恩也。又自兵興以來，邦國未寧，道路不通，富商大賈絶迹而不造境，京師豪民蓄積素厚者，悉散而之四方矣。間有從宦王畿，仰給於俸禄者，飦粥之外，儲無長資，豈復有金銀之多乎？今雖天子爲質，猶無益於事也。元帥體大金皇帝好生之德，每以赤子塗炭爲念。大兵長驅，直抵中原，未嘗以屠戮爲事，所以愛民者至矣。今元帥有存社稷之德，活生靈之仁，而乃以金銀之故質其君，是猶愛人子弟而辱及其父祖，與不愛奚擇？元帥必不爲也。

昔楚子圍鄭，三日克之。鄭伯肉袒牽羊以迎。左右曰：「不可許。」王曰：「其君能下人，必能信用其民矣。」退三十里而許之平。春秋書之，後世以爲美談。揆等願元帥推惻隱之心，存終始之惠，反其君父，損其元數，班師振旅，緩以時日，使求之四方，然後遣使入獻，則楚子封陳之功不足道也。國中之人，德元帥之仁，豈敢弭忘。

傳曰：「主憂臣辱，主辱臣死。」揆等雖卑賤，輒敢浼死以紓君父之難，唯元帥矜之。

冒瀆臺嚴，不勝恐懼俟命之至！

〔校文〕

徐揆等　會編卷七十六靖康二年(一一二七)正月十七日丁未載此文,無「等」字。據宋史卷四四七徐揆傳,「揆帥諸生扣南薰門,以書抵二酋」,應有「等」字。下同。

謹獻書　會編「謹」下有「再拜」二字。

大金國相元帥　會編無「大」字。

楚子伐陳　「楚子」二字原無,據會編補。

以討召諸侯而以貪歸之　會編删此十字。

無乃不可乎　會編作「其可乎」。

後之君子　許本會編「後之」二字互倒,則「後」字句絶。宋史揆傳作「後世君子」。

昔上皇任用非人政失厥中　此二句揆傳作「本朝失信大國」。

大兵既臨　原作「大肆縱兵」,據會編改。

楚子存陳之功未能有過　「存陳」,原作「入陳」;「有過」,原作「遠過」,均據揆傳改。

跂望屬車之塵者屢矣　「跂」,原作「企」;「之」字原無,據揆傳及會編補正。

食不下咽　「咽」,原作「噎」,據會編改。

竊惑之　「竊」,原作「切」,據揆傳及會編改。

歲有常賦　會編「賦」作「數」。此下有「況上皇在御宿奸擅權奢侈無度蠹耗賦財」十七字。

邦財既盡　會編無此四字。

富商大賈絶迹而不造境　揆傳作「商賈絶迹不來京邑」。

飦粥之外　會編無此四字。

儲無長資　「儲」，袁本會編作「諸」，文淵閣本會編作「皆」。

今雖天子爲質　會編「爲質」作「蒙塵」。此下有「臣庶效力根括私藏徧及貧户猶未足償其數也曩者都城失守民無生全（袁本「生全」作「一生」）之望荷恩湔（袁本作「寬」，文淵閣本作「全」）貸實蒙再造之仁赤子拊心圖報無地況金銀外物豈復有惜乎（袁本作「者」）第恐京邑家藏不足以償犒師之用（「犒師之用」袁本、文淵閣本作「拋降之目」）雖以天子爲質（袁本誤作「御」）」七十九字。

直抵中原　「抵」，會編作「擣」。

今元帥有存社稷之德　「今」，原作「凡」，據袁本會編改。

而乃以金銀之故質其君　「其」字原無，據袁本會編補。

三日克之　「日」，會編作「月」。

春秋書之　「書」，袁本會編、文淵閣本會編作「美」。

緩以時日　「日」，原作「月」，據揆傳改。

使求之四方　「使」，許本會編作「俟」。

然後遣使入獻　「入」，原誤作「人」，據會編改。

浼死　「浼」，會編作「昧」。

冒瀆臺嚴不勝恐懼俟命之至　此十二字原無，據袁本會編、文淵閣本會編補。

〔考釋〕

案：宋史卷四四七徐揆傳，「徐揆，衢州人。遊京師，入太學。靖康元年（一一二六）試開封府進士，爲舉首，未及大比而遭國難。欽宗詣金營不歸，揆帥諸生扣南薰門，以書抵二酋，請車駕還闕。二酋見書，使以馬載揆至軍詰難。揆厲聲抗論，爲所殺。」

（一三八）進士黄時偁上大金二帥書

〔據宋王明清揮麈後録四庫全書文淵閣本卷四補。〕

大宋進士黄時偁，謹齋沐裁書于大金二帥曰：嘗謂良藥苦口利於病，忠言逆耳利於行。若夫樂容悦而憎鯁切，取諛美而捨忠良，雖堯舜無以致治。

時偁淮右寒生，家襲儒業。老父每訓曰：「不在其位，不謀其政，罔可輕言，自取戮辱。」由是鉗口結舌，守分固窮，未嘗敢以片言辯時是非。方今國家艱難，苟有見聞，寧忍甘蹈盲聾之域？非不知身爲宋民，不當以狂妄之辭干冒元帥聰德也；非不知一言忤意，死未塞責也，直欲内報吾君之德，外光二元帥之名，一身九死，又何憾焉。

時偁竊觀我宋，自崇寧以來，姦臣誤國，竊弄威柄者有之；妨公害民者有之；大啓倖門，壅遏言路者有之。所以元帥因之遂有此舉。道君太上皇帝親降詔書，反己痛責，斷自宸衷，乃傳大寶。今皇帝即位未久，適丁國難，以孝行夙彰，天人咸服。今元帥斂兵不下，蓋以此也。

時偁伏覩去年十二月二十三日國書，止爲催督金銀表段，有云：「須索之外，必不重取」，「禮數優異，保無它虞」。奈何都民朝夕思念，燃頂煉臂，延頸跂踵，以望御車之塵也。元帥豈不念天生萬民而立之君以主治之，乃復須索他物，絡繹不絕。參酌以情，雖不足以報再生之萬一；然方册所載，自古及今，未聞有大事既決，反緣細故而延萬乘之君者。證以國書，似非初意，愚竊惑之。念我國家曩昔傷財害民之事，結怨連禍之人，尚可目也，曰内侍伶倫美女是已，曰宮室衣服聲樂是已。今軍前一一須索，唯復謂此悉皆國害，堅欲爲我痛剗其根株耶？亦欲驅挈歸境以爲自奉之樂耶？軍機深密，非愚陋可得而知也。兵法曰：「上賢下不肖，取誠信，去詐僞，禁暴亂，止奢侈。」又曰：「爲彫文刻鏤技巧華飾而傷農事者，必禁之。」願元帥詳覽此章，熟思正論。殺人以挺與刃，無以異也。儻使宿奸復被新寵，是猶禾莠相雜而耕者未耘，膏肓之疾而醫者未悟，則將日漸月稽，習以成風，不害此而害彼，何時已矣。時偶懵不知書，愚不練事，言切而其意甚忠，事雖小而所繫甚大。方議修書，鋪陳管見，未及形言，衆乃自禍。嗚呼！天網恢恢，疎而不漏，老蠹巨惡，難逃覆載之中也。

且如内侍藍訢，醫官周道隆，樂官孟子書，俱爲平昔僥濫渠魁。今取過軍前，坐席未煖，乃忘我宋前日恩寵之優，不思兩國修講和好之始，尚循故態，妄興間諜，稱有金銀在本家窖藏，遂煩元帥怪問。考諸人用心，雖粉骨碎軀，難塞滔天之罪。請試陳之。今爲明降御筆，「根括金銀，以報大金全活生靈之恩，切須盡力，不可惜人情。朕苟可以報大金者，雖髮膚不惜，只是要有盡取」。於是有司累行勸諭，及指爲禁物，稍有隱藏，以軍法從事。其措置根括，非不盡心。上至宗廟器皿，下至細民首飾，罄其所有，欲酬再造。而天子且曰：「朕苟可以報金國者，雖髮膚不惜」，凡爲臣子，固當體國愛君，疋兩以上，盡合送納。藍訢等不務濟朝廷之急，報元帥之恩，輒抵冒典憲，窖藏金銀，慳吝庸逆，無如此之甚者。若使未過軍前，則人人蓄爲私寶，論當時根括指揮，已合誅戮。竊恐逐人昨緣有司根取犒賞，亦嘗囚禁，挾此爲仇，妄意生事，厥罪尤不可赦。愚謂正當擾攘之際，猶敢懷姦罔上，取佞一時，異日安居，爲國患也必矣。亮元帥智周萬物，不待斯言，察見罪狀。文王問太公：「主聽如何？」太公答曰：「勿妄而許，勿逆而拒。」聖人垂教，良有以也。伏望元帥擴乾坤之度，垂日月之明，毋納諛言，以玷大德，將藍訢等先賜行遣，徇首京城。不惟掃蕩宿孽，又可以懲戒後人。

仍願元帥務全兩國之驩，以慰生靈之心，請我鑾輿早還禁御。軍前或有所闕，朝廷亦必不違。書之青史，傳爲盛事，豈不韙歟！

〔校文〕

樂容悦而憎鯁切　「容悦」，原作「軟熟」，會編卷七十八靖康二年（一一二七）二月五日乙丑載此文，許本會編、文淵閣本會編皆作「容悦」，茲據改。

寧忍甘蹈盲聾之域　「寧」，袁本會編作「豈」。

身爲宋民　「宋民」，會編作「宋氏之臣」。

干冒元帥聽德也　會編無「聽德」二字。「德」，疑爲「聽」字之誤。

竊觀我宋　「竊」，原作「切」，據會編改。

所以元帥因之遂有此舉　「所以」，會編作「而」。

反己痛責　「己」，會編作「自」。

斷自宸衷　原作「斷出宸心」，此據會編改。

今皇帝　會編「今」字下有「聖」字。

斂兵不下　「兵」，原作「城」，據袁本會編、許本會編改。

蓋以此也　「以」，原作「爲」，據許本會編、文淵閣本會編改。

止爲催督金銀表段　「止」，原誤作「正」，據會編改。「督」，袁本會編作「責」。

須索之外必不重取　會編作「所須之外亦必不取」。此下尚有「是知元帥行仁義之兵也比者聖駕躬詣軍（袁本作「轅」）門議加徽號幾一月矣（袁本、文淵閣本無「矣」字）遲留未歸詔旨雖曰軍前迎待」三十八字。

都民朝夕思念　「都」，袁本會編作「臣」。

天生萬民　「萬」，會編作「斯」。

雖不足以報再生之萬一　會編無「再生之」三字。

愚竊惑之　「竊」，原作「切」，據會編改。

唯復謂此悉皆國害　「唯」，許本會編作「詎」。

亦欲驅挈歸境　袁本會編「亦欲」作「抑亦」。

兵法曰　「兵」字原脱，據袁本會編、文淵閣本會編補。

日漸月稽　會編作「日漬月浸」。

言切而其意甚忠　「言切」，許本會編、袁本會編作「事雖細」，文淵閣本會編作「事雖切」。

難逃覆載之中也　「難」字下原有「於」字，據會編删。

僥濫渠魁　會編「僥」作「倖」。

前日恩寵之優　「前日」，原作「日前」，據會編乙轉。

在本家窖藏　會編無「本」字。

今焉明降御筆　會編作「昨明降聖旨」。

以報大金全活生靈之恩　「全」字原無，據會編補。

朕苟可以報大金者　「朕」字原無，據袁本會編、文淵閣本會編補。「大金」，會編作「金國」。

只是要有盡取　袁本會編「要有」作「有要」，下有「者」字。

欲酬再造　「欲」，會編作「願」。

朕苟可以報金國者　「苟」字原無，據袁本會編補。

報元帥之恩　「恩」，原作「仁」，據許本會編、文淵閣本會編改。

窖藏金銀　「窖藏」，原作「埋窖」，據袁本會編改。

亦嘗囚禁　會編「亦嘗」作「因被」。

妄意生事　「妄意」，原作「意要」，據許本會編、文淵閣本會編改。

愚謂正當擾攘之際　會編「謂」下有「斯人」二字。

主聽如何　袁本會編、許本會編作「王道如何」，文淵閣本會編作「爲君如何」。

毋納諛言　「言」，原作「情」，據會編改。

務全兩國之驩　「驩」，會編作「好」。

早還禁御　「御」，原作「籞」，據會編改。

朝廷亦必不違　會編作「朝廷亦不違命」。

（一三九）廢國取降詔

敕趙桓：省所上降表，汝與叔燕王俣、越王偲已下宗族及宰臣百僚、舉國士民僧道、耆壽軍人，于十二月二日出郊，望闕稱臣待罪事，具悉。背義，則天地不容，其孰與助？敗盟，則人神共怒，非朕得私。肇自先朝開國，乃父求好，我以誠待，彼以詐欺。浮海之使甚勤，請地之辭尤遜。析木版圖，第求入手；平山僞詔，曾不愧心。罔天罰以自干，忽載書而固犯。肆予纂紹，猶事涵容。迄悛惡以無聞，方謀師而致討。猶聞汝得承位，朕望改圖。如何復循父佶之覆車，靡戒彼遼之禍鑒。雖去歲爲盟于城下，冀今日墮我于畫中。賂河外之三城，既而不與；搆軍前之二使，本以間爲。惟假臣權，不贖父罪，自孽難逭，我伐再張。將臣多激怒之心，戰士增敵愾之勇。息君犯五不韙之罪，喪亦宜乎；晉師有三無報之名，倍猶未也。以是濟河航葦，降汴燎毛，人競覆昏，天莫悔禍。誰肯背城而借一，果聞舉族以出降。既爲待罪之人，自有易姓之事。所有措置條件，並已宣諭元帥府施行。故茲詔示，想宜知悉。

〔校文〕

十二月二日　吳本脱「二」字。

背義則天地不容其孰與助敗盟則人神共怒非朕得私　吳本作「背義則天地不容敗盟則神人共怒其續與助非朕得私」。硯本「孰」亦誤作「續」。

先朝開國　硯、吳、錢三本「朝」作「廟」，「國」誤作「圖」。

析木版圖　「析」，硯、吳、錢三本誤作「折」。

天罰　吳本作「天討」。

載書　「載」，吴本誤作「再」。

猶事涵容　「事」，硯、吴、錢三本作「至」。

汝得承位　「得承」，硯、吴、錢三本作「承得」。

賂河外之三城　硯本「之」字闕文。

自孽難逭　「孽」，原作「業」，據錢本、文淵閣本改。

將臣多激怒之心　硯、吴、錢三本作「將臣激怒貳之心」。

息君犯五不韙之罪　「君」，吴、錢二本作「軍」。案：左傳隱公十一年云，「息師大敗而還。君子是以知息之將亡也。不度德，不量力，不親親，不徵辭，不察有罪。犯五不韙而以伐人，其喪師也，不亦宜乎」！據左傳文，作「君」是，作「軍」非。

晉師有三無報之名　「師」，硯、吴、錢三本作「帥」。「名」，吴、錢二本作「心」，硯本作「心名」。案：左傳僖公十五年云，「晉侯逆秦師，使韓簡視師。復曰：『師少於我，鬬士倍我。』公曰：『何故？』對曰：『出因其資，入用其寵，饑食其粟，三施而無報，是以來也。今又擊之，我怠秦奮，倍猶未也。』」據左傳文，作「師」是，作「帥」非。「名」字與「心」字兩通，然「名」字與上句「罪」字相對成文，當以作「名」爲是。硯本蓋衍「心」字。

降汴燎毛　硯、錢二本無「降」字，「燎」作「如」。吴本此句作「克汴如毛」。

天莫悔禍　「禍」，硯、吴、錢三本作「過」。

誰肯背城而借一　錢本脱「誰」字，硯本「借」誤作「惜」。

詔示　吴本作「示諭」。

〔考釋〕

案：會編卷七十八，「靖康二年（一一二七）二月六日丙寅，駕在青城。金人變議，遣内翰吴幵、學士莫儔，賫金人文字入城」。又引宣和録曰，「是日晚，金人遣吴幵、莫儔持金人文字入城。孫傅數人讀訖，號絶欲死」。又引中興遺史曰，「初，城陷之始，上出郊。粘罕索上具降表，遣人馳往其國，至是復回，持到金國詔書。粘罕令吴幵、莫儔傳金國回文入城，惟用事孫傅、王時雍、徐秉哲、范瓊輩知之。仍共相密議，發遣龍德、寧德兩宫，又后妃親王駙馬之屬，未敢使軍民通知」。金史卷三太宗紀，「天會五年（一一二七）正月癸巳（初三日），宗翰、宗望使使以宋降表上。二月丙寅（初六日），詔降宋二帝爲庶人」。同書卷六十交聘表上，「二月丁卯（初七日），宋上皇至青城。是月，降宋二帝爲庶人」。本書第一八八篇孫覿實録，「二月六日，出大金皇帝所降詔，廢宋，少主素服望闕伏拜受詔。元帥即遣左丞馮澥、樞密曹輔入侍廢帝，大臣何㮚以下悉散從軍中」。

（一四〇）行府下前宋宰執舉一人

元帥府：近以宋主降表申奏，今回降聖旨劄子：「先皇帝有大造于宋，而宋人悖德，故去年有問罪之師。乃因嗣子遣使軍前，哀鳴祈請，遂許自新。既而不改前非，變渝迷執，是致再討，猶敢抗師。洎官兵力擊，京城摧破，方申待罪之禮。況追尋載書：『有違斯約，子孫不紹，社稷傾危。』父子所盟，其實如一。今既伏罪，宜從誓約。宋之舊封，頗亦廣袤，既爲我有，理宜混一。然念師行，止爲弔伐，本非貪土，宜別擇賢人，立爲藩屏，以王兹土。其汴京人民願隨主遷居者，聽。

右所降聖旨在前。今請到宋宰執文武百官洎京寮，一面共請上皇并已下后妃兒女及諸親王公主之屬出京，仍勾集在京僧道耆壽軍人百姓，遵依聖旨，共議薦舉堪爲人主者一人。不限名位高卑，惟道德隆懋，有大勳業，素爲衆所推服，長於治民者，雖乏衆善，有一于此，亦合舉薦。當依聖旨，備禮册命。趙氏宗人，不預此議。一應宋之百司，並事新君。其國俟得姓氏，隨册建號；所都之地，臨日共議。

天會五年二月六日。

〔校文〕

不改前非　「非」，硯、吴、錢三本作「迹」。

方申待罪之禮　「禮」，原作「理」，據硯本、錢本、文淵閣本改。

父子所盟　「所」，錢本作「敗」。

宜從誓約　「宜」，硯本誤作「既」。

然念師行　「師行」，硯、吴、錢三本作「所舉」。

止爲弔伐　「爲」，硯、吴、錢三本作「在」。

立爲藩屏　硯、錢二本脱「立」字。

其汴京人民願隨主遷居者聽　「願」，原誤作「許」，據錢本改。硯本脱「聽」字。

洎京寮一面共請上皇并已下后妃兒女及諸親王　「并」字原無，據硯本、吴本補。錢本「洎」誤作「泊」，並脱「京寮」至「親王」十九字。

惟道德隆懋　「惟」，硯、吴、錢三本作「所貴」二字。

有大勳業　吴本「勳業」下有「耆舊」二字，硯本、錢本「耆舊」作「者舊」。

素爲衆所推服　硯、吴、錢三本無「所」字。

長於治民者　「長」，硯、吴、錢三本作「閑」。

當依聖旨　硯本、錢本脱「當依」二字。

一應宋之百司　硯本、錢本、文淵閣本無「一」字。

俟得姓氏　硯、吴、錢三本作「候得姓名」。

二月六日　吴本「六」上有「初」字。硯本、錢本「日」上闕文。

〔考釋〕

（一）案：宋史卷二十三欽宗紀：「靖康二年（一一二七）二月辛酉朔，帝在青城。丙寅（初六日），金人塹南薰門路，人心大恐。已而金人令推立異姓」。

（二）案：本書第一八八篇孫覿實録：「二月六日薄晚，元帥傳諭廢帝，親筆召太上皇、太上皇后、妃嬪、帝姬以下，悉詣軍前。翌日，太上皇、太上皇后鄭氏出城，元帥使烏凌噶思謀出迎，且辨奸詐。即引入與廢帝同館。未幾，諸王嬪御以下畢至，親王二十八人，帝姬一十五人，皇太子一人，諸王男女一十六人」。

（一四一）宋主批付留守孫傅

〔據徐夢莘三朝北盟會編袁祖安排印本卷七十八靖康二年二月六日丙寅引僞楚録補。〕

今月六日大金詔書，以屢失盟誓，别立異姓。仍依宣旨，專候上皇以下后妃諸王公主以次内族出京，俾令團聚。自惟失信，故當如此。猶許舊地别立賢人，其爲百姓之幸非細。今因元帥差人賫文字入城，附此誠意，幸爲曉然，早請上皇已下舉族出城，諸事並從元帥指揮，方是長計。無拘舊分，妄爲禍亂，速招連累。

〔校文〕

内族出京　「内族」，原作「日放」，據許本、文淵閣本改。

其爲百姓之幸非細　「百」，原作「萬」，據許本、文淵閣本改。

附此誠意　「誠」，許本作「諭」。

幸爲曉然　「然」，許本作「示」。

〔考釋〕

案：文中謂「今因元帥差人賫文字入城，附此誠意」，則此書係二月六日吴幵、莫儔同時賫去。

（一四二）孫傅等狀乞復立廢主

〔第一狀。〕

文武百寮軍民僧道耆老、中大夫同知樞密院事孫傅等：今月六日亥時，准元帥府公文一道，備到大金皇帝聖旨指揮事。傅等聞命震越，義當即死。然念世被本朝恩德，至深至厚。嗣君親政，纔及朞年，恭倹憂勤，無所不至。若遽蒙廢絶，實非臣子所敢聞知。輒復忍死須臾，冒陳悲痛激切之辭，仰干台聽。伏望垂天地再造之恩，畢始終保全之賜。傅等誓當捐軀碎首，圖報萬分。謹具畫一下項：

一、太上皇以下不敢有違令旨，見已起發赴軍前，同伸懇告之誠，乞垂矜憫。

一、嗣君自即位以來，修德勤政，並無虧失。惟是失信一事，上累譴訶。蓋緣親政之初，偶爲謀臣所誤，繼已盡行竄責。兼檢會上皇昨違大金信誓，亦係童貫、李良嗣、王黼等妄起事端，並行處斬了當。以此顯見嗣君悔悟前失，非有他心。伏望台慈，特賜矜察。

一、嗣君自在東宫，即有德譽，著聞中外。比及即位，臣民歸仰。今感戴保全，恩德至厚，若蒙終惠，未加廢絶，尚可以歲修臣事之儀。如抛降金銀表段之數，雖目下未能敷足，將來下外路取索，分歲貢納，實爲大金永遠無窮之利。若一旦廢棄，遂同匹夫，縱有報恩之心，何緣自效？

一、伏詳來旨，令别選賢人，以主兹土；許汴都人民，隨主遷居。具見仁慈，存恤備至。竊惟臣民愛戴，罔有二心；兼據今中外異姓，實未有堪充選舉者。若倉卒册立，四方必不服從，緣此兵連禍結，卒無休息之期，恐非所以上副元帥愛惜生靈之本意。

一、今日之事，生之殺之，予之奪之，全在元帥。雖大金皇帝詔書有廢立之意，然將在軍，君命有所不受，則閫外之事，元帥固可專行。如前項所陳，事理明白，更望台慈特霽威怒，終賜保全。

一、汴京城内兩經根括取索，公私各已罄竭，顯見將來難以立國。乞候班師之後，退守偏方，以備屏藩。如蒙大恩特許，嗣君已廢復立，所有稱呼位號，一聽指揮。

右件如前，謹具申國相元帥、皇子元帥。伏望特加矜憫，早賜允從，伏候台旨。

天會五年二月七日，文武百寮軍民僧道耆老、中大夫同知樞密院事孫傅等狀。

〔校文〕

孫傅等狀乞復立廢主　「傅」，原誤作「傳」，以下各篇同誤，兹據錢本一律改正。

聞命震越　會編卷七十九靖康二年（一一二七）二月七日丁卯引僞楚録載此文，許本會編「越」字作「駭」，文淵閣本會編作「仆」。

嗣君親政　「親」，原作「新」，他本皆作「親」，兹據改。

忍死須臾　「忍」，硯本、吴本誤作「認」。

畢始終保全之賜　「畢」，硯本、錢本作「冀」。「始終」，硯本、錢本、文淵閣本作「終始」。

圖報萬分　「分」，硯本、錢本作「方」。

見已起發赴軍前　吴本無「已」字。

同伸懇告之誠乞垂矜憫　吴本無「之誠乞垂矜憫」六字。

修德勤政　吴本作「日修德政」，袁本會編作「政修德備」。

惟是失信一事　硯本、錢本無「是」字、「一」字。

偶爲謀臣所誤　吴本無「偶」字，硯本「爲」誤作「謂」。

繼已盡行竄責　硯本、錢本作「繼已重竄」。許本會編「繼」作「既」。

上皇昨違大金信誓　「金」，文瀾閣本原作「遼」，守山閣本依吴本改。

以此顯見嗣君悔悟前失　「以此顯見」，吴本作「如此顯是」。

伏望台慈特賜矜察　吴本無此八字。

即有德譽　硯本、錢本「德譽」二字互倒。

比及即位　「及」，硯、吴、錢三本作「既」。

恩德至厚　「至」，硯、錢二本作「已」。

目下　「目」，吴本作「日」。

下外路取索　袁本會編、許本會編「下」字下有「令」字。

永遠無窮之利　「遠」，硯、錢二本作「久」。

若一旦廢棄　吴本「一旦」下有「遽行」二字。

遂同匹夫　「匹」，硯本誤作「配」。

令别選賢人　「選」，吴本作「擇」。

以主茲土　「主」，硯本、錢本、文淵閣本作「王」。

汴都人民　「都」，硯本、錢本、文淵閣本作「京」。

具見仁慈　硯本、錢本「仁慈」二字互倒。

存恤備至　「備」，吴本及會編作「之」。

竊惟臣民愛戴罔有二心　「竊」，原作「不」，據錢本改，硯本誤作「下」。吴本無此十字。案：此處上下文意曖昧，疑「愛戴」下脱「嗣君」二字。

兼據今中外異姓　吴本無「兼」字。

若倉卒册立　硯本、錢本無「若」字。

恐非所以上副元帥愛惜生靈之本意　「恐」字原無，據硯本、錢本、文淵閣本補。「副」，硯本、錢本誤作「嗣」。

大金皇帝詔書有廢立之意　吴本無「書」、「之」、「意」三字。

終賜保全　「賜」，吴本作「始」。

以備屏藩　「屏藩」，硯、吴、錢三本互倒。

〔考釋〕

（一）案：會編卷七十九，「靖康二年（一一二七）二月七日丁卯，同知樞密院孫傅及文武僧道耆老等畫一狀赴軍前」。

（二）案：宋史卷三五三孫傅傳，「靖康二年（一一二七）正月，欽宗詣金帥營，以傅輔太子留守。帝兼旬不返，傅屢貽書請之。及廢立檄至，傅大慟曰：『苟立異姓，吾當死之。』金人來索太上、帝后、諸王、妃主，傅留太子不遣，密謀匿之民間。越五日，無肯承其事者。傅曰：『吾爲太子傅，當同生死。金人雖不吾索，吾當與之俱行，求見二酋，面責之，庶或萬一可濟。』遂以留守事付王時雍，而從太子出至南薰門。金守門者曰：『所欲得太子，留守何預？』傅曰：『我，宋之大臣，太子傅也，當死從。』是夕宿門下。明日，金人召之去。明年二月，死於朔廷」。

(一四三)孫傅等狀乞立趙氏

〔第二狀。〕

文武百寮軍民僧道耆老、中大夫同知樞密院事孫傅等。右傅等伏覩皇帝詔書，宜別擇賢人，立爲屏藩，許令士庶共議。以此見皇帝恩被生靈之意，聖德甚厚。然傅等竊見國主自在東宫，恭儉著聞，若欲選擇賢人，必無出其右者。兼本朝自太祖皇帝以來，累世並無失德；惟太上皇聽信姦臣，及國主年幼新立，爲大臣所誤，以致違盟失信，上干國典。伏望國相元帥、皇子元帥，察傅等前狀，許其自新，號稱屏藩，復立社稷；容其遷避，以責後效。

再念趙氏祖宗德澤，在民未泯，或未允從前懇，亦望特賜哀憫，許於國主子弟中擇一賢者立之；或不欲立上皇諸子，則乞於神宗皇帝二子選擇建立，使長得北面，永爲屏藩。非惟不滅趙氏之祚，亦使一國生靈蒙被恩德，永有攸歸。傅等不勝激切懇禱之至！謹具狀申國相元帥、皇子元帥，伏候台旨。

天會五年二月七日，文武百寮軍民僧道耆老、中大夫同知樞密院事孫傅等狀。

〔校文〕

立爲屏藩　「屏藩」，吴本、錢本、文淵閣本作「藩屏」。

以此見皇帝恩被生靈之意　硯本脱「帝」字。「恩」字原無，據硯本、錢本、文淵閣本補。

自在東宫　硯本脱「在」字，錢本「在」作「處」。

若欲選擇賢人　會編卷七十九靖康二年（一一二七）二月七日丁卯載此狀，「欲」作「願」。

國主年幼新立爲大臣所誤以致違盟失信上干國典伏望國相元帥　硯本、錢本脱「新立」至「伏望」十九字。

號稱屏藩　「屏藩」，硯、吴、錢三本作「藩屏」。袁本會編此四字作「降號稱藩」，許本會編、文淵閣本會編無此四字。

容其遷避　袁本會編作「容其退避」，許本會編、文淵閣本會編作「容少退避」。

亦望特賜哀憫　吴本無「亦」字。

或不欲立上皇諸子　會編「欲」作「願」，「諸」作「之」。則乞於神宗皇帝二子選擇建立　錢本「二」作「之」。會編無「則」字，「子」字下有「中」字。

永爲屏藩　「屏藩」，硯、吴、錢三本作「藩屏」。

非惟不滅趙氏之祚　「祚」，原作「祖」，他本皆作「祚」，兹據改。

永有攸歸　許本會編、文淵閣本會編作「永爲與國」，袁本會編作「永爲依歸」。

伏候台旨　「候」，硯、吴、錢三本誤作「惟」。

二月七日　「七」，硯、錢二本誤作「十」。

（一四四）孫傅以下告立趙氏狀

〔第三狀。〕

文武百寮軍民僧道耆老、中大夫同知樞密院事孫傅等。右傅等准元帥府再遣翰林承旨吴幵前來指揮選立賢人。傅等竊以本國前日將相，多是上皇時用事誤國之人；自嗣君即位以來，所任宰相，亦繼以罪竄，將帥率皆敗亡之餘；其他臣寮，類皆碌碌無聞。此元帥府之所備知，豈敢蔽賢，不以上聞。若舉於草澤之間，亦非聞望素著，人心必不歸向，孰肯推戴？兼趙氏祖宗德澤在人，至深至厚，若別立他姓，城中立生變亂，非所以稱皇帝及元帥愛惜生靈之意。若自元帥府特賜選立趙氏一人，不惟恩德有歸，城中以及方外即便安帖。或天命改卜，歷數有歸，即非本國臣民所敢預議。乞自元帥府推擇賢人，永爲屏藩。傅第不勝痛切隕越惶懼之至！謹具狀申國相元帥、皇子元帥，伏候台旨。

天會五年二月八日，文武百寮軍民僧道耆老、中大夫同知樞密院事孫傅等狀。

〔校文〕

翰林承旨吴幵前來　硯本「幵」誤作「并」。會編卷七十九靖康二年（一一二七）二月八日戊辰載此狀，無「吴幵」二字。

指揮選立賢人　會編「選」作「擇」，「賢人」下有「事」字。

傅等　硯、吴、錢三本脱「等」字。

將帥率皆敗亡之餘　硯、吴、錢三本「帥」誤作「相」。「敗」，原作「叛」，會編作「敗」，本書第一四六篇帥府再下舉人、第一七四篇行府告諭亡宋諸路立楚文字引孫傅狀亦均作「敗」，兹據改。

類皆碌碌無聞　會編「類」作「悉」，「無聞」下有「之徒」二字。

此元帥府之所備知　「之所」二字原無，會編及行府告諭亡宋諸路立楚文字均有「之所」二字，兹據補。

若別立他姓　「他」，會編作「異」。

城中立生變亂　硯本、錢本、文淵閣本「城」上有「即」字。硯本「生」字脱文。錢本「生」作「致」。

及元帥愛惜生靈之意　錢本「元帥」下有「府」字。

方外　吴本作「外方」。案：行府告諭亡宋諸路立楚文字作「方外」。

即便安帖　會編「即」作「立」。

屏藩　硯、吴、錢三本作「藩屏」。

伏候台旨　硯、吴二本脱「伏候」二字。

〔考釋〕

案：會編卷七十九，「靖康二年二月八日戊辰，吴幵、莫儔自軍前賫文字前來，催推戴狀」。

（一四五）孫傅等乞留皇太子監國狀

中大夫同知樞密院事孫傅等。右傅等准元帥府遣翰林承旨吴幵來問皇太子起發事。緣自本國主往軍前議事，止是皇太子監國鎮撫。今來若便起發出門，城中軍民必至變亂。

兼以具擇立事申稟元帥府，候定議指揮到日起發次。謹具申元帥府。謹狀。

天會五年二月八日，中大夫同知樞密院事孫傅等狀。

〔校文〕

孫傅等乞留皇太子監國狀　硯、吴、錢三本均脱此十一字標題。

今來若便起發出門　「便」字原無，他本皆有，兹據補。

（一四六）帥府再下舉人

據文武百寮軍民僧道耆老、中大夫孫樞密等狀申，事已洞悉。右元帥府竊稔朝廷所以必廢趙氏者，豈徒然哉？蓋以不守盟誓，不務聽命，爲罪之極也。非天命改卜，豈有陸梁如此之甚者！皇上猶以寬度釋其罪負，别立賢人而已，真所謂伐罪弔民之大義也。聖諭丁寧，而輒言及趙氏，雖不忘舊君，其違命之罪亦已深矣！以後不宜更復如此。

又狀申：「前日將相多是罪廢敗亡之餘，其他臣寮類皆碌碌無聞，若舉於草澤之中，孰肯推戴者。」天之運數既有其衰，亦必有繼興者。若言敗亡之世，必無可繼，則三王之後，迄至于今，安有君臣之道，人倫之序？何不詳道理之深也。再請恭依已降聖旨，早舉堪爲人主者一人，當依已去劄子施行。如或必欲元帥府推擇，緣會驗在軍皆係河北漢兒，若舉北人，即與混一無異，實違已降聖旨。若欲推擇南人，其見在軍前南官，亦樞密等之所共知也。未審果有可舉者否。若有所舉，則請具姓名見示，亦與依應。惟不許何㮚、李若水預於此議。如或京内及外俱難自舉，仍請諸官各叙名銜，速具管依元帥府所舉推戴狀申。

天會五年二月八日。

〔校文〕

竊稔朝廷所以必廢趙氏者　「稔」，硯本、吴本作「認」，錢本作「謂」。吴本無「者」字。

豈有陸梁如此之甚者　「者」，硯、吴、錢三本作「也」。

猶以寬度釋其罪負　吴本無「以」字。

伐罪弔民之大義也　「也」字原無，據硯、吴、錢三本補。

雖不忘舊君　硯、錢二本無「君」字。吴本作「雖不忘其舊」。

其違命之罪　吴本無「其」字。

又狀申前日將相多是罪廢敗亡之餘　硯、吴、錢三本「罪廢敗亡」作「罷敗罪亡」。會編卷七十九靖康二年（一一二七）二月八日戊辰載此文，此兩句作「元帥府看詳孫傅狀將相多是罪廢敗亡之徒」。

其他臣寮類皆碌碌無聞　會編無「其他」二字，「無聞」下有「之輩」二字。

天之運數既有其衰　吴、錢二本作「夫運數既有其衰」，會編作「夫運數既衰」。

必無可繼　「繼」，硯本、錢本誤作「既」。

緣會驗在軍皆係河北漢兒　「係」，原誤作「依」，他本皆作「係」，茲據改。會編無「會驗」二字，「軍」下有「前」字，「河北」作「北地」。

若舉北人　「北」，原作「一」，據吴本及會編改。

若欲推擇南人　「若」字原無，據會編補。

見在軍前南官　「前」字原無，據吴本及會編補。

亦樞密等之所共知也　「等」，原作「院」，據會編改。

若有所舉　硯、吴、錢三本作「若果有」，袁本會編作「若有可舉」。

則請具姓名見示　「則」字原無，據硯、吴、錢三本補。「具」，吴本誤作「其」。

京內及外　許本會編作「京城內外」，袁本會編作「京內外」。

各叙名銜　「叙」，會編作「具」。

速具管依元帥府所舉「府」字原無，據文淵閣本補。

二月八日　錢本「八」字闕文。

（一四七）軍民耆老等狀乞立趙氏

汴京軍民僧道耆老郭鐸等。右鐸等伏聞二元帥公文，備奉大金皇帝聖旨指揮，欲令選賢人以主茲土。鐸等聞命震驚，罔知所措！竊惟元帥擁弔民伐罪之師，行應天順人之道。既破京城，斂兵不下，全活在城生靈，雖湯武仁義之兵，未易過此。念今上自處東宫，至即帝位，恭儉修德，中外悦懷。止緣踐位之初，未熟政事，輔弼非人，有失大信，致獲罪于大金皇帝。然今上雖失大信，其於天下萬姓略無過失，士民歸嚮久矣。若遽見廢絶，别位異姓，不惟異姓中不見有德之人，誠恐庶民皇皇，無所統一，姦雄僭竊，殺戮無辜。如此，則非所以上副大金皇帝及元帥愛惜生靈之意也。伏望二元帥垂天地再造之恩，全始終生成之賜，復立今上，以主茲土，世修享貢，以報洪恩。則今上感戴之誠，何時而敢忘也！

如元帥府必欲以失信廢之，即今太子監國，自當承嗣。如更不欲立之，乞於親王中選擇賢者，以承大位。庶使太祖太宗二百年基業不絶，人心嚮慕，實天下蒼生之幸。

今若別立異姓，設或倉卒之間選擇非人，蹈前車已覆之轍，不免再軫大金皇帝聖慮，而民復墜于塗炭也。鐸等情動于中，義不得辭，仰冒威嚴，無任叩頭泣血俯伏俟命之至！謹賫狀詣善利門投獻，伏望元帥府俯垂鑒察。謹狀。

靖康二年二月八日，汴京軍民僧道耆老郭鐸等狀。

〔校文〕

軍民僧道　吴本「僧道」在「軍民」前。硯本、錢本「民僧」二字誤倒。

備奉大金皇帝聖旨　「奉」，硯本、錢本作「坐」。

欲令選賢人以主茲土　文淵閣本「選」下有「擇」字。硯本、錢本、文淵閣本「主」作「王」。

罔知所措　「措」，硯、錢二本誤作「指」。

雖湯武仁義之兵未易過此　硯本闕「武」字。硯本、錢本無「此」字。吴本「此」作「也」。

念今上自處東宫　硯、吴、錢三本無「念」字。硯本、錢本、文淵閣本「東」作「春」。

中外悦懷　「懷」，會編卷七十九靖康二年（一一二七）二月八日戊辰引要盟録載此狀，「懷」字作「服」。

致獲罪于大金皇帝　「帝」下原有「也」字，茲據會編删。

然今上雖失大信　袁本會編、許本會編「今」作「念」，無「大」字。

若遽見廢絶　袁本會編作「今若遽見棄絶」，許本會編、文淵閣本會編作「今遽見棄絶」。

不惟異姓中　「異」，硯本誤作「冀」。

庶民皇皇　「庶民」，會編作「民心」。「皇皇」，吴本作「惶惶」。

復立今上以主茲土　「主」，硯本、錢本作「王」。

世修享貢　硯、吴、錢三本無「世」字。硯本「享貢」誤作「敦貴」。

則今上感戴之誠何時而敢忘也　「則」字、「敢」字原無，據會編補。

如元帥府必欲以失信廢之　會編無「府」字，「廢之」作「爲罪」。

即今太子監國自當承嗣　「監國」，文瀾閣本作「長立」，守山閣本依吴本改。會編此兩句作「則監國嗣子實惟其人」，袁本會編「其人」下尚有「他人俱不足當此」七字。

如更不欲立之乞於親王中選擇賢者以承大位　錢本、吴本「大」作「嗣」。會編此數句作「如或未可即肅王景王温淳忠義俱有賢德國人共知選擇賢者以承嗣位」。

蒼生之幸　硯、吴、錢三本「幸」下有「也」字。

而民復墜於塗炭也　硯、吴、錢三本「復」誤作「傷」。

義不得辭　會編「得」作「可」。

俯伏俟命 「俟」，硯、吴、錢三本作「望」。

二月八日 硯本、錢本「八」字闕文。

（一四八）孫傅等狀乞立趙氏

〔第四狀。〕

文武百寮軍民僧道耆老、中大夫同知樞密院事孫傅等。今月初八日，准元帥府劄子節文，「再請恭依已降聖旨，早舉堪爲人主者一人；如或京内及外俱難自舉，仍請諸官各叙名銜，速具管依元帥府所舉推戴狀申」。右傅等竊詳本國趙氏祖宗，德澤深厚，在人日久，累於前狀瀝懇哀告。今來渝盟失信，既止是上皇與前主，其子及支屬並不干預，尚冀恩造，更賜詳擇，庶得中外帖服，不至生事。若不容傅等死請，必欲選擇異姓，自中及外，委無其人；兼實難於自舉。伏乞元帥府選擇，敢不一聽台命。傅等無任哀痛惶懼隕越之至！謹具狀申國相元帥、皇子元帥，伏候台旨。

天會五年二月九日，文武百寮軍民僧道耆老、中大夫同知樞密院事孫傅等狀。

〔校文〕

孫傅等狀乞立趙氏　吴本、錢本此標題無「狀」字。

初八日　文瀾閣本作「初九日」，守山閣本依吴本改，與第一四六篇帥府再下舉人合。硯本、錢本誤作「十九日」。

速具管依元帥府所舉推戴狀申　「府」字原無，他本皆有，兹據補。

竊詳本國趙氏祖宗德澤深厚　會編卷七十九靖康二年（一一二七）二月九日己巳載此狀。袁本會編、許本會編「詳」作「惟」，文淵閣本會編作「念」。三本均無「深厚」二字。

今來渝盟失信　「來」，硯本誤作「未」。

既止是上皇與前主　會編無「既」字。

尚冀恩造　「尚」，硯本誤作「向」。

更賜詳擇　「擇」，會編作「酌」。

中外帖服　「服」，會編作「然」。

選擇異姓　「選」，會編作「推」。

傅等無任哀痛　吴本脱「傅等無任哀痛」至篇末共五十九字。

二月九日　文瀾閣本作「二月十日」，守山閣本依靖康紀聞改。案：會編亦繫此狀于二月九日，作

「九日」是。

文武百寮軍民　「百」，原作「官」，據硯本、錢本、文淵閣本改。硯本、錢本脱「軍民」二字。

（一四九）孫傅狀乞立趙氏

〔第五狀。〕

文武百官軍民僧道耆老、中大夫同知樞密院事孫傅等。前已累申元帥府，乞軫恤趙氏，存全社稷，許國主歸國，降號稱藩，永事大國；或就立監國嗣子，以從人望；或選趙氏近屬，使本國生靈有主，中外帖安，以全大國弔伐之義。傅等今在南薰門拜泣俟命，無任哀痛惶懼隕越之至！謹具狀申元帥府，伏候台旨。

天會五年二月十日，中大夫同知樞密院事孫傅等狀。

〔校文〕

前已累申元帥府　會編卷七十九靖康二年（一一二七）二月十日庚午載此狀，「前」字上有「右」字。

中外帖安　「帖」，原誤作「帖」，據吴本改。

無任哀痛惶懼隕越之至　會編此句作「不勝哀懇痛切之至」。

謹具狀申元帥府伏候台旨

吴本及許本會編均脱「元帥府伏候台旨」七字。

〔考釋〕

（一）案：此篇硯本、錢本、文淵閣本、文瀾閣本均脱，吴本與下第一五〇篇又狀倒置，守山閣本依靖康紀聞補正。

（二）案：本書第一五二篇復下汴舉人云，「孫樞密等今月初七日、八日、十日三次狀五道」，則孫傅等第五狀在十日無疑。

（一五〇）又狀

右傅等，除已與百官父老具狀申大金元帥府外，尚有不盡之意，不敢自隱，今更忍死泣血，上干台聽。伏以前主皇帝違犯盟約，既已屈服；服而舍之，存亡繼絶，唯在元帥。不然，則有監國皇太子，自前主恭命出郊以來，鎮撫軍民，上下帖然，或許就立，以從人望。若不容傅等伸臣子之情，則望賜矜憫，念趙氏祖宗並無失德，内外親賢，皆可擇立。若必擇立異姓，天下之人，必不服從；四方英雄，必至雲擾，百姓塗炭，卒未得安。傅等自知此言罪在不赦，然念有宋自祖宗以來，德澤在人，於今九世，天下之人，雖匹夫匹婦，未忍忘之；況傅等世食君禄，方主辱臣死之時，上爲宗社，下爲生靈，苟有可言，不敢逃死。伏望台慈，更賜矜察。傅等無任哀懇痛切惶懼隕越之至！謹具申元帥府。謹狀。

天會五年二月十日，中大夫同知樞密院事孫傅等狀。

〔校文〕

又狀　此標題硯、錢、文淵閣、文瀾閣諸本均作「孫傅狀乞立趙氏」，守山閣本依吴本改。

除已與百官父老具狀　硯、吴、錢三本「官」作「寮」。會編卷七十九靖康二年(一一二七)二月九日載此狀，「百官」下有「父老」二字，靖康紀聞同，兹據補。

申大金元帥府外　吴本無「外」字。

尚有不盡之意　會編「不」作「未」。

不敢自隱　會編「隱」作「默」。

今更忍死泣血　會編「泣」作「瀝」。

既已屈服服而舍之　硯、吴、錢三本不重「服」字。案：「服而舍之」爲左傳文，分見隱公十一年、僖公十五年。就文論，以重「服」字爲宜。

若不容傅等申臣子之情　諸本均脱「等」字，守山閣本依靖康紀聞補。

則望賜矜憫　吴本、錢本無「賜」字。

必至雲擾　「雲」，硯本誤作「虚」。「擾」，袁本會編作「集」。

百姓塗炭　「百姓」，會編作「生靈」。

卒未得安　「卒」，硯本誤作「率」。

傅等自知此言　「等」字原無，據會編補。

未忍忘之　「忘」，原作「亡」，據硯本、錢本及袁本會編改。

況傅等世食君禄　「等」字原無，據吴本補。

上爲宗社　「宗社」，硯、吴、錢三本及會編作「祖宗」。

不敢逃死　「逃」，會編作「避」。

傅等無任哀懇　「等」字原無，據會編補。

謹具申元帥府謹狀　吴本及會編作「謹具申皇子元帥國相元帥伏候台旨」。

二月十日　吴本「十」作「九」，會編亦繫「九日」。

中大夫　吴本此上有「文武百寮僧道耆老」八字。

（一五一）帥府再下劄子

吴承旨回，賚到文武百寮軍民僧道耆老、孫樞密等狀二道，并初七日狀二道，備已洞悉。右勘會朝廷所以滅宋者，蓋趙氏之罪深也。況詔旨叮嚀，務在恤民。今來堅執迷惑，累有祈請，復立趙氏，甚不應理。若謂廢舊立新，果難服從，緣趙氏太祖孰與推戴？自立尚可，何況遵依聖詔，擇賢共立，孰謂不可！

兼早有文字：「惟貴道德，不限名位高卑」，本欲利民。今諸官軍民僧道耆老乞行府選擇。行府于在京官寮未諳可否，但想在京目下爲首管勾者，必是可舉，所以行府欲立本官。請在京文武百官軍民僧道耆老照驗此意，若所指在京目下爲首管勾官員可以共立，早具本官名銜狀申。如亦未可，即依已去文字，須得共薦一人，限不過今月十一日狀申。所有取索趙氏枝屬，不過今日發遣出城。如或此度不見薦舉，及不發遣，必當别有悔吝，無得有違。

天會五年二月初十日。

〔校文〕

帥府再下劄子　此標題文淵閣本、文瀾閣本均作「元帥府劄子」，守山閣本依吴本改。硯本、錢本脱標題。

孫樞密等狀二道并初七日狀二道　硯本、錢本無「并初七日狀二道」七字。吴本此十四字作「孫樞密等狀五道」。

累有祈請　「有」，硯、吴、錢三本作「百」。

兼早有文字　會編卷七十九靖康二年（一一二七）二月十日庚午載此劄子，作「昨有文字」。

今諸官軍民　吴本及會編「官」上有「百」字。

乞行府選擇　袁本會編、許本會編「乞」上有「既」字，「選」作「推」。

未諳可否　「諳」，硯、錢二本作「堪」。

但想在京目下爲首管勾者　會編「想」作「恐」，「管勾者」作「勾當官員」。

請在京文武百官　「請」，原作「諸」，他本皆作「請」，兹據改。「官」，吴本作「寮」。

可以共立　硯本「以」作「立」。吴本無「以共」二字。

所有取索趙氏枝屬　吴本無「所有取索」四字。硯本、錢本「所有取索」四字涉上文誤作「如亦未可」。

及不發遣　「及」，吴本作「亦」。

無得有違　「得」，硯本、吴本誤作「的」。

二月初十日　「初十日」，原作「十一日」，據靖康紀聞改。

〔考釋〕

案：會編卷七十九云，「靖康二年二月十日庚午，吴幵、莫儔賫到元帥府劄子」。本篇又云「限不過今月十一日狀申」，不云「本日」或「今日」，則發文日期當早於十一日，以作「十日」爲是。又下篇二月十一日所發復下汴舉人云，「速依吴承旨、莫學士等賫去文字日限施行」，亦其佐證。

（一五二）復下汴舉人

今月初十日，右副元帥親赴左副元帥麾下，共議京人告請復立趙氏事。至晚到本營，方有善利門下軍員送到汴京軍民僧道耆老郭鐸等告乞復立趙氏事文狀，并孫樞密等今月初七日、八日、十日三次狀五道録白。緣爲此事，已經共議差官入京，須得别薦外，善利門下人員以輒受文狀，嚴加懲戒訖。竊慮京人猶以投狀爲辭，别敢推注住滯，今請在京諸官孫樞密等照會，速依吴承旨、莫學士等賫去文字日限施行，不得住滯。

天會五年二月十一日。

〔校文〕

京人告請復立趙氏事　會編卷七十九靖康二年（一一二七）二月十日庚午載此文，「京」作「宋」。袁本會編、文淵閣本會編無「事」字。

初七日八日十日三次狀五道録白　硯本、錢本、吴本及袁本會編、許本會編「十日」作「九日」。

緣爲此事　許本會編作「緣是爲言此事」，袁本會編、文淵閣本會編作「爲言此事」。

須得別薦外　會編作「須得別行薦舉外」。

竊慮京人　會編無「竊」字，「慮」字下有「在」字。

別敢推注住滯　「別敢」，硯、吴、錢三本作「敢別」。「住滯」，錢本作「滯住」。此全句袁本會編作「別致阻滯」，許本會編、文淵閣本會編作「別致住滯」。

速依吴承旨莫學士　錢本、吴本脱「莫」字。

不得住滯　「住」，袁本會編作「阻」。

十一日　錢本「十一」二字闕文。

（一五三）張叔夜狀乞立趙氏

簽書樞密院事張叔夜。契勘累具申乞存立趙氏之後，今奉令旨，「立見今爲首管事之人」。緣本官非衆所推，兼勘會曾于八日奉令旨，「如無可推戴，令具申管依元帥府推戴狀」，今來欲乞檢會累申，從元帥府於嗣子或軍前支屬内擇立一人。所貴恩歸元帥府，永爲屏藩；而趙氏宗廟，尚得血食。右謹具申元帥府，伏候台旨。

天會五年二月十一日，簽書樞密院事張叔夜狀。

〔校文〕

存立趙氏之後　吴本、錢本脱「立」字。

立見今爲首管事之人緣本官非衆所推兼勘會曾于八日奉令旨　「立」字、「奉」字原無，據會編卷八十八靖康二年（一一二七）二月二十九日己未引張叔夜家傳補。文淵閣本「立」誤作「云」。硯、吴、錢三本脱「立見」至「令旨」二十六字。

如無可推戴　「戴」字原無，據硯、吴、錢三本及張叔夜家傳補。

令具申管依元帥府推戴狀　硯、吴、錢三本及張叔夜家傳「申」字下有「元帥府」三字。張叔夜家傳

「狀」字下有「申」字。案：本書第一四六篇二月八日帥府再下舉人此句作「速具管依元帥府所舉推戴狀申」。

或軍前支屬内　硯本、吴本作「或軍前之屬内」，錢本作「或軍前近屬内」，張叔夜家傳作「或於趙氏之屬内」。

屏藩　硯、吴二本作「藩屏」，錢本作「藩服」，張叔夜家傳作「藩輔」。

右謹具申　張叔夜家傳作「謹具狀申」。

伏候台旨　張叔夜家傳「旨」作「令」。

十一日　硯本、錢本、文淵閣本無「十一」二字。

（一五四）乞命張邦昌治國狀

文武百寮軍民僧道耆老、同知樞密院事孫傅等。准元帥府牒，「須得共薦一人，限今月十一日狀申」者。契勘自古受命之主，必上膺圖籙，下有勳德在民；或權强近臣，或英豪特起，有大材略，因而霸有天下，方爲人所樂推。今來本國臣寮如孫傅等，召自外方，被用日淺，率皆駑下，迷誤趙氏，以至亡國，人皆懷怨，方且俯伏，謹候誅夷。若或付之土地，俾爲藩屏，必爲百姓怨疾，旋致變亂，上負選擇之意。

然今奉元帥之令，備到詔旨嚴切，舉國惶恐。非敢違拒，實以在内官寮，委無其人。伏望元帥台慈體念，乞於軍前選命張邦昌以治國事。如軍前别有道隆德懋爲天命之所歸者，乞賜選擇。本國臣民，敢不推戴者。右謹具申元帥府，伏候台旨。

天會五年二月十一日，文武百寮軍民僧道耆老、同知樞密院事孫傅等狀。

〔校文〕

乞命張邦昌治國狀　吴本此標題下注「第六狀」。會編卷七十九靖康二年（一一二七）二月十一日辛未載此狀，標題作「孫傅第六狀」。

文武百寮軍民僧道耆老　吴本、錢本「軍民」二字在「耆老」下，與牘尾次序不合。會編「百寮」作「百官」，無「耆老」二字。

孫傅等　硯本「傅」字下衍「文」字。

准元帥府牒　會編「牒」作「指揮」。

必上膺圖籙　「籙」原作「録」，據硯本、錢本、文淵閣本改。

或權强近臣　袁本會編「强」作「貴」，許本會編作「歸」。

英豪特起　會編「起」作「立」。

謹候誅夷　「候」，硯、吴、錢、文淵閣四本作「俟」。

旋致變亂　「旋」，會編作「立」。

然今奉元帥之令　「令」，硯本、錢本誤作「念」。

詔旨嚴切　「旨」，會編作「書」。

伏望元帥台慈體念　硯、吴、錢三本「元帥」上有「二」字。

道隆德懋　錢本及會編作「道德隆懋」。

乞賜選擇　硯、吴、錢三本無「乞」、「擇」二字。

〔考釋〕

案：金人欲立張邦昌，屢命汴京官僚推戴，前後至少五次。初但泛言舉人，繼則暗令推舉張邦昌，最後則公然聲言，直至册立爲僞楚皇帝。會編卷八十引遺史曰，「金人意欲立張邦昌，令吴幵、莫儔賫文字入城，密諭意舉張邦昌」。同卷又記云，「百官所議，其略云，『奉大金皇帝詔旨、二元帥令旨，欲少宰張邦昌爲主』云云」。則固已指名，不容異議矣。

（一五五）汴京留守司榜文

〔據徐夢莘三朝北盟會編袁祖安排印本卷八十靖康二年二月十二日壬申補。〕

今月十二日，吴承旨、莫内翰自軍前來。賫到大金元帥府指揮：「請疾速勾集在内大小官員，不限已未共議，并僧道耆老軍民等，更乞説諭商議，共並舉張邦昌。即便連署，各於本銜親書其名，背後名下押字。仍於年月紙縫，用在官印。限十三日申上，便與册立入京。如别有異見，别具狀申，只不許引惹趙氏。若别舉賢人者，亦不許阻。敢有逗留不赴議所者，當按軍令。是夜三鼓，御史臺告報「文武百官，不限大小，使臣雖致仕在京宫觀，及僧道耆老軍民，班限十三日絶早，並赴宣德門集議。内省官員不來，具狀申元帥，依軍法。無許住滯」。

右録二月十二日夜元帥府指揮在前，今曉示，各令知悉。

〔校文〕

不限已未共議　許本「已未」下有「仕」字。

更乞説諭商議　「乞」，許本、文淵閣本作「訖」，義兩通。

用在官印　許本、文淵閣本「官」字上有「上」字。

無許住滯　「無許」，許本作「請勿」，文淵閣本誤作「無請」。

〔考釋〕

案：上篇乞命張邦昌治國狀文尾署「二月十一日」，會編亦繫「二月十一日」，似無疑義。然本篇汴京留守司榜文明言元帥府來文「限十三日申上」，并限令百官軍民「十三日絶早並赴宣德門集議」。會編卷八十載二月十三日開封府榜文，其中引留守司劄子，亦限令百官軍民「於十三日卯時赴宣德門集議推戴張邦昌事」。並記云，「既畢集，乃令連銜舉薦張邦昌。但見出白紙十幅，令書職位姓名而退。狀詞秘之，不以示衆。薄暮，吴幵、莫儔繳狀以出」。據此，乞命張邦昌治國狀發文時間實在十三日而非十一日也。或狀詞早經填好月日，止欠職官具名，迨各官連署後乃以賫送金軍耳。

（一五六）秦檜狀乞立趙氏

朝散郎試御史中丞致仕秦檜。准元帥府指揮，「如別有異見，具狀申」者。右檜竊以自古建國立王，非爲率衆庶以奉一夫，蓋欲代天致理，使生靈有所依歸，不墜塗炭也。契勘張邦昌在上皇時，執政日久，伐燕敗盟之計，皆所預知。今若册立，恐元帥大兵解嚴之後，姦雄竊發，禍及無辜，將不稱元帥弔民伐罪之意。若蒙元帥推天地之心，以生靈爲念，於趙氏中推擇其不預前日背盟之議者，俾爲藩臣，則姦雄無因而起，元帥好生之德，通於天地。檜雖草芥，亦被生成之數。無任待罪隕越激切懇求之至！謹具狀聞，伏候台旨。

天會五年二月十四日，朝散郎試御史中丞致仕秦檜狀。

〔校文〕

秦檜狀乞立趙氏　硯本、錢本脱此標題。

指揮　「指」，硯本、錢本作「旨」。

今若册立　硯本、吴本脱「若」字。

元帥大兵解嚴之後　硯、吴、錢三本「元帥」下有「府」字。

亦被生成之數　「被」，硯、吴、錢三本誤作「欲」。

〔考釋〕

案：宋王明清揮麈餘話卷二云：「比見表姪常保孫言，嘗聞之於游定夫之孫九言云：初，會之爲御史中丞。虜人議立張邦昌以主中國，先覺爲監察御史，抗言於稠人廣坐中曰：『吾曹職爲争臣，豈可坐視緘默，不吐一詞，當共入議狀，乞存趙氏。』會之不答。少焉屬稿，遂就呼台史連名書之。會之既爲台長，則當列於首。以呈會之，會之猶豫。先覺帥同僚合辭力請，會之不得已，始肯書名。先覺遣人疾馳以達虜酋。所以秦氏所藏本猶云『檜等』也。會之還自虜中，揚言己功，盡掠其美名，遂取富貴，位極人臣。先覺子孫漂泊閩中。先覺有甥何珫者，慷慨自任，得其元稿，持其稿以叫閽。會之大怒，誣以他罪，下珫大理，竄嶺外。抵流所未幾，而會之殂。其家訟冤，詔復珫故官，後至員郎。先覺忠績遂别白於時。游與馬鄰牆而居，得其詳云」。

（一五七）元帥府要秦檜懲斷

據前宋文武百寮軍民僧道耆老狀，乞選命張邦昌以治國事，行府已申奏朝廷，乞立爲皇帝，仍賜册文。不晚降到册文，見得事體輕重，便索鐫造。合先取紅羅一十疋，玉簡一匣，金箔貫索應用事數全，并用册寶匣牀舁應干合用物件並全，請在京官寮疾早准備應副。外入京月日，續有文字。所有迎接儀仗，亦請依例准備等接。仍比至行禮以來，應有所司事務依舊管勾。

又勘會先去劄子，「如別有異見，別具狀申，只不許引惹趙氏」。今據前中丞秦檜狀，尚言乞立趙氏，特係違令。合要本官懲斷，速起發前來。

天會五年二月十四日。

〔校文〕

不晚降到册文　「晚」，錢本作「日」。

便索鐫造　「便」，硯、吴、錢三本作「更」。

并用册寶匣　吴本「用册」二字互倒。

應干合用物件　文瀾閣本脱「合」字，守山閣本依吴本補。硯、吴、錢及文淵閣四本亦皆有「合」字。

外入京月日　「外」字原無，據硯、吴、錢三本及下篇依准製造迎接等事狀引此文補。

續有文字　「字」下原有「次」字，下篇依准製造迎接等事狀引此文無「次」字，玆據删。

仍比至行禮以來　「比」，錢本誤作「此」。

應有所司事務　「司」，硯、吴、錢三本作「行」。

速起發前來　「起」，硯、吴、錢三本作「請」。

〔考釋〕

案：會編卷八十一，「靖康二年（一一二七）二月十四日甲戌，吴幵、莫儔賫到軍前牒：據文武百官申乞立張相公治國事，已申本國，許册立爲皇帝，請牒册寶及一行册命禮數。十五日乙亥，金人取御史中丞秦檜赴軍前」。案秦檜乞立趙氏與孫傅、張叔夜不同，檜狀本馬伸作，係御史台聯名，特以檜爲台長，故名首列，非檜本意。詳見上篇考釋。金人不察，遂併取之。其後張邦昌致書金營，乞放還三人，金人不與。檜後來欺世盜名，以此書也。

（一五八）依准製造迎接等事狀

在京官寮、吏部尚書王時雍等。今月十四日，吴幵、莫儔賫到軍前文字，「據前宋文武百寮軍民僧道耆老狀，乞選命張邦昌以治國事，行府已申奏朝廷，乞立爲皇帝，仍賜册文。

不晚降到册文，見得事體輕重，便索鐫造。合先取紅羅一十段，紅絹一十疋，玉簡一匣，金箔貫索應用事數全，并用册寶匣牀舁應干合用物件並全，請在京官寮應副，疾早准備。外入京月日，續有文字。所有迎接儀仗，亦請依例准備等接。仍比至行禮以來，應有所司事務依舊管勾。又勘會先去劄子，如别有異見，别具狀申，只不許引惹趙氏。今據前中丞秦檜狀，尚言乞立趙氏，特係違令。合要本官懲斷，速請發遣前來」者。

右除紅絹紅羅令賫至軍前交納外，所有玉簡册寶匣牀舁應干合用物件，取責到少府監申狀，委得于日下監勒合干人計料合用物等，乞支降製造。見責近限，令疾速了當次。所有迎接儀仗，已牒禮部太常寺依例准備等接。仍比至行禮以來，應有所司事務，恭依指揮，依舊管勾。其前中丞秦檜已發遣赴軍前去訖。謹具狀申元帥府，伏候指揮。

天會五年二月十五日，在京官寮、吏部尚書王時雍狀。

〔校文〕

乞選命張邦昌　「選」字原無，據上篇元帥府要秦檜懲斷補。

所有玉簡册寶匣牀舁　「所有」二字原倒，據文淵閣本乙轉。

太常寺依例准備等接　「接」字原無。上篇來文及本篇上段所引來文均有「接」字，此處亦當有「接」字，兹以意補。

在京官寮吏部尚書王時雍狀　「官」，原作「百」。案：文首作「在京官寮」，文中亦云「在京官寮」，下篇王時雍等議遷都狀牘尾亦作「在京官寮」，此處亦當作「在京官寮」，兹以意改，以與文首一致。

〔考釋〕

案：硯、吴、錢三本，此篇全脱。會編亦無此篇。

（一五九）議遷都狀

在京官寮、吏部尚書王時雍等。右時雍等，今月二十日，吴幵、莫儔自軍前傳奉元帥令旨，集議遷都，可往是何去處。伏覩前詔，「汴京人民，許隨主遷都」。緣此事大，未曾迎接新主，非臣民所敢輕議。今舉國生靈，已荷大恩，自合一聽令旨，豈敢自擇？今恭承嚴命，衆議所遷去處如揚州、江寧府，乞賜詳酌，與新主依前來台旨，臨日共議施行。謹具狀申元帥府，伏候台令。

天會五年二月日，在京官寮、吏部尚書王時雍等狀。

〔校文〕

在京官寮　「官」，原作「百」，他本皆作「官」，兹據改，與牘尾合。

右時雍等　此四字原無，據硯、吴、錢三本補。

伏覩前詔　硯、吴、錢三本「前」下有「來」字，「詔」下有「書」字。

許隨主遷都　前第一四〇篇行府下前宋宰執舉一人云，「其汴京人民願隨主遷居者，聽」。疑「都」字爲「居」字之誤。

緣此事大　吴、錢二本脱「緣此」二字。

輕議　「議」，硯、吴、錢三本誤作「易」。

所遷去處　吴本脱「處」字。

與新主　「新」，吴本誤作「所」。

謹具狀申元帥府　硯、錢二本脱「狀」字。

〔一六〇〕宋前主與國相書

〔據徐夢莘三朝北盟會編袁祖安排印本卷八十九靖康二年三月二十九日己未引蔡絛北狩行録補。〕

某素慕山林，謝事罷政之後，止管教門公事。某之罪失固不可逃責，念茲神御，遠遷異國，欲乞東南一郡，以享祖宗血食，不勝大願！

〔校文〕

遠遷異國　文淵閣本「遠」上有「道」字。

〔考釋〕

案：會編卷八十九引北狩行録曰，「軍前已議北遷，令姜堯臣書寫劄目，投達粘罕國相。其目曰某素慕山林」云云。據此，則此篇爲徽宗授意，姜堯臣屬稿。下篇據曹勛北狩聞見録則爲徽宗自製。此篇爲自己乞東南一郡，下篇則願以身代子，遠朝闕庭，爲嗣子等乞一廣南烟瘴小郡。蓋此劄遭拒絶後乃有下篇之作，故以此劄列前。

（一六一）宋前主與國相書

〔據徐夢莘三朝北盟會編袁祖安排印本卷八十九靖康二年三月二十九日己未引曹勛北狩聞見録補。〕

某頃以海上之盟，謂歡好可以萬世。雖嘗招收張覺，繼蒙須索，令戮以爲報，意罪不至甚；而大兵踵來，乃指爲釁，某即避罪南去。歸後塊處道宫，恬養魂魄，未嘗干預朝政。而姦臣伺隙，離間父子，雖大兵南來，亦不相關報，致煩天討，兵甲臨城。至城破時，始知三關敗約所致。蓋嗣子不能奉承大國之約，某亦有失義方之訓。事遽至此，咎將誰執！尚有衷誠，祈回洪聽：某願以身代嗣子，遠朝闕庭，卻令男某等乞一廣南烟瘴小郡，以奉祖宗遺祀，終其天年。某即分甘斧鉞，一聽大國之命。誠迫意切，顒待台令。

〔校文〕

蓋嗣子不能奉承大國之約　「子」，許本、文淵閣本作「君」。

咎將誰執　「執」，文淵閣本作「知」。

尚有衷誠「衷」，原作「血」，據許本、文淵閣本改。

某願以身代嗣子 許本、文淵閣本無「身」字。

大國之命 「之」字原無，據許本補。

〔考釋〕

案：會編卷八十九引曹勛北狩聞見録曰，「上皇到寨中（英案：指青城金營）十餘日，自製劄子一通，與國相。劄子去後二日，有番使來云，『承示文字，但三關之盟，初不恁地，止説子孫不紹，社稷傾危。雖承劄子，却不敢背元約』。三月二十九日，有語分路去。上皇同二太子由河北路，上同國相由河東路，約會於燕京。四月初一日絶早，分路轉城北去」。案宋史卷二十三欽宗紀云，「靖康二年（一一二七）二月丁卯，上皇如青城」。丁卯爲初七日，越十餘日自製此劄，則當在二十日略後。

（一六二）元帥府劄

〔據徐夢莘三朝北盟會編袁祖安排印本卷八十三靖康二年三月三日癸巳補。〕

大金元帥府劄子：文武百官軍民僧道耆老、吏部王尚書等申：「今來軍民等悉願推戴張太宰。緣京城無主日久，伏望早賜遣備禮儀施行」者。故今日遣翰林學士承旨吳幵等入城，蓋因此事。請文武百官軍民耆老僧道、吏部王尚書等照會施行。

〔校文〕

元帥府劄子　許本、文淵閣本無「子」字。

故今日遣翰林學士　「故」，原作「右」，據許本、文淵閣本改。

請文武百官軍民耆老僧道　「軍民耆老僧道」，原作「僧道耆老軍民」，據許本、文淵閣本改。

〔考釋〕

案：會編卷八十三，「靖康二年（一一二七）三月三日癸巳，虜使來促勸進，取推戴狀。留守司遂以推戴狀申軍前」。此文即行府據推戴狀作復之文。文中王尚書指王時雍。

（一六三）册大楚皇帝文

維天會五年，歲次丁未，三月辛酉朔，二十一日辛巳，皇帝若曰：先皇帝肇造區夏，務安元元。肆朕纂承，不敢荒怠，夙夜兢兢，思與萬國同格于治。粤惟有宋，實迺通鄰，貢歲幣以交歡，馳星軺而講好，期于萬世，永保無窮。蓋我有大造于宋也。不圖變誓渝盟，以怨報德，稱端搆亂，反義爲仇，譎詐成俗，貪婪不已。加以肆行淫虐，不恤黎元，號令滋張，紀綱弛紊。況所退者非其罪，所進者非其功。賄賂公行，豺狼塞路，天厭其德，民不聊生。尚又姑務責人，罔知省己。父既無道于前，子復無斷于後。以故徵師命將，伐罪弔民。幸賴天高聽卑，神幽燭細，旌旄一舉，都邑立摧。且眷命攸屬，謂之大寳；苟歷數改卜，未獲偷安。故用黜廢，以昭聰鑒。

今者國既乏主，民宜混同；然念厥初，本非貪土，遂命帥府，與衆推賢。僉曰：太宰張邦昌，天毓疎通，神姿睿哲，處位著忠良之譽，居家聞孝友之名，實天命之有歸，乃人情之所徯。擇其賢者，非子而誰！是用遣使特進尚書左僕射、同知樞密院事、監修國史、上柱國、南陽郡開國公、食邑二千户、食實封二百户韓資政，副使榮禄大夫、行尚書禮部侍郎提點大理寺、護軍、譙縣開國侯、食邑一千户、食實封一百户曹説，持節備禮，以璽紱册命爾爲皇帝，以理斯民，國號大楚，都于金陵。自黃河以外，除西夏新界，疆場仍舊。世輔王室，永作藩臣。貢禮時修，爾勿疲于述職；問音歲致，我無緩於披誠。於戲！天生蒸民，不能自治，故立君以臨之。君不能獨理，故樹官以教之。乃知民非后不治，后非賢不守。其于有位，可不慎與。予懋乃德，嘉乃丕績，日慎一日，雖休勿休。往欽哉，其聽朕命！

天會五年三月七日。

押册：金紫光禄大夫、左散騎常侍、知御史中丞、上護軍、彭城縣開國公、食邑一千户、食實封一百户劉恩。

讀册：樞密院吏房承旨、中散大夫、衛尉寺卿、上輕車都尉、清河縣開國伯、食邑七百户、賜紫金魚袋張愿恭。

押寶：中大夫、行中書舍人、上輕車都尉、太原縣開國伯，食邑七百户、賜紫金魚袋王企中。

奉寶：樞密院户房主事、銀青榮禄大夫、檢校工部尚書、行太常少卿、兼侍御史、輕車都尉、隴西縣開國子、食邑五百户李忠翊。

貝勒呼喇呼充傳宣。

東西上閤門使韓企先充禮直官。

又有各人人從，並樞密院差。

賜物：

玉册　册匣　册牀　行馬一對

金印（大楚皇帝之寶）　寶匣　寶牀　行馬一對

紅羅窄襖子　平面玉御帶（純金龍口束子、錦箱全）　銀褐中單　烏紗幞頭

衣匣　衣牀　行馬全

〔校文〕

辛酉朔　宋王明清揮麈後録卷四引此文，會編卷八十四靖康二年（一一二七）三月七日丁酉引靖康要盟録載此文，均作「辛亥朔」。案：靖康二年之中，月朔無「辛亥」，兩書皆誤。

皇帝若曰　「若」，袁本會編作「詔」。

先皇帝肇造區夏　「肇」，錢本作「啓」。

思與萬國同格于治　「同格于治」，揮麈後録作「措於治平」。

實迺通鄰　「實」，硯本誤作「宴」，揮麈後録作「爰」。

馳星軺而講好　「講」，吴、錢二本作「搆」。

期于萬世　「期」，文淵閣本會編作「粤」。

永保無窮　「保」，錢本誤作「得」。

稱端搆亂　袁本會編作「搆端招禍」，許本會編作「搆端怙禍」，文淵閣本會編作「借端招禍」。

號令滋張 「滋」，錢本誤作「施」。「張」，會編作「彰」。

天厭其德 「德」，許本會編作「惡」。

姑務責人 「責」，硯本誤作「青」。

眷命攸屬 「屬」，吴本作「矚」，硯本、錢本作「賜」。許本會編此句作「天眷攸屬」。

謂之大寶 「謂」，硯本作「爲」。

未獲偷安 「獲」，硯本、錢本、文淵閣本及會編作「或」。「偷」，硯本誤作「係」。

故用黜廢 「用」，硯、錢二本作「因」。

以昭聰鑒 「聰」，吴本及袁本會編作「元」，硯本、錢本及許本會編作「玄」。「鑒」，會編作「監」，通。

本非貪土 「本」，錢本、吴本及會編、揮麈後録均作「誠」，硯本誤作「其」。

遂命帥府 「命」，揮麈後録作「致」。

神姿睿哲 「姿」，錢本誤作「咨」，文淵閣本及會編、建炎以來繫年要録卷三引均作「資」。

處位著忠良之譽 「處」，揮麈後録作「在」。

乃人情之所傒 「傒」，原作「係」，據硯本、錢本、吴本、文淵閣本改。

食邑二千户 「二」，原作「三」，據硯本、錢本、文淵閣本改。案：金史百官志，「郡公二千户，實封二百户」，作「二」是。

韓資政　揮麈後録作「韓昉」，建炎以來繫年要録作「韓正」。

譙縣開國侯　吴本誤作「譙國縣國侯」。

持節備禮　會編此句作「備儀禮」，揮麈後録作「持節備儀」。

璽紱　「紱」，袁本會編及揮麈後録作「綬」。案：據下第一六六篇楚主謝遣使書云，「對敭璽紱之華」，作「紱」是。

都于金陵　「于」，硯、吴、錢三本作「邑」。

西夏新界　「新界」，會編及建炎以來繫年要録作「封圻」。

疆場仍舊　「場」，吴本誤作「埸」。

問音歲致　「問音」，揮麈後録作「聘問」。「致」，會編作「至」。

我無緩於披誠　「披誠」，硯本、錢本作「誠心」。

不能自治　「能」，硯本誤作「敢」。「治」，硯、錢二本作「立」。

故立君以臨之　硯本、吴本「故」上有「以」字。

故樹官以教之　「教」，會編作「牧」。

乃知民非后不治　錢本脱「知」字，硯本「知」誤作「治」。

后非賢不守　會編「后」下有「亦」字。

嘉乃丕績　「績」，揮麈後録作「休」。

日慎一日　「慎」，硯本作「至」。

往欽哉　錢本「往」上有「爾」字，硯本闕文。

知御史中丞　「丞」，硯本誤作「烝」。

衛尉寺卿　硯、錢、吴三本作「守衛卿」，文淵閣本作「守衛尉寺卿」。

奉寶　「奉」，吴、錢二本作「讀」，硯本誤作「續」。

貝勒呼喇呼　硯、吴、錢三本作「孛菫忽刺虎」。

各人人從　錢本不重「人」字。

賜物　「物」，硯、吴、錢三本作「敇」。

行馬全　吴本無「全」字。

〔考釋〕

（二）案：會編卷八十四，「靖康二年三月七日丁酉，金人立張邦昌僭位」。宋史欽宗紀、金史太宗紀所記時日同。會編卷九十二，「靖康二年四月初十日己巳，邦昌避位」。邦昌在位，首尾三十三日。又案：宋史卷四七五張邦昌傳，「邦昌即僞位，僭號大楚，擬都金陵。金人既去，監察御史馬伸請奉迎康王，邦昌從之。遣蔣師愈齎書於康王。王即皇帝位，相李綱，徙邦昌太保，封同安郡王。綱力言，邦昌已僭逆，豈可留之朝廷，使道路目爲故天子哉！乃責授昭化軍節度使，潭州安置。旋賜死」。

（二）案：文中有「彭城縣開國公、食邑一千户、食實封一百户劉恩」，據金史卷五十五百官志一，郡有公、侯、伯，縣僅有子、男；郡公食邑二千户，郡侯食邑一千户。此處縣而稱公，公而食邑但千户，殆國初官制未定，故與志所記不符。

（一六四）楚主與行府書

〔欲親謝。〕

天會五年三月日，大楚皇帝邦昌謹致書于大金國相元帥、皇子元帥：今月七日，伏奉皇帝聖旨，特降樞臣，俯加封册。退省庸陋之資，何以對揚休命？前此固常死避，終不獲辭。載惟選授之初，盡出薦論之力。尋因還使，附致感悰。願亟拜於光儀，庶少申於謝禮。未聞台令，殊震危衷，遂遣從官，是敷勤懇。重蒙諄諭，仰識眷存。然而淹日未前，撫躬無措，恐浸成於稽緩，實深積於兢惶。伏望恩慈，早容趨赴，候承報示，徑伏軍門。拳拳之誠，併留面叙，不宣。謹白。

〔校文〕

大金國相元帥　文瀾閣本、文淵閣本、硯本、錢本均無「大金」二字，守山閣本依吴本補。

特降樞臣　會編卷八十五靖康二年（一一二七）三月十二日壬寅載此文，許本會編、文淵閣本會編「臣」作「府」。

俯加封册　「俯加」，許本會編、文淵閣本會編作「加臣」。

退省庸陋之資　「省」，硯本、錢本作「循」。

何以對揚休命　揮麈後録卷四引此文作「何堪對揚之賜」。

盡出薦論之力　「薦論」，原作「薦揚」，據硯本、吴本改。案：下第一六六篇楚主謝遣使書守山閣本、文淵閣本、吴本亦均作「薦論」，作「薦論」是。「力」，會編作「賜」。

願亟拜於光儀　「亟」，硯本誤作「了」。

遂遣從官　「遣」，硯本、錢本作「致」。

是敷勤懇　「是敷」，許本會編及揮麈後録作「具敷」，袁本會編作「具致」，文淵閣本會編作「具數」。

仰識眷存　「識」，揮麈後録作「戴」。

淹日未前　「日」，硯本、錢本及揮麈後録均誤作「目」。

恐浸成於稽緩　「浸成」，會編作「有失」。

伏望恩慈　「恩」，原作「聖」，據錢本及會編、揮麈後録改。

早容趨赴　「赴」，會編、揮麈後録作「詣」。

候承報示　「候承」，會編作「俟承」，揮麈後録作「俟取」。

徑伏軍門　「伏」，袁本會編作「赴」。

拳拳之誠　「誠」，吴本誤作「承」。

〔考釋〕

案：會編卷八十四，「靖康二年（一一二七）三月九日己亥，邦昌遣邵溥使南寨，□□使北寨，報以欲詣軍前致謝。二使至門，先以狀申，回傳云：皇帝不須出，好治人民。俟要相見，自往請也」。本文謂，「遂遣從官，是敷勤懇。重蒙諄諭，仰識眷存」。即指此事。又案：會編卷八十五，「靖康二年三月十二日壬寅，邦昌與二酋書，乞親詣致謝」。其下并引此書，是此書發文日期爲三月十二日無疑。

（一六五）賀南楚書

天會五年三月十三日，大金固倫尼伊拉齎貝勒左副元帥、皇子右副元帥，謹致書于大楚皇帝闕下：向承明詔，擇立賢人，爰及士庶之謀，已諒聰英之聽。具聞天闕，優降册書，禮命恭行，群情胥悦。未遑伸於慶祝，不圖辱於華緘。幸容先導微悰，繼陪高論。今差榮禄大夫、兵部尚書、護軍、廣陵縣開國公高慶裔，彰武軍節度使、金紫榮禄大夫、檢校太保、兼侍御史、上騎都尉、隴西縣開國侯李士遷，充慶賀使副。有少禮物，具諸别幅。專奉書陳賀，不宣。謹白。

〔校文〕

大金固倫尼伊拉齎貝勒　「大金」二字原無，他本亦無。下第一六八篇回南楚書、第一七二篇行府與楚書「固倫尼」上均有「大金」二字，兹以意補。

闕下　硯本、錢本、吴本誤作「閤下」。

具聞天闕　「具」，硯、錢二本誤作「且」。

不圖辱於華緘　「辱」，硯本誤作「展」。

護軍　硯、吴、錢三本「護」字下衍「國」字。案：下第一六六篇楚主謝遣使書高慶裔署銜，各本亦均無「國」字。

彰武軍節度使　「武」，硯、吴、錢三本作「聖」。

兼侍御史　吴本無「侍」字。

隴西縣開國侯　「侯」，吴本作「子」，硯本誤作「使」。

謹白　會編此下尚有「别幅衣著一百二十段馬四匹」十二字。

（一六六）楚主謝遣使書

天會五年三月日，大楚皇帝邦昌謹致書于大金國相元帥、皇子元帥：邦昌猥以菲才，誤膺聖擇，但俯臨於禹甸，方瞻仰於堯雲。對勳璽紱之華，激切肺肝之感。懋惟選建，實自薦論。願趨謝以陳誠，辱賜書而贊善。情文兼厚，副以儀物之多；恩義並隆，焕乎衮冕之貴。静言荷戴，詎可名言。重念授册以還，甫追彌旬之久，粤從請命，尚阻造前。祈深察於羇悰，庶早親於名範。其如懇切，曷究敷陳，仰冀英聰，俯垂照鑒。今因榮禄大夫、兵部尚書、護軍、廣陵縣開國公高慶裔等回，專奉書陳謝，不宣。謹白。

〔校文〕

大金國相元帥　文淵閣本、錢本無「大金」二字。

但俯臨於禹甸　錢本、硯本無「禹」字。

方瞻仰於堯雲　錢本「方」字屬上句，「瞻仰」上有「庶」字。

對颺　錢本「颺」作「揚」，古今字。

實自薦論　「論」，錢本作「揚」。

情文兼厚　「兼」，錢本作「惠」。案：「兼」與下句「並」字相對成文，作「兼」是。

焕乎衮冕之貴　「焕」，錢本誤作「煩」。

粤從請命　「請」，錢本闕文。「命」，原作「念」，據文淵閣本改。

其如懇切　「切」，硯、吴、錢三本誤作「叩」。

仰冀英聰　「仰」，硯、吴、錢三本誤作「敏」。

高慶裔等回　吴本、錢本脱「回」字。

（一六七）楚懇免征催金銀

〔據徐夢莘三朝北盟會編袁祖安排印本卷八十五靖康二年三月十四日甲辰引僞楚録補。〕

比以冒膺縟禮，願展謝悰，雖歷罄於忱辭，終未親于台表，退增感悚，豈易敷陳。載惟草昧之初，實軫阽危之慮。民志未定，顧未有以得其心；事緒實繁，念將何以息其動。前朝昨奉台令，取索金銀表段，以充犒軍。伏自入城以來，講究民間虚實，頗知罄竭，悉以傾輸。

嗣位之初，朝夕祇畏，戒諭官吏，罔敢弗虔。仰荷大恩，敢不論報，雖割肌體，豈足能酬。然念斯民，困弊已甚，當圍城窘急之久，有比屋餓殍之多。願撫養，則無資以厚其生；欲賑給，則乏糧以續其命。而催科正急，刎縊相尋，若閲日稍淹，則所存無幾。非仁何以守位，非民何以守邦？坐觀轉壑之憂，不啻履冰之懼。與其跼天蹐地，莫救于黎元；孰若歸命投誠，仰祈於大造。伏望察其懇迫，賜以矜容，特寬冒昧之誅，誕布蠲除之惠。則終始之德，遂全億衆于死亡；報稱之心，敢憚一身之靡潰。期于没齒，以答隆恩。

〔校文〕

冒膺縟禮　「冒」，原誤作「昌」，據許本改。

雖歷罄於忱辭　「罄」，原作「貢」，據許本改。

終未親于台表　許本作「終未達於臺聽」。

顧未有以得其心　「顧未」，原作「未顧」，據文淵閣本乙轉。

頗知罄竭　「頗知」，原作「乃聞」，據許本改。

豈足能酬　「能」，許本作「論」。

願撫養　「願」，原作「顧」，據許本改。

特寬冒昧之誅　「特」，原作「時」，據許本、文淵閣本改。

則終始之德　「終始」，原作「始終」，據許本乙轉。

〔考釋〕

案：會編卷八十五，「靖康二年（一一二七）三月十四日甲辰，邦昌遣使致書於軍前，懇免征催金銀」。下引僞楚録云，金人得書不報。

（一六八）回南楚書

天會五年三月十四日，大金固倫尼伊拉齊貝勒左副元帥、皇子右副元帥，謹致書于大楚皇帝闕下：比遣使人，聊申慶禮。辱緘封之繼至，亦悃愊之彌深。其於感藏，未易敷述。所云之事，佇期翌日，仰奉光儀。專奉書陳達，不宣。謹白。

〔校文〕

闕下　硯、吴、錢三本誤作「閤下」。案：下第一七二篇行府與楚書各本均作「闕下」，作「闕下」是。

比遣使人　「人」，硯、吴、錢三本作「下」。

悃愊　「愊」，錢本誤作「幅」。

其於感藏　「藏」，原作「激」，他本皆作「藏」，茲據改。

（一六九）楚復致書

天會五年三月十五日，大楚皇帝邦昌謹致書于大金國相元帥、皇子元帥：比緣慶問，尋具謝緘。載申請命之誠，實懼瀆尊之咎。重蒙矜容，特賜俞允。即祇伏於軍門，方佇瞻於台表。其如吹澤，曷罄欽誠！謹奉書復聞，不宣。謹白。

〔校文〕

大金國相元帥　硯、錢、文淵閣三本脱「大金」二字。

載申請命之誠　「載申」，錢本作「備載」，硯本作「載夫」，文淵閣本作「載矢」。

特賜俞允　「俞允」，錢本二字互倒，硯、吳二本誤作「允喻」。

〔考釋〕

案：會編卷八十五，「靖康二年（一一二七）三月十五日乙巳，邦昌往青城，見二酋致謝。邦昌既至，迎接殿下，相揖以升，致賓主之禮。酒三行，面議七事，如不毁趙氏宗廟陵寢、減金帛數、存留樓櫓、俟江寧府修繕畢日遷都之類，皆允。」

（一七〇）楚與二帥乞還馮澥郭仲荀書

〔據徐夢莘三朝北盟會編袁祖安排印本卷八十六靖康二年三月二十三日癸丑補。〕

比膺詔册，獲撫邦封。載惟草創之初，方賴臣鄰之助；顧群臣之全闕，致庶務之悉隳。徒以菲材，託於人上，何以仰承殊渥，外敉多虞。若涉洪川，罔知攸濟。兹冒陳于危懇，蓋深恃於眷私，所冀垂矜，必蒙賜可。

竊以左丞馮澥，國之老成；管軍郭仲荀，衆所推許。儻還職任，俾贊時艱，必能繫多士之心，有以副萬夫之望。此外臣僚等，或因扈從前帝，或緣差在軍前，如非台意欲留之人，乞下恩慈遣還。則庸疏之質，既得助於衆賢；報稱之衷，敢忘懷於大惠。尚祈英鑒，俯亮愚誠。

〔校文〕

方賴臣鄰之助「臣鄰」，建炎以來繫年要録卷三引作「臣工」。

顧群臣之全闕　「群」，許本作「廷」。

衆所推許　建炎以來繫年要録引作「衆推忠謹」。

或緣差在軍前　「在」，原作「往」，據許本、文淵閣本改。

如非台意欲留之人　「非」字原脱，據許本補。

乞下恩慈遣還　建炎以來繫年要録引作「乞示慈恩遣還之命」。

既得助於衆賢　「得」，許本作「獲」。

〔考釋〕

案：會編卷八十六，「靖康二年（一一二七）三月二十三日癸丑，邦昌與二酋書，乞還馮澥、郭仲荀等。金人得書，遂遣左丞馮澥、簽書樞密院事曹輔、太常少卿汪藻、禮部侍郎譚世勣、中書舍人孫覿及徐天民、蘇餘慶、郭仲荀、沈晦、黄夏卿等還」。

（一七二）楚與二帥乞免括金銀書

〔據徐夢莘三朝北盟會編袁祖安排印本卷八十六靖康二年三月二十三日癸丑補。〕

某聞之，先聖云：何以守位曰仁，何以理財曰義。人君之於天下，惟以百姓爲本。百姓之不存，則社稷無以固其重，人君不能保其尊。又況創業造始之君，惟務施德布惠，收天下之心，然後作爲事業，固其根本。由漢唐以來，率由此道，後世子孫，終必賴之。皆百代不易之理也。

某材質庸謬，道義無聞。仰荷大金皇帝天造洪恩，遽令軍民官吏推戴册命，畀以南土，使主斯民，永爲屏翰，以事大國。方夙夜祗懼，無以報稱。思臨士民，坐視困苦，莫之拯救，痛傷肺肝，殞身無門。今見京城百姓，自前宋皇帝朝已曾根括金銀數次，雖有藏匿，官吏搜索，悉皆罄盡。今又蒙元帥科降，數目浩大，難以充足，雖軍前遣人搜檢，亦無所得。百姓嗷嗷，憂疾餓死者日以萬計，復懼根括金銀數不能足。重念大金皇帝以邦昌主斯民，而從政之初，民心離散，怨謗交興，邦昌恐以此主國，必致傾仆。惟元帥慈恩洪溥，智燭高明，曲照物情，俯加矜恤，止絶再降金銀數目，庶使億兆生靈，保全性命，不陷顛危。邦昌所圖，竊冀乂安，仰副大金皇帝建立藩屏之意。邦昌不任哀懇惶懼之至。

〔校文〕

惟務施德布惠　文淵閣本作「唯務施恩行德布惠」。

收天下之心　「收」，許本、文淵閣本作「取」。

自前宋皇帝朝　許本、文淵閣本作「自來前皇帝朝」。

雖軍前遣人搜檢　「雖」字原無，據許本、文淵閣本補。

憂疾餓死者　「者」字原無，據許本、文淵閣本補。

慈恩洪溥　「溥」，原作「博」，據許本改。

竊冀乂安　「乂」，原作「其」，據許本改。文淵閣本此句作「冀其獲安」。

〔考釋〕

案：會編卷八十六，「靖康二年（一一二七）三月二十三日癸丑，邦昌與二酋書，乞免括金銀。」案此爲第二次致書懇免括金銀，前此三月十四日曾有書懇免，即本書第一六七篇。

（一七二）行府與楚書

天會五年三月二十三日，大金固倫尼伊拉齊貝勒左副元帥、皇子右副元帥，謹致書于大楚皇帝闕下：近辱華音，備詳雅意。以左丞馮澥、管軍郭仲荀，皆素著於忠儉，欲俾還于職務。竊以上件官將要之定議，係于北遷。既來命之克勤，何弊府之敢吝？簽書樞密院事曹輔、禮部侍郎譚世勣、中書舍人孫覿、給事中沈晦、閤門宣贊舍人李仔、朝散郎汪藻、閤門祇候趙瑰、給事中黄夏卿、宣贊舍人趙詵、右文殿修撰宋彦通、觀察使邢端彦、將作少監蘇餘慶、少府少監徐天民、少府監丞許汪、崔亨復、包師道、羅公彦、宋忠、劉思齊、郝敏、任良臣、武恭孝、李琦，并人從家眷等，或從行廢帝，或因事軍門，今并遣還，庶俾分任。外自來所取金帛，皆係犒賞軍兵之所急用，雖不能足數，亦且期大半。今楚國肇造，本固則安，慮因徵括之急，重困斯民，亦議權止。又有夏國并別事宜。今差保静軍節度使蕭慶、觀察使李□□，口諭所云，前去計議。仰惟高明，幸察悃愊。專奉書陳達，不宣。白。

〔校文〕

左丞馮澥 「丞」，吴本誤作「承」。

管軍郭仲荀 「郭仲荀」，硯、吴、錢三本誤作「郎仲洵」。

亦且期大半 「大半」，硯本、吴本誤作「太平」。

重困斯民 「斯」，硯本、吴本誤作「散」。

仰惟高明 「明」，硯、吴、錢三本作「亮」。

專奉書陳達 硯、吴、錢三本脱「書」字。

〔考釋〕

案：會編卷八十六靖康二年（一一二七）三月二十三日癸丑云，「先是軍前復索金銀，將元科五百萬錠於在京百姓隨坊巷均科。一貧民家合納金五錠，銀五十兩，表段二百匹。限五日要足；如不足，先殺根括官以次，後洗城。官吏知民無有，各出一小榜於其門上貼之。旦夕驚憂，知其必死。邦昌乃令光禄卿王琮作書，親詣元帥求免。得報，已議捐止」。所謂「得報，已議捐止」，即指此書。此書係復邦昌前兩札（本書第一七〇篇、一七一篇）。

（一七三）楚謝書

〔據徐夢莘三朝北盟會編袁祖安排印本卷八十六靖康二年三月二十四日甲寅補。〕

比馳柔翰，冒貢忱誠，冀還文武之官，庶裨中外之乂。載惟僭率，深負兢惶，豈意台慈，曲垂照鑒。馮澥、郭仲荀二員既蒙矜允，曹輔、譚世勣以下悉已獲歸，仰荷隆恩，實出望外。至于親加訓誡，俾虔臣節之修，俯念孤危，允賴臣工之助。以至金帛犒賞之數，實軍前急用之資，蒙深軫於疲羸，遂獲紓于勾括。興言肇造之本，賜以固安之圖。豈惟億姓之生靈，盡歸元造；兹爲萬世之大惠，曷報鴻私。罄筆舌以難周，銘肝心而莫致。今差吏部侍郎王琮，恭詣帳前伸謝。仰惟英謀，俯鑒卑悃。

〔校文〕

庶裨中外之乂　「裨」，許本、文淵閣本作「俾」。「乂」，建炎以來繫年要録卷三引作「任」。

曲垂照鑒　「照鑒」，原作「鑒照」，據許本、文淵閣本乙轉。

仰荷隆恩　「隆恩」，原作「恩隆」，據許本乙轉。

允賴臣工之助　「允」，繫年要録引作「永」。

實軍前急用之資　許本「實」下有「爲」字。

賜以固安之圖　「固安」，原作「安固」，據許本、文淵閣本乙轉。

〔考釋〕

案：會編卷八十六，「靖康二年（一一二七）三月二十四日甲寅，邦昌以書謝二酋還馮澥、郭仲荀，免金銀等」。

（一七四）行府告諭亡宋諸路立楚文字

元帥府：勘會往者遼國運衰，是生昏德。先發釁端，自爲戎首。朝廷爰舉義師，奉天伐罪。不期宋人，浮海計議：候并遼國，願割燕雲，歲納金縑，自依舊例。先皇帝以有容爲德，嘉其來意，置以不疑，即時允許。爾後全燕才下，割之如約。其爲恩德，不爲不多。於是要以天地，質諸神明，遂立誓文：盜賊逃人，無令停止；亦不得密切間諜，誘擾邊民。傳于子孫，守而勿失。既而宸輿北返，宰執東行。不意宋人貪婪無厭，稔其姦惡，忽忘前施之義，潛包幸亂之謀。遽瀆誓約，結構凶頑，使圖不軌，據京爲叛，賊殺大臣，邀回户口，啖以官秩，密令納土，仍示手書，竊行撫諭。遂使京畿之地，鞠爲寇場。洎天兵臨境，魁首奔亡，而又接引，輒相保蔽，更易姓名，授之官爵。及至追索，傳以僞首，既殺無辜，又貸有罪。不仁不耻，于此可知。朝廷方務含容，不形其惡，但誡邊臣，户口之外，一無理辨。此所以必欲久通和好之故也。彼尚飾以僞辭，終爲隱諱，招納叛亡，反擾民户，使邊賊出没作過。所有歲貢，又多愆期。背德忘恩，莫此之甚！朝廷亦不咎之，依前催索，亦不聽從。反云「本朝幅員萬里，民居散漫，雖欲根究，難指有無；況事皆已往，請別計議」。據彼迷辭，意涉誇謾。至于本境行發文字，輒敢指斥朝廷，言多侮謗。雖累次移文，俟其改過，終不悔悟，罔有悛心。矧又夏臺，實我藩輔，忱誠既獻，土民是賜。而宋人忽聚無名之師，輒行侵擾之事。因其告援，遂降朝旨，移文解和，俾復疆土。仍以狂辭，不爲依應，反云夏人納款，曲有陳請。大金方務恩撫初附之國，且料不無曲意，姑行順從夏人，已爲周至。自今不煩干預，自當以道理所在。且朝廷方隆恩造，下浹群邦，宋夏兩國，各蒙其賜。所與之地，裁之在我；

肯致私曲，以爲周至。豈期詭詐侮慢，昧于道理，不爲稟從，如此之甚！斯則非止侵凌夏國，實闕不懼朝廷。

加以肆行苛虐，不恤黎元；號令滋張，紀綱弛紊；淫詞遍野，虚器盈庭。所退者非其罪，所進者非其功。賄賂公行，豺狼塞路。多端巧細，聚斂無度；役使百倍，比屋一空。天厭其德，民不聊生。尚又姑務責人，罔知省己。遂奉聖詔，伐罪弔民；亦許夏國，相應進討。

趙主才聞近舉，遠奔淮甸。嗣子繼立，聲言内禪。引以父咎，哀泣求和。願割三鎮，復尋舊好。特爲矜愍，遂其所請，再修盟誓，一同父約。無何誓墨未乾，盟言已變。官軍才退，援衆繼集，密敕邊臣，冀令堅守。父雖無道，情有可矜，悔過而去其位；子復背盟，理無可恕，覆車而不改轍。以故再奉嚴命，重伸弔伐。去冬諸路兵馬，才到城下，累遣使人，尚冀悛改，皆蔽而不通。至閏月二十五日城破，二十九日少主出降，上表待罪。

尋具申奏。奉聖旨：「先帝有大造于宋，而宋人悖德，故去年有問罪之舉。乃因嗣子遣使軍前，哀鳴祈請，遂許自新。既而不改前跡，變渝愈速，是致再討，猶敢抗師。洎官兵力擊，京城摧破，方申待罪之禮。況追尋載書：有違斯約，子孫不紹，社稷傾覆。父子所盟，其實如一。今既服罪，宜從誓約。宋之舊封，頗亦廣袤，既爲我有，理宜混一。然念所舉，止爲弔伐，本非貪土。宜别擇賢人，立爲屏藩，以主茲土。趙氏宗人，不預此議。應宋之百司並事新君」者。其宋之道君、少主、后妃已下，並已北遷。

及委前宋文武百官軍民僧道耆老、中大夫同知樞密院事孫傅等狀：「竊以本國前日將相，多是上皇時用事誤國之人；自嗣君即位以來，所任宰相，亦繼以罪竄，將帥率皆敗亡之餘；其他臣僚，類皆碌碌無聞。此元帥府之所備知，豈敢蔽賢？若舉于草澤之間，亦非聞望素著，人心必不歸向，孰肯推戴？兼祖宗德澤在人，至深至厚，若别立他姓，恐生變亂，非所以稱皇帝愛惜生靈之意。若自元帥府特選立趙氏一人，不惟恩德有歸，城中以及方外即便安帖。或天命改卜，歷數有歸，即非本國臣民所敢預議，乞自元帥府推擇賢人，永爲藩屏。傅等不勝痛切隕越之至。」

尋以趙氏父子不守信誓，爲罪之深，將所以必廢趙氏之意，往復再三，乃云「在京必無其人，乞於軍前選立太宰張相公以治國事」者。行府會驗本官乃去年同康王出質者也。既許尋舊好之後，少主竊發精兵，夜犯營寨，官兵接戰，即時破滅。以其敗盟，遂圍京城。將臨進攻，本官哀泣泥首曰：「某身爲宰執，出質軍前，不意犯于不虞，罪當萬死！然少主莅事日淺，蓋緣姦臣所誤，且乞緩其攻擊。」因遣使詰之，少主趨迎使人，泣而謝罪，乃至和成。洎從軍北行，河北州縣，或有不降，每欲進擊，必自哀求，往往有可愍之意。乃重兵再舉，又乞遣使理會，雖威之以鋒刃，不之避也。欲引而南進，曰：「豈有大臣躬親出質，不能戢兵，以致交惡，而同敵人忍觀其伐主也！我頭可斷，我身不可去。」城破之日，驛召而至。語及廢國之際，號泣躃踴，涕泗交流，告乞再造。既見不容，或以腦觸柱，或以首投地，幾至自絶。乃知忠孝剛毅，出於其倫。忽聞共戴，果謂此人，則得其人也。然恐難奪其志。

洎在京百官差到翰林學士承旨吴幵、翰林學士莫儔，賫狀勸請曰：「竊聞建邦設都，必立君長；制國御俗，允賴仁賢。恭以大金皇帝，道奉三無，化包九有。不以混一中外，爲己私念；專用全活生靈，爲國大恩。明下詔音，曲詢衆議，矜從諸夏，俾建列藩；共推宗公，以治國事。契勘雖不許存立趙氏，既奉詔諭，擇立賢人，以王茲土，則于國于民，爲幸亦已深矣！伏惟太宰相公，名高今古，學通天人，位冠冢司，身兼衆美。碩德偉望，早羽儀於百工；嘉謀赤心，每勤勞於三事。敢望以蒼生爲憂，而不以細行自飭；以執政爲慮，而不以固避自嫌。上體大金擇立存撫之恩，下副國人推戴爲主之念。」又別有狀申行府：「文武百官僧道耆老軍民共請太宰張相公以治國事，別有勸請文字。竊恐猶有辭讓，伏望元帥府更賜敦諭本官，早從輿望。」

尋請知樞密院事漢軍都統制劉侍中等同詣，具道其由。勃然奮怒曰：「國雖將破，在臣子之分，豈容聞此事！」由先有防備，不獲自絶。然而閉目掩耳，背立偃蹇，終不爲聽。

但駡文武官寮曰：「以諸公畏於兵威，置我賊亂之罪；寧甘死於此，不可活於彼，以取後世篡奪之名也！」

然行府以軍國務重，不可久曠，尋録申奏。今降到寶册：「持節備禮，以璽紱册命爲皇帝，以撫斯民，國號大楚，都于金陵。自黄河以外，除西夏新界，疆埸仍舊。世輔王室，永作藩臣。」其間志氣，屹然不動。雖多方勉諭，以事在已然，雖死無濟，何如就册，用拯生靈。猶不下飲食累日，幾至滅性。遂擁迫入城，乃有在京官寮僧道耆老軍民共集勸請，直至今月七日，方受册命。合行曉諭，須議指揮。

京畿路　京西路　南路　北路　京東路　東路　西路　陝西路

鄜延路　環慶路　秦鳳路　熙河路　京兆路　河北東路　淮南東路

西路

右下逐處，各可照驗。應宋之舊臣，或作藩鎮，並事新君；軍國之務，事無大小，一切聽其處分。敢有違誤，或妄稱恩舊，輒有動衆以擾軍民不獲安業者，即是叛命之人。夫趙氏累世之君也，猶以失道，假手于我；今大楚皇帝推戴，儻有拒命，雖有愛惜生靈，勸懲之義，當在必行，則玉石俱焚，豈能無之？宜所在曉悉此意，一切並聽節制，以副聖旨撫綏安寧之意。仍仰就便指揮，曉告所轄合干去處知悉，具依准施行狀申。

天會五年三月二十六日

〔校文〕

自爲戎首　吴本「自」上有「而」字。

朝廷爰舉義師　「爰」，吴本誤作「援」。

願割燕雲　硯本「燕雲」二字互倒。

其爲恩德不爲不多　前「爲」字原作「謂」，據錢本改。本書第三十一篇元帥府左副元帥右監軍右都監下所部事迹檄書此兩句作「其爲恩信不謂不多」。

不意宋人　「人」字原脱，據硯本、錢本、文淵閣本補。前檄書亦有「人」字。

潛包幸亂之謀　「幸」，原作「倖」，據錢本、文淵閣本改，與前檄書合。

據京爲叛　「京」，吴本作「城」。

及至追索　「追」，吴本作「取」，錢本作「催」，硯本奪。

彼尚飾以僞辭　硯、吴、錢三本無「彼」、「以」二字。

終爲隱諱　硯、錢二本「隱」字闕文。

反擾民户　吴本「反擾」作「擾及」。硯、錢二本「反」作「及」。

所有歲貢 「貢」，原作「幣」，據硯本、吴本、錢本改，與前檄書合。

背德忘恩 吴、錢二本「德」作「義」，「忘」誤作「亡」。硯本「背」下闕文。

依前催索 「催」，原作「摧」，他本皆作「催」，兹據改。

況事皆已往 硯、吴、錢三本無「皆」字。

遂降朝旨 「旨」，硯、吴、錢三本誤作「廷」。

仍以狂辭 「狂」，吴本、錢本作「强」，形似致誤。前檄書亦作「狂」。

反云夏人納款 「反」，硯、吴二本誤作「及」。

已爲周至 「已」，硯、吴、錢三本作「以」。

裁之在我 「在我」，硯、吴、錢三本作「所主」。

肯致私曲 「私曲」，原作「曲私」，據硯、吴、錢三本乙轉，與前檄書合。

豈期詭詐侮慢 「期」，原作「其」，據文淵閣本改，與前檄書合。

實闕不懼朝廷 「闕」，硯本、吴本誤作「開」。

號令滋張 「張」，硯本、錢本、文淵閣本作「彰」。

姑務責人 「責」，硯本誤作「青」。

遠奔淮甸 「甸」，原誤作「旬」，據錢本、吴本、文淵閣本改。

願割三鎮　「割」，硯、吳、錢三本作「以」。

援衆繼集　「援」，吳本誤作「接」。

子復背盟　「子」，硯本、錢本誤作「才」。

理無可恕　「恕」，硯本誤作「怒」。

變渝愈速　本書第一四〇篇行府下前宋宰執舉一人作「變渝迷執」。

父子所盟　「所」，錢本作「敗」。

頗亦廣袤　硯本脱「袤」字。

止爲弔伐　「爲」，吳、錢二本作「在」。

立爲屏藩　「屏藩」，硯、吳、錢、文淵閣四本二字皆互倒。

以主茲土　「主」，硯、錢二本作「王」。

不預此議　吳本「此」字下衍「意」字。

少主　「主」，錢本作「帝」，硯本闕文。

后妃已下　「后妃」，硯、吳、錢三本誤倒。

及委前宋文武百官　會編卷八十五三月十二日引此文作「應文武百官」，無「及委前宋」四字。

軍民僧道耆老　「耆」，錢本誤作「書」。

竊以本國前日將相　硯、吴、錢三本脱「以」字。

多是上皇時用事誤國之人　「是」字原無，他本皆有，兹據補。

亦繼以罪竄　文淵閣本無「亦」字。硯、錢二本「竄」作「罷」，硯本並奪「罪」字。案：此引前第一四四篇孫傅以下告立趙氏狀，原狀此句亦作「亦繼以罪竄」。

若舉于草澤之間　「于」，吴本誤作「子」。

若自元帥府特選立趙氏一人　硯、吴、錢三本脱「府」字。案：所引原狀「特」字下尚有「賜」字。

城中以及方外　「以及」二字原無，據吴本補。案：原狀亦有「以及」二字。

即便安帖　「便」，硯本誤作「使」。

永爲藩屏　「爲」字硯本闕文。

將所以必廢趙氏之意　錢本脱「將」字。

乞於軍前選立太宰張相公以治國事者　硯本、錢本脱「以」字。

同康王出質者也　硯、吴、錢三本無「也」字。會編「出」作「爲」。

既許尋舊好之後　硯、吴、錢三本「既」誤作「即」。

夜犯營寨　吴本、錢本「犯」字下衍「禁」字。

泥首曰　硯、吴、錢三本「泥」誤作「沉」。文瀾閣本無「曰」字，守山閣本依吴本補。

乃至和成　「乃」，錢本作「及」。

河北州縣　「河」，硯、吳、錢三本作「以」。

往往有可愍之意　硯本、錢本無「之」字。

雖威之以鋒刃　硯、吳、錢三本無「以」字。

欲引而南進曰　硯、吳、錢三本「而」字在「南進」下。

我身不可去　硯本脱「不」字。

城破之日　「城破」，原作「破城」，據硯本、錢本、文淵閣本乙轉。

賫狀勸請曰　文瀾閣本無「曰」字，守山閣本依吳本補。

允賴仁賢　「允」，錢本作「須」。

道奉三無　「無」，文淵閣本作「光」。

爲己私念　「念」，硯、吳、錢三本誤作「忿」。

曲詢衆議　「衆」，錢本作「群」，硯本闕文。

契勘　硯、吳、錢三本作「勘會」。

爲幸亦已深矣　文瀾閣本、文淵閣本、錢本此句下均衍「不可告立趙氏」六字，守山閣本依吳本删。

位冠冢司　「冠」，硯本誤作「寇」。

碩德偉望　「德」，硯本誤作「得」。

每勤勞於三事　「三」，硯、吳、錢三本作「王」。案：「三事」與上句「百工」相對成文，作「三」是。繫年要録卷三注引亦作「三」。

不以細行自飭　硯、吳、錢三本「細」作「小」，「飭」作「飾」。

不以固避自嫌　「嫌」，硯本、錢本作「謙」，吳本作「謹」。

又別有狀申行府　「又」，硯本、錢本、文淵閣本作「及」。

文武百官僧道耆老軍民　吳本此句上有「令」字。硯、吳、錢三本脱「百官」二字。

竊恐猶有辭讓　硯、吳、錢三本「恐猶」二字作「惟別」，繫年要録卷三注引作「虞別」。

伏望　「望」，吳本作「惟」。

早從輿望　硯本作「早望擧□」。

漢軍都統制劉侍中等　硯本、錢本無「制」字，硯本又誤重「侍」字。會編及繫年要録卷三注引「侍中」下有「彦宗禮部侍郎劉思應奉御前文字高慶裔」十七字，無「等」字。

同詣　「詣」，吳本誤作「議」。

由先有防備　錢本「由」字下有「以」字，「有」作「自」。

背立偃蹇　硯本脱「立」字。

持節備禮　硯、吳、錢三本無「持節」二字。

璽紱　原作「璽綬」，據硯本、錢本改。案：此引上第一六三篇册大楚皇帝文，原文亦作「璽紱」。

以撫斯民　「撫」，他本皆作「授」，所引册大楚皇帝文作「理」。

疆埸仍舊　「埸」，吳本、文淵閣本誤作「場」。

永作藩臣　「作」，硯本、錢本誤作「依」。

屹然不動　「動」，硯本誤作「勳」。

合行曉諭　「曉」，硯本、錢本、文淵閣本作「告」。

須議指揮　「指」，錢本作「旨」。

京兆路　「路」，硯本、錢本作「府」。

妄稱恩舊　「恩舊」，硯、錢二本二字互倒。

宜所在曉悉此意　「所在」，硯本、錢本二字互倒。

合干去處知悉　「干」，吳本、錢本誤作「于」。「悉」，硯、吳、錢三本誤作「委」。

〔考釋〕

案：宋史卷二十三欽宗紀，「靖康二年（一一二七）三月丁巳（二十七日），金人脅上皇北行。四月庚申朔，金人以帝及皇后、皇太子北歸」。是二帝北遷，均在三月二十六日發文之後，文中謂「其宋之道君、少主、后妃已下，並已北遷」，特以沮宋人之氣耳，非事實也。

（一七五）與楚計會陝西地書

天會五年三月二十七日，大金固倫尼伊拉齊貝勒左副元帥、皇子右副元帥，謹致書于大楚皇帝闕下：勘會承准朝廷降到大楚皇帝册文，「自黄河以外，除西夏新界，疆場仍舊」；并當府所奉宣命，「楚夏封界，就便從長分畫施行」者。今議定：東自麟府路洛陽溝，東底黄河西岸，西歷暖泉堡，鄜延路米脂谷，大谷，米谷，開光堡，臨夏城，聖塔谷，威戎城，萬安川，殄羌寨，盧關川，杏子堡，鵓鴿谷，萬全寨，木場口，累勝寨；環慶路威邊寨，麥川堡，定邊軍，賀家原，阿原堡，木瓜堡，九星原，通歸堡，定戎堡，卧山臺，興平城，巢寨谷，曙鷄嶺寨，秦市川，委布谷口；涇原路威川寨，賀羅川，賀羅口，板井口，通關堡，古蕭關，秋山堡，綏戎堡，秋鑁川口中路堡，秋鑁川堡，西安州，山前堡，水泉堡，定戎寨，亂山子，北谷川；秦鳳路通懷堡，打乘川，征原堡，古會州。自北直抵黄河，依見今流行，分熙河路盡西邊，以限楚夏之封。所有界至，如或指定地名城堡處所，内有出入懸邈者，相度地勢，各容接連，兩相從便分畫。布此悃悰，冀爲孚察。專奉書陳達，不宣。謹白。

〔校文〕

皇子右副元帥　吴、錢二本脱「右副」二字。

承准朝廷降到大楚皇帝册文　「承」字原無，他本皆有，兹據補。「朝廷」二字原無，據硯本、錢本、文淵閣本補。

疆埸仍舊　「埸」，吴本、文淵閣本誤作「場」。

東自麟府路洛陽溝東底黄河西岸　硯、錢、吴三本脱「洛」字。案：金史卷二十六地理志下記此事作「自麟府路洛陽溝距黄河西岸」。

暖泉堡　硯、吴、錢三本脱「堡」字。

米脂谷　硯本、吴本作「米脂寨」，錢本作「米脂谷米脂寨」。案：金史卷二十六地理志下記此事作「米脂谷」，無「米脂寨」三字。

開光堡　「光」，硯、吴、錢三本誤作「元」。案：下篇楚回書硯本、錢本仍作「開光堡」。

臨夏城　「城」，硯、吴、錢三本作「寨」。

盧關川　此三字原無，據吴本補。硯本、錢本作「盧閣川」。

木場口　「口」，硯本、錢本作「谷」。

賀家原　硯本脱「原」字。

木瓜堡　「瓜」，硯本、錢本誤作「苽」。案：宋史卷八十七地理志三、金史卷二十六地理志下環州有本瓜堡。

臥山臺　硯、吴、錢三本「山」字下有「寨」字，下篇楚回書各本均無「寨」字，此處蓋衍。

曙鷄嶺寨　硯、吴、錢三本「曙」作「序」。硯、錢、文淵閣三本無「寨」字。

古蕭關　錢本「古」字上尚有「蕭關」二字。硯本、吴本無「古」字。金史地理志記此事作「古蕭關」。

秋山堡　「山」，硯、吴、錢三本作「川」。

綏戎堡　「綏」，硯、吴、錢三本誤作「緩」。

秋鑁川堡　此四字原無，據硯、吴、錢三本補。

水泉堡　硯、吴、錢三本脱「堡」字。

打乘川　硯、錢二本此下有「征乘川」三字。

自北直抵黄河　硯、吴、錢三本「直」字下衍「至」字。硯本、錢本「抵」作「底」。案：金史地理志記此事作「自此距黄河」，金史卷一三四西夏傳亦記此事，作「自此直距黄河」，「北」皆作「此」。

所有界至　硯本、吴本脱「至」字。錢本「界至」作「地界」。

〔考釋〕

案：金史卷二十六地理志下、卷一三四西夏傳均記分畫楚夏疆界事，文與此略同。

（一七六）楚回書

天會五年三月日，大楚皇帝邦昌謹致書于國相元帥、皇子元帥：比遣使指，申諭夏疆。已附致於悃誠，復勤書于誨示。恭聞宣命，俾分畫之從長；兹奉令慈，指地名而開示。「東自麟府路洛陽溝，東底黄河西岸，西歷暖泉堡，鄜延路米脂谷，大谷，米谷，開光堡，臨夏城，聖塔谷，威戎城，萬安川，殄羌寨，盧關川，杏子堡，鵓鴿谷，萬全寨，木場口，累勝寨；環慶路威邊寨，麥川堡，定邊軍，賀家原，阿原堡，木瓜堡，九星原，通歸堡，定戎堡，卧山臺，興平城，巢寨谷，曙鷄嶺寨，秦市川，委布谷口；涇原路威川寨，賀羅川，賀羅口，板井口，通關堡，古蕭關，秋山堡，綏戎堡，鍬钁川口中路堡，鍬钁川堡，西安州，山前堡，水泉堡，定戎寨，亂山子，北谷川；秦鳳路通懷堡，打乘川，征原堡，古會州。自北直抵黄河，依見今流行，分熙河路盡西邊，以限楚夏之封。其間懸邈，各許相度其宜，以至接連，兩相從便」。已具遵於定議，當即接於伻圖。其或未安，尚容再禀。仰祈英鑒，洞照微衷。謹奉書復，不宣。謹白。

〔校文〕

復勤書于誨示　硯、錢二本脱「示」字。

洛陽溝　硯、吴、錢三本脱「洛」字。

暖泉堡　硯、吴、錢三本脱「堡」字。

米脂谷　硯、吴、錢三本此下有「米脂寨」三字。

開光堡　「光」，吴本誤作「元」。

臨夏城　「城」，硯、吴、錢三本作「寨」。

盧關川　此三字原無，據硯、吴、錢三本補。

累勝寨　「寨」，硯本誤作「蹇」。

木瓜堡　「瓜」，硯本、錢本誤作「苽」。

興平城　「興」，硯本誤作「與」。

曙鷄嶺寨　硯、吳、錢三本「曙」作「序」。硯、錢、文淵閣三本無「寨」字。

委布谷口　硯、吳、錢三本作「委布川」。

古蕭關　吳本無「古」字。硯本、錢本此三字上另有「蕭關」二字。

秋山堡　「山」，硯、吳、錢三本作「川」。

綏戎堡　「綏」，硯、吳、錢三本誤作「緩」。

鍬钁川堡　此四字原無，據硯、吳、錢三本補。

水泉堡　硯、吳、錢三本脱「堡」字。

打乘川　錢本此下有「征乘川」三字。

自北直抵黄河　吳、錢二本「直」下有「至」字。

依見今流行　硯、吳、錢三本脱「依」字。

各許相度其宜　「其」，錢本作「便」，硯本脱。

英鑒　「鑒」，原作「覽」，據吳本、錢本、文淵閣本改。

（一七七）楚與二帥書求還孫傅等

〔據徐夢莘三朝北盟會編袁祖安排印本卷八十七靖康二年三月二十八日戊午補。〕

比瀝懇誠，仰干恩造。丐舊臣之復職，蒙英亮而遣還。已荷隆私，尚餘至悃。伏念撫封之始，尤先盡節之褒，庶靖國人，以彰名教。孫傅、張叔夜、秦檜，緣請存於趙氏，遂留寘於軍中。既知狥義於前朝，必能悉心於今日。恭惟上國，方擴宏圖，以忠孝而勵群臣，以信誼而開鴻業，宜蒙寬貸，使獲旋歸。式昭聖度之仁，垂副愚衷之願。其於虔叩，曷究敷宣。

〔校文〕

比瀝懇誠　「比」，許本、文淵閣本作「披」。

蒙英亮而遣還　「亮」，許本、文淵閣本誤作「豪」。

伏念撫封之始　許本脱「伏」字，「封」作「邦」。

必能悉心於今日　「悉心」，許本作「悉忠」，文淵閣本作「盡忠」。

式昭聖度之仁　「聖」，原作「全」，據許本、文淵閣本改。

其於虔叩　「於」，原作「如」，據許本、文淵閣本改。

〔考釋〕

案：會編卷八十七，「靖康二年（一一二七）三月二十八日戊午，粘罕軍交割京城」，將北歸。「張邦昌與二酋書，求還孫傅、張叔夜、秦檜三人」。

（一七八）復楚書

〔據徐夢莘三朝北盟會編袁祖安排印本卷八十七靖康二年三月二十八日戊午補。〕

早承懿諭，願還舊臣。以爲「馮澥國之老成，郭仲荀衆所推許，此外臣僚，如非欲留之人，乞下遺還之令」。其已放歸者，係裨贊時政，或有未還者，俱欲留□□□□。仰冀照知，無煩理會。

〔校文〕

以爲馮澥　「爲」，原作「謂」，據許本、文淵閣本改。

衆所推許　「許」，許本、文淵閣本作「信」。案：邦昌原書（本書第一七一篇）作「許」。

如非欲留之人　「非」，原誤作「有」，據許本改，與原書合。文淵閣本誤作「或」。

無煩理會　「煩」，許本、文淵閣本誤作「賴」。

〔考釋〕

案：會編卷八十七靖康二年（一一二七）三月二十八日戊午引僞楚録云，「書皆邦昌親筆。二酋見書大怒，謂取三人者，其欲復講前日之事耶？於是面詰再三。且云：今日若縱兵，非無名，當觀釁而動。張懼不能答」。

（一七九）與楚減免銀絹錢書

天會五年三月二十九日，固倫尼伊拉齊貝勒左副元帥、皇子右副元帥，謹致書于大楚皇帝闕下：會驗宋時除依遼國舊例，歲輸銀絹五十萬兩疋外，别納錢一百萬貫，初以代燕地所出。今若依例輸納，且念地既分割，民有凋弊，特免錢一百萬貫，減放銀絹二十萬兩疋；每年只議納三十萬兩疋，銀絹各半，其數亦依舊例交割。布此悃悰，冀爲照察。專奉書陳達，不宣。謹白。

〔校文〕

減放銀絹二十萬兩疋　硯、吴、錢三本脱「兩」字。

每年只議納三十萬兩疋　硯、吴、錢三本「只」作「共」，脱「兩」字。

照察　硯、吴、錢三本「照」作「亮」。

專奉書陳達　「書」字原脱，據文淵閣本補。

〔考釋〕

案：此書會編繫三月二十八日。

（一八〇）楚謝減銀絹錢書

天會五年四月日，大楚皇帝邦昌謹致書于國相元帥、皇子元帥：重勤書誨，祇荷令慈。惟前朝之所輸，准定數而有例。俯念地土割裂之後，方當人民凋弊之餘，曲賜寬矜，務從蠲減。「除特免錢一百萬貫外，減放銀絹二十萬兩疋，每年只議納三十萬兩疋，銀絹各半，其數一依舊例交割」。所蒙指諭，悉已遵承。其于感戴之心，難盡敷陳之素。仰惟聰哲，深亮悃誠。謹奉書陳復，不宣。謹白。

〔校文〕

重勤書誨　「誨」，文瀾閣本誤作「悔」，守山閣本以意改。硯、吴、錢、文淵閣四本皆作「誨」。

祇荷令慈　「令」，錢本作「矜」。

准定數而有例　硯、吴、錢三本「例」作「舊」。

地土　吴本此二字互倒。

務從蠲減　「務」，原作「悉」。會編卷八十七靖康二年（一一二七）三月二十八日引此文作「務」，兹據改。

除特免錢一百萬貫外　「除」字原脱，據文淵閣本補。

每年只議納三十萬兩疋　吴本、錢本「只」作「共」。錢本脱「兩」字。

交割　「割」，硯、吴、錢三本作「納」。

悉已遵承　「承」，會編引作「奉」。

仰惟聰哲　「哲」，會編引作「察」。

〔考釋〕

案：上篇發文時日作三月二十九日，本篇及下篇但書四月，不記日。案是年三月小盡，翌日即爲四月一日。金軍於三月二十九日北撤，「四月一日金人兵去絶」，則上篇發書之日，即撤軍之期；而本篇及下篇不得遲於四月一日以後。會編此三篇俱繫三月二十八日，不免籠統。

（一八二）楚回書

天會五年四月日，大楚皇帝邦昌謹致書于國相元帥、皇子元帥：祇領華緘，具欽隆指。

城破不取，已歸全度之仁；軍賞姑停，載荷哀矜之賜。以至蠲免歲納之數，悉繫始終恩顧之私。惟頂踵之所蒙，雖膚髮而可割。所有三十萬兩疋，纔候措置就緒，請依令旨排辦。伏祈英亮，垂鑒卑悰。謹奉書陳復，不宣。謹白。

〔校文〕

具欽隆指　「具」，硯、吴、錢三本誤作「且」。

請依令旨排辦　「請」，硯本、吴本作「諸」。

（一八二）元帥右監軍與楚書

天會五年七月日，元帥府右監軍謹致書于大楚皇帝闕下：昨者宋人不幸，趙氏敗盟，由此出師，至於國都，乃廢宋而造楚，本以示懲勸于後來者也。班師之日，定約具存。貴心腹以相知，凡事爲而必達。距今累月，曾無一音。緬想其間，不知何似。所約陝西之地，以屬夏國之疆；頃被彼人，請分兹土，伏冀早爲割畫，用副悃誠。暌違去此既遥，動静於兹未悉。回復之際，次第相聞。商氣方清，願膺繁戩。今差朝散大夫、少府少監、飛騎尉、

□□縣開國男、食邑三百户、賜紫金魚袋牛慶昌，六宅使、銀青榮禄大夫、檢校太子賓客、兼殿中侍御史、雲騎尉樂詵，專奉書陳達，不宣。謹白。

〔校文〕

曾無一音　「曾」，硯、吴、錢三本誤作「聞」。

以屬夏國之疆　「以」，錢本作「已」，通。

早爲割畫　「畫」，硯、吴、錢三本誤作「獲」。

回復之際　「回」，吴本誤作「同」。

商氣方清　「商」，錢本誤作「商」。

殿中侍御史　「侍」，原誤作「待」，據吴、錢、文淵閣三本改。

〔考釋〕

案：張邦昌于靖康二年（一一二七）四月十日避位，元祐皇后垂簾聽政；康王于建炎元年（一一二七）五月一日即皇帝位。畢鑑卷九十八建炎元年六月乙亥（十七日）記云，「一日，有金使牛大監等八人，以使僞楚爲名，直至京師。澤曰：『此覘我也。』命白留守范訥械纍之。」所記金人遣使月份與此文不同。

（一八三）康王與帥府通問

〔按此係金守邊人録白康王書，申帥府文字，標目似誤。〕

今月十九日，准黄河南岸遣過兵士丁俊、馬立等二人，賫到稱「大宋皇帝奉使國相元帥通問所」牒封，當府照到來牒上題寫「大宋」二字，尋與都統所同共商量，爲國號不同，不敢收留，已回牒却於元差來人處賫回，及已具申稟元帥府施行。候奉到指揮，别行牒去訖。今録白通問所元來公文粘連在前，須至申復者。

右謹如前，伏乞元帥府照驗施行。

天會五年七月二十六日。

〔校文〕

通問所牒封　「牒」，吴本、錢本誤作「諜」。

元差來人處賫回　「處」，原作「取」，他本皆作「處」，兹據改。

〔考釋〕

(一)案：會編卷一〇九建炎元年(一一二七)七月四日壬辰引傅雱建炎通問録曰：「得旨，差雱河東路，奉使國相元帥。當日授告。七月盡間方到鞏縣。便差人賫大宋通問所牒去大金國河陽府投下，乞計會差借船隻渡河。蒙河陽知府張巨侍郎回牒稱：『爲是國號不同，難以過河。』即時備録申朝廷外，一面再移河陽稱：『係是于貴朝通問，事理急速，不敢住滯，欲乞早希公文回示。』再蒙河陽府回牒稱：『是國號不同，未敢擅便放令人使渡河，已申上畔指揮。候得指揮，别行關報前去。』至第九日，方得河陽關報稱：『今來已得上畔指揮，許令南使渡河。仍打減人從，方得擺渡。』自河陽府至雲中一千八百里來，往回共九日，得上件關報回。接伴使副兩人俱至，正使是王秉彝學士，副使是契丹蕭太尉。」

(二)案：本篇標題欠確切，應是「河陽府申稟元帥府文」。題注亦誤。蓋河陽府録白申報者，爲宋通問所牒文，非康王國書也。注作「康王書」，非是。

(三)案：宋史卷二十四高宗紀「建炎元年(一一二七)六月戊寅(二十日)，遣宣義郎傅雱使河東軍前」。下篇康王書即作六月。會編繫七月四日，則爲授告之日。本文以七月二十六日發，以時計之，正雱奉使時也。

（一八四）康王書

建炎元年六月日，大宋皇帝致書于大金國相元帥帳前：蓋聞天屬所繫，遇患相收。鄰國之交，行道爲福。輒披哀懇，用徹聰聞。顧大義之當然，宜高懷之洞照。痛念本國遠通貴朝，原其浮海之初，各有誓山之志。事有可恨，謀因不臧，一變歡盟，重罹禍故。興言及此，雖悔何追。

昨爲將命之行，深冀接辭之幸。取道偶異，有懷弗宣。逮提入衛之師，承奉再和之詔。初謂登陴而不下，荷德何言；終聞舉族以偕行，措躬無地！便欲自投於死所，莫能終拂於輿情。繼體非心，抆泪盈握，早夜以思，投告無所。乃惟博達，必照幾微。天有常理，不多上人者，蓋識消息盈虚之數；天無私覆，非大無道者，皆有扶持安全之心。諒國相元帥，特擴大度，深矜至衷。資二帝之南還，擇六宫而偕行。無留宗族，併返官聯。上承天地好生之心，俯慰黎元願息之意。倘施恩之出此，宜圖報之何如！四海流聞，必服柔而慕德；上穹降鑒，亦眷佑以垂休。兹惟治國之遠圖，不特冲人之私幸。炎蒸在候，調護惟宜。所有二帝諸后問安表牋，併望指揮，即令通達，許人進見，以慰敻敻瞻慕之心。有少禮物，具如別幅。謹白。

〔校文〕

致書于大金國相元帥　硯本、錢本、文淵閣本無「于」字。

洞照　「洞」，吴本作「鑒」。

逮提入衛之師　「逮」，吴本作「遠」。

承奉再和之詔　「奉」，硯、吴、錢三本作「命」。

終聞舉族以偕行　「偕」，硯本、錢本誤作「階」。

抆泪盈握　「抆」，吴本誤作「收」。

早夜以思　硯本、錢本脱「早夜」二字。吴本「早」作「寢」。錢本「以」作「已」，通。

乃惟博達　「博」，硯本、錢本誤作「慱」。

天有常理　硯本、錢本作「理有天常」。

上人　「上」，硯本、錢本作「尚」，通。

無道　「無」，他本皆作「亡」，通。

特擴大度　「特」，錢本誤作「持」。

資二帝之南還　吴本脱「資」字。硯、吴、錢三本「還」作「遷」。

擇六宫而偕行　「行」，他本皆作「從」。

所有二帝諸后　硯、吴、錢三本無「所」字。

以慰夐夐瞻慕之心　文淵閣本無「夐夐」二字，硯、錢二本不重「夐」字。

〔考釋〕

案：本篇爲康王即皇帝位於南京後初次致金國書，即傳雱賫去者也。參看上篇考釋一、三。

（一八五）回康王書

天會五年十月四日，元帥右監軍、右都監同致書于前宋康王閤下：且以亡宋累違誓約，故前年有城下之盟。洎成之後，不務遵奉，反圖不軌；雖使悔之，終無悛改，故今年有滅國之舉。汴人既與執迷，理宜夷戮，而登城不下，擇立賢人，蓋以罪有所歸，肯多上人而違安全之心乎？至於告論諸路，不許復思趙氏，亦使後世爲人上者，怵於盟信，不敢放縱，以爲深戒，豈是已甚耶？

今閤下身既脱網，亦合守分，輒敢竊入汴邑，僭稱亡號，遣使詣府，一無遜辭；反求父兄宗親官聯，而陰遣軍兵，頻來戰鬥。詳味其意，全無追悔父兄之誤，特有以力抗拒之心。況朝廷所立大楚皇帝，不言所在之處；帥府議定割與夏國陝西諸路之地，有無已未依從，難議允聽。今因人使回，專奉書陳達，不宣。白。

〔校文〕

且以亡宋累違誓約　「且」，錢本作「日」。「且」疑爲「昨」字之誤。下第一八七篇伐康王曉告諸路文字首句作「昨爲宋人不守恩義」，可證。

洎成之後　錢本「洎」字下「成」字上空一字。

理宜夷戮　錢本「宜」作「共」。文淵閣本此句作「理應共戮」。

擇立賢人　「立」，錢本誤作「之」。

蓋以罪有所歸　吴本「蓋」上有「則」字。

肯多上人而違安全之心乎　硯、吴、錢三本「安全」二字互倒。

輒敢竊入汴邑　硯、吴、錢三本無「敢」字。

僭稱亡號「亡」，原作「王」，據硯、吳、錢三本改。案：此指稱「大宋皇帝」而言，若「王號」，則文中固已稱爲「康王」矣。作「亡」是。

況朝廷所立大楚皇帝硯本誤重「朝」字。

白吳本此字上有「謹」字。

（一八六）宋前主與粘罕書

〔據叢書集成本宋蔡絛撰北狩行録補。〕

某自北來，衆所鄙棄，獨荷左右見憐，故知英雄度量與俗不同也。嘗欲通書於左右，而自卜自疑，因循至今。某聞惟大英雄之人，然後能聽大度之言，敢略陳固陋，惟左右留神省察。

古之君子，莫不以濟世安民爲己任。故有一國士者，止能安一國之人，有天下士者，然後能安天下之人。是以堯舜禹湯之君，而輔以臯夔稷契之臣，則日月所照，風雨所及，莫不被其澤。載在典籍，昭然可考，不止一二陳也。且以近事言之：昔唐之太宗，起自晉陽，奄有天下，征伐荒外，西破高昌，北擒頡利，可謂皇帝之師，莫强乎天下也。而遠思長久之計，致突厥稽首戴恩，嘗爲北藩。故唐之亡也，終賴沙陀以雪國耻。又匈奴冒頓單于，圍高祖於白登，七日不食，當時若欲取之，如俯拾地芥。冒頓單于不貪近利，以爲遠圖，使高帝得歸，以奉祭祀，故得歲受繒幣，舉中國珍寶玉帛，奉約結好。後匈奴國亂，五單于争立，終得宣帝擁護呼韓。近契丹耶律德光，責石氏之失約，長驅至汴，舉石氏宗族遷之北荒，然中國之地亦不能守；以至糜爛灰燼，數十年之間，生靈肝腦塗地，而終爲劉知遠所有。比之唐太宗、冒頓單于，其英雄度量，豈不爲相去遠哉！

先皇帝初理兵於遼東，不避浮海之勤，而請命於下吏。蒙先皇帝約爲兄弟，許以燕雲。適雲中妄人，嘯聚不逞。某之將臣巽懦，懷首鼠之兩端；某以過聽，惑於謬悠之説。得罪於大國之初，深自尅責，去大號，傳位嗣子，自知甚明，不敢怨尤。近聞嗣子之中，有爲彼人之所推戴者，非嗣子之賢，蓋祖宗德澤在人，至厚至深，未易忘也。不審左右欲法唐太宗、冒頓單于，受興滅繼絶之名，享歲幣玉帛之好，保國活民，爲萬世法耶？抑欲效耶律德光，使生靈塗炭，而終爲他人所有耶？若欲如此，則非某所知；若不欲如此，當遣一介之使，奉咫尺之書，諭嗣子以大計，使子子孫孫，永奉職貢，豈不爲萬世之利哉！伏惟左右以命世之才，當大有爲之時，必能聽大度之言也。

昔人有爲趙使秦者。秦王問：趙可伐與？趙使對曰：里人有好色者。好色之患，世所共知，而母言之，則爲賢母；妻言之，則爲妬婦。今日之事，大類是矣。惟麾下多賢，必能審處。

言欲盡意，不覺覼縷。伏望台慈，有以鑑察，幸甚！幸甚！

〔校文〕

可謂皇帝之師　「謂」，原作「請」，以意改。

致突厥稽首戴恩　「致」，原作「知」，以意改。

秦王問　「王」字原無，以意補。

〔考釋〕

（一）案：蔡鞗北狩行録云，「太上自燕京遷居虜部相府院，每思宗社，寢膳俱廢。一日謂都尉蔡鞗曰：『建炎中興，億兆攸歸，奄有江左。雖居沈刦，思有少助繼天之祚。今草得一書，欲厚遺本路都統，求通於左副元帥。卿爲我與秦檜商量，更潤飾之。』明日，具酒餚邀本路都統。後聞其書得達粘罕」。金史卷七十四宗翰傳，「昏德公致書『請立趙氏，奉職修貢，民心必喜，萬世利也』。宗翰受其書而不答」。

（二）案：徽、欽二帝自燕京徙居中京，居相府院，宋史卷二十四高宗紀、建炎以來繫年要録卷九，均繫建炎元年(一一二七)九月庚子(十三日),畢鑑卷一百宋紀從之。金史卷三太宗紀則繫是年十月辛未(十五日)。兹從金史。北狩行録謂是書爲徽宗居相府院時所作,則在十月間矣。

(一八七)伐康王曉告諸路文字

元帥府:勘會昨爲宋人不守恩義,反圖不軌,故天會三年初有問罪之辭。趙佶以前非罪己,棄位奔逃;嗣子桓幸釁稱君,哀鳴請命,割其三府,復講舊歡。既而誓墨未乾,叛音薦至;王師才退,賊衆仍集。故天會四年復興亡宋之師。汴城既克,趙氏遂遷。原其士民,附于昏德,各宜誅戮,以徇狂迷。然朝廷以爲罪既有歸,愚民何咎?乃立太宰張邦昌爲大楚皇帝,以主斯民。此亦朝廷有大造于宋也。

不期蒼穹降禍,汴邑更端,推戴趙構,妄稱興復。阻絶津路,敢肆窮兵。遂使武士死於鋒刃,填於溝壑;居民苦於流離,無有聊生。猶自數犯疆埸,搔擾邊民。且趙構雖係亡宋之餘,是亦匹夫,非衆人共迷,無由自立。此無知之構飾,巧端肇亂,人心亦惑於巧説,以致于此。是知罪亦係于輿人。故復承嚴令,重申大伐,統領重兵,諸路齊進。

趙佶嘗誇「本朝幅員萬里,居民散漫」;蓋以朝廷裂全燕益其國,縱常勝增其力,此其所以恃賴已甚,貪求無厭,反圖不軌之由也。全燕、常勝皆復歸化。外并晉之地,古謂雄藩，趙魏之民，舊稱富庶，前此之際，尚不能禦，悉爲我有。況又關西、隴右，亦云驍鋭，别有圖謀之計。趙氏之所恃者，汴洛殘民而已，其餘不可言也。以我雄師，何往不獲，期在必克，指日定亂。此非威脅，人所共知。

若趙構曉悉此意，親詣轅門，悔罪聽命，則使與父兄圓聚，復立大楚而已。如張氏已遭鴆毒，則别擇賢人，使斯民有主而已，秋毫無犯。若或仍敢恣狂，終無悛悟，即許所在士民僧道齊心擒送，以靖國難。若亦不慎去就，稍拒官軍，不即擒送，及不住擾亂新邊，即是以迷固迷，與亂同道，自取塗炭，罪宜不宥，累年征討，定無蘇息。今特曉告，須議指揮。

右下應係亡宋諸路州府軍縣官僚僧道耆老軍人百姓，可各照會，審擇長計，無招後悔。付逐處，准此。

天會五年十二月二十三日。

〔校文〕

割其三府　錢本脱「三」字。

以徇狂迷　「狂」，硯、吴、錢三本作「强」。

然朝廷以爲罪既有歸　「以爲」，硯本作「以謂」。

鋒刃　「刃」，原誤作「刀」，他本皆作「刃」，兹據改。

溝壑　硯本此二字誤倒。

猶自數犯疆場　「自」，硯、錢二本誤作「有」。「場」，他本皆誤作「塲」。

巧端肇亂　文淵閣本「肇」上有「以」字。硯、吴、錢三本「肇」作「惑」。

以致于此　「于」，硯、吴、錢三本作「如」。

復承嚴令　「復」，錢本作「仰」，硯本、吴本誤作「犯」。

統領重兵　「統」，原誤作「純」，據硯本、錢本改。

居民散漫　「居民」，以前各篇多作「民居」。

舊稱富庶　「舊」，吴本作「素」，錢本作「昔」，硯本闕文。

前此之際　「前」，錢本誤作「全」。

期在必克　「期」，吴本誤作「其」。

如張氏已遭鴆毒　「鴆」，硯本誤作「鵠」。

秋毫無犯　「無」，硯、吴、錢三本作「肯」。

恣狂　「狂」，硯、吴、錢三本作「强」。

稍拒官軍　硯、吳、錢三本「軍」字下衍「者」字。

累年征討　「討」，吳本作「伐」。

今特曉告　硯、吳、錢三本誤作「今曉告示」。

指揮　「指」，硯、錢二本作「旨」。

〔考釋〕

案：金史卷六十交聘表上，「天會五年（一一二七）十二月丙寅，宗輔伐宋」。同書卷三太宗紀，「丙寅，右副元帥宗輔伐宋」。案是年十二月丙寅爲十一日，文作二十三日，表、紀早十餘日，蓋曉告文字在師行之後始發也。

（一八八）天會四年冬，元帥伐宋，師次高平，先遣烏凌噶思謀天使入汴致書，至五年二月六日廢宋少主桓爲庶人實録。

〔宋中書舍人孫覿撰。〕

天會四年十一月十六日，大金固倫尼伊拉齊貝勒左副元帥自太原進兵，次澤州。十七日，至高平。先遣使烏凌噶思謀致書宋少主以興師問罪之意。議欲割河爲界，俾分遣大臣詔諭河東北兩路兵民交割；仍先具凡所聽命不違國書還報。烏凌噶思謀即日馳馬上道。十九日，渡河。河上守卒無一人在者，聞天軍至，悉散去矣。所過，居民藉藉有語，往往瞋目相視。間關數百里，二十日次汴都。忽遇南軍數百騎，圍之數重，城門閉，不得入。日已夕，詔開順天門，館於都亭驛。越一日，入見崇政殿，跪致書，具申諭書意，并欲干戾人蔡京、童貫、王黼、李綱、吴敏、陳遘、詹度、馬擴、張孝純家屬等九人執赴軍前。

宋主即日報書，引咎自責，祈請備至。遣門下侍郎耿南仲、同知樞密院事聶昌，持詔分畫兩河四十四州軍。詔意大抵謂「爲人父母，豈忍爲此，蓋不獲已。苟全汝生，猶吾民也，勿懷顧望」。

抵晚陛辭，復令騎吏數百護送出關，宿瓊林苑。軍士相聚謗駡，通夕不敢寐。遲明遂行。約二十五日次河陽，遇元帥，遂引兵而南。河流淺涸，不用船筏，策騎而渡。閏十一月二日，駐汴之青城。三日，復遣烏凌噶思謀同借保静軍節度使蕭慶、借司農少卿楊貞幹致書，欲畫河内州郡，并前次使人所索官吏漏落之數，如蔡攸、徐處仁、王安中、李彌大、劉韐、折彦實、折可求、吕仲、王稟及趙良嗣、蔡靖、高世由、范直方、滕茂實、李嗣本家屬，並約少主出城會盟，以示大信。烏凌噶思謀持書扣城，城上皆持滿相向，遂駐射。又策馬前諭使旨，復投矢石見拒。薄暮傳詔，繼而止舍都亭驛。七日，入見崇政殿致書。八日得旨，詣都堂與三省長官何㮚等集議。報書第言「始割三鎮，即遣馮澥、李若水如約；復議畫河，又遣耿南仲、聶昌分詣」，而會盟不從。九日，陛辭，出安上門復命。

十四日，又遣烏凌噶思謀致書云：「使還，少主以會盟爲疑，可遣右僕射何㮚赴軍前計議，而以上皇、皇弟越王、太子爲質。」翌日，烏凌噶思謀病臥館中，不能朝，詔中使挾醫馳視。十七日，得旨，乘肩輿入對，不拜，詔内侍給扶。奏事畢，免辭謝。以皇伯保順軍節度使、開府儀同三司安康郡王士説、同馮澥計議，留何㮚不遣。詔烏凌噶思謀乘臥輿還報。既還，止帳中，元帥飭遣數醫臨視。黎明，力疾詣帥府復命以歸。二十四日，疾有瘳。二十五日，大軍自南壁登城。元帥傳令，不得輒下城縱掠。二十七日，宋少主遣宰相何㮚、中書侍郎陳過庭、皇弟濟王栩請命。二十九日，又遣皇叔燕王俁、越王偲、皇弟鄆王楷、景王杞、濟王栩、祁王模、莘王植、徐王棣、沂王㮙、和王栻、信王榛，凡一十一人，請命於元帥而不得見。第遣皇弟四人還諭少主，令速出郊。三十日昧爽，少主素隊出南薰門，大臣侍從親王等從者四百人。烏凌噶思謀傳元帥旨迎勞少主畢，遂館伴少主於青城。宰執泣。

十二月二日，少主降服，上表稱臣待罪。表云：「長驅萬里，遠勤問罪之師；全庇一宗，仰戴隆寬之德。感恩念咎，俯極危衷。臣猥以眇躬，奉承大統，懵不更事，濟以學非；昧於知人，動成過舉。重煩元帥，來攻陋邦。三里之城，已失藩維之守；九廟之祀，幾成煨燼之餘。不圖深仁，曲假殘息。兹蓋伏遇伯大金皇帝乾坤之德甚溥，日月之照無私。不怒之威，既追縱於湯武；好生之德，且儷美於唐虞。弗念一夫之辜，特全萬人之命，宇宙載肅，宗廟復安。文軌既同，永託保全之惠；雲天在望，徒深向往之誠。臣謹奉表稱謝以聞。」

表入，復令易服稱謝爲待罪云。焚香贊拜，禮畢，見元帥於端成殿。酒三行，烏凌噶思謀復陪少主入城，次南薰門。城中官吏軍士父老持香花迎於門内者，填塞道路；呼萬歲，聲徹數里，悲涕交下。少主泣涕不止。少主還内。館烏凌噶思謀於都堂。

始括馬幾萬匹，又出内帑千萬縑犒軍。惟金銀表段不能副所須。詔開封府尹：「自府庫洎臣寮戚里大姓之家，悉皆蒐取。」而所得不及百之一。少主自是不御殿，惟坐祥曦小殿見使人等。

五年正月九日，元帥以書約少主議事。使烏凌噶思謀復館伴少主於青城，親王位西廡下。始取冠冕法服、上所尊號玉册、大駕、法駕、鹵簿、五輅、副輅、九鼎、八寶、國子監書板、三館祕閣四部書、太常禮物、大成樂舞、明堂大内圖，以至乘輿服御珍玩之物，翰林醫官、教坊樂工、宫人内侍，各以百十數。少主日遣使數輩，降親札督責有司，輦致軍前。

二月六日，出大金皇帝所降詔，廢宋少主，素服望闕伏拜受詔，大臣親王侍從皆從。禮畢還館。讀詔云：「既爲待罪之人，自有易姓之事。」廢帝抒思良久，易衣撤榻乃坐。諸王在旁，流涕嗚咽。元帥即遣左丞馮澥、樞密曹輔入侍廢帝，大臣何㮚以下悉散從軍中。

薄晚，元帥傳諭廢帝，親筆召太上皇、太上皇后、妃嬪帝姬以下，悉詣軍前。翌日，太上皇、太上皇后鄭氏出城。元帥使烏凌噶思謀出迎，且辨奸詐。即引入與廢帝同館。廢帝詣上皇，相持號慟。上皇獨毅然不改容，曰：「天之所廢，吾其如天何！」未幾，諸王嬪御以下畢至，親王二十八人，帝姬一十五人，皇太子一人，諸王男女一十六人。

元帥日遣使問上皇、二后、廢帝起居，供饋甚厚。凡所需用，悉取無禁。遣馮澥、曹輔出館。

〔校文〕

師次高平　硯、吴、錢三本「高平」下有「縣」字。

先遣烏凌噶思謀天使入汴致書　硯、吴、錢三本「凌」作「陵」，無「噶」字。下同。

廢宋少主桓爲庶人　吴本「桓」字上有「趙」字，硯本「桓」字上衍「立」字。

至高平　「至」，硯、錢二本作「次」。

先遣使烏凌噶思謀　「先」字原無，據硯、吴、錢三本補。

議欲割河爲界　硯、吴、錢三本無「議」字。

間關數百里　「關」，原作「鬨」，據硯本、錢本、文淵閣本改。

城門閉不得入　吴本脱「城門閉」三字。

具申諭書意　「諭」，吴本誤作「議」。

陳遘　「遘」，硯本、錢本誤作「通」。

九人執赴軍前　「人」，吴本誤作「月」。

蓋不獲已　「獲」，硯本、錢本誤作「復」。

猶吾民也　「猶」，硯、吴、錢三本作「皆」。案：前第一〇四篇宋主與河北河東敕亦作「猶」。

瓊林苑　「苑」，吴本誤作「院」。

相聚謗罵　「謗」，錢本作「詬」。

約二十五日次河陽　「五」，原作「六」，他本皆作「五」，兹據改。

不用船筏　「船」，硯本、錢本作「舡」。

策騎而渡　吴本「騎」作「馬」，「渡」作「度」。

汴之青城　「汴」，硯、吴、錢三本作「都」。

王稟　吴本誤作「王秉」。

烏凌噶思謀持書扣城　硯、吴、錢三本「謀」下有「等」字。

又策馬前諭使旨　「諭使旨」，吴本作「使再扣」，錢本誤作「使二日」，硯本誤作「諭使二日」。案：「二日」爲「旨」字之誤。

繼而止舍都亭驛　硯、錢二本作「繼止都亭驛」，吴本誤作惟止都亭驛」。

入見崇政殿致書　硯、吴、錢三本無「致書」二字。

集議　硯、吴二本「集議」下衍「詣」字。

報書第言　錢本「報」字上有「獲」字。

又遣烏凌噶思謀致書云　硯、吴、錢三本「謀」字下有「等」字。

挾醫馳視　硯、吴、錢三本「醫」上有「太」字。

士説　原作「仕訥」，據硯、吴、錢三本改。

元帥飭遣數醫臨視　錢本無「飭」字。

黎明　「明」，原誤作「日」，據文淵閣本改。

力疾　「力」，吴本作「扶」，錢本作「輿」，硯本闕文。

詣帥府復命　硯、吴、錢三本脱「府」字。

燕王俁　「俁」，硯、吴、錢三本誤作「侃」。

奉承大統　「大統」，吴本、錢本作「天統」。案：原表（本書第一二五篇宋主降表）即作「大統」。

來攻陋邦　「來攻」，硯、吴、錢三本作「遠止」。案：原表亦作「來攻」。

幾成煨燼之餘　「煨燼」，原作「煨爐」，他本皆作「煨燼」，兹據改。

乾坤之德甚溥　硯、吴、錢三本作「乾坤之施甚博」。

宇宙載肅　「宙」，硯本、錢本誤作「廟」。

見元帥於端成殿　吴本、錢本「元帥」作「二帥」，「成」誤作「城」。

括馬幾萬匹　「匹」，原作「疋」，據文淵閣本改。

内帑千萬縑　硯、吴、錢三本「千」上有「一」字。

惟金銀表段　硯、吴、錢三本脱「惟」字。

大姓之家　「大」，硯本、錢本誤作「夫」。

祥曦小殿　「小」，吴本誤作「少」。

使烏凌噶思謀復館伴少主　「使」，硯、吴、錢三本作「十日」。

宫人　「宫」，硯、吴、錢三本誤作「官」。

望闕伏拜受詔　硯、吴、錢三本無「伏拜」二字。

自有易姓之事　「自」，硯本誤作「各」。

抒思良久　「思」，硯本、錢本誤作「恩」。「久」，硯本闕文。

帝姬以下　「帝」，硯、吴、錢三本誤作「皇」。

元帥使烏凌噶思謀出迎　硯、吴、錢三本「使」字作「復令」。

與廢帝同館　「同」，硯本誤作「問」。「館」，硯、吴、錢三本作「舘」。

號慟　「慟」，硯本誤作「動」。

凡所需用　「需」，硯本、錢本作「須」。

〔考釋〕

(一)案：文中所記粘罕致書，「議欲割河爲界」，「仍先具凡所聽命不違國書還報」，即本書第一〇二篇元帥府書内容，會編卷六十三繫靖康元年(一一二六)十一月十七日；「并欲干戾人蔡京、童貫、王黼、李綱、吴敏、陳遘、詹度、馬擴、張孝純家屬等九人執赴軍前」，即本書第一〇三篇宋主回書内容，時日、姓名均合；「遣門下侍郎耿南仲、同知樞密院事聶昌，持詔分畫兩河四十四州軍」事，見本書第一〇四篇宋主與河北河東敕；「復遣烏凌噶思謀同蕭慶、楊貞幹致書，欲畫河内州郡，并前次使人所索官吏漏落之數」，見本書第一〇七篇元帥府與宋書，時日相符；「又遣烏凌噶思謀致書云：使還，少主以會盟爲疑，可遣右僕射何㮚赴軍前計議，而以上皇、皇弟越王、太子爲質」，見本書第一一一篇與宋主書；「宋少主遣宰相何㮚、中書侍郎陳過庭、皇弟濟王栩請命」，見本書第一一七篇宋主求哀書及第一一八篇宋求再造兩文；「三十日昧爽，少主素隊出南薰門，烏凌噶思謀傳元帥旨迎勞少主畢，遂館伴少主於青城」，與本書第一二二篇宋主欲親詣軍前書所記相合；宋少主降表文字，與本書第一二五篇宋主降表同，惟略去一般公文套語耳；「二月六日，出大金皇帝所降詔，廢宋少主，素服望闕伏拜受詔」事，與本書第一三九篇廢國取降詔相合，惟實録詔文簡略耳。

（二）案：本實録所云天會五年（一一二七）正月九日「始取冠冕法服、上所尊號玉册、大駕、法駕、鹵簿、五輅、副輅、九鼎、八寶、國子監書板、三館祕閣四部書、太常禮物、大成樂舞、明堂大内圖，以至乘輿服御珍玩之物，翰林醫官、教坊樂工、宫人内侍，各以百十數」，與本書第一三四篇宋主許面議書所記之事相合。惟實録所謂「始取」，與事實不符。會編卷七十至七十三連續記載，「靖康元年十二月四日，金人遣使檢視府庫，拘收文籍」，「十三日，索銷金畫匠二十八人，索酒匠五十人」，「二十三日，索監書、藏經、蘇黄文及古文書籍、資治通鑑諸書」，「二十六日，入國子監取書」。則天會五年以前金人固已恣意掠取，無所顧忌矣。

（三）案：本實録云，二月六日，「薄晚，元帥傳諭廢帝，親筆召太上皇、太上皇后、妃嬪帝姬以下，悉詣軍前。翌日，太上皇、太上皇后鄭氏出城」。「未幾，諸王嬪御以下畢至，親王二十八人，帝姬一十五人，皇太子一人，諸王男女一十六人」。案會編卷七十九云，「靖康二年（一一二七）二月七日，太上皇及太上皇后、諸王、王妃、公主、駙馬都尉等出宫，幸青城虜寨」。「十一日，皇后、太子出詣軍前」。與本實録所記大體相合。

（一八九）遼主耶律延禧降表

臣耶律延禧言：今月十八日，西南西北兩路都統府差蕭愈等賫到文字，准奉詔旨招諭者。伏念臣祖宗開先，順天人而建業；子孫傳嗣，賴功德以守成。奄有大遼，權持正統。拓土周數萬里，享國踰二百年；從古以來，未之或有。

迨臣纂紹，即已妄爲，恃太平既久之時，隳累代常行之法。寢行侮易，先忤交和，輒無名以舉兵，望有捷而張勢。曲直既顯，勝負自分，雖黷武之再三，曾敗績之非一。往馳信使，永講前歡，特蒙天地之恩，許結弟兄之睦。臣更爲眩惑，弗克遵依；以是再引戈矛，重尋釁隙。民神共怒，智力俱窮；寶命既歸，神器難守。宗廟傾覆，甘承去國之羞；骨肉既俘，獨作逃生之虜。非天時之未識，緣己罪之尤深。宣諭幸聞，宸恩得浹。臣自知咎惡，猶積兢惶。伏望皇帝陛下念上世之舊歡，恕愚臣之前過，許奉先人之祀，留爲亡國之餘；則百生荷再造之恩，一族感聚居之義。謹與見在從官，望闕俟罪。

〔校文〕

賫到文字　「賫」，硯本作「賚」。

准奉詔旨招諭者　硯、吴、錢三本「准」字上衍「該」字。

賴功德以守成　「賴」，硯、吴、錢三本誤作「預」。

奄有大遼　「奄」，硯、吴、錢三本作「家」。

踰二百年　「踰」，吴、錢二本誤作「餘」。

即已妄爲　「妄」，硯、吴二本誤作「云」。

輒無名以舉兵　「舉」，硯、吴、錢三本作「行」。

再引戈矛　「戈矛」，原作「干戈」，他本皆作「戈矛」，兹據改。

骨肉既俘　「既」，硯、吴、錢三本作「見」。

宣諭幸聞　「聞」，硯本誤作「間」。

伏望皇帝陛下　「望」，硯、吴、錢三本誤作「念」。

百生荷再造之恩　「生」，吴本、錢本作「姓」。「荷」，吴本作「蒙」，硯本闕文。

〔考釋〕

案：金史卷三太宗紀，「天會三年(一一二五)二月壬戌，婁室獲遼主於余睹谷。八月丙午，降封海濱王」。遼史卷三十天祚紀所載時日同。畢鑑卷九十五宣和七年(一一二五)二月壬戌考異云，「亡遼遺録載天祚降書，蓋被執後所上也」。

（一九〇）遼主謝免罪表

臣延禧言：四月八日賫到詔書一道，特免臣罪，及撫諭仍與西南西北兩路都統貝勒同朝見者。豈不自知合被罪盈之責，將何以報特蒙望外之恩？欣幸越常，兢惶失次！伏惟皇帝陛下，仁洽萬物，道配二儀；猶推不忍之心，靡追既往之咎。温頒天語，秩振德音；俾底安全，特寬罪戾。非一身幸免武湯問罪之威，抑舉族均荷唐虞好生之德。今専俟都統貝勒等赴闕同行次。

〔校文〕

貝勒　硯、吴、錢三本作「勃極烈」。

非一身幸免武湯問罪之威　硯、吴、錢三本「幸免」上有「甚」字。

抑舉族均荷唐虞好生之德　「族均」二字錢本闕文，硯本奪。「均荷」，吴本作「矜全荷」。

貝勒等　吴本、錢本作「孛極」，脱「烈等」二字。

〔考釋〕

案：金史卷三太宗紀，「天會三年（一一二五）四月壬寅朔，詔以遼主赴京師」。

（一九一）降封遼主爲海濱王詔

敕下大遼皇帝延禧：定矣廢興之數，雖謂在天，迹其榮辱之來，無非象德。從古以降，其事皆然。以爾長惡，謂之不君，積釁至於亡國。比讒迕直，侮聖矜能。烝淫見亂於人倫，驕佚不移於本性。銅山屬弄臣之輩，金穴藏外戚之家；對之終日無話言，行之當代唯亂政。淫刑以逞，視妻子如豺狼；典禮不修，輕人臣如犬馬。旋聞中外，大紊紀綱。朋邪與忠正無分，優娼共后妃雜處。室如懸磬，猶能峻宇雕牆；人之流離，不輟從禽逐獸。邦之杌隉，民曰怨咨。

方當降罰之時，更稔怒鄰之意，蕩搖我邊鄙，招納我叛亡。爰自先朝，以修武事，我師直而順動，彼勢屈以自摧。曾於奔北之間，輒有和成之請；即爲恩義，許結弟兄。更引美矣之辭，矯示友于之字。孽既自作，禍從此深；骨肉見俘，宗祧失守。疇昔大勢已謝，枉銜去國之悲；于今後事何爲，莫有逃天之計！自知窮蹙，方以歸投。

然嘉來意之甚勤，其奈罪條之具在。既爲天之廢棄，又爲民之仇讐，加之斧鉞，則豈謂無名？投諸魑魅，則誰云不忍？事難與恕，朕固合爲。載念取亂覆昬，屬兵武有成之績；繼絶興廢，是國家非常之恩。勉降新封，止除舊號，可封爲海濱王。其供帳安置，並如典例。嗚呼！朕循故事，無專己以妄爲；爾有前非，宜撫躬而内省。祗服厥命，以保乃身。故兹詔示，想宜知悉。

〔校文〕

敕下大遼皇帝　「下」，硯、吳、錢三本誤作「可」。

雖謂在天　硯本「雖」誤作「然」。錢本、文淵閣本「在」作「任」。吳本全句作「孰謂任天」。

從古以降　「以」，錢本、吳本作「已」，通。

比讒迕直　「迕直」，硯本、錢本作「逆直」，吳本作「逆諫」。

本性　硯、吳、錢三本互倒。

行之當代　「當代」，吳本誤作「常代」。

忠正　原作「中正」，他本皆作「忠正」，兹據改。

室如懸磬　「磬」，吴本誤作「罄」。

奔北　硯、吴、錢三本作「奔背」。

弟兄　吴本二字互倒。

更引美矣之辭　「引」，他本皆作「張」。

矯示友于之字　硯本「友」誤作「反」。錢本「字」字闕文。

枉銜去國之悲　「枉」，原誤作「往」，據文淵閣本改。錢本作「徒」。

又爲民之仇讐　「之」，吴本作「所」。

魑魅　吴本作「魍魅」，錢本作「魍魎」。

則誰云不忍　「誰」，硯本誤作「雖」。

屬兵武有成之績　硯本、錢本「之」字闕文。「績」，吴本作「擧」，硯、錢二本誤作「繼」。

繼絶興廢　「繼」，硯本、錢本作「續」。

勉降新封　「勉」，吴本誤作「免」。

祇服厥命　「服」，原誤作「復」，他本皆作「服」，兹據改。

〔考釋〕

案：金史卷三太宗紀，「天會三年（一一二五）八月癸卯（四日），斡魯以遼主至京師。丙午（七日），遼主延禧入見，降封海濱王」。遼史卷三十天祚紀所載時日同。

（一九二）遼主謝封海濱王表

臣延禧言：今月七日，伏蒙聖慈，特賜詔書一道，降封臣爲海濱王者。罪當不免，誠天下之公言；恩反有加，見聖人之全度。事來望外，喜出憂中。伏念臣粵自祖宗，肇有社稷，山河固國，開數萬里之提封；功德浹民，享二百年之福禄。

迨臣繼統之後，昧於守成之難，矜恃太平，作爲多罪。先絶鄰好，輒造釁端；遂出無名之師，果爲有德者勝。未更十載，併失五都。左右以之離心，中外以之解體。漸及窘迫，旋至播遷。大寶已歸，神器安在。朝夕莫保，骨肉見離，伶俜一身，凄苦萬狀。昔兵連怨結，幾年忤先帝之心；今勢盡力窮，何計逃吾君之手。

伏承皇帝陛下，具依遺旨，明諭聖言，許臣不死之恩，恕臣既往之咎。故當遵聽，是即歸懷。今則先廟告成，中宸賜見，凌兢失魄，慚汗何顔。即加斧鉞之誅，正爲當罪；如投魑魅之處，非不甘心。豈期遽易刑章，曲從禮典。所幸得全性命，敢希天上之恩；何期不伍公侯，更賜日中之號。此蓋皇帝陛下大明偏照，至德兼容。取亂侮亡，仗殷周之義；繼絶興滅，推唐虞之仁。以致此身，得承先祀。倘九廟之靈不昧，亦知感恩；況百口之屬更生，何忘報德。

〔校文〕

遼主謝封海濱王表　吴本脱「封」字。

恩反有加　「反」，硯本、吴本誤作「及」。

喜出憂中　「出」，他本皆作「見」。

矜恃太平　「恃」，原作「得」，據硯本、錢本、文淵閣本改。

大寶已歸　「大」，硯、吴、錢三本作「命」。

凄苦萬狀　「凄」，原誤作「棲」，他本皆作「凄」，兹據改。

故當遵聽　「遵」，硯、吴、錢三本誤作「道」。

慚汗何顔　「汗」，吴本誤作「汙」。

正爲當罪 「正」，硯本、錢本誤作「止」。

豈期遽易刑章 「期」，硯本、錢本、文淵閣本作「謂」。

大明徧照 「徧」，他本皆誤作「偏」。

亦知感恩 硯、吴、錢三本作「潛亦知恩」。

（一九三）郭藥師拜降表

〔天會四年正月。〕

相時而動，動止固未之有常；順天者存，存亡寧可以不察？事屬已定，人難執迷。伏惟皇帝陛下，祗奉先猷，紹隆正統。皇天所以假手而誅亂，生民所以延頸而徯蘇。臣等素提一旅之師，旋屬百六之運。自秦晉之捐代，洎文后之擅權，政教皆失其紀綱，恩威不行於咫尺。十家欲叛者八九，一日將死者再三。在亡遼無可事之君，顧大金有難歸之路。故率萬兵而附漢，然嘗三載以撫燕。宋主載嘉，秦官是予。念曾感一飡之惠，尚思捐七尺之軀；故窮捍禦之勞，庶圖報答之效。戰卒既寡，餘力何施！矧知上帝之是依，敢思困獸之猶鬬。豈一身之是惜，念百姓之無辜。頃者東徂，雖曾雷霆之敢犯；今焉北面，尚期天地之有容。臣等謹以全燕文武官吏將校，并馬步甲兵十萬，及係官斛粟錢帛諸物等，謹陳表上進以聞。

〔校文〕

天會四年正月　此六字題注原無，據錢本、文淵閣本補。吴本此六字在篇首。

素提一旅之師　「之」，吴本誤作「一」。

自秦晉之捐代　硯、錢二本「代」誤作「伐」。吴本全句誤作「自秦首之指伐」。

秦官是予　「予」，吴本作「復」。

念曾感一飡之惠　吴本「念」上有「祇」字，「念」下無「曾」字。錢本亦無「曾」字。

尚思捐七尺之軀　「捐」，硯、吴、錢三本作「殞」。

東徂　「徂」，原作「征」，據硯、吴、錢三本改。

雷霆　原作「雷震」，據文淵閣本改。

官吏　「吏」，吴本誤作「事」。

〔考釋〕

（一）案：金史卷八十二郭藥師傳，「遼國募遼東人爲兵，使報怨於女直，號曰怨軍，藥師爲其渠帥。耶律揑里自立，改怨軍爲常勝軍。揑里死，其妻蕭妃稱制，藥師以涿、易二州歸於宋。太祖割燕山六州與宋人，宋使藥師副王安中守燕山。及安中不能庇張覺而殺之，函其首以與宗望，藥師深尤宋人，而無自固之志矣。宗望軍至三河，藥師乃降。太宗以藥師爲燕京留守，賜姓完顔氏從宗望伐宋。凡宋事虛實，藥師盡知之。宗望能以懸軍深入，駐兵汴城下，約質納幣，割地全勝以歸者，藥師能測宋人之情，中其肯綮故也」。

（二）案：宋史卷二十二徽宗紀，「宣和七年（一一二五）十二月己酉（十二日），郭藥師以燕山叛，北邊諸郡皆陷」。金史卷三太宗紀，「天會三年（一一二五）十二月丙午（九日），郭藥師降，燕山州縣悉平。四年（一一二六）春正月丁卯朔，降臣郭藥師賜姓完顔氏」。兩史所記郭藥師降金之日略有出入，當以金史爲准。此降表書「天會四年正月」，蓋金史所記賜姓完顔氏之日所上也。

（一九四）賀宋畫河請和表

〔天會五年正月，知樞密院事劉彦宗上表。〕

我伐用張，果獲師中之吉；罪人斯得，旋爲道左之降。凡預見聞，孰不呼舉？竊惟有宋，昔謂殊鄰。始馳一介而來，請講兩朝之好。推誠以待，背德不恭。乃父陰結於平山，既渝海上之約；厥子不割我三鎮，又愆城下之盟。殆惡貫之既盈，蹈覆車而不戒。聖算先定，天兵載揚。以蟻蝨蚊蚋之屯，戰貙虎熊羆之士。且天助者順，人助者信，既弗履行，雖城非不高，池非不深，詎能固守？彼衆狼狽而失據，我軍奮躍以登陴。夷門之火始然，汴河之水皆沸。臣主無捐軀之所，社稷有累卵之危。問使絡繹以求哀，諸弟涕洟而拜叩。申致畫河之請，敢逃削地之誅。且能修臣子之極恭，惟所命令；是用存朝廷之大體，不即滅亡。已昭討叛之刑，又著服柔之義。金鼓一動，威德兩全。此蓋皇帝陛下旋乾轉坤，開日闢月。逍遥游息，而廣土以定；拱揖指顧，而大事聿成。巍巍武功，高冠百王之上；煌煌國步，獨尊六合之間。臣叨處鼎司，出提兵柄。逢千年之會，徒共快於斯時；奉萬壽之觴，恨阻陪於列辟。

〔校文〕

天會五年正月知樞密院事劉彦宗上表　文瀾閣本無此題注，守山閣本依吴本補。吴本題注脱「院」字，據文淵閣本補。

始馳一介而來　「始」，硯本、錢本、文淵閣本誤作「姑」。

推誠以待　「以」，硯本、錢本誤作「一」。

池非不深　「池」，硯本誤作「也」。

夷門之火始然　「然」，硯本、錢本作「燃」。

問使絡繹以求哀　「絡」，硯本誤作「給」。「以」，硯、吴、錢三本作「之」。

涕洟　硯、吴、錢三本作「涕淚」。

已昭討叛之刑　「昭」，吴本誤作「招」。「刑」，硯、吴、錢三本誤作「形」。

武功　「武」，吴本誤作「我」。

出提兵柄　「柄」，原作「馬」，他本皆作「柄」，兹據改。

萬壽　「壽」，硯、吴、錢三本作「年」。

〔考釋〕

案：金史卷七十八劉彦宗傳，「劉氏六世仕遼，相繼爲宰相。秦晉國王自立於燕，擢彦宗留守判官。蕭妃攝政，遷簽書樞密院事。太祖至居庸關，蕭妃自古北口遯去。太祖奄至，彦宗與左企弓等奉表降。太祖器遇之，遷左僕射。太祖不豫，還上京，留宗翰都統軍事，彦宗佐之。及張覺敗奔於宋，彦宗同中書門下平章事，知樞密院事，加侍中，佐宗望軍。宗望奏：『方圖攻取，凡州縣之事，委彦宗裁決之。』未幾，大舉伐宋，彦宗畫十策。詔彦宗兼領漢軍都統。蔡靖以燕山降，詔彦宗：凡燕京一品以下官，皆承制注授。遂進兵伐宋。至汴，宋少帝割地納質，師還。宗望留闍母、彦宗於燕京節制諸軍。明年再伐宋，已圍汴京。彦宗謂宗翰、宗望曰：『蕭何入關，秋毫無犯，惟收圖籍。遼太宗入汴，載路車、法服、石經以歸，皆令則也。』二帥嘉納之，執二帝以歸」。

（一九五）皇弟阿木班貝勒杲等賀俘宋主表

〔天會五年正月。〕

伏覩破汴俘獲宋主者，釁生鄰國，宜我伐之用張；佑自皇天，果罪人之斯得。照臨之下，忭舞攸同。切以天棄宋邦，運終趙氏，爲鄰數載，取怒兩朝。佶則背先帝之恩，遽渝海上之約；桓則負我皇之義，又違城下之盟。惟父子之罪同條，故神人之心共棄。既爲所愞，必訖于亡。王旅嘽嘽，往專求於首惡；虎臣矯矯，思亟奏於膚功。羽檄旁飛，神旗南指；郡縣繼下，城壁俱摧。全軍徑濟於黄河，王氣潛消於赤縣。堅甲利兵，固資義勝；高城深壘，其如德何！自知天網以難逃，俱詣軍門而請罪。望闕虔籲天之請，在郊展銜璧之儀。願上版圖，乞爲臣屬。獲諸殷紂，武王自誓於商郊；縲彼秦嬰，高祖親營於灞上。未如聖代，專委帥臣。去年獲遼國之君，遥聞捷報；今日俘汴都之主，坐聽降音。不出户庭，克平海宇。此蓋皇帝陛下神謀獨運，廟算無遺；甫踰再稔之間，繼有非常之事。告成先廟，振不墜之英風；傳報諸侯，聳無敵之彊勢。六合之内罔不服，千古以來未之有。如臣等叨備宰司，獲承聖略，媿無裨贊，徒幸遭逢。元會在辰，式集四方之賀；愚誠歸美，敢揚萬壽之休！

〔校文〕

皇弟阿木班貝勒杲等賀俘宋主表　「阿木班貝勒」，原作「子木班貝勒」，據文淵閣本改。硯、吴、錢三本作「諳板勃極烈」。「杲」，硯、吴、錢三本誤作「果」。

天會五年正月　文瀾閣本無此題注，守山閣本依吴本補。他本皆有此題注。

忭舞攸同　「忭」，硯、錢、文淵閣三本作「抃」。

我皇之義　「我」，他本作「吾」。

必訖于亡　吴本誤作「詎訖厥誅」。硯本、錢本誤作「心訖誅士」。

膚功　「功」，硯本、錢本誤作「公」。

郡縣繼下　「繼」，硯本、錢本作「既」。

全軍徑濟於黄河　「全」，吴本作「前」。

版圖　「版」，硯、吴、錢三本作「板」，通。

乞爲臣屬　「臣」，硯本誤作「巨」。

帥臣　「帥」，硯本、錢本誤作「師」。「臣」字，硯本闕文。

坐聽降音　「坐」，吴本作「竚」。

甫踰再稔之間　「再」，硯、吴、錢三本作「載」，通。

聳無敵之彊勢　「敵」，硯本、吴本誤作「德」，錢本闕文。「彊」，硯、錢二本誤作「疆」。

〔考釋〕

案：伐宋時杲爲都元帥，宗翰爲左副元帥，宗望爲右副元帥。惟杲并未親領甲兵。詳見金史卷三太宗紀。

（一九六）左副元帥宗翰右副元帥宗望賀俘宋主表

臣等奉詔伐宋，屢克城邑，繼至汴京。閏月二十五日克汴。三十日，宋主趙桓出城。今月二日，率其諸王百官國人僧道，望闕稽首，跪上降表者。惟宋當八世之承平，恃百年之稔惡弗悛，自難逃於天網；得道多助，孰敢抗於王師。太祖大聖皇帝儲積，内有甲兵之備，外無邊境之虞。以其隔大海之遥，未嘗通先朝之問。曾未歷誕膺歷數，肇造邦家。彼乃密修浮海之勤，懇致復燕之請。輒憑一介，遂割兩京。但於歲時，已遽忘於恩造。動摇我封部，招納我叛亡。皇帝陛下以生靈爲心，擴乾坤之量，令理辨，曲示含容。讫無意於改圖，方興師而問罪。佶則倉皇而遜位，桓惟哀泣以求存。議割三府之疆，請復兩朝之好。豈意我師甫退，信誓又渝。兹益重於前愆，累再煩於天討。蓋憑成算，以底全功。遂令繼世之君，俱爲亡國之虜。威靈遐暢，文軌大同。臣等出分閫外之憂，坐獲師中之吉。躬齊五伐，不勞仗鉞於商郊；仰祝萬年，願效奉觴於漢殿。

〔校文〕

左副元帥宗翰右副元帥宗望　「宗望」原誤作「元望」，據硯、吴、錢、文淵閣四本改。吴本「左」誤作「右」，「翰」誤作「諭」。

惟宋當八世之承平　「當」，硯、吴、錢三本作「永」。「承」，文淵閣本作「昇」，硯本誤作「外」。

彼乃密修浮海之勤　吴本「彼」下有「邦」字。

曾未歷於歲時　「歷」，原誤作「立」，據文淵閣本改。

方興師而問罪　「興」，硯、吴、錢三本作「以」。

躬齊五伐　「伐」，吴本誤作「代」。

〔考釋〕

案：金史卷三太宗紀云，「天會五年（一一二七）正月癸巳（三日），宗翰、宗望使使以宋降表來上」。此賀表當在同時。

（一九七）降封昏德公詔

〔天會六年八月，太宗皇帝實録内録到。〕

制詔佶曰：王者有國，當親仁而善鄰；神明在天，可忘惠而背義？以爾頃爲宋主，請好先皇，始通海上之盟，求復山前之壤。因嘉懇切，曾示允俞。雖未夾擊以助成，終以一言而割錫。星霜未變，釁隙已生，恃邪佞爲腹心，納叛亡爲牙爪。招平山之逆黨，害我大臣；違先帝之誓言，愆諸歲幣。更邀回其户口，惟巧尚于詭辭。禍從此開，孽因自作，人神以之激怒，天地以之不容。獨斷既行，諸道並進。往馳戎旅，收萬里以無遺；直抵京畿，豈一城之可守。旋聞巢穴，俱致崩分。大勢既已云亡，舉族因而見獲。悲銜去國，計莫逃天。雖云忍致其刑章，無奈已盈於罪貫。更欲與赦，其如禮何。載念與其底怒以加誅，或傷至化；曷若好生而惡殺，别示優恩。乃降新封，用遵舊制，可封爲昏德公。其供給安置，並如典禮。嗚呼！事蓋稽於往古，曾不妄爲；過惟在于爾躬，切宜循省。祗服朕命，可保諸身！

〔校文〕

太宗皇帝實録内録到　此題注「到」下原有「乙」字，他本皆無，兹據删。

可忘惠而背義　「背」，吴本誤作「皆」。

終以一言而割錫　「割錫」，吴本作「錫予」，錢本作「賜地」，硯本僅存「賜」字而脱「地」字。

人神以之激怒　「人神」，原作「神人」，據硯、錢、文淵閣本乙轉。

大勢既已云亡　「已」，吴本、錢本作「以」。「亡」，錢本誤作「忘」。

舉族因而見獲　「族」，吴本誤作「旋」。

曷若好生而惡殺　「而」，硯、吴、錢三本作「之」。

乃降新封　「乃」，硯、錢二本誤作「及」。

事蓋稽於往古　「蓋」，吴本誤作「益」。

〔考釋〕

案：金史卷三太宗紀，「天會五年（一一二七）四月，宗翰、宗望以宋二帝歸。十月，宋二帝自燕徙居中京。六年（一一二八）七月，以宋二庶人赴上京。八月丁丑（二十五日），以宋二庶人素服見太祖廟，遂入見於乾元殿，封其父昏德公，子重昏侯。十月戊寅，徙昏德公、重昏侯於韓州。

（一九八）降封重昏侯詔

制詔桓曰：視頹綱以弗張，維何以舉？循覆轍而靡改，載或爾輸。惟乃父之不君，忘我朝之大造。嚮因傳位，冀必改圖；且無悔禍之心，翻稔欺天之惡。作爲多罪，矜恃姦謀。背城下之大恩，不割三鎮；構軍前之二使，潛發尺書。自孽難逃，我伐再舉。兵士奮威而南指，將臣激怒以前驅。壁壘俱摧，郡縣繼下。視井惟存乎茅絰，渡河無假於葦航。豈不自知，徒嬰城守；果爲我獲，出詣軍前。尋敕帥臣，使趨朝陛。罪誠無赦，當與正於刑名；德貴有容，特優加於恩禮。用循故事，俯降新封，可封爲重昏侯。其供給安置，並如典禮。嗚呼！積釁自於汝躬，其誰可恕；降罰本乎天意，豈朕妄爲。宜省前非，敬服厥命！

〔校文〕

降封重昏侯詔　此標題硯、吴、錢三本誤作「降封昏德侯詔」。

視頹綱以弗張　「綱」，原作「網」，據吴本、文淵閣本改。

維何以舉　「維」，硯本、吴本誤作「繼」。

循覆轍而靡改　「循」，硯本、吴本誤作「偏」。

冀必改圖　吴、錢二本「冀必」二字互倒，硯本誤作「必異」。

背城下之大恩　「大」，硯、吴、錢三本作「戴」。

渡河無假於葦航　「渡」，吴本作「濟」，硯本奪。

豈不自知　硯、吴、錢三本脱「自」字。吴本「知」下闕文。

徒嬰城守　「守」，吴本誤作「中」。

可封爲重昏侯　「重昏侯」，硯、吴、錢三本誤作「昏德侯」。案：下第二〇一篇重昏侯謝表，錢本、吴本亦作「重昏侯」。第二〇〇篇又謝表題注各本亦均作「重昏侯」。

其誰可恕　「恕」，硯本誤作「怒」。

（一九九）昏德公表

〔天會七年八月。〕

臣佶伏奉宣命，召臣女六人，賜内族爲婦，具表稱謝，伏蒙聖恩，賜敕書奬諭者。仰勤睿眷，曲念孤蹤，察流寓之可憐，俾宗藩之有托。伏念臣棲遲一己，黽勉四遷。顧齒髪以俱衰，指川途而正邈。獲居内地，罔間流言。得攀若木之枝，少慰桑榆之景。此蓋伏遇皇帝陛下，擴二儀之量，孚九有之私，憫獨夫所守於偷安，辨衆情免涉於疑似。臣敢不誓堅晚節，力報深恩！儻伏臘稍至於蕭條，賴葭莩必濟乎窘乏。尚祈鴻造，俯鑒丹衷。臣無任瞻天望聖激切屏營之至。

〔校文〕

俾宗藩之有托　「有」，硯、吴、錢三本作「可」。

孚九有之私　「九」，文淵閣本作「萬」，吴本作「羣」，硯本誤作「犀」。

憫獨夫所守於偷安　「憫」，吴本作「因」，硯本、錢本作「用」。

力報深恩　「恩」，原作「仁」，據硯、吴、錢三本改。

〔考釋〕

案：金史卷三太宗紀，「天會八年（一一三〇）六月癸酉（初三日），詔以昏德公六女爲宗婦」。案此表題注作「七年八月」，與紀不同。

（二〇〇）又謝表

〔昏德公、重昏侯經過，詔遣使館之，賜以幣帛酒食，仍許其諸女相見，昏德公上表謝。〕

天恩下逮，已失秋氣之寒；父子相歡，頓覺春光之暖。遽沐絲綸之厚，仍蒙縑繐之頒。感涕何言，驚惶無地！竊以臣舉家萬指，流寓三年，每憂糊口之難，忽有聯親之喜；方虞季子之敝，誰憐范叔之寒！既冒寵榮，愈加驚悸。此蓋伏遇皇帝陛下，唐仁及物，舜孝臨人。故此冥頑，曲蒙保衛。天階咫尺，無緣一望於清光；短艇飄飖，自此回瞻於魏闕。

〔校文〕

已失秋氣之寒　「氣」，吴本作「風」。

舉家萬指　硯、錢二本「舉家」作「家屬」，硯本奪「萬」字。

季子之敝　「季」，原誤作「李」，他本皆作「季」，兹據改。「敝」，硯本、錢本誤作「幣」。

伏遇皇帝陛下　硯、吴、錢三本無「伏遇」二字。

回瞻於魏闕　「回」，吴本作「面」。

〔考釋〕

案：金史卷三太宗紀云，「天會九年（一一三一）六月壬辰（二十七日），賜昏德公、重昏侯時服各兩襲」。但此時已在徙鶻里改路之後。

（二〇一）重昏侯謝表

暫留内殿，忽奉王言，特許手足之相歡，更被縑䌷之厚賜。喜驚交至，恩旨非常。伏念臣禀性冥頑，賦質忠實。負邱山之罪，天意曲全；聯瓜葛之親，聖恩隆大。方念無衣之卒歲，遽欣挾纊之如春。此蓋伏遇皇帝陛下仁恕及人，㧑謙損己，雖天地有無私之復載，而父母有至誠之愛憐。念報德之何時，懷此心而未已。

〔校文〕

更被縑䌷之厚賜　「䌷」，原誤作「緉」，他本皆作「䌷」，兹據改。

喜驚交至　「交」，文淵閣本作「並」，錢本作「疊」，硯本誤作「冥」。

賦質忠實　「質」，他本皆作「資」。

仁恕及人　「仁」，硯、吴、錢三本作「内」。「人」，硯、錢、文淵閣三本作「下」。

（一〇二）昏德公表

臣佶言：伏蒙宣命，差官館伴臣赴和囉噶路安置，於今月二日到彼居住者。曲照煩言，止從近徙，仍敦姻好，尚賜深憐，大造難酬，撫躬知幸。竊念臣舉家萬指，流寓連年。自惟譴咎之深，常務省循之效。神明可質，詎敢及於匪圖？天地無私，遂得安於愚分。驚濤千里，顛躓百端。幸復保於桑榆，僅免葬於魚鱉。此蓋伏遇皇帝陛下垂邱山之厚德，擴日月之大明，非風波而可移，亦浸潤而不受。回瞻象闕，拜渥澤以馳心；仰戴龍光，感孤情而出涕。

〔校文〕

和囉噶路　硯、吴、錢三本作「鶻里改路」。

舉家萬指　「舉家」，硯、錢二本作「家屬」。

常務省循之效　「常」，吴本作「當」。

詎敢及於匪圖　「匪」，硯本、錢本、文淵閣本作「非」，通。

顛躓百端　「躓」，硯本誤作「質」。

拜渥澤以馳心　「渥」，吴本、錢本作「沃」。

〔考釋〕

案：金史卷三太宗紀云，「天會八年（一一三〇）七月丁卯（二十七日），徙昏德公、重昏侯於鶻里改路」。同書卷二十四地理志云，上京路所轄有「胡里改路，國初置萬户，海陵例罷萬户，乃改置節度使」。此表中之「和囉噶路」，即「胡里改」、「鶻里改」之對音異譯。胡里改路治今黑龍江省依蘭縣。

（二〇三）差劉豫節制諸路總管安撫曉告諸處文字

趙氏自結義本朝，屢違誓約，重犯罪愆，故於天會三年興兵問罪。父佶既走，子嗣哀鳴求好，復立嚴誓：要諸天地，質諸神明，其于委細，一如父約。豈謂官軍才退，子戾甚前，故於天會四年，復舉師旅，廢滅趙氏。

汴人既附昏德，復抗官軍，亦宜按以軍令；原其罪本已有所歸，並蒙寬宥。重念斯民，本朝既不貪土，又不可以久無主，仍委亡宋臣僚選舉道德隆懋堪爲人主者，咸薦張氏，綽有人望，克兹重任，立爲大楚皇帝，繼主其民。朝廷推亡固存之義，不謂不深。

不期趙氏遺孽，竄在郊遠，在彼潛謀不軌，輒行廢立。故自天會五年，又舉大兵，擒捕興復。所有趙氏本末罪狀，已具曉諭。今緣逆賊逃在江浙，比候上秋再舉，暫就凉陘。勘會南民久習澆訛，雖丁寧説諭，尚多違背，況亡宋諸路前後攻降撫定，除陝西行府別有措置外，京東、京西、淮南等路并河北州府不少，比至擒獲趙構別立新主以來，若不依行府已奉「便宜行事」宣旨，選擇幹事官員主領，亦慮相次又被僞賊暗竊連合，妄起事端，枉遭禍敗，須議指揮。

右下知濟南府劉豫，可知東平府事、京東、京西、淮南等路安撫使，兼諸路馬步軍都總管，大名、開德府、濮、博、濱、棣、滄、德州，亦在節制。凡諸事體，且循宋舊例。其徭役賦斂，會驗宋時特係煩酷，速宜就長規計，務從民便。至於獄訟，亦要寬簡，刑罰臨事制宜，勿拘常法。其有未經納款州府軍縣，仰差人具説禍福利害，招攜歸業，免於將來再舉，枉遭驚懼。其間若有勞效，一心歸順，公務幹辦者，無問士庶，並依宋時例格，椿擬合補資級，就便出給公據，候立新君，別給正行付身。所有安撫使職分合得請俸，并本司合用司吏公使人力，著依京東西路安撫司已設置人數分例。或有今來事體比舊重大，約量添置。更於民間疾苦，特行減損，亦自從宜畫定。

行府更慮諸路州府猶有執迷不從或輒叛亂，已留重兵，分屯衝要處所。仍摘留元帥左監軍分司在此，從宜措置施行。若有如上事理，本司力難克制，仰計會申復左監軍，取候指揮。若諸州縣職員内有見闕，或不任職事，至於計運勸農等事，須至設官，即許便行差填替換，旋報監軍照驗，不得有違慢易。并下揚、真、楚、泗、泰、沂、海、徐、濱、棣、滄、德、博、淄、青、恩、清等州，襲慶、東平、開德、大名等府，睢陽、高郵、天長等軍，可照驗。並聽安撫使司節制，不得有違。付逐處，准此。

天會七年二月日。

〔校文〕

屢違誓約　「違」，錢本誤作「爲」。

子戾甚前　「甚」，硯、吴、錢三本作「佶」。

又不可以久無主　硯、吴、錢三本「以久」兩字互倒。

趙氏遺孽　「氏」，吴本作「之」。

竄在郊遠在彼潛謀不軌　文淵閣本作「竄在郊遠潛謀不軌」，吴本作「遠竄在彼潛謀不軌」，硯本、錢本作「竄在彼遠潛謀不軌」，皆四字爲句。

逃在江浙　吴本脱「浙」字。

比候上秋再舉　「比」，硯本、吴本誤作「北」。

尚多違背　「多」，硯、吴、錢三本作「方」。

可知東平府事　硯、吴、錢三本「府」上有「軍」字。

京東京西　硯本、錢本作「京東東西」。

安撫使兼諸路馬步軍都總管　吴本脱「安撫使兼諸路」六字。案：下篇册大齊皇帝文劉豫職銜有此六字。

濮博濱棣　「博」，硯本、錢本誤作「慱」。

務從民便　「從」，吴本、錢本作「使」。

招攜歸業　硯本、吴本「歸業」下衍「土」字。

免於將來再舉　「將」，硯、吴、錢三本作「前」。

安撫使職分　「使」，原作「司」，據吴本、錢本、文淵閣本改。

著依京東西路　「著」，硯、吴、錢三本誤作「若」。「京東」，吴本誤倒。

更慮諸路州府　硯、吴、錢三本脱「州」字。

左監軍分司　「司」，吴本誤作「可」。

若有如上事理　「上」，硯本、錢本誤作「三」。

内有見闕　「有現」二字硯、吴、錢三本互倒。

不任職事　「任」，吴本誤作「在」。

博淄青恩清等州　「博」，硯本、錢本誤作「愽」。

襲慶　「襲」，吴本作「環」。

天會七年　「七」，硯、吴、錢三本誤作「六」。案：據宋史卷二十五高宗紀，劉豫於高宗建炎三年（一一二九）始知東平府，則作「七年」爲是。

〔考釋〕

案：宋史卷二十五高宗紀，「建炎二年（一一二八）正月，以中奉大夫劉豫知濟南府。十二月庚申，金人犯濟南府，守臣劉豫以城降。三年三月，撻懶以劉豫知東平府，節制河南州郡。」會編卷一一八，「建炎二年十一月，知濟南府劉豫叛附於金人」。同書卷一三〇，「建炎三年六月，粘罕自揚州歸至東平，差濟南叛臣劉豫知東平府，兼節制河南諸州郡」。案劉豫知東平，本文繫二月，宋史繫三月，會編繫六月，三者互歧，似當以本文爲准。又，本篇原列第一八七篇伐康王曉告諸路文字後，以事屬僞齊，時復在後，故移置於此。

（二〇四）册大齊皇帝文

維天會八年，歲次庚戌，七月辛丑朔，二十七日丁卯，皇帝若曰：朕聞公於御物，不以天下爲己私，職在牧民，乃知王者爲通器。威罰既以殄罪，位號宜乎授能。乃者有遼運屬顛危，數窮否塞，獲罪上帝，流毒下民。太祖武元皇帝仗黄鉞而拯黔黎，秉白旄而誓師旅。妖氛既掃，區宇式寧。爰有宋人，來從海道，願輸歲幣，祈復漢疆。太祖方務善鄰，即從來議。豈意天方肇亂，自啓釁階。陰結叛臣，賊虐宰輔；招集姦慝，擾亂邊陲。肆朕纂承，仰承先志，姑存大體，式示涵容。乃復蔽匿逋逃，夸大疆域，肆其貪狠，自起紛争。擾吾外屬之藩鄰，取其受賜之疆土。因彼告援，遂與解和，終莫聽從，巧爲辭拒。爰命將帥，敦諭盟言，許以自新，終然莫改。偏師傅汴，首惡奔淮，嗣子哀鳴，請復歡好。地畫三鎮，誓卜萬年，凡有質要，悉同父約。既而官軍未退，夜集衆以犯營；誓墨纔乾，密傳檄而堅壁。私結人使，陰搆事端。以致再遣師徒，詰兹敗約。又起畫河之議，復成緩戰之謀。既昧明神，乃昭玄鑒。京城摧破，鼎祚淪亡。無併爾疆，以示不貪之德；止遷其主，用張伐罪之心。建楚新封，守宋舊服，庶能爲國，當共息民。不料懦夫，難勝重任，妄爲推讓，反陷誅鋤。

如構者，宋國罪餘，趙氏遺孽，家乏孝友，國少忠勤。銜命出和，已作潛身之計；提師入衛，反爲護己之資。忍視父兄，甘爲俘虜，事雖難濟，人豈無情？方在殷憂，樂稱僭號，心之幸禍，于此可知。乃遣重兵，連年討捕。比聞遠竄，越在島夷，重念斯民，亂於無主，久罹塗炭，未獲昭蘇，不委仁賢，孰能保定。

咨爾中奉大夫、京東西淮南等路安撫使、兼諸路馬步軍都總管、知東平府事、節制大名、開德等府、濮、博、濱、棣、德、滄等州劉豫，夙擅直言之譽，素懷濟世之才；居於亂邦，生不偶世。百里雖智，亦奚補於虞亡；三仁至高，或願從於周仕。當姦賊擾攘之際，正愚氓去就之間，舉郡來王，奮然獨斷。逮乎歷試，厥勳克成。委之安撫德化行，任之尹牧獄訟理；付之總戎盜賊息；專之節制郡國清。況有定衰撥亂之謀，拯變扶危之策。使民無事則櫜弓力穡，有役則釋耒荷戈。罷無名之征，寢不急之務。徵遺逸，舉孝廉，振紀綱，修制度。省刑罰而去煩酷，發倉廩而息蝨螟。神人以和，上下協應。比下明詔，詢考輿情，列郡同辭，一心仰戴。宜即始歸之地，以昭建業之元。是用遣使某官高慶裔、副官韓昉備禮，以璽綬寶册命爾爲皇帝，國號大齊，都大名府。世修子禮，永貢虔誠。錫爾封疆，並從楚舊。更須安集，自相攸居。爾其上體天心，下從人欲；忠以藩王室，信以保邦圻。惟天難諶，惟命靡常；常厥德，保厥位。爾其勉哉，無忽朕命！

〔校文〕

維天會八年歲次庚戌七月辛丑朔二十七日丁卯　此二十字原無，據會編卷一四一建炎四年七月二十七日丁卯引此文補。

招集姦慝　「慝」，硯本、錢本誤作「匿」。

仰承先志　「志」，硯本、錢本誤作「帝」。

蔽匿逋逃　「匿」，硯、錢二本誤作「慝」。「逋」，錢本作「遁」。

肆其貪狠　「狠」，錢本誤作「狼」。

自起紛争　「自起」，硯、錢、吴三本作「起其」。

偏師傅汴　「傅」，許本會編作「薄」。

首惡奔淮　「惡」，硯本、吴本、錢本、文淵閣本作「罪」。

詰兹敗約　「約」，吴本、錢本作「類」。

既昧明神　「明神」，會編二字互倒。

乃昭玄鑒　「玄」，原作「聖」，據硯本、錢本改。吴本作「元」。

建楚新封　硯本、吴本、錢本作「乃建新封」。

守宋舊服　硯本、吴本、錢本作「俾守舊服」。

不料懦夫　「夫」，硯本、錢本作「儒」。

反陷誅鋤　「反」，硯本誤作「及」。

如構者　「構」，原誤作「搆」，據硯、吴、錢、文淵閣四本改正。

國少忠勤　「少」，硯本、錢本作「乏」。

連年討捕　「討」，硯本誤作「計」。

知東平府事　「知」字原脱，據文淵閣本補。

濮博濱棣　「博」，硯本、錢本誤作「慱」。

正愚氓去就之間　「正」字原無，據袁本會編、許本會編補。

舉郡來王　「王」，許本會編作「降」。

委之安撫德化行　錢本「委」字上衍「夫」字。

任之尹牧獄訟理　硯本闕「任之尹」三字。錢本「尹牧」二字互倒。硯本、吴本、錢本「理」作「絶」。

盜賊息　「息」，錢本誤作「悉」。

拯變扶危之策　吴本「拯變」上有「必挾」二字，錢本有「必持」二字。硯本全句作「持變扶危之策」。

櫜弓　「櫜」，硯本、錢本誤作「槖」。

倉廩　「倉」，吴本誤作「食」。

上下協應　「協」，硯本、吴本、錢本作「忻」。

遣使某官高慶裔副官韓昉　會編作「遣西京留守高慶裔副使禮部侍郎知制誥韓昉」。

璽綬　「綬」，硯本、錢本作「紱」。

更須安集　「須」，硯本、錢本作「相」。

常厥德　硯本脱「常」字。許本會編「常」作「慎」。

〔考釋〕

案：會編卷一四一，「建炎四年（一一三〇）七月二十七日丁卯，金人立劉豫於北京，國號齊」。畢鑑卷一〇八宋紀,「建炎四年秋七月丁卯,金主遣高慶裔、韓昉册命劉豫爲皇帝,國號大齊,都大名府」。考異云,「熊克小紀以金册劉豫爲五月間事,蓋據劉豫傳也。張匯節要作九月九日。按九月九日係戊申,故金史亦云,九月戊申,立劉豫爲大齊皇帝,世修子禮,似戊申爲得其實矣。繫年要録載僞齊册文,首云『維天會八年,歲次庚戌,七月辛丑朔,二十七日丁卯,皇帝若曰云云』,是金人命使册豫,實在七月丁卯;至九月戊申,乃豫受册僭位之日。故宋史云九月戊申,劉豫僭位于北京也。今從繫年要録,前後分載」。按僞齊之立,金史卷三太宗紀及卷七十七劉豫傳均繫九月戊申,宋史卷二十六高宗紀於七月丁卯云,「金人立劉豫爲帝」,九月戊申云,「劉豫僭位於北京」。同書卷四七五劉豫傳云,「七月丁卯,金人册豫爲皇帝。九月戊申,豫即僞位」。據此,考異所考甚是,會編于册文書七月二十七日丁卯固不誤也。

(二〇五)降封劉豫爲蜀王詔

〔據徐夢莘三朝北盟會編袁祖安排印本卷一八一紹興七年十一月十八日丙午補。〕

敕行臺尚書省:朕丕席洪休,光宅諸夏,將俾内外,悉登昇平。故自濁河之南,割爲鄰壤之界。灼見先帝,舉合大公:罪則遄征,固不貪其土地;從而變置,庶共撫其生靈。建爾一邦,逮今八稔。尚勤吾戍,安用國爲?寧負而君,無滋民患。已降帝號,別膺王封。罪有所歸，餘皆罔治。將大革於弊政，庶一陶於新風。勿謂奪蹊田之牛，其罰則甚；不能爲託子之友，非棄而何！凡爾臣民，當體至意。

所有其餘事件，已委所司逐一下元帥府去處分。不盡之事，亦就便計議，從長施行。仍告逐處，咸使聞知。故兹詔示，想宜知悉！

〔校文〕

悉登昇平　「昇」，原作「太」，據許本改。文淵閣本作「升」。

故自濁河之南　「故」，原作「願」，據許本改。文淵閣本誤作「顧」。

劃爲鄰壤之界　「劃」，原作「以」，據許本改。

固不貪其土地　「固」，許本誤作「因」。

別膺王封　「別膺」，許本作「列爵」。

其罰則甚　「罰則」，許本作「罪已」。

庶一陶於新風　「庶」，許本作「用」。

不能爲託子之友　「託」，文淵閣本誤作「詑」。

非棄而何　「而」，文淵閣本作「如」。

所有其餘事件　許本、文淵閣本均脱「其」字。

已委所司　「已」，原作「既」，據許本、文淵閣本改。

仍告逐處　「仍」，許本作「乃」。

〔考釋〕

案：宋史卷四七五劉豫傳，「豫少時無行。建炎二年（一一二八）正月，除知濟南府。是冬，金人攻濟南，因遣人啗豫以利。豫遂殺其將關勝，率百姓降金。百姓不從，豫縋城納款。三年（一一二九）三月，兀朮聞高宗渡江，乃徙豫知東平府，充京東西、淮南等路安撫使，節制大名、開德、濮、濱、博、棣、德、滄等州，界舊河以南，俾豫統之。四年（一一三〇）七月丁卯，金人遣大同尹高慶裔、知制誥韓昉，册豫爲皇帝，國號大齊，都大名府。先是，豫遣其子麟持重寶賂金左監軍撻辣，求僭號，撻辣許之。九月戊申，豫即僞位，奉金正朔，稱天會八年（一一三〇）豫還東平，升爲東京，改東京爲汴京。紹興元年（一一三一）五月，張俊討李成，敗之，成逃歸豫。二年（一一三二）四月丙寅，豫遷都汴。六年（一一三六）豫聞帝親征，告急於金主亶。領三省事宗磐曰：『先帝立豫者，欲豫闢疆保境，我得按兵息民也。今豫進不能取，退不能守，兵連禍結，休息無期。從之，則豫收其利，而我實受弊。奈何許之？』金主報豫自行。七年（一一三七）八月，統制酈瓊以兵三萬叛降豫。瓊勸豫入寇，豫復乞師金人。金人恐豫兵衆難制，欲以計除之。乃佯言瓊降恐詐，命散其兵。於是尚書省奏豫治國無狀，當廢。十一月丙午（十八日），廢豫爲蜀王，置行臺尚書省於汴，以張孝純權行臺左丞相，以女真胡沙虎爲汴京留守。豫求哀，願居相州，許之。後併其子麟徙於臨潢，封豫爲曹王，賜田以居之。豫僭號凡八年」。

（二〇六）金廢劉豫指揮

〔據徐夢莘三朝北盟會編袁祖安排印本卷一八二紹興七年十一月十八日丙午補。〕

尚書省：帥府議，册立劉豫，建號大齊。置國之初，恐其不能自保，故爲隨路分駐兵馬，至今八年。載念上國之兵，大勞遠戍。兼齊國有違元議，闕乏軍須，比年以來，益漸減損，遂至艱窘，多有逃亡。隨路百姓，亦各不得息肩。與之征討，則兵力不齊；爲之拊循，則民非我有。凡事多悮，終無所成。況齊人假我國家之力，積有歲年，事悉從心，尚不能安民保國。論其德，不足以感人，言其威，不足以服衆，實不能康濟生靈，免其荼毒，天下無昇平之意，反使庶民困苦。兩國號令，相度從初，實爲過舉。既知其非，豈不可以改置？若混同四海之内，聖德廣運，睿澤旁流，霜露所沾，孰不歸附。今臣等議欲定一民心，變廢齊國，至於普天之下，盡行撫綏，是爲長便。奏訖奉聖旨：「齊國建立，於今八年，道德不臨，家室不保，有失從初兩獲便安之意，豈可坐視生民之困苦。宜依所奏施行，委所司速爲措置。有其餘隨宜事件，仍別商量行下。」右奉聖旨在前，及商量致到隨宜事件，開列於後。今行下元帥府照驗前項聖旨，并處分事宜，不得有令士庶軍民別至驚擾，早賜安措，從長施行，須議指揮。

一、廢齊國尚書省，設置行臺尚書省。

一、齊國自來創立重法，一切削去，並令依律令施行。

一、知得齊國差使繁重，令悉從宜酌量減免。

一、應據射糧，軍人有欲歸農及情願當役使，並從自便，只據存留人數各俵散。隨州軍士依舊支給衣糧。內有從合役置窠坐，一切仍舊。其老年殘疾人等，雖是難任軍役，矜其無歸，并仰分付舊來養老處所，酌量賑濟，勿令別致凍餓。

一、應齊以前離背郎主被擄逃走人等，若見在本鄉并與親戚團聚之人，其郎主更不許識認。或有背夫逃走婦人，准上施行，只據元將引去兒女，即行分付與父。外有舊北來奴婢并妻女，不在此限。

一、齊國後宫人，除劉豫貼身存留外，其餘并聽自願出嫁，或與親眷團聚。若是無所歸投，分付宫觀養濟。

一、内使人，除摘留合用留守宫禁，餘外并聽自願，隨處住坐。

一、見任大小職官，并隨路押軍人員，各不得侵奪民利。

一、自來齊國非理廢罷大小職官，并與改正叙用。或有懷才抱德，隱居山谷之人，亦仰所在官司以禮聘召，量才任用，更或申聞。内有才德絶倫者，開坐姓名申聞，以憑不次升擢。

一、古今聖賢墳墓祠廟，并不得有致損壞。

一、日來逃亡在江南人等，不問是何名目，若是却來歸投，并免本罪，優加存恤。

右下齊尚書省，可照驗即日尚書省所奉到聖旨上件施行。

據劉豫已削去帝號，降封蜀王，并設置施行訖。行臺尚書省各有所奉詔書，别行降下。外照到降封宣旨：「昨以建置齊國，本圖靖難，奈何不當天心，至今未獲休息。與其害于百姓，不若負其一身，至有今來廢置。」仰指揮到日，即速遍牌曉諭隨處官吏軍民僧道耆老人等，仍於坊巷村寨多行粉壁告示，咸使體悉聖恩普救之意，及思多歲不獲寧居，跂望太平，各安職業，無或敢有二心。

兼照會到當日齊國，本非自立，凡官司所有勾當，無非本國公事，其大小職官，輒勿悞會，妄生驚疑。仍仰自今後更切用心，撫循百姓，以保禄位。各懷忠信，仰順天意，用答宸心。當遵守宣旨，厚加撫恤。若是執迷不順，聽用浮言，必當自貽刑戮，仍仰至日立便改正。廢齊阜昌年號爲天會十五年。應州府縣鎮大小官員，并勒依舊勾當，所令見今禁勘諸公事，并續有詞訟及係官錢帛諸物文移，並依前來本例，如法理納放停，不得致錯或住滯隱瞞，别致違礙錯失。悉仰准此。

天會十五年十一月九日。

〔校文〕

册立劉豫　文淵閣本「立」字闕文。

載念上國之兵　「之兵」，原作「大事」，據許本改。

大勢遠戍　「大」，許本作「久」。

亦各不得息肩　許本、文淵閣本「亦」字上有「役用」二字。

實不能康濟生靈　許本「實」下有「有幸位初」四字。文淵閣本「實不能」作「實有乖從初」。

天下無昇平之意　許本作「使天下早致昇平之意」，文淵閣本作「使天下早致隆平之意」。

相度從初　許本、文淵閣本作「相從相度」。

今臣等議欲定一民心　「議」字、「定」字原無，據文淵閣本補。

奏訖奉聖旨　「奏」字原無，據許本、文淵閣本補。

生民之困苦　「困苦」，原作「被困」，據許本、文淵閣本改。

有其餘隨宜事件　「有」字原無，「宜」原作「擬」，據許本、文淵閣本補正。

及商量致到隨宜事件　「致」，許本、文淵閣本作「收」。「宜」，原作「擬」，據許本改。

開列於後　「於」，許本、文淵閣本作「如」。

不得有令士庶軍民別至驚擾　許本作「不得有違士庶軍民不至驚擾」。

并令依律令施行　「律」下「令」字原無，據許本、文淵閣本補。

應據射糧　「射」，許本作「食」。

只據存留人數　「只」，許本、文淵閣本作「一」。

其老年殘疾人等　許本、文淵閣本「其」下有「有」字，「老年」作「年老」。

并仰分付　「仰」，許本作「即」。

與親戚團聚　「戚」，許本、文淵閣本作「眷」。

只據元將引去兒女　「兒女」，許本、文淵閣本作「女兒」。

餘外并聽自願　「餘外」，許本、文淵閣本作「人外」，屬上句。

懷才抱德　「德」，許本、文淵閣本作「道」。

更或申聞　許本、文淵閣本無此四字。

開坐姓名申聞　「聞」，許本、文淵閣本作「復」。

并不得有致損壞　「有致」，許本、文淵閣本作「亂有」。

日來逃亡在江南人等　許本、文淵閣本作「實在逃亡江南人等」。

右下齊尚書省　「齊」字原無，據許本、文淵閣本補。

即日尚書省所奉到聖旨　「日」，原誤作「同」，據許本、文淵閣本改。

外照到降封宣旨　「照」，原作「詔」，據許本、文淵閣本改。

仰指揮到日　「仰」字原無，據許本、文淵閣本補。

咸使體悉聖恩普救之意　「使」，原作「知」，據許本改。「普救」，文淵閣本作「普浹」。

跂望太平　「跂」，許本、文淵閣本作「致」。

兼照會到當日齊國本非自立　許本、文淵閣本此句作「因齊國本非自立」。

輒勿悞會　許本、文淵閣本「會」上有「省」字。

前來本例　「本」，許本、文淵閣本作「體」。

理納放停　「放」，原作「收」，據許本、文淵閣本改。

或住滯隱瞞　許本作「或有住滯隱瞞」，文淵閣本作「不得其間却有住滯隱瞞」。

十一月九日　許本、文淵閣本均無「九」字。

〔考釋〕

案：金廢劉豫，會編卷一八二繫紹興七年（一一三七）十一月十八日丙午，宋史卷四七五劉豫傳同，金史卷四熙宗紀繫天會十五年（一一三七）十一月丙午，年月日亦均相符。宋史卷二十四高宗紀繫十一月丁未（十九日），則後一日，本篇繫十一月九日，時間反早，疑「九」字上奪「十」字。

（二〇七）劉蜀王進封曹王制

制曰：嚴寶册以薦鴻名，既俯從於衆欲；布恩書以敷惠澤，宜大涣於群生。眷子異姓之王，夙有同寅之德。肆頒明命，孚告治朝。蜀王劉豫，敦大而直方，高明而寬厚。早居南服，以直言强諫聞於時；頃在東州，以智略英資長於衆。八年享國，一節事君。審運會之有終，識廢興之惟義；視去位如脱屣，以還朝爲登仙。向之富國强兵，何霸王之足道；今也樂天知命，豈得喪而能移！爰因慶賞之行，益示褒榮之典；胙以陶邱之土，昌其井絡之封。於戲！列土以建侯邦，誓已堅於帶礪；盡忠以藩帝室，心宜炳若丹青。茂對龍光，永綏福禄，可進封曹王，食邑一萬户，食實封一千户。令有司擇日備禮册命，主者施行。

〔校文〕

既俯從於衆欲　「衆」，硯本、錢本誤作「縱」。

眷子異姓之王　「子」，硯本、錢本、文淵閣本作「予」。

識廢興之惟義　「惟」，吴本、錢本作「大」，硯本闕文。

豈得喪而能移　「而」，文淵閣本作「所」。

益示褒榮之典　「典」，硯本、錢本、文淵閣本作「異」。

胙以陶邱之土　「胙」，硯本誤作「昨」。「土」，硯本、吴本、錢本、文淵閣本作「壤」。

昌其井絡之封　「昌」，吴本作「易」。

誓已堅於帶礪　「已」，硯本作「以」。

食實封一千户 「食」字原無，據吴本、錢本、文淵閣本補。

〔考釋〕

案：金史卷四熙宗紀，「皇統二年（一一四二）二月辛卯，改封蜀王劉豫爲曹王。」

（二〇八）曹王劉豫謝表

禮成大册，澤霈普天，特例進其封階，不遐遺於舊物。望闕拜命，闔門感恩。臣豫誠歡誠忭，頓首頓首。

伏念臣昔仕季朝，粗歷官要。昧方枘圓鑿之理，竭徙薪曲突之忠。項氏將亡，有范增而不用；周家既勝，以箕子而來歸。試用微能，爰升大位。辭不獲已，報當若何！承積年殘毁之餘，凡百事艱難極甚。辟寇賊以置朝市，披荆棘而創耕桑。應機投隙，以傾挫敵讎；損己便人，以招集散徙。忘寢忘食，必躬必親。培廣業之惟勤，庶大恩之不玷。俄知廢罷之議，愈盡措畫之心。要先時成績於斯邦，覬後日受知於上國。至聞混一之義，不待再三之言。即隨使人，往受宣命。素所措備，復何遲疑！八年辛苦以經營，兩手歡欣而分付。帝號若釋重負，王爵尤感鴻恩。自得清閒而北來，未嘗徘徊而南望。久安僻地，忽被改封。洎捧讀於訓辭，若恭聽於睿語。温其如玉，暖然似春。星斗輝輝，麗窈然之天道；典謨渾渾，顯大哉之王言。徽輆爨下之焦桐，青黄溝中之斷木。光生懸磬之室，榮張設羅之門。此蓋伏遇皇帝陛下，德奉三無，仁鈞九有；敬識百辟之享，獨觀萬化之原；有功而必見知，無棄而常善救。遂令窮悴，得賴褒嘉。臣敢不守静致虚，安時處順。何以效涓埃之報，惟不爲名器之羞。

〔校文〕

特例進其封階　「例」，原作「列」，據硯本、錢本、文淵閣本改。

昔仕季朝　「季」，原作「本」，會編卷一八二紹興七年十一月十八日丙午載此文作「季」，兹據改。

粗歷官要　「官要」，硯本、錢本、文淵閣本作「要官」。

有范增而不用　「有」，硯本、錢本、文淵閣本作「以」。

爰升大位　「爰」，硯本、錢本、文淵閣本作「援」。

承積年殘毀之餘　「之」，原作「有」，許本會編作「之」，兹據改。

凡百事艱難極甚　「極甚」，文淵閣本作「特甚」。

辟寇賊以置朝市　「辟」，原作「闢」，據錢本、文淵閣本改。

披荆棘而創耕桑　「創」，許本會編、袁本會編作「勸」。

以傾挫敵讎　「讎」，會編作「鋒」。

損己便人　「便」，硯本誤作「使」。

培廣業之惟勤　「培」，硯本、錢本作「陪」。「之」，錢本作「以」。

庶大恩之不玷　「恩」，硯本、錢本、文淵閣本作「造」。

愈盡措畫之心　「盡」，吴本作「竪」。

至聞混一之義　「聞」，硯本、錢本、文淵閣本誤作「同」。

素所措備　「措」，硯本、吴本、錢本作「祇」。

復何遲疑　「何」字硯本闕文。

若恭聽於睿語　「若」，硯本誤作「苦」。「恭」，會編作「躬」。「睿」，會編作「御」。

暖然似春　「似」，原作「如」，據會編改。

麗窈然之天道　「窈」，會編作「焕」。

無棄而常善救　硯本、錢本「救」作「教」。許本會編、文淵閣本會編此句作「無善而常弗棄」。

得賴褒嘉 「賴」，會編作「與」。

附録

（一）穴硯齋鈔本弔伐録群碧樓跋

甲寅九月，閱都門海王村市，得此鈔本八巨册，凡二十一種，皆史部書也。鈔手雅整可愛。版式雖不一律，有署「穴硯齋繕寫」者，與余曩藏老學庵筆記相同，知皆穴硯齋鈔本。聞尚有子部書十數種，爲常熟松禪師所收，曾介弢甫前輩假讀而不可得，不知其幾種。當時欲録一目，以與此數册並傳，非敢有他意也。書有「立齋」朱文一印，皆鈐於每册之首，蓋曾爲昆山徐氏所藏。余今析爲廿一册，故記於此。己未六月裝成。群碧記。

（二）寒瘦山房鬻存善本書目跋語

卷五：明鈔本、名人手鈔本。

弔伐録　二卷，一册。不書編輯人，穴硯齋鈔本。有「立齋」朱文印。

家世舊聞　穴硯乃明時藏家，各家著録，未由知其姓氏。好古之士，湮没不彰者多矣，猶幸鈔本之流丐學林爲可喜耳。群碧又書。

南爐紀聞　戊午冬日，據穴硯齋鈔本校一過。此本所出，確爲完善，非尋常傳寫本可比，宜秘之。正闇。

北狩見聞録　翌日，復用穴硯齋本校見聞録，亦無出入；惟「虜」字多已改去，則乾隆間承文字獄後所糾正者。此本出知聖道齋，或即彭文定所改定耶？十一月初十日，正闇記。

（三）黄氏士禮居藏書題跋記

陸游南唐書，丁卯歲，收得穴硯齋鈔本。卷末一頁格旁有「虞山錢遵王藏書」七字。又何博士備論通二十六篇，不分卷。因其爲穴研齋繕寫，珍之。先是收得穴硯齋諸書，初不知時代先後，惟陸游南唐書爲虞山錢遵王藏書，則在遵王先矣。他爲宋人説部，總得於松江故宦家。有賈人知其由來，謂出於康熙朝明相國家。

又茅亭客話，穴研齋本爲佳。

（四）葉昌熾藏書紀事詩

昭代名人尺牘小傳：成德氏納喇，又作納臘，亦稱納蘭，字容若，後改名性德。遼陽人，太傅明珠子。康熙癸丑進士，選侍衛。愛才好客，所與游皆一時名士。嘗集宋、元以來諸儒説經之書，刻爲通志堂經解一千八百餘卷。精鑑藏，尤工於詞。所刻飲水側帽詞，傳寫徧於村郊郵壁。

昌熾案：茅亭客話（英案：指穴硯齋本）後歸亡友蔣香生書鈔閣。香生述周季貺之言曰：穴硯裝潢精美，似國初旗人之風雅好事者，或出自明相國家。與蕘翁所記賈人之言合。

（五）葉德輝書林清話

明以來之鈔本條：其餘舊鈔無考者，有穴硯齋鈔本。（原注：黄記錢遵王藏有馬令南唐書三十卷，何博士備論一卷，蘆浦筆記、楊公筆録不分卷，徐度卻掃編三卷，黄復休茅亭客話十卷。）皆明末國初人各家藏書，均不知姓名籍里。

（六）繆荃孫雲自在龕隨筆

陸游南唐書，穴硯齋鈔本，旁有「虞山錢遵王藏」印，是在遵王之前明甚。葉緣督藏書紀事詩云「成容若」，則誤甚。容若曰珊瑚閣，凱功曰謙牧堂。

（七）守山閣叢書本大金弔伐録錢跋

大金弔伐録，張氏據超然堂吴氏本刊入墨海，僅分上下二卷。以文瀾閣本校之，上卷正月十四日回奏宋主中，脱「所承誓旨」下三百三十字；宋主致謝書別幅「細色并雜物」下，錯簡在宋少主與左副元帥報和書後；宋少主新立誓書脱去首尾，僅存「招納叛亡」下四百三十九字，亦錯簡在宋少主報和書中，遂并新立誓書篇題脱去；宋少主報和書「兩朝和好」下，别爲一篇，題又白劄子。下卷孫傅等乞立趙氏第四狀，「傅等無任哀痛」下五十九字，移置第五狀末，而第四狀無結文；其依准製造迎接等事狀全篇脱去。其餘字句脱誤，不可枚舉。伏讀四庫全書提要，知此書世無刊本，僅從永樂大典録出，不知吴本又何自來也。今遵閣本付梓，而吴本義可兩通者，仍分注於下。其謬誤顯然者，概置不論。明初去金未遠，所據多舊刊本，較吴本爲得其真云。

靖康之禍，實由宋人招納叛亡，自開邊釁。加以承平日久，文恬武嬉，議戰議和，幾等道旁築舍，卒至二帝北行，康王南渡，足爲千古炯戒。此書原始要終，備存舊牘，求之正史，十不得一，固考古者所不廢也。錫之識。

（八）涵芬樓影印錢遵王鈔本弔伐録張跋

是書久無刻本。常熟張氏輯墨海金壺，首據超然堂吴氏抄本刊行。金山錢氏以其多有訛奪，復録文瀾閣本刊入守山閣叢書。是本爲錢遵王述古堂抄藏，繼入於知不足齋鮑氏，今歸吾友傅沅叔。雖遠出吴氏抄本之上，以校錢本，則顛倒訛誤仍所不免。然靖康元年四月七日宋主回金國元帥一書，乃爲是本所獨有；且亦間有可以勘正錢本訛奪之處。四庫總目稱是書録自永樂大典，原無卷數，館臣析爲四卷。超然堂吴氏本僅分上下二卷，與是本同。又王時雍等依准製造迎接等事狀，是本與吴本均缺，頗疑當時所據必别爲一本，與大典不同出一源，是則固可並存者也。海鹽張元濟。

（九）瞿鏞鐵琴銅劍樓藏書目録

雜史類：大金弔伐録二卷，舊鈔本，不著撰人名氏。紀金太祖、太宗與宋用兵事。詳載國書、答書、誓詔、事目、册表之類，而終以册封劉豫及豫謝表。書分兩卷。上卷始天輔七年至靖康元年，下卷始靖康元年至天會七年。此明長沙李文正公家藏本。卷中朱筆塗改，自注據宋本，皆公手筆也。（原注：卷首有「西涯」及「子孫永寶」二朱記。）

（一〇）丁丙善本書室藏書志

弔伐録二卷，舊鈔本，周季貺藏書。不著撰人姓名，館臣采自大典，録爲二卷。是録紀金太祖、太宗用兵克宋之事。自天輔六年以前舊牘不存，僅存一條。天輔七年交割燕雲，及天會三年再舉伐宋，五年廢宋立楚，凡國書、誓詔、册表、文狀、指揮、牒檄，率排比年月，具録原文，迄康王南渡而止。後附降封昏德公、重昏侯、海濱詔書，及所上各表，而終於劉豫建國之始末。可與三朝北盟會編參觀也。後有周季睍跋。

大金弔伐録二卷，精鈔本，陳氏西畇草堂藏書。是書有「陳氏家藏」、「陳墫私印」、「仲遵西畇草堂藏本」諸印。墫，一字葦汀，長洲人，工畫山水，有西畇草堂，儲藏書多古刻。

（一一）潘景鄭著硯樓書跋

舊鈔本大金弔伐録：四庫著録大金弔伐録四卷，係從大典内録出。張氏刊墨海金壺得超然堂吴氏寫本付梓，分爲二卷，與庫本次第不合。然此書素無完本，抱殘守闕，聊具梗概而已。此藍格抄本二卷，蓋依墨海金壺本傳録，款式悉遵墨海金壺，字畫亦摹宋本，是鈔本中之别具面目者。卷末有李芍農先生識語云：「光緒丙子六月，以抄本校對一過，各有訛誤，據改及校定數處。李文田記。」案李所據鈔本，雖不明所自，然互勘實多勝處。如上卷别幅條，據鈔本係宋主致謝書及報因便坿問之後，計此時祇有宋主貽真珠代物，金帥安得有此也？當照改正。又下卷廢國取降詔條，「其誰與助」，鈔本此句在「敗盟」句前，成四六句，較刻本爲勝。其他勘正誤字不下百數十處，洵足是正張刻不少。此亦咫園藏弆，己卯三月得之其家。二十日雨窗讀訖記。

（一二）紀昀四庫全書提要

大金弔伐録四卷，不著撰人名氏。其書紀金太祖、太宗用兵克宋之事，故以弔伐命名。蓋薈萃故府之案籍，編次成帙者也。金宋自海上之盟，已通聘問，以天輔六年以前舊牘不存，故僅於卷首一條，略存起事梗概。自天輔七年交割燕雲，及天會三年四月再舉伐宋，五年廢宋立楚，所有國書、誓詔、册表、文狀、指揮、牒檄之類，皆排比年月，具録原文，迄康王南渡而止，首尾最爲該貫。後復附以降封昏德公、重昏侯、海濱詔書及所上各表，而終於劉豫建國之始末。所録與徐夢莘三朝北盟會編詳略互見，不識夢莘何以得之。

考張端義貴耳集曰：「道君北狩，凡有小小凶吉，喪祭節序，金主必有賜賚。一賜必要一謝表，集成一帙，刊在榷場中博易四五十年，士大夫皆有之。余曾見一本」云云。此書殆亦是類歟！然夢莘意存忌諱，未免多所刊削，獨此書全據舊文，不加增損，可以互校缺訛，補正史之所不逮，亦考古者所當參證也。永樂大典所載未分篇目，不知原本凡幾卷。今詳加釐訂，析爲四卷，著於録。

（一三）胡玉縉四庫全書總目提要補正

大金弔伐録：瞿氏目録有舊鈔本二卷，云：「上卷始天輔七年至靖康元年，下卷始靖康元年至天會七年。此明長沙李文正公家藏本。卷中朱筆塗改，自注據宋本，皆公手筆也。」據此則原書爲二卷。

（一四）余嘉錫四庫提要辨證

大金弔伐録四卷，不著撰人名氏。其書紀金太祖、太宗用兵克宋之事，故以弔伐命名。蓋薈萃故府之案籍，編次成帙者也。金宋自海上之盟，已通聘問，以天輔六年以前舊牘不存，故僅於卷首一條，略存起事梗概。

嘉錫案：本書卷首與宋主書一條，題下有原注云：「天輔七年正月己卯，其以前者，軍上不留。」故雖題爲與宋主書，而其文實從天輔元年宋主遣馬政通問叙起，提要所謂略存起事梗概者也。然天輔七年以前宋金往來國書，金人軍中雖未存稿，而宋徐夢莘三朝北盟會編具録其文，粲然可考。如卷四所載宣和二年（原注：金太祖天輔四年。）七月金人國書，九月宋國書，又宣和三年正月金人議夾攻國書，卷五載同年八月宋國書，卷七載宣和四年五月金人國書，卷九載同年九月宋國書及事目，卷十一載同年十一月金人國書，卷十二載同年十二月宋國書及金人國書，卷十三載宣和五年（原注：金天輔七年）正月宋國書，凡十篇，皆此書所無。又載正月二十七日金人國書一篇，即此書首條所載往歲越海云云之書也。然彼係全篇，此爲節略，仍可據以補闕。蓋金人崛起氈裘之中，庶事草創，典章未備，不知保存文獻。宋人雖播遷之餘，而衣冠文物，盡歸江左，故府圖書猶有存者，士大夫亦網羅放失，著作如林，故夢莘得而録之耳。

自天輔七年交割燕雲，及天會三年四月再舉伐宋，五年廢宋立楚，所有國書、誓詔、册表、文狀、指揮、牒檄之類，皆排比年月，具録原文，迄康王南渡而止，首尾最爲該貫。後復附以降封昏德公、重昏侯、海濱詔書及所上各表，而終於劉豫建國之始末。所録與徐夢莘三朝北盟會編詳略互見，不識夢莘何以得之。考張端義貴耳集曰：「道君北狩，凡有小小吉凶，喪祭節序，金主必有賜賚。一賜必要一謝表，集成一帙，刊在榷場中博易四五十年，士大夫皆有之。余曾見一本」云云。此書殆亦是類歟！

案：本書卷四賀俘宋主表之前尚有遼主耶律延禧降表、遼主謝免罪表、降封遼主爲海濱王詔、遼主謝封海濱王表，凡四篇。蓋其書雖記伐宋始末，而滅遼廢齊之事，亦以次附入，若曰是亦大金之弔民伐罪云爾。提要云：「後復附以降封昏德公、重昏侯、海濱詔書。」不知徽欽二帝何嘗封於海濱耶，其亦近於不詞矣。（原注：考文溯閣本提要亦如此，則非刻本脱誤也。）所録文字，大凡百六十一篇，（原注：國書外所附事目，亦以篇計，惟别幅載禮物名數者不計。）而見於三朝北盟會編者四十九篇，故提要疑當時有刻本在榷場交易，而夢莘得之。考明沈德符萬曆野獲編卷六曰：「予所見金國所刻名弔伐録者，備載破宋滅遼廢齊諸詔令書檄，及徽欽二帝在北地謝金主諸表文甚備。」是此書實有金時刻本，然夢莘所載文字，卻非得自此書。如天輔七年以前往來諸國書，固非是書所有，而會編卷三十又有欽宗賜皇子郎君書，斡離不回謝賜物上奏，（原注：本書卷一亦有回謝宋主書，然文字全不同，當别是一篇。）卷三十一有請歸康王書及斡離不送還康王書，卷三十六有致大金皇子郎君都統叙别書，（原注：與本書所載宋主回謝書亦不同。）卷五十有致元帥皇子第二書，卷五十六有遣工部侍郎王雲使軍前致大金皇帝書，亦皆爲此録所不載。然則宋之掌故具在，文獻足徵，其無藉於是書亦明矣。會編卷五十載致元帥皇子第一書，（原注：即此録卷二宋再遣使乞免割三鎮增歲幣書。）係采自宣和録。卷七十一載孫覿所草降表，（原注：只引十句，分見此録兩表之中，而字句不盡同。）係采自宣和録及遺史。卷五十八載因虜使還朝密賜耶律太師書，（原注：此録卷二題作宋主回書。）卷七十一載欽宗降表，（原注：只載篇首六句，即此録卷三宋主降表改定本。）卷七十九載在京士民郭鐸等狀，（原注：即此録軍民耆老狀，乞立趙氏。）卷八十四載册立張邦昌文，皆采自靖康要盟録。卷七十八載金元帥府遣吴幵莫儔持入城書，（原注：即此録行府下前宋宰執舉一人。）卷七十九載孫傅第一狀以至第六狀，（原注：第六狀即此録乞命張邦昌治國狀。）皆采自僞楚録。（原注：孫傅第二狀以下不引書名者，蒙上文言之也。）凡此諸條，並有書名，著其出處，其非采自金人所刻之弔伐録，昭然甚明。然則其他所載諸篇，其必采之案牘及宋人著作之中，固無疑義。提要謂不識夢莘何以得之，是不知會編之體例也。即如會編卷八十所載御史中丞秦檜狀，長至一千五百二十三字，而此書卷三所載秦檜乞立趙氏狀，僅寥寥二百二十二字，全篇無一句相同。此亦夢莘未見弔伐録之一證。考宋王明清揮麈後録卷十一（原注：第百九三條）記姚宏令聲之言曰：「今世所傳秦所上書，與當來者大不同，更易其語，以掠美名，用此誣人。以僕嘗見之，所以見忌。」是則弔伐録所載者，檜當時所上之書也；會編所載者，檜後來所更易以誣人者也。然明清雖記姚宏此言，而其揮麈三録卷二（原注：第十五條）所載秦會之議狀，仍與會編同。繫年要録卷二及東都事略張邦昌傳亦然。要録且據檜所撰僞狀以辯馬伸等未嘗連名，蓋除姚宏之外，南宋士夫舉無有見檜原稿者矣。今宋史檜本傳節録檜所進狀，亦即後來更易之本也。案揮麈餘話卷二謂秦會之議狀，乃馬伸先覺之文。先覺爲監察御史，屬稿就，以呈會之，會之猶豫，先覺率同僚合辭力請，會之不得已，始肯書名。玉照新志卷三（原注：亦明清所著）及宋史馬伸傳記此事，雖不云狀稿爲誰所撰，然其議發於馬伸，約檜與連名則略同。故弔伐録所載狀雖前後皆具檜銜名，文内亦自稱曰檜，而其辭則只就國事立言，皆公共之語，蓋狀後必尚有諸御史連名，録文者省去之耳。會編及諸書所載，其開端便曰：「右檜竊緣自祖父以來，七世事宋，身爲禁從，職當臺諫，荷國厚恩，甚愧無報。」是檜一人之語矣。使此狀果爲檜所獨進，諸御史皆不署名，則何以揮麈三録載秦塤所藏第二狀稿，（原注：此狀他書皆不載。）又三稱「檜等」乎？以此證之，知弔伐録爲獨得其真，會編諸書皆不免爲檜所愚也。夢莘著書，紀叙檜之奸邪，不遺餘力，使夢莘得見弔伐録，有不具載議狀原文，明其先後不符，以發其覆者乎？乃知提要疑夢莘曾從榷場得見弔伐録者，特抽閲其中數卷，而未嘗細核全書也。

然夢莘意存忌諱，未免多所刊削，獨此書全據舊文，不加增損，可以互校闕訛，補正史之所不逮，亦考古者所當參證也。永樂大典所載，未分篇目，不知原本凡幾卷。今詳加釐訂，析爲四卷，著於録。

案：明文淵閣書目卷六雜史類有弔伐録一部二册，此即永樂大典所據之本，故提要不知其爲幾卷。然考黄虞稷千頃堂書目卷五别史類著録金人書，有金人弔伐録二卷，注云：「記金人伐宋，往來文檄盟誓書。」虞稷及周在浚徵刻唐宋秘本書目亦云：「金人弔伐録二卷，蓋金人所編，與宋爲海上之盟，迄於北狩，往復書札文移也。」則此書實二卷矣。虞稷所見，必從金刻本出，其易「大金」爲「金人」，則出於後人之手。疑元明時别有刻本。張海鵬據超然堂吴氏本刻入墨海金壺，亦作上下二卷，蓋猶舊本。然以閣本校之，吴本脱訛動至數十百字，似所據者乃展轉傳鈔之本，非金刻也。絳雲樓書目有此書一册，也是園書目作一卷，蓋出後人省併耳。野獲編曰：「金國所刻名弔伐録者，其初與宋童貫書，署題曰元帥粘罕與亡宋故宣撫使廣陽郡王閹人童貫書，至後以納平州張覺興兵犯闕所傳檄文，謂元符王亡，（原注：後謂哲宗崩也。）趙佶本不當立，交結宦官童貫，越次僭竊，以此寵任，命主兵柄，爵以真王。」今閣本與童貫書，題作與宋閹人河北河東陝西等處宣撫使廣陽郡王童貫書，視野獲編已爲小異。至於元帥府左副元帥右監軍右都監下所部事跡檄書，止云「況趙佶越自藩邸，包藏禍心，陰假黄門之力，賊其冢嗣，盜爲元首」，無「元符王亡，趙佶交結宦官童貫」諸語，是永樂大典所據之本與沈德符所見金刻又大不同，未詳其故也。

（一五）明萬曆庚申沈純祉鈔本沈純祉李盛鐸題跋

已十五年高庋此書，何爾抽閱，使人怒髮嚙指。雖然，存之以發忠臣義士之涕，以昭内夏外□（案：此字闕，疑爲「夷」字）之殷鑒可也。崇禎癸酉初夏，樗庵。（以上在卷首）

萬曆四十八年庚申歲，長夏無事，借虎臣兄抄本過録。樗菴。（以上在卷尾，前後有「沈純祉印」、「翰生藏書鈔本」、「麐嘉舘印」、「北京大學藏」諸藏書印）。

甲子上元前一日，購于廠肆文友堂。盛鐸記。（以上在封面）

（一六）清光緒六年傳鈔金山錢氏守山閣本千禾氏是閒氏跋

光緒六年三月，倩鈔胥從守山閣本録出，本家苐君爲予校正。千禾記。（有「千禾」印）。

壬戌仲春，宿菰里瞿氏，以其所藏明長沙李文正公手校兩卷本對勘一過。按是書不著撰人名氏，四庫提要謂原本久佚，僅從永樂大典中録出，嗣嘉慶十七年，昭文張氏據吴氏本刊入墨海，道光中金山錢氏得其殘板，復依四庫本校刻于守山閣，即此本是也。書中篇數，取校李本，大畧相同，李本于天輔七年二月答宋主書上朱批『據宋本』三字，其評載瞿氏書目中。夫此書既録自金人，而名之曰弔伐録，則宋人斷無代爲録版之理，而靖康痛史見于直齋書録者，種類至夥，意或别有紀載如北盟會編之例，而公遂據以校之歟？觀書中于公文體裁有𢳆頭空格處，多循舊式，其人名、官名亦悉依當時原譯，則是從舊本録出，殆無疑義。書經傳鈔，顛倒舛誤之處，固所不免，然較之錢本，其佳處已不可勝言矣。是閒記于瞿氏木筆花館南窗下。（後有「是閒手校」、「國立中央圖書館收藏」印）。

（一七）藏園羣書經眼録大金弔伐録傅增湘跋

不分卷，吕晚村家影寫金刊本。後歸查初白（原注：慎行）。卷中「四太子」、「郎君」等字皆提行，以校守山閣本、聚珍本均善。（原注：甲寅）。

又弔伐録二卷，清初錢曾述古堂寫本。十行二十字，無闌格。鈐有「鮑廷博藏」印。（原注：余藏）。

（一八）適園藏書志舊鈔本大金弔伐録張鈞衡跋

不著撰人名氏。館臣采自大典，分爲二卷。是録紀金太祖、太宗用兵克宋之事。自天輔七交割燕雲及天會三年再舉伐宋，五年廢宋立楚，凡國書、誓詔、册表、文狀、指揮、牒檄，排比年月，具録原文，後附降封昏德公、重昏侯、海濱王詔書及所上各表。此舊鈔本，藏有「南昌彭氏」朱文方印，「知聖道齋藏書」朱文長方印，「唐棲朱氏結一廬圖書記」朱文方印。

（一九）金少英大金弔伐録版本述略

大金弔伐録爲金無名氏所編，在金時已有刻本。宋張端義貴耳集云：「道君北狩，在五國或在韓州。凡有小小凶吉喪祭節序，北人必有賜賚。一賜必要一謝表。北人集成一帙，刊在榷場中。傳寫四五十年，士大夫皆有之。余曾見一本。」（據魯迅稗邊小綴所引校文）至明沈德符謂：「予所見金國所刻名弔伐録者，備載破宋滅遼廢齊諸詔令書檄，及徽欽二帝在北地謝金主諸表文甚備。」可見金刻本流傳已久。

明長沙李文正公曾據宋本以校鈔本弔伐録二卷。但書名「弔伐」，恐宋人未必樂爲刊刻。李所據的宋本可能是一種鈔本（清倪燦、盧文弨輯宋史藝文志補及近人宋國史藝文志輯本和中興館閣書目輯考中均無弔伐録一書）。他所校的鈔本，後來歸于瞿氏鐵琴銅劍樓。

明文淵閣書目著録有弔伐録一部二册，此即永樂大典所據之本。

明清之際，又有穴硯齋鈔本二卷（以下簡稱硯本）。穴硯齋，有人説是明代一位藏書家，亦有人説即清康熙朝的納蘭容若。亦有説容若的書齋稱珊瑚閣，不稱穴硯齋者。衆説紛紜，莫衷一是。

清乾隆朝纂四庫全書，從永樂大典中輯録此書，析爲四卷（以下簡稱文瀾閣本或文淵閣本）。

嘉慶十四年（一八〇九），常熟張氏輯墨海金壺，據超然堂吴氏本刊行（以下簡稱吴本）。金山錢熙祚以刊本多有訛奪，又録文瀾閣本刊入守山閣叢書（以下簡稱守山閣本）。錢遵王又藏有舊鈔本，民國二十四年（一九三五）涵芬樓爲之影印，即現在的四部叢刊本（以下簡稱錢本）。次年夏，又有鉛印本行世，這是據守山閣本翻印的。

此外，杭州丁氏善本書室藏書志所載，有周季貺原藏的舊鈔本二卷，係館臣采自大典。另有陳墫原藏的鈔本二卷，不知其來源。

現有幾種版本中，硯本最爲著録各家所稱道，甚至「祕之」不欲示人；但訛文奪字，其實亦復不少。大概所根據的本子已經漫漶，不易辨認，書手又但知葫蘆依樣，遂致于此。但此本對「大金」、「朝廷」、「大聖」、「皇子」、「恩信」等字面都跳行空格，他本都不如此，可見此本所據以鈔録的底本時代較早，或者竟從金刻本鈔録，亦未可知。書中如遣李棁持寶貨物折充金銀書（本書第五十五篇）中「告論之法」一句，别本悉作「告諭」，獨此本作「告論」。案會編載當時收簇金銀榜文云，「如有藏匿寄坿，並許諸色人告論」；又招括金銀指揮云，「尚慮告論一節，或爲民害」，這都是應作「告論」之證。降封遼主爲海濱王詔（本書第一九一篇）中「投諸魑魅」一句，别本或作「魍魎」，或作「魍魅」，惟此本和文瀾閣本、文淵閣本作「魑魅」；再上書（本書第六十一篇）中「決是無敢顧惜」一句，亦只此本和錢本「敢」作「所」。凡此則硯本確較别本爲優。

錢本和硯本不但標目、篇次都同，詞句亦很少差别。如差劉豫節制諸路總管安撫曉告諸處文字（本書第二〇三篇)中「竄在郊遠」句,兩本都作「竄在彼遠」;孫覿所撰實録(本書第一八八篇)中「遣使烏凌噶思謀」句,兩本在句首都有「先」字,「凌」作「陵」,無「噶」字;「間鬥數百里」句,兩本「鬥」均作「闕」;「需用」,兩本均作「須用」。

不但如此,就連錯誤亦彼此相同或類似。相同的又可分爲四類:

一、詞義不通

「若有如上事理」句,兩本「上」均誤作「三」(差劉豫節制諸路總管安撫曉告諸路文字);「翌日」誤作「黎日」(孫覿實録);「大姓之家」誤作「夫姓之家」(同上)。

二、筆誤

「諭使旨」之「旨」字誤作「二日」(孫覿實録);「宇宙」誤作「宇廟」(同上);「辜」誤作「辜」(同上);「預測詐和」之「測」,兩本均誤作「惻」(本書第八十五篇書外聞達事件)。

三、不符史實

「陳遘」誤作「陳通」(孫覿實録);

「燕王俁」誤作「燕王侃」(同上)。

四、闕文

「聘問彌□」均闕第四字(本書第二十六篇南宋國書);

「憑傳□信」均闕第三字(本書第二十九篇與童貫書);

「審觀□勢」均闕第三字(同上)。

其相似的錯誤如:

「到請依草著誓」句,硯本「草」誤作「卓」,錢本誤作「車」(本書第二十篇南宋回書);

「以卵投石」句,硯本「卵」誤作「卯」,錢本誤作「夘」(本書第六十二篇宋主遣報謝使副回書)

從以上情況看,頗疑硯錢兩本同出一源。

吴本訛奪錯簡在諸本中最多,誤文亦頗與硯本相同。如:

「先放弓箭」句,兩本「弓」字均誤作「了」(本書第七十六篇元帥府再與宋三省樞密院牒);

「大朝雖欲令之」句,兩本「令」字均誤作「今」(本書第七十九篇宋主再乞免割三鎮書);

「劉蛤蠟書」句,兩本「蠟」字均誤作「鞨」(本書第八十五篇書外聞達事件);

「昨已指揮發遣」句,兩本「指」字均誤作「旨」(本書第八十八篇王雲呈覆);

「惟王兵之既戢」句,兩本「惟」字均誤作「椎」(本書第一三二篇宋主賀行府元日書)。

據此分析，似乎吳本的底本是由硯本轉鈔而來的。

從永樂大典中輯出的四庫全書本，詞句頗有與别本不同的地方。但這不同恐怕未必全屬于來源問題，這中間有無意的錯字，亦有故意的删改。魯迅先生曾舉宋人所著茅亭客話、鷄肋篇、容齋三筆、嵩山文集四種書爲例，説明「清朝不惟自掩其凶殘，還要替金人來掩飾他們的凶殘」。他説：「明人好刻古書而古書亡，因爲他們妄行校改」；「清人纂修四庫全書而古書亡，因爲他們變亂舊式，删改原文」。

大抵四庫全書本不同于别本者有四：

一、避諱

册大楚皇帝文（本書第一六三篇）中「以昭玄鑒」句，四庫全書本改「玄」爲「聰」，這是對康熙帝名字的避諱。其實别本亦有改「玄」爲「元」的，已是避諱了，四庫全書本連嫌名亦諱，確乎特别賣力。

二、改譯

如「勃極烈」改譯「貝勒」，這是遵照乾隆上諭改的。「回離保」改譯「和勒博」（見本書第二十四篇回南宋國書），「斡離不」改譯「斡喇布」（見本書第四十二篇别上書）：這大概因爲原譯並非美名的緣故罷。

三、增字

别上書中「惟望貴朝不失農事」句，四庫全書本多「惟望」二字；回康王書（本書第一八五篇）中「輒敢竊入汴邑」句，四庫全書本多一「敢」字；孫覿實録中「素服望闕伏拜受詔」句，四庫全書本多「伏拜」二字；又謝表（本書第二〇〇篇）中「此蓋伏遇皇帝陛下」句，四庫全書本多「伏遇」二字。由于增加了這些字面，金人的威嚴和宋人的屈服就顯得很突出了。

四、改文

如牒南宋宣撫司問罪（本書第三十篇）中「移牒回取的實有無歸還」句，四庫全書本改「的」爲「確」。案「的實」爲當時習慣用語，王雲呈覆一文中即有「的實」字樣。改「的」爲「確」，便失去其時代特點了。

守山閣本據文瀾閣本刊印，校以吴本，「吴本義可兩通者，仍分注於下」。此本優點較多，但有時不免盲從吴本，以正爲誤。亦有時臆爲删補致誤。如牒南宋宣撫司問罪中「具一切聽命無違公文回示」句，意思是説回文中應該有「一切聽命無違」字面，文瀾閣本原没有錯，守山閣本却從吴本改「具」爲「其」，一句成了兩句，便錯了。靖康元年十一月二十二日宋主回書（本書第一〇三篇）中「張孝純先知太原府」句，文瀾閣本亦不錯，守山閣本從吴本改「原」爲「平」，便又錯了。宋少主新立誓書（本書第四十四篇）中「昨自太上皇帝遣使越海結約」句，文瀾閣本「海」誤作「使」，守山閣本不正其誤，却删去了「越使」二字。這些都是守山閣本的缺點。

鉛印本根據守山閣本排印，誤文破句，連篇累牘。回答書外事件（本書第九十六篇）一篇中竟奪漏四百四十五字之多。魯迅先生説：「今人標點古書而古書亡，因爲他們亂點一通，佛頭着糞。」這個本子，可以説是屬於這一類的。

弔伐録原分二卷，千頃堂書目著録金人書即作二卷，明文淵閣書目作二册。明李文正所校鈔本和硯本、錢本、吴本以及周氏、陳氏所藏鈔本都是二卷。清代纂四庫全書才分爲四卷，守山閣本傳録文瀾閣本，因之亦分四卷。

二卷本：硯本、錢本上卷至宋主回書（本書第一〇三篇）止；不過硯本鈔到本篇「尋行禪禮」句，恰好紙盡，裝幀時，下句「遣執政以下」遂入下卷，以致一篇割裂爲二。吴本上卷較硯本、錢本少一篇，至宋主書所坿事目（本書第一〇一篇）止。鐵琴銅劍樓所藏明鈔本「紀金太祖、太宗與宋用兵事，書分兩卷」。可見和其他二卷本相同；惟書目謂下卷至天會七年止，這却錯了。册大齊皇帝文（本書第二〇四篇）在天會八年，曹王劉豫謝表（本書第二〇八篇）在皇統二年，比天會七年遲十三年。這大概是由於編目者一時粗心所致罷。

四卷本：文淵閣本、文瀾閣本、守山閣本同出一源，分卷相同。自首篇至宋主爲分畫疆界書（本書第五十七篇）爲第一卷；上宋主書（本書第五十八篇）至回答書外事件（本書第九十六篇）爲第二卷；元帥府書（本書第一〇二篇）至議遷都狀（本書第一五九篇）爲第三卷；册大楚皇帝文（本書第一六三篇）至曹王劉豫謝表（本書第二〇八篇）爲第四卷。

全書篇數：文瀾閣本正文有一百五十四篇，連事目合計一百六十一篇；缺宋主回書（本書第七十七篇）和孫傅第五狀（本書第一四九篇）兩篇。文淵閣本共一百六十二篇，缺孫傅第五狀一篇。守山閣本據文瀾閣本刊印，錢熙祚氏依吴本及靖康紀聞補入孫傳第五狀一篇，共爲一百六十二篇。硯本、錢本均爲一百六十一篇，缺孫傳第五狀和依准製造迎接等事狀（本書第一五八篇）兩篇。吴本亦爲一百六十一篇，缺宋少主新立誓書（本書第四十四篇）和依准製造迎接等事狀兩篇。本書以守山閣本爲底本，據文淵閣本補入宋主回書一篇，共爲一百六十三篇。

（二〇）金宋遼紀年對照表

公元	金	宋	遼
一一一五年	收國元年太祖完顔旻	政和五年徽宗趙佶	天慶五年天祚帝耶律延禧
一一一六年	收國二年	政和六年	天慶六年
一一一七年	天輔元年	政和七年	天慶七年
一一一八年	天輔二年	重和元年十一月改	天慶八年
一一一九年	天輔三年	宣和元年二月改	天慶九年
一一二〇年	天輔四年	宣和二年	天慶十年
一一二一年	天輔五年	宣和三年	保大元年

一一二二年	天輔六年	宣和四年	保大二年
一一二三年	天會元年太宗完顏晟九月改	宣和五年	保大三年
一一二四年	天會二年	宣和六年	保大四年
一一二五年	天會三年	宣和七年	保大五年遼亡
一一二六年	天會四年	靖康元年欽宗趙桓	
一一二七年	天會五年	建炎元年高宗趙構五月改	
一一二八年	天會六年	建炎二年	
一一二九年	天會七年	建炎三年	
一一三〇年	天會八年	建炎四年	
一一三一年	天會九年	紹興元年	
一一三二年	天會十年	紹興二年	
一一三三年	天會十一年	紹興三年	
一一三四年	天會十二年	紹興四年	

一一三五年	天會十三年	紹興五年
一一三六年	天會十四年熙宗完顔亶	紹興六年
一一三七年	天會十五年	紹興七年
一一三八年	天眷元年	紹興八年
一一三九年	天眷二年	紹興九年
一一四〇年	天眷三年	紹興十年
一一四一年	皇統元年	紹興十一年
一一四二年	皇統二年	紹興十二年

大金弔伐録校補整理補記

大金弔伐録校補是我的老師李慶善先生整理的太老師金少英先生的遺著，金先生校補此書，歷時久長，時斷時續，故前後體例不一，且所校補材料出處多不註卷數。因此李先生在後期整理中花費了大量的心血，先生當時已患有嚴重的哮喘病，秋冬時節，寒氣侵迫，艱于出户，每至夜分，不能躺臥，時需吸氧，然仍堅持出入圖書館，多方核對補輯資料。先生在整理説明中謙稱：「除核對原文、校文、引文，補標引文卷數外，主要是作了一些統一體例的工作。」實際上，先生于此書費力極多，許多條目幾于重寫，故此稿之成，殆亦可以説爲二位先生之合作矣。因二位先生已皆歸道山，故在核讀校樣時，爲慎重起見，除極個別文字略有更動外，餘皆依原稿，不擅加改爲。然尚有數事需向讀者略做交待：

一、在校讀清樣期間，經查北京大學圖書館藏有明萬曆庚申沈純祉鈔本大金弔伐録二卷二册。首尾有題跋。硃筆校過。無格闌。每頁十行，行二十四字。扉頁題弔伐録。是書屢經易主後，蓄于李盛鐸木樨軒，再歸北京大學圖書館，故前後有「沈受緐氏家藏」、「翰生藏書鈔本」、「麐嘉舘印」、「北京大學藏」諸印。因是本金、李二先生生前皆未曾寓目，且爲諸本中較早之鈔本，故我將此本與他本及整理稿進行了詳細之比勘，發現此本與穴研齋鈔本實出同一系統，參校價值不大。其因在于：（一）、凡穴研齋本之誤，此本皆有。偶有此誤彼是、此是彼誤之處，則爲鈔胥粗疏所致，然皆已爲金、李二先生據他本勘正之。（二）、所缺篇數相當。二書皆缺孫傅等狀乞立趙氏「第五狀」（本書第一四九篇）與依準製造迎接等事狀（本書第一五八）兩篇；且沈鈔本或漏落篇題，或註文升大字溷入篇題者甚多。（三）、分卷完全相同。上册所鈔之文，皆終于宋主回書（本書第一〇三篇），且皆至本篇「尋行禪禮」句止，自「遺執政以下」句起入下册，一文分割兩處。蓋是書傳鈔之本實爲兩册兩卷與明文淵閣書目卷六雜史類著録弔伐録一部二册相同，後來鈔本或不分卷、四庫全書分爲四卷者，皆非原書之舊耳。因本書已出清樣，且校勘原則是「不僅校底本是非正誤，亦校他本正誤；凡有異文，則均出校」。故若將沈鈔本亦做爲參校本，則只不過徒增入一尋常校本而已，而書稿清樣卻需增入大量文字，使已排之版面目全非，因之沈鈔本不再做爲參校本，無此本參校，亦絲毫不減本書之校補質量與價值。故僅略述其梗概如上。

二、關于穴研齋鈔本。本書參校本有穴研齋鈔本，明、清藏書之家，皆不能確知穴研齋主姓氏身份，或以爲明代藏家，或以爲清代納蘭性德，甚或以其歸之清初錢曾，故金先生大金弔伐録版本述略亦曰「衆説紛紜，莫衷一是」。案葉昌熾藏書紀事詩卷三秦汴條附其子柱，王欣夫藏書紀事詩補正引沈曾植寐叟題跋穴研齋藏王雅宜小楷千字文真跡册跋曰：「無錫縣志：『秦柱字汝立，秦金之孫。工書，師歐陽率更，草師孫虔禮。以薦受中書舍人。』士禮居藏書記屢稱穴研齋抄本，而不知其時代前後，觀此乃汝立印也。」柱所鈔書每半葉十二行，行二十字，每葉魚尾下有「穴研齋繕寫」五字。又案秦金字國孫，弘治進士。官至工部尚書等職。卒謚端敏（明史卷一九四有傳）。金與其子汴，孫柄、柱等，皆累世藏書，秦柱穴研齋鈔本如南唐書、老學庵筆記、家世舊聞、南潯紀餘、北狩見聞録等，多有散落人間爲清以來藏家得者。而葉昌熾據黄丕烈誤説，以「穴研齋」爲納蘭性德齋名，故紀事詩卷四附性德條下。考秦柱乃高拱、張居正同時人，當明嘉靖、萬曆間（詳見嘉慶無錫金匱縣志卷一九）。然則其所鈔本大金弔伐録，較前述沈純祉鈔本時間稍前或同時，蓋此一系統之本在當時廣爲傳鈔，故諸家皆有相同之鈔本耳。

三、本書末附録，輯有諸家題跋十四篇，並金先生大金弔伐録版本述略與金宋遼紀年對照表，今再補入所見題跋四篇，爲明萬曆庚申沈純祉鈔本沈純祉李盛鐸題跋（藏北京大學圖書館），清光緒六年傳鈔金山錢氏守山閣本千禾氏是閒氏跋（藏臺灣中央圖書館，見臺灣國立中央圖書館善本題跋真跡（二），臺灣中央圖書館編印一九八二年十二月版），藏園羣書經眼録大金弔伐録傅增湘跋（見藏園羣書經眼録卷四史部二，一九八三年九月北京中華書局版），適園藏書志舊鈔本大金弔伐録張鈞衡跋（適園藏書志卷三史部一雜史類，南林張氏刊本）。因原附録諸篇並無時代先後或其他排次之序，故今將此四篇附于第十四篇後，版本述略前，庶幾眉目清晰，亦與二位先生原意相符矣。

自金先生董理此書至今，已逮六十餘載，中經國家多故，離亂相尋，二位先生于流離顛沛、身罹病痛中，丹黄塗乙，矻矻不休，前後相繼，方克完成全稿並臻精善。李先生晚年曾遺命于我曰：「此書若出版有日，則汝負校對之責；若面世無望，即將全稿轉交金先生後裔珍藏。異日吾與先生泉下相見，亦庶幾有所交待矣！」今三復斯語，又重睹先生手澤，清夜緬懷，不禁泫然涕零矣！

本書發排及校樣過程中，中華書局編審崔文印先生付出了大量勞動，西北師範大學古籍所王鍔學兄提供了重要資料，在此謹代太老師、老師及我本人，一並向他們表示衷心的感謝！

二〇〇〇年十一月八日，受業後學漆永祥

百拜謹識于北京大學古文獻研究所

中國史學基本典籍叢刊　書目

穆天子傳匯校集釋
國語集解
吴越春秋輯校彙考
越絶書校釋
西漢年紀
兩漢紀
漢官六種
東觀漢記校注
校補襄陽耆舊記（附南雍州記）
洛陽伽藍記校箋
建康實録
荆楚歲時記
唐六典
蠻書校注
十國春秋
皇朝編年綱目備要
皇宋十朝綱要校正
隆平集校證
宋史全文
宋太宗皇帝實録校注
靖康稗史箋證
中興遺史輯校
鄂國金佗稡編續編校注
皇宋中興兩朝聖政輯校
續宋中興編年資治通鑑
續編兩朝綱目備要
宋季三朝政要箋證
宋代官箴書五種
契丹國志
西夏書校補
大金弔伐録校補
大金國志校證

明本紀校注
皇明通紀
明季北略
明季南略
小腆紀年附考
小腆紀傳
廿二史劄記校證